LA SALE GUERRE
DE LA MONNAIE EUROPÉENNE

Bernard Connolly

LA SALE GUERRE DE LA MONNAIE EUROPÉENNE

Traduit de l'anglais par Jean-Marc Mendel

Albin Michel

Édition originale :

THE ROTTEN HEART OF EUROPE

ISBN 2-226-08567-X

Avant-propos

L'idée de ce livre m'est venue à Maastricht en décembre 1991, quelques jours à peine après que le nom de cette ville charmante, et délicieusement cosmopolite, eut été terni par la réunion du Conseil européen qui marqua implicitement la fin des Communautés européennes. J'assistais alors à une conférence de l'Institut européen des affaires publiques. Durant l'une des séances, un expert euroenthousiaste nous présenta une interprétation conventionnelle de l'histoire du Mécanisme européen de change (MEC), qu'il tenait pour un « toboggan » conduisant à l'union monétaire. Apparemment, mes commentaires critiques de cette thèse impressionnèrent le Pr Klaus Gretschman, directeur de l'Institut. Il me suggéra de rédiger un chapitre sur le MEC destiné à un livre rassemblant les débats de la conférence. Ayant donné mon accord, je soumis un projet à l'aval des autorités de la Commission (je dirigeais, au sein de la Commission, l'unité « Système monétaire européen — Politiques monétaires nationales et communautaires »). On m'informa que l'autorisation de publication me serait refusée. À l'évidence, toute analyse qui pourrait s'en prendre à la vision orthodoxe du MEC devait être interdite.

L'affaire en serait restée là sans Keith Middlemass, professeur d'histoire contemporaine à l'université du Sussex. Il était à la tête d'une équipe internationale de chercheurs qui travaillaient sur les politiques informelles de la Communauté. Quelqu'un, dans la hiérarchie de la Commission, lui avait conseillé de me consulter à propos des travaux sur le MEC. Au fil de nos longues et agréables discussions, il nous apparut à tous deux qu'il vaudrait la peine de transformer en livre mon projet de chapitre préparé pour l'Institut.

Cet ouvrage constitue donc l'aboutissement des sollicitations et des encouragements de Klaus Gretschman et de Keith Middlemass, qui auraient pu, cependant, le souhaiter un peu plus technique et un peu moins politique. Il possède un noyau d'analyse économique. Ma manière de penser l'économie et ma confiance face aux critiques doivent beaucoup à Rudi Dornbusch et à Olivier Blanchard, tous deux du MIT, le premier d'origine allemande et le second d'origine française. Nous avons entretenu des relations de travail très étroites en 1983-1985, lorsque j'étais secrétaire de la Commission consultative sur la macroéconomie, dont Rudi était le premier président, et Olivier l'un des membres les plus créatifs. À cette époque-là, la Commission était bien davantage ouverte aux analyses et aux débats intellectuels que quand Jacques Delors s'est fermement carré dans son fauteuil. Rudi et Olivier ont stimulé en moi un goût de la rigueur analytique et de l'aventure intellectuelle qui ne m'a plus quitté, même pendant les années étouffantes de l'ère Delors. Je suis convaincu qu'ils apprécieront dans ce livre ma tentative de rendre l'analyse économique non seulement accessible mais encore plaisante pour le grand public.

Mon intérêt pour les aspects *politiques* de l'économie de « l'Europe » a été d'abord suscité dans le milieu des années 80 par Herbert Giesch, économiste d'une immense sagesse, en ce temps-là président de l'Institut d'économie mondiale de Kiel, également membre puis président de la Commission consultative sur la macroéconomie. Il a aussi joué un rôle très important, en m'aidant à comprendre la conception très particulière des questions monétaires qu'ont les Allemands.

L'analyse ne doit pas éliminer la passion : elles peuvent coexister harmonieusement, quoique leur combinaison soit trop souvent considérée comme « ce qui ne se fait pas ». Je veux adresser mes remerciements à deux autres économistes distingués, Alan Walters et Patrick Minford, pour la détermination dont ils ont fait preuve, non sans en payer personnellement le prix, en soutenant contre vents et marées que les efforts de leurs pairs doivent porter sur ce qu'il y a à faire plutôt que sur ce qui se fait.

Voilà pour les origines et pour les tenants et aboutissants de ce livre. Je me dois de remercier bien des gens dont l'aide m'a permis de donner de la consistance à mes idées. Tous ne peuvent, ni ne souhaitent, être cités à titre individuel. Je mentionnerai donc, parmi les hauts fonctionnaires et les responsables des banques centrales, mes amis et collègues de la division économique et du sous-comité de politique monétaire et de politique de change du Comité des gouverneurs des banques centrales des Communautés européennes, du groupe *ad hoc* d'experts monétaires de haut niveau de l'OCDE, et du Conseil économique CEE-AELE. Des années de discussions, de débats et d'échanges d'arguments, le plus souvent devant un verre de bière, ont affûté et conforté ma compréhension de ce que j'ai appelé la sale guerre de la monnaie européenne. On trouvera formulés ici maints reproches sévères à l'encontre des « bureaucrates » et des « banquiers centraux » en tant que caste. Mais je veux affirmer qu'en tant que personnes, nombre d'entre eux possèdent des compétences exceptionnelles et sont particulièrement sympathiques. Le même jugement vaut pour une bonne vingtaine d'amis très chers, fonctionnaires à plein temps de la Commission ou détachés par les banques centrales et les administrations nationales, avec lesquels j'ai travaillé pendant mon mandat de chef de l'unité « Système monétaire européen » de la Commission. Sans leur appui indéfectible et généreux, les conditions personnelles quelquefois difficiles dans lesquelles j'ai exercé mes fonctions au milieu d'un environnement hostile à ma pensée seraient devenues insupportables. Si je ne suis pas convaincu qu'aucun d'eux soit disposé à partager les idées politiques exprimées dans ce livre, je sais que tous ou presque adhèrent à l'essentiel de l'analyse économique. J'espère que cette affirmation ne leur causera pas de tort.

Dans cette sale guerre, les hauts fonctionnaires et les politiciens — en tant que caste, là encore — préféreraient, sans aucun doute, avoir le champ de bataille pour eux seuls. Mais les marchés financiers ont pris l'habitude de leur tirer le tapis sous les pieds. Ma propre connaissance de ces marchés a commencé de se développer pendant que j'étais chez J.P. Morgan, à New York. Elle s'est ensuite affinée, je l'espère, grâce à mes discussions avec des économistes et des analystes spécialisés, trop nombreux pour que j'en dresse la liste exhaustive. Mais j'ai entretenu, au fil des ans, des relations particulièrement étroites avec certains d'entre eux. Ils m'ont poussé à passer au crible mes propres idées, à les réexaminer et les affiner. Nul, parmi eux, n'est responsable de mes opinions. Si j'ai tout de même commis des erreurs — et j'en ai certainement commises —, c'est ma faute, non la leur. Je pense, en particulier, à Derek Scott (BZW), David Bowers et John Lomax (Smith New Court), Dominique Georges (J.P. Morgan, Paris), Ignacio Ruperez (Banco Santander), Mark Brett (Capital International), Larry Kantor (Liberty Capital), Giles Keating et Sean Shepley (CS First Boston), et, avant tout peut-être, à Jonathan Wilmot (CS First Boston également).

Par leurs sages conseils et leurs critiques amicales, mon agent, Bill Hamilton de chez A.M. Heath, Steve Cox, mon relecteur, et Julian Loose, éditeur délégué chez Faber & Faber, ont rendu ce livre meilleur qu'il ne l'aurait été sans leur intervention.

Introduction

Ce livre révèle la véritable histoire du Mécanisme européen de change, le MEC (ainsi que je l'appellerai désormais). Il explique pourquoi ce mécanisme est une mauvaise chose — économiquement perverse et politiquement pervertie — et pourquoi nombre de politiciens, de bureaucrates et de commentateurs ont lutté avec tant d'acharnement pour dissimuler cette réalité. L'histoire du MEC nous en dit long sur les motivations des partisans de l'union politique et monétaire — du super-Etat européen. Elle dévoile beaucoup de ce qu'ils préféreraient passer sous silence, car presque toutes et chacune des nombreuses fausses conceptions dominantes à propos de l'Europe sont contenues dans le mécanisme monétaire qui nous a fait tant de mal à tous. Même après le triomphe des forces du marché, en juillet 1993, lorsque le MEC a cessé de fonctionner en tant que tel, les « autorités » ont refusé que cette histoire véritable soit divulguée, car les mythes, les erreurs et les tabous sur lesquels reposaient le MEC sont très exactement ceux qui sous-tendent la marche ininterrompue vers l'institution de l'union monétaire et d'un super-Etat fédéral en Europe.

Moi-même, j'ai été jadis la proie de ces erreurs. Je suis devenu fonctionnaire de la Commission en août 1978, presque au moment où Helmut Schmidt et Valéry Giscard d'Estaing mettaient la dernière main à l'accord franco-allemand qui a créé le MEC. Je n'avais pas intégré la Commission par quelque désir de « construire l'Europe », mais je croyais que la Communauté constituait un forum utile à la coopération, laquelle contribuerait à l'épanouissement de relations amicales entre les pays européens. Je pensais, en particulier, que la coopération économique se traduirait par de réels bénéfices matériels.

À l'instar de la plupart des économistes traditionnels de cette époque, je considérais le nouveau MEC avec scepticisme, et ne m'attendais pas à le voir survivre longtemps. Quand il survécut, j'y prêtai peu d'attention, car je ne travaillais pas sur des questions spécifiquement monétaires. Etant passé, vers la fin de 1986, du côté monétaire de la Commission, je devins responsable, entre autres, des recommandations sur la politique monétaire britannique. Ce fut alors, pendant que j'étudiais le lent développement de la tragique obsession de Nigel Lawson pour le MEC, obsession qui conduirait directement à la chute de Mrs Thatcher, que je commençai de comprendre à quel point le MEC était nuisible aux économies qu'il enserrait dans ses griffes. J'en vins à saisir que ce mécanisme faisait partie intégrante d'un programme d'anéantissement de l'indépendance — politique autant qu'économique — des pays européens. Quiconque barrait le chemin vers un super-Etat européen devait être annihilé. Mrs Thatcher constituait une cible primordiale pour les eurofédéralistes. Ce livre établit le lien entre des éléments de preuve qui démontrent que Mrs Thatcher a été la victime d'un complot ourdi sur le continent avec les encouragements de quelques-uns de ses frères d'armes de naguère dans le combat contre le déclin de l'économie britannique.

La bataille menée en vue de déboulonner Mrs Thatcher coïncida avec la résurrection des plans d'une Union monétaire européenne (UME). Cette période, inévitablement, vit une intensification de la guerre monétaire entre la France et l'Allemagne, présentée comme une coopération, qui avait été l'un des traits permanents du MEC depuis sa mise en œuvre. À la fin de 1989, quand je devins chef de la division communautaire traitant du MEC et des questions de politique monétaire, j'étais parvenu à la conviction que ce mécanisme, ainsi que l'UME auquel il devait donner naissance, constituait une gigantesque imposture.

D'une certaine manière, ce livre est un livre d'« initié ». J'ai vécu le MEC de l'intérieur pendant bien des années. Au cours de douzaines de réunions d'experts, de centaines de réunions et de milliers d'heures de discussion avec des banquiers centraux et des fonctionnaires des ministères des Finances, j'ai entendu chacun des arguments en faveur du MEC et de l'UME soutenu et contesté des douzaines de fois. Je crois pouvoir prétendre que je sais ce qui fait penser et agir les acteurs du MEC, aussi bien comme individus aux visages divers que comme bureaucrates sans visage. Mais il n'est pas dans ce livre un seul « fait » qui ne soit accessible à celui qui a la patience de lire les journaux, de dépouiller le contenu de discours et d'articles, de se plonger dans les publications et rapports officiels, d'observer les écrans d'information sur les marchés, et de supporter le rite du « poulet caoutchouteux-champagne tiède » dans une ville comme Bruxelles, où journalistes, diplomates et fonctionnaires se mêlent et parlent aussi volontiers. En réalité, l'étonnant en ce qui concerne le MEC et l'UME, c'est que ce ne sont pas « les faits » qu'il faut révéler, mais la façon dont ils sont distordus et manipulés. Plus flagrants sont les mensonges, plus leurs auteurs les répètent avec insistance. Ma propre décision d'écrire ce livre est née d'abord de mon incrédulité devant des centaines de déclarations du genre « Le noir est blanc » au sujet du MEC, et ensuite de la colère que suscitait en moi le traitement réservé à quiconque tentait de mettre les mensonges en lumière.

Les partisans du MEC et de l'UME ont compris à la perfection ce qu'est la propagande. Leur fanatisme s'exprime dans un langage proche de celui qu'employaient les cellules bolcheviks dans les années précédant immédiatement la révolution d'Octobre. On le saisit dans les propos tenus par John Pinder au cours d'une conférence tenue pour le cinquantième anniversaire du Moviménto Federalista Europeo :

> La fédération européenne verra le jour dans les années 1990. C'est nécessaire. C'est possible. Notre tâche est d'assurer que cela se produise. Grâce aux efforts des fédéralistes, l'Europe se trouve déjà dans une situation de latence : structurellement, les conditions de mise en place d'une constitution fédérale, dès que la conjoncture politique le permettra, existent déjà[1]...

On peut noter que « l'Europe » exerce, sur l'imagination de nombreux Britanniques de gauche des classes moyennes, une attraction aussi forte que l'Union soviétique des années 30 sur la génération de Philby à Cambridge. Pas plus qu'il n'est illégitime d'établir un parallèle entre les apologies de l'URSS claironnées par l'intelligentsia britannique dans les années 20 et 30, et la façon dont les intellectuels d'aujourd'hui se ferment volontairement les yeux devant les réalités de « l'Europe ». Les « compagnons de route » des années 30 procédaient constamment à des comparaisons négatives entre la Grande-Bretagne et le paradis supposé de l'Est. C'est également vrai, aujourd'hui, des euroenthousiastes britanniques.

Mais l'intelligentsia britannique n'est pas la seule à être fascinée par la religion laïque de « l'Europe ». Gabriel Robin, ambassadeur de France à la retraite, autrefois proche de Giscard d'Estaing et du premier cercle des euroenthousiastes français « engagés », a osé récemment mettre les points sur les i. Il écrit :

> Ces deux idéologies, le Communisme et l'Europe, ont bien davantage de points communs que [les euroenthousiastes] ne sont disposés à l'admettre... l'une a ses apparatchiks, l'autre ses eurocrates... leurs credos respectifs conduisent à la dissolution inévitable de l'État-nation... initiées aux secrets de l'Histoire, ces deux écoles de pensée sont également convaincues qu'elles savent où elle nous mène — à la Terre promise. Pour les premiers, elle a nom « Société sans classes », pour les seconds c'est « l'Europe sans frontières »[2]...

Les techniques et les modes de pensée des religions séculières du XXe siècle ont modelé l'establishment européen dans son attitude à l'égard du MEC, « bien commun », et à l'égard de « l'inéluctabilité historique » de l'Union monétaire et économique. Seule l'interdiction des manifestations politiques imposée par le Comité olympique international a empêché la Commission européenne de dépenser l'argent des contribuables pour transformer les JO de Barcelone et d'Albertville en meetings de propagande. L'idée d'Europe a été mise en avant, et d'abord par Jacques Delors, comme un synonyme, ou presque, de Chrétienté, une riposte à ce que l'on présente comme la vénération païenne des Anglo-Saxons pour les marchés, et comme un bouclier contre la culture anglo-saxonne décadente.

Un haut responsable de la Banque des règlements internationaux (BRI) a accusé un jour la direction générale pour les affaires économiques et financières de la Commission de diffuser de la propagande sous couleur d'analyse. Apparemment, c'est ce que l'on attend maintenant de tous les membres du personnel de la Commission : qu'ils soient des missionnaires, des soldats de la croisade pour le super-état européen.

De très importants fonctionnaires de la Commission se sont plaints que le « terrorisme intellectuel » de Delors et de ses affidés ait étouffé dans l'œuf toute tentative de discussion sérieuse et sans préjugés des problèmes de l'Europe monétaire. Le secrétaire général de la Commission lui-même, David Williamson, théoriquement le plus élevé en grade de tous les fonctionnaires communautaires, a déploré que « le KGB [les membres du cabinet de Delors] ait regardé par-dessus son épaule[3] » pendant les négociations de Maastricht et l'ait empêché d'accomplir sa besogne de manière strictement professionnelle.

Dans la Russie stalinienne, un désaccord était tenu pour une preuve de démence. Dans la Communauté européenne d'aujourd'hui, le désaccord n'est pas encore sanctionné par un mandat d'incarcération dans un hôpital psychiatrique aux méthodes brutales, mais toute pensée hétérodoxe est néanmoins perçue comme une agression. En Grande-Bretagne, Enoch Powell avait vu très rapidement les atteintes à la démocratie que le MEC impliquait. Pourtant, sa perspicacité fut traitée par l'opinion éclairée comme un nouveau symptôme de ce que John Major qualifierait de pensée « loufoque ».

En France, ainsi que nous le verrons, l'Etat autoritaire a pesé de tout le poids de ses tentacules sur les économistes et les banquiers dissidents, imposé des programmes d'information financière sur les réseaux internationaux de télévision, menacé les maisons de titres de faillite si elles avaient le front de mettre en cause la ligne économique officielle, et utilisé sans vergogne les banques du secteur public, et même celles du secteur privé, en contradiction complète avec les intérêts des actionnaires et avec les règlements communautaires, afin de soutenir la politique officielle. Les responsables français se sont plaints que la nécessité d'organiser des élections créait des problèmes pour le MEC. En Italie, des maisons de titres ont été « sanctionnées » pour avoir publié des analyses économiques précises qui ont affecté le cours de la lire à l'intérieur du système. Au Danemark, la banque centrale a agi contre toute légalité en « châtiant » les banques qui pouvaient avoir défié un Premier ministre les avertissant de ne pas financer les ventes de monnaie danoise. Au Royaume-Uni, le ministre chargé, en théorie, d'un style de pouvoir plus ouvert édicta que les parités de change constituaient un sujet sur lequel le gouvernement pouvait légitimement mentir au Parlement. En Allemagne, il semble qu'un contrôle des changes implicite ait été secrètement mis en place, dans le but de dissimuler la vérité sur l'impact du MEC. En Irlande, les autorités religieuses ont dénoncé les attaques du marché contre la parité de la livre irlandaise au sein du MEC comme « immorales à un degré inimaginable ». Dans toute l'Europe, les économistes de profession ont organisé, littéralement, des centaines de conférences, de séminaires et de colloques auxquels n'étaient invités à prendre la parole que des orateurs conformistes. Quant aux programmes « de recherche » de la Commission, ils ont servi à financer un nombre colossal d'études économiques destinées à pousser des « croyants » connus à produire les bons résultats.

Face à l'arrogance de cette propagande acharnée, ce livre tentera de clouer au pilori le double mythe sur lequel reposait le MEC, qu'il était, sur le plan économique, rationnel et rentable, et, politiquement, qu'il constituait un symbole d'amitié et de coopération. Je démontrerai, au contraire, qu'il représentait l'une des raisons majeures de l'échec économique, de la mise en danger de la légitimité politique, et de la malheureuse situation décrite, il y a peu, par un quotidien allemand comme « la défiance noire avec laquelle les membres de l'Union européenne se considèrent aujourd'hui les uns les autres[4] ».

Ce livre envisage le MEC comme un champ clos où trois batailles ont été livrées simultanément. La première oppose l'économie à la politique, à l'expression d'un mode de pensée bureaucratique, à une tentative d'endiguer la marée des forces du marché qui menaçaient de submerger l'Europe institutionnelle pendant les années 80 et 90. La deuxième concerne, d'un côté la Bundesbank, la redoutable banque centrale allemande, imprévisible et extrêmement puissante, et, de l'autre, les forces qui tendent à la remettre à sa place : la France, le gouvernement allemand, et les marchés financiers. Après une décennie et demie de combat, le champ de bataille est jonché de morts et de blessés : le radicalisme tory ; la souveraineté nationale ; la libéralisation des mouvements de capitaux, le Marché unique, et un système commercial sans entraves dans le monde entier ; des centaines de milliers d'entreprises et des millions d'emplois ; l'État italien ; la confiance dans les gouvernements, et même dans la démocratie ; le règne de la loi dans certains pays ; l'idée que l'indépendance d'une banque centrale est à la fois réalisable et satisfaisante ; l'espoir de l'autosuffisance et de la convergence de leurs performances économiques pour les membres les plus pauvres de la Communauté européenne ; enfin, l'intégration économique et le développement de l'Europe de l'Est. Aujourd'hui, alors que la bataille du MEC a été remportée par les marchés en faveur de la liberté et de la démocratie, la bataille de l'UME reste encore à livrer.

La troisième bataille est plus titanesque encore. Elle a gagné en intensité depuis la chute du mur de Berlin et l'effondrement, tant attendu, des frontières modelées par Yalta. C'est la bataille pour la maîtrise du super-État européen, qui voit s'affronter les technocrates français et les fédéralistes allemands, chaque camp affirmant combattre sous la bannière de Charlemagne. Les « effets collatéraux » de cette empoignade apparaîtront pour l'essentiel dans l'avenir ; ils pourraient être épouvantables. Que la Grande-Bretagne puisse ou non les éviter constitue l'une des questions essentielles de la partie finale de cet ouvrage.

La thèse centrale que je soutiens proclame que le MEC et l'UME sont non seulement inefficaces, mais encore non démocratiques. Ils mettent en danger non seulement notre richesse, mais aussi nos libertés et, au bout du compte, la paix dont nous jouissons. Les fauteurs de troubles — certains plus coupables que d'autres — sont des bureaucrates et des politiciens assoiffés de grandeur. Le MEC est un mécanisme destiné à subordonner le bien-être économique, les droits démocratiques et les libertés nationales des citoyens des pays européens à la volonté d'élites bureaucratiques et politiciennes dont l'appétit de pouvoir, le cynisme et les illusions forment la base des agissements de ceux qui se débattent aujourd'hui pour créer un super-État européen. Le MEC a été leur instrument de prédilection et ils l'ont utilisé avec dextérité.

Dans la première partie de ce livre, j'analyse l'histoire du MEC, de sa conception à la signature du traité de Maastricht. Je décris comment le tour de passe-passe qu'est le MEC a fonctionné durant si longtemps et pourquoi — en dépit des dégâts économiques qu'il infligeait à ses membres — il en est venu à être salué comme un moteur du progrès économique et de la réconciliation politique. Mon analyse souligne un paradoxe. Alors que le MEC, durant cette période, était de plus en plus perçu comme un succès extraordinaire, qui donnait leur élan aux forces qui ont abouti au traité, il allait en fait à l'encontre de tous les objectifs économiques de la Communauté : la stabilité monétaire, l'égalisation par le haut des niveaux de vie et de productivité, un degré élevé d'emploi, le libre-échange et le Marché unique, la libéralisation des mouvements de capitaux et un ordre économique mondial fondé sur une concurrence harmonieuse. Pour masquer ce paradoxe, les champions du mécanisme ont inventé, avec ingéniosité, une série de contre-vérités économiques attirantes au premier abord. Je dévoilerai ces paralogismes.

La première partie démontre également comment, sous couvert d'une prétendue Arche de Noé de la « coopération » au sein du

MEC, se dissimulaient de féroces querelles intestines politiques, à l'intérieur même des pays et entre les pays qui participaient, ou croyaient participer, à ce mécanisme. Je mets aussi l'accent sur les divergences croissantes (contrairement à toutes les apparences) sur les problèmes monétaires entre la France et l'Allemagne, lesquelles menacent aujourd'hui l'avenir de la Communauté européenne dans son ensemble.

La deuxième partie de ce livre retrace la chronique de l'effondrement du MEC à marges de fluctuation étroites entre Maastricht et la grande attaque lancée par le marché en juillet 1993. J'insiste, là, sur une explication de l'interaction des forces économiques, des événements politiques et des motivations personnelles, qui ont fini par arracher le camouflage des contradictions économiques et de l'hypocrisie politique du mécanisme, ce qui a permis aux marchés de découvrir, après avoir succombé pendant quatorze années aux charmes des illusions, que le roi, en vérité, était nu. J'explore le rôle joué par Helmut Schlesinger, président de la Bundesbank pendant la période critique 1991-1993, et l'un des rares héros de cette séquence peuplée de vilains. Dans cette partie du livre, l'un des principaux arguments que je défends est que Schlesinger fut capable, avec le concours du développement économique et des forces du marché, de tenir fermement la barre de la politique monétaire allemande. Jusqu'à ce que les prétentions françaises en matière monétaire se dévoilent avec une telle impudence qu'Helmut Kohl n'a pas pu résister à l'indignation des Allemands devant l'assaut frontal mené par la France contre la souveraineté monétaire de l'Allemagne.

Dans la dernière partie de ce livre, je rapporte la ténacité remarquable avec laquelle les tenants de l'UME se sont cramponnés à leurs ambitions, malgré l'implosion du MEC et un manque de soutien dans les opinions publiques que la Commission elle-même a été forcée d'admettre. Y a-t-il danger, et à quel point, que l'UME aille de l'avant ? Quels dommages encourraient la Grande-Bretagne, l'Europe et le monde ? Telles sont les questions sur lesquelles mon livre s'achève. Mais, s'il faut y apporter des réponses, ce livre doit s'ouvrir sur une autopsie des motifs des partisans de l'UME. « L'Europe se fera par la monnaie, ou elle ne se fera pas », écrivait Jacques Rueff dans les années 50. Ainsi que nous le verrons, cet aphorisme animait la démarche des pères du MEC, Valéry Giscard d'Estaing et Helmut Schmidt. Pourquoi ?

PREMIÈRE PARTIE

1

Genèse

Les hommes qui firent l'histoire

En 1978, la création du Système monétaire européen (SME), habillage juridique du Mécanisme européen de change, releva de l'initiative personnelle de deux hommes, le Chancelier allemand, Helmut Schmidt, et Valéry Giscard d'Estaing, le président français, aidés par un troisième, Roy Jenkins, président de la Commission européenne. En 1990, l'élaboration du plan d'Union monétaire et politique de l'Europe (UME) fut aussi largement l'œuvre de deux hommes, le Chancelier allemand, Helmut Kohl, et François Mitterrand, le président français, avec l'aide d'un troisième, Jacques Delors, président de la Commission européenne. Que faisaient donc ces Chanceliers et ces présidents, et pourquoi ? Aboutiraient-ils à un succès ? Pourquoi seraient-ils suivis dans cette voie par les hommes politiques d'autres pays ?

Dix-sept ans plus tard, en dépit de la publication des mémoires des hommes d'État, de rapports officiels, d'analyses d'experts, et d'enquêtes journalistiques, les questions concernant 1978 demeurent des objets de controverse. Il faut pourtant tenter d'y répondre si l'on veut avoir la moindre chance de trouver une réponse aux questions, plus polémiques encore et d'une acuité brûlante, qui se posent à propos de 1990.

Inspiré par des considérations essentiellement politiques, le MEC constitue pourtant un mécanisme économique. Ses éléments politiques et économiques ont marché de concert avec les motivations personnelles et les manies de ses gérants dans une sale guerre pour la maîtrise de la monnaie européenne. L'Histoire est un éternel recommencement, et le front, aujourd'hui, ressemble de très près à celui de 1978. Ici, il s'est formé une poche, là, une colline a été reprise, mais les tranchées se trouvent aux mêmes emplacements qu'il y a dix-sept ans. On pourrait dire qu'elles y sont depuis plus d'un millénaire, qu'elles s'étendent le long de l'épine dorsale du « royaume du milieu » de Lothaire. Une monnaie peut-elle recréer l'empire de Charlemagne ? Le *franc fort* peut-il supplanter *Francfort* ? Ou verra-t-on la *Frankreich* intégrée à un nouveau *Frankenreich* ? Ces deux interprétations contradictoires de l'essence de l'Union monétaire sont au cœur de la destinée de l'Europe. De fait, les différences subtiles entre les désirs des Français et ceux des Allemands, qui s'expriment avec une infinie justesse dans des jeux de mots dans les deux langues, ont donné un rôle central à une institution extraordinaire, au sein de laquelle, alternativement, l'économie et la politique s'allient et se combattent : la Bundesbank. Pour l'élite française, la monnaie n'est pas le carburant de l'économie, mais le plus important des leviers de pouvoir. Dans son optique, la prise de la Bundesbank représenterait donc le plus bel enjeu de la guerre monétaire européenne. Afin de s'en assurer, elle a choisi d'appâter l'Allemagne en lui proposant une union politique qu'elle n'a jamais eu l'intention de réaliser.

Outre-Rhin, les gouvernements allemands successifs, en quête d'un habillage « européen » pour leurs ambitions germaniques, ont consenti à une cession apparente de leur souveraineté monétaire nationale — à condition que la nouvelle autorité monétaire européenne ait la même saveur et la même odeur que la banque centrale allemande d'aujourd'hui, et qu'elle agisse exactement de la même manière. Victime désignée pour le sacrifice sur l'autel de ce jeu de puissance, la Bundesbank s'est montrée le partisan le plus déterminé et le plus éloquent du point de vue selon lequel l'union monétaire prônée par l'élite française ne peut s'envisager sans la réalisation de l'objectif allemand : une union politique simultanée et si possible préalable. En 1978, la Bundesbank était le grand absent lors de la genèse du MEC. Quinze ans durant, sous la direction de trois présidents différents, elle a lutté, avec des degrés variables d'intensité et de conviction, pour se libérer des contraintes que le MEC lui imposait. Pendant les dernières semaines du mandat d'Helmut Schlesinger, elle y est parvenue, pour qu'aussitôt le formidable successeur de Schlesinger s'attelle à la tâche qu'il s'est assignée : la reconstruction du MEC. Mais, cette fois, l'architecture en sera dessinée par Tietmeyer, et non par des hommes politiques du camp adverse.

Où la Commission s'inscrit-elle dans cet ensemble ? À titre individuel, les commissaires essaient, avec plus ou moins de succès et d'énergie, de faire avancer les intérêts de leurs propres pays. Le moteur que constitue le personnel de la Commission a toujours été réglé pour soutenir les intérêts de la France en particulier. Mais, sans aucun doute, la Commission a donné au processus de fédéralisation un élan de son cru, en cherchant en permanence à exploiter ou à susciter des « débordements » d'un domaine politique à l'autre. Les mythes qu'elle a propagés avec zèle — mythe de la « solidarité », mythe des bénéfices de la « coordination » économique, mythe de la nécessité de taux de change fixes pour faire fonctionner un marché commun, mythe du caractère négatif des « dévaluations compétitives » — ont fourni un camouflage de première grandeur aux ambitions, qu'elles soient complices ou conflictuelles, de la France et de l'Allemagne. Il en était ainsi en 1990. Il en allait de même en 1978, lorsque notre histoire débuta.

Alliances dynastiques

En 1978, la géographie politique de l'Europe était figée depuis trois décennies. Il faudrait encore une décennie de plus pour que le partage décidé à Yalta s'écroule. Mais la géographie monétaire de la partie occidentale du continent reflétait déjà l'effondrement, survenu en 1971, du système de Bretton Woods qui établissait des taux de change fixes entre les pays industrialisés du monde non communiste. Les États-Unis ayant cessé d'exercer l'hégémonie monétaire, l'Europe occidentale était divisée en deux camps. Le premier réunissait des États autour de l'Allemagne au sein d'un arrangement connu sous le nom de serpent. Ces pays (Allemagne, Benelux, Danemark, Norvège et Suède) avaient décidé de limiter les variations de leurs taux de change (leurs « taux bilatéraux ») à l'intérieur d'une marge de plus ou moins 0,75 %*.

Du point de vue allemand, à l'époque, le serpent contribuait à protéger la compétitivité de l'Allemagne en période de faiblesse du dollar, et ce fut certainement le cas pendant les deux premières années de la présidence Carter : le serpent empêcha un certain

* Imaginons que le taux pivot du Mark ait été fixé à 20 F belges. Les variations autorisées entre les deux monnaies iraient de 20 (0,9925) à 20 (1,0075), soit de 19,85 à 20,15 F belges pour un Mark.

nombre de devises importantes pour le commerce extérieur allemand de s'affaiblir par osmose avec le billet vert. Mais son rôle demeurait limité, dans la mesure où les trois plus grandes puissances économiques de l'Europe — à l'exclusion de l'Allemagne — n'en faisaient pas partie.

La France, la Grande-Bretagne et l'Italie avaient toutes trois appartenu pendant de courtes périodes au serpent. À l'origine, il avait été conçu pour s'appliquer à tous les États de la Communauté, dans l'idée que le Marché commun (ainsi qu'on le désignait alors) ne pourrait fonctionner si les devises des États membres connaissaient de grandes variations les unes par rapport aux autres. Cette idée, erronée nous le verrons ultérieurement, était largement partagée à l'époque*. Lorsque le serpent commença de fonctionner, en 1972, il englobait tous les membres de la CEE, ainsi que les quatre pays (Grande-Bretagne, Irlande, Danemark et Norvège) qui devaient, croyait-on, s'y intégrer en 1973**. Mais lorsque les politiques économiques et les taux d'inflation commencèrent à diverger après le choc de 1973 sur les prix des matières premières et de l'énergie, la Grande-Bretagne, la France et l'Italie s'en retirèrent, car les obligations entraînées par le système portaient atteinte à leur autonomie de décision nationale.

Helmut Schmidt voyait d'un mauvais œil la division monétaire de l'Europe. Tout d'abord, elle laissait l'Allemagne à la merci de la faiblesse du dollar, qui, pouvait-on penser, entraînerait dans sa chute le franc, la livre et la lire***. En outre, les fluctuations des taux de change créaient de telles complications dans le fonctionnement byzantin de la Politique agricole commune (PAC) qu'elles risquaient de la rendre inapplicable. On aurait pu tenir cela pour une bénédiction, et non pour un malheur, puisqu'il était de notoriété publique que la PAC se signalait par ses gaspillages, son illogisme

* Elle l'est encore, ou à tout le moins défendue, par les intellectuellement paresseux. Le 16 janvier 1995, Kenneth Clarke[1], chancelier de l'Échiquier dans le cabinet de John Major, affirmait que la stabilité des taux de change était nécessaire au fonctionnement du Marché unique. Les fluctuations des monnaies peuvent mettre en danger les relations commerciales, a-t-il affirmé.

** Le serpent était alors perçu comme une étape sur la voie de l'union monétaire, idée dont Edward Heath, dès l'origine, s'était montré un fervent partisan.

*** Depuis que la Grande-Bretagne avait dû s'humilier quelque peu en 1976, en demandant au FMI un prêt pour compenser son déficit de la balance des paiements, la forme de monétarisme conditionnant l'obtention de ce prêt s'était traduite par une stabilisation, puis par une remontée de la livre face à un dollar affaibli.

et son inefficacité. Mais il s'agissait d'une politique *commune*, chère au cœur des fédéralistes européens au camp desquels Schmidt, quelle qu'en soit la raison, appartenait incontestablement.

Les arguments économiques — à tout le moins formulés en termes économiques — cédaient le pas aux arguments explicitement politiques. Schmidt voulait une union de l'Europe[2]. Il voyait dans un retour, même symbolique, sur le chemin de l'union monétaire un préalable politique fondamental. L'un des motifs, peut-être le principal, pour désirer une union européenne résidait dans le fait que l'Allemagne était encore handicapée par son passé wilhelminien et nazi dans la réalisation de ses ambitions diplomatiques sur la scène internationale et, en particulier, en Europe de l'Est. Manquant totalement de sympathie pour Jimmy Carter, et exaspéré par le manque de vigueur du « leadership » américain dans le monde libre, Schmidt menait avec détermination une *Ostpolitik* indépendante des États-Unis. Mais le poids politique de l'Allemagne demeurait bien inférieur à son point économique.

S'assurer la coopération du président Giscard d'Estaing constituait, dans le réglage de cet équilibre, l'une des priorités majeures de Schmidt. En un sens, les problèmes diplomatiques de la France reflétaient, à l'inverse, ceux de l'Allemagne. Il semblait que son action internationale ostensible, son siège de membre permanent au Conseil de sécurité et sa force de frappe indépendante ne suffisaient pas à lui conférer une influence internationale en matière monétaire. L'écroulement du système de Bretton Woods et la fin de l'hégémonie monétaire américaine auraient pu donner à la France l'occasion de jouer un rôle plus grand sur la scène économique internationale. Une occasion analogue avait paru se présenter en 1932, lorsque presque tous les pays, à commencer par les États-Unis et la Grande-Bretagne, les deux puissances financières les plus importantes, avaient abandonné l'étalon-or. La France s'était cramponnée au métal jaune et s'était faite le champion du « bloc or » qui l'unissait à ses petits voisins, dans l'espoir de rétablir un prestige financier évanoui depuis 1918. Cette décision devait s'avérer coûteuse : avec un franc français surévalué, l'économie française se trouva dévastée, et des tensions sociales et politiques, culminant avec l'arrivée au pouvoir du gouvernement de Front populaire de Léon Blum, menacèrent de déchirer le pays. La France baissa les bras en 1936, en abandonnant finalement l'or, mais les dégâts avaient été tels que sa position diplomatique et militaire s'affaiblit face à l'Allemagne de Hitler.

Dans le souvenir de cette fâcheuse expérience, la France des années 70, pour satisfaire à son besoin de « grandeur », se concentra sur une diplomatie monétaire. Mais, cette fois, des politiques de facilité exagérée face aux chocs pétroliers de 1973-1974 se conjuguèrent à la vigueur de l'action des syndicats et à un recours à l'interventionnisme et à l'économie dirigée, comme en Grande-Bretagne et en Italie, pour réduire la stature mondiale du pays. Cependant, en 1978, la position de Giscard était bien plus assurée : contre tous les pronostics, l'alliance des socialistes et des communistes avait été battue lors des élections législatives du printemps, et un programme de stabilisation économique mis en place.

Le Système monétaire européen proposé par Schmidt offrait une option séduisante — *si* ses procédures pouvaient être différenciées de celles du serpent dont la France, à deux reprises, avait dû se retirer. Plus précisément, l'accroissement du poids de la France dans la diplomatie monétaire internationale ne devait pas être rongé, comme il l'avait été au temps du « bloc or », par les exigences d'un régime de devises plus rigoureux que ce que l'économie française était en mesure de supporter. Si le SME pouvait garantir une telle sécurité et, de surcroît, conduire à une intensification du processus d'unification européenne — que la France s'estimait en mesure de maîtriser et de modeler à son propre avantage —, alors il pouvait faire l'objet d'un appui enthousiaste.

Mais il *fallait* que le SME soit différent du serpent. Dans le serpent, importaient d'abord le poids et la réputation économiques, et l'Allemagne en possédait bien davantage. Giscard avait besoin, et Schmidt était prêt à l'offrir, d'un arrangement monétaire qui puisse s'inscrire dans le cadre des institutions communautaires. Par la formalisation d'un tel accord, les taux de change deviendraient partie intégrante des maquignonnages propres à la Communauté, permettant à la France de peser de tout son poids politique. De même que l'Allemagne désirait une coopération et, en fin de compte, une union européennes pour parvenir à peser de son poids économique dans son action diplomatique, la France voulait muscler économiquement ses *propres* ambitions diplomatiques. Ainsi que de Gaulle l'avait dit naguère, « la CEE est un attelage. L'Allemagne est son cheval, et la France son cocher*[3] ».

* Il lui arriva d'exprimer la même idée, quoique d'une manière assez différente, lors d'une conversation avec Henry Kissinger. Comme Kissinger lui demandait comment la France pourrait éviter que l'Allemagne ne domine la Communauté européenne, le président français répliqua : « par la guerre[4] ».

Ainsi, le SME paraissait-il béni des dieux. En réalité, il ne s'agissait pas de consommer un amour mutuel et désintéressé, mais de froids calculs d'intérêts égoïstes. À peine Schmidt et Giscard avaient-ils décidé des fiançailles que les querelles à propos du contrat de mariage commencèrent. Sans compter l'existence d'une tierce partie lésée dans ce qui deviendrait un triangle classique. Il y avait Bonn, il y avait Paris... et il y avait la Bundesbank, qui redoutait d'être offerte en dot par Schmidt. Il est temps pour nous de faire connaissance avec cette redoutable institution.

Nemo me impune lacessit

Née en 1958, la Bundesbank a hérité des fonctions de la Bank deutscher Länder[5]. Cette dernière avait été créée en 1948, non par le gouvernement allemand — *de jure*, du moins, puisqu'il n'en existait aucun à cette date —, mais par la Commission de contrôle interalliée. Sa structure régionalisée et son autonomie par rapport au gouvernement fédéral avaient été conçues délibérément comme éléments d'une organisation embryonnaire, dans lequel les pouvoirs de Bonn seraient soigneusement limités : on entendait réduire le risque d'émergence d'un IVe Reich. En 1958, l'État ouest-allemand modifia légèrement la structure de la Banque centrale, en donnant plus de poids à son directoire, nommé par le gouvernement, vis-à-vis des présidents des banques centrales des Länder (structures à la signification économique minimale, sinon inexistante) nommés par chaque gouvernement de Land.

La loi de 1957 portant création de la Bundesbank stipulait son indépendance vis-à-vis du gouvernement dans le domaine clé des décisions concernant les taux d'intérêt. Mais le gouvernement conservait la prérogative de décider des taux de change dans le cadre d'accords internationaux. D'autre part, la Bundesbank recevait mandat de « sauvegarder la valeur de la monnaie », tout en soutenant « la politique économique générale du gouvernement ». En 1958, dans une Allemagne appartenant au système hégémonique de taux de change fixes de Bretton Woods, de telles dispositions semblaient ne laisser à la Banque centrale qu'une faible marge de manœuvre. Puisque le gouvernement, sous réserve de l'aval du FMI, décidait des éventuelles dévaluations ou réévaluations, « sauvegarder la valeur de la monnaie » paraissait impliquer seulement la mise en œuvre des taux d'intérêt et d'autres instruments de technique monétaire pour satisfaire aux vœux des gouvernants.

Mais au fil des années 60, la Bundesbank commença de faire usage de sa force, en interprétant, de façon de plus en plus explicite, l'expression « la valeur de la monnaie » en termes de valeur *interne* et non de valeur externe. Son statut de banque centrale indépendante lui donnait la capacité de critiquer, de sermonner voire de menacer les autres acteurs économiques — gouvernement, patronat, syndicats. La Bundesbank se mit à faire plein usage de cette faculté, en négligeant son devoir de « soutenir la politique économique générale du gouvernement ». En 1966, elle organisa une récession qui coûta son poste au Chancelier Ludwig Ehrard qui, lorsqu'il était ministre des Finances, avait passé outre les objections à une réévaluation du Mark formulées par la Bundesbank. Le président de la Bundesbank, Karl Blessing, commenta alors, avec une satisfaction évidente : « Nous avons dû agir de force pour remettre les choses en ordre[6] » — une phrase que ne renieraient pas les chefs militaires du tiers monde qui déposent sans autre forme de procès un chef d'État avant de regagner leur caserne. On ne manqua pas de noter, quelle que fût la signification que l'on puisse attribuer à ce fait, que l'homme qui remplaça Ehrard, Kurt Georg Kiesinger, avait appartenu, de même que nombre des principaux responsables de la Bundesbank du moment, au parti nazi*.

Que la Bundesbank considérât d'un œil soupçonneux le SME apportait à Schmidt un bon motif pour mener en secret ses premiers pourparlers avec Giscard, sans passer par les voies normales**[7]. L'idée du SME fut publiquement lancée par les deux leaders

---

* Par la suite, Kiesinger devait lui-même encourir la défaveur du conseil de la Bundesbank, dont la composition politique s'orienta davantage vers la gauche au fil des années 60, au fur et à mesure que le SPD s'emparait du gouvernement d'un certain nombre de Länder, et se trouvait ainsi en mesure de nommer ses partisans à la tête des Banques centrales de Land.

** En principe, l'institution communautaire chargée de superviser le processus d'intégration économique et d'envisager les mesures susceptibles de faire avancer ce processus était le Conseil des ministres de l'Économie et des Finances (Ecofin). Dans le domaine monétaire, l'Ecofin bénéficiait des conseils des « organes compétents » : le Comité monétaire et le Comité des gouverneurs des banques centrales. L'appellation de ce dernier indique sa composition. Le premier réunissait le directeur du Trésor (ou le directeur des affaires internationales du Trésor) de chaque pays, et le sous-gouverneur ou l'équivalent, de chaque banque centrale, ainsi que deux représentants de la Commission. La Bundesbank

à Copenhague, en avril 1978 *, au cours de la réunion du Conseil européen (la réunion des chefs d'État et de gouvernement, formellement reconnue depuis 1974 seulement, et, avant l'entrée en vigueur du traité de Maastricht sans rôle clairement défini sur le plan juridique dans l'ensemble communautaire). À pareil niveau, on ne s'oppose pas aux initiatives franco-allemandes — ou, du moins, pas avant que Mrs Thatcher n'entre en scène.

Pas de mais

L'axe franco-allemand *est* la Communauté dans son essence ; le rôle des autres membres du Conseil européen se borne à donner leur bénédiction rituelle à ce qu'entendent faire les leaders français et allemand. C'est ce qui advint à Copenhague, où l'on tomba d'accord sur le principe du SME. Toute opposition ouverte au Système serait automatiquement présentée comme « anticommunautaire », étiquette qui stigmatisait un mélange d'hérésie, de blasphème, et de trahison. Les détails du système devraient être élaborés par les « organes compétents », et toute réglementation approuvée par l'Ecofin, mais ces instances ne pourraient plus dire simplement « non ». Toute opposition devrait, le cas échéant, revêtir la forme d'un « oui, mais ». Quelque chose portant le nom de SME devait voir le jour. Giscard et Schmidt l'avaient décidé, un point c'est tout. Toutefois, les travaux des « organes compétents » pouvaient être mis à profit pour tenter de tirer des idées relativement vagues avancées initialement par Schmidt et Giscard le maximum d'avantages nationaux — ou d'obtenir des sauvegardes partielles.

La bataille fit rage sur la différence entre le SME et le serpent. Après Copenhague, Schmidt et Giscard avaient invité Jim Callaghan, le Premier ministre britannique, à rejoindre une troïka, où leurs représentants personnels élaboreraient l'architecture générale du nouveau système avant de la soumettre aux « organes compétents ». Mais les réalités de la vie politique et économique, tant interne qu'internationale, démontrèrent bientôt avec clarté qu'en

---

avait ainsi son mot à dire dans chacun de ces Comités, et se trouvait en position de bloquer ou de couler la plupart des initiatives qui ne lui plaisaient pas.

* L'institution du Conseil européen, en 1974, a été tenue à l'époque pour un renforcement du travail intergouvernemental dans la vie de la Communauté, précisément parce qu'il réduisait quelque peu le statut des institutions communautaires déjà en place.

ce qui concernait la Grande-Bretagne, le « oui mais » ne pouvait valoir un « non ». La complémentarité des intérêts géopolitiques de la France et de l'Allemagne ne s'appliquait pas au Royaume-Uni. En particulier, dans le domaine de la monnaie, Londres préférait rechercher une coopération, plutôt que l'affrontement, avec les États-Unis qu'impliquait le point de vue franco-allemand. L'opinion publique britannique ne voulait pas de l'Union européenne, dont le SME constituait une étape explicite, tandis que les maux de l'économie de la Grande-Bretagne, s'ils n'étaient pas traités, n'autoriseraient pas ce pays à supporter un lien fixe avec le Mark. Mais le traitement requis — l'expérience ultérieure ne le montrerait que trop clairement — exigerait une politique monétaire élaborée seulement en considération des besoins nationaux.

Presque tout de suite, il devint évident que Callaghan, en dépit de son opinion personnelle favorable au SME et aux aspirations qu'il incarnait, devrait se résoudre à passer par un « sas », selon le jargon de l'époque : la Grande-Bretagne adhérerait à l'organisation juridique du SME*, mais, au moins dans un premier temps, ne participerait pas au cœur opérationnel du système : le mécanisme de régulation des taux de change. Le compromis consenti par Callaghan préfigure étrangement la possibilité d'*opt out* obtenue par John Major en ce qui concerne la monnaie unique décidée à Maastricht. Le prédécesseur de John Major, Mrs. Thatcher, avait su, elle, dire « non » (« Non, non, non ! » en fait). Aux yeux du reste de la Communauté et des euroenthousiastes de son propre pays, elle avait commis un crime politique capital. Elle devait être exécutée, et exécutée elle fut. Une année de « oui, mais » dans les négociations en vue de Maastricht n'ont mené John Major nulle part. Il n'a eu d'autre ressource, malgré son inclination personnelle pour les buts de l'UME et les aspirations qu'elle incarne, que de suivre le chemin tracé d'abord par Callaghan : accepter le principe, mais se tenir à l'écart du noyau opérationnel, la « phase Trois », jusqu'à ce que « les temps soient mûrs ».

Autre préfiguration du conformisme de Maastricht, l'Irlande et l'Italie donnèrent leur accord pour participer au SME, en dépit de l'inadéquation évidente d'une relation fixe avec le Mark en ce qui

---

* En pratique, cela ne signifiait guère plus que la conversion nominale de 20 % des réserves de change en European Currency Unit (ECU), et l'assurance de disposer d'un siège dans les « organes compétents » chargés de la mise en œuvre du système.

les concernait. Le commerce extérieur de l'Irlande se faisait pour une large part avec le Royaume-Uni. Il y avait des flux considérables de main-d'œuvre entre l'Irlande et la Grande-Bretagne. L'Irlande, en fait, se trouvait en situation d'union monétaire avec la Grande-Bretagne, la parité de la livre irlandaise évoluant de pair avec celle du sterling, et les billets de la Banque d'Angleterre ayant cours légal en Irlande à côté des billets irlandais. Autant on pouvait concevoir qu'un pays comme la Hollande, entretenant des relations commerciales très étroites avec l'Allemagne, lie sa monnaie au Mark, autant, économiquement, cela n'avait pas de sens pour l'Irlande.

Sur le plan politique, toutefois, il en allait différemment. À Jack Lynch, le Premier ministre irlandais, le MEC offrait la possibilité de se dégager, symboliquement, de la dernière trace d'influence britannique. L'appartenance à la Communauté avait accru la confiance en elle-même de l'Irlande, puisqu'elle la plaçait, du moins *de jure*, sur le même pied que la Grande-Bretagne. Elle promettait aussi de donner une « dimension communautaire » à la question de l'Irlande du Nord, dimension que le gouvernement de Dublin et la Communauté mettraient à profit. En outre, l'élite du catholicisme irlandais entretenait depuis longtemps un réseau de contacts avec ses homologues du continent[8]. Faire partie de la CEE permettait de donner un caractère formel à ces contacts. Helmut Schmidt, principal bailleur de fonds de la Communauté, se montrait disposé à assumer une part du coût économique entraîné pour l'Irlande par la concrétisation d'une ambition politique à laquelle il apportait un soutien ardent[9]. Il était prêt à proposer — et les Français prêts à accepter — que des versements communautaires à l'Irlande compensent le prix économico-financier d'une entrée dans le MEC.

L'Italie n'avait pas à régler le problème d'une prédominance britannique dans son commerce extérieur, mais elle souffrait de bien assez de difficultés qui lui étaient propres : une inflation à deux chiffres, une balance des paiements d'une fragilité extrême, et un déficit budgétaire d'une ampleur telle que les finances publiques menaçaient de s'effondrer. Dans ces conditions, un flirt avec le MEC semblait particulièrement déraisonnable. Mais, selon la sagesse du temps, les nécessités politiques dictaient à l'Italie l'établissement de liens encore plus étroits avec le reste de l'Europe. Le poids électoral du communisme s'était traduit par une sclérose du système politique. Au cours des premières années d'après-guerre, la toute récente démocratie chrétienne était apparue comme l'unique rempart contre le risque d'une mainmise communiste sur l'État. Mais, parvenue au gouvernement, elle tenait si fermement les rênes du pouvoir et du clientélisme qu'elle exerçait ce qui semblait être une domination éternelle sur la vie politique italienne, en dépit de la vitesse stupéfiante à laquelle les cabinets se succédaient. Vers la fin des années 70, devant la corruption du système et son incapacité à se réformer, les oppositions politiques avaient dégénéré en violence terroriste — manipulée pour une bonne part, croit-on en général, de l'intérieur même du système. À la fin de la décennie, on pouvait légitimement penser que les communistes finiraient par entrer au gouvernement — perspective qui répugnait à Schmidt, en particulier. Il estimait que le MEC pourrait constituer l'un des moyens de garder l'Italie sur la bonne voie.

Giulio Andreotti, alors comme si souvent Premier ministre, avait des raisons supplémentaires de favoriser une intégration politique et monétaire de l'Europe. L'euroenthousiasme de la démocratie chrétienne la couvrait d'un manteau de respectabilité . « L'Europe » pouvait être associée à la « Chrétienté* » et à la démocratie libérale. On comprend ainsi le paradoxe apparent qui poussait tant d'Italiens à vouloir « plutôt être gouvernés par Bruxelles que par Rome », alors même que tant de politiciens

* Dans plusieurs pays, le lien entre l'euroenthousiasme et l'idée de « Chrétienté » revêtait une grande importance[10]. Sauf en France, où la démocratie chrétienne n'avait jamais été très puissante. Ce lien était tenu pour un concept germanique, et les origines « lotharingiennes[11] » du trio démocrate-chrétien formé par Robert Schuman, Konrad Adenauer et Alcide De Gasperi faisaient l'objet de commentaires négatifs dans les débats des catholiques français au sujet de l'Europe. En réalité, nombre de catholiques français sont bien plus gallicans que catholiques romains — encore que Jacques Delors lui-même ait toujours tenté de conférer à la Communauté européenne une signification et une identité morales qu'elle ne possède pas : jouer la « carte catholique » lui a parfois été utile. Chez de nombreux catholiques authentiques, en France et plus encore en Grande-Bretagne, il y a une réticence certaine à partager la vision égoïste, sélective et introvertie d'une Communauté perçue comme une « Chrétienté ». Étymologiquement, un catholique est un universaliste, et les tentatives de susciter une identité catholique « européenne » [12] ont été mal accueillies, car elles rappelaient la division de l'Église en cultes ethniques qui représentaient déjà un problème pour saint Pierre, le premier pape. Le catholicisme français avait également tendance à considérer le catholicisme allemand comme moyenâgeux[13] et autoritaire, ignorant des aspects « contractuels » introduits dans la vie religieuse par la Révolution française et par la vigueur missionnaire de l'Église de France d'après-guerre.

romains s'étaient faits les avocats les plus éloquents d'un tel transfert de pouvoir. À la vérité, depuis bien des années, le mirage de « l'Europe » avait canalisé des forces qui, sans lui, auraient inévitablement exigé une réforme fondamentale du système politique italien. D'autre part, si « l'Europe » se matérialisait jamais, elle ne manquerait pas de le reproduire, et d'offrir ainsi aux vétérans de la scène politique de la Péninsule un asile sûr et un terrain de chasse giboyeux*.

Fondation de l'ECU

Ainsi, nul ne douta jamais sérieusement que l'Irlande et l'Italie entreraient dans le SME et participeraient au MEC. L'Italie, elle aussi, joua des « organes compétents » pour extorquer des versements de la CEE. Elle obtint l'accord des autres pays pour se joindre au MEC avec des marges de fluctuation plus larges. C'était via les aspects techniques du mécanisme proposé que la Bundesbank comptait remédier aux dégâts que pourrait lui causer l'initiative lancée par Giscard et Schmidt.

La Bundesbank redoutait, non sans motifs, que le SME ne constitue une tentative de promouvoir nombre de mesures qu'elle tenait pour anathèmes : institutionnaliser les accords sur les taux de change, ce qui accroîtrait le rôle des hommes politiques, y compris des hommes politiques étrangers à commencer par les Français ; rendre les réajustements plus difficiles et plus politisés que dans le serpent ; conduire à une « politique du dollar » commune et du coup à une politique monétaire commune dictée par les gouvernements** — déplacer le fardeau des ajustements face aux pressions du marché, en pesant davantage sur les monnaies fortes que sur les monnaies faibles. Certaines de ses craintes étaient partagées par le parti d'opposition, la CDU-CSU. Franz-Josef Strauss, le leader de la CSU***, anticommuniste fervent qui haïssait particulièrement l'*Ostpolitik* de Schmidt, protesta que le

* On y reviendra au chapitre 10.

** Quinze ans plus tard, les craintes d'Helmut Schlesinger sur ce point seraient ravivées par les propos de F. Mitterrand durant la campagne référendaire en France, avec des conséquences que nous étudierons ultérieurement.

*** La CSU constitue l'aile bavaroise des chrétiens-démocrates allemands (CDU). Son existence en tant que parti distinct symbolise la force de l'identité régionale de la Bavière.

SME conduirait à une « communauté d'inflation[14] ». Helmut Kohl, le chef de la CDU, rejoignait Strauss pour estimer que le Bundestag ne devait pas être mis devant un fait accompli, mais consulté avant toute décision. La CDU-CSU affirma, dans une déclaration commune de Kohl et de Strauss, qu'elle s'était toujours engagée en faveur de l'unité politique et économique de l'Europe libre, mais que les conditions permettant la création d'un SME viable n'étaient pas réunies.

Schmidt allait donc rencontrer des difficultés politiques pour donner à Giscard tout ce qu'il voulait dans le domaine de la construction technique du SME. Nouveau parallèle frappant avec les négociations ultérieures de Maastricht : on convint d'un compromis qui laissait la porte ouverte à tous les appétits.

Tout d'abord, la France avait tenu à la création d'une institution nouvelle, le Fonds monétaire européen. Le FME lui fournirait un forum au sein duquel les redoutables technocrates français prendraient progressivement le contrôle de la politique monétaire de l'Europe tout entière. En fait, la création du FME avait été proposée publiquement pour la première fois par Schmidt (tout comme la première proposition pour la mise sur pied d'une Banque centrale européenne viendrait, elle aussi, d'Allemagne, par la voix d'Hans-Dietrich Genscher, ministre des Affaires étrangères en 1988). Mais, à l'évidence, le bénéficiaire en serait la France. Ce point fut souligné, sans la moindre équivoque, par le Dr. Klasen, ancien président de la Bundesbank qui venait juste de prendre sa retraite. S'il commençait, selon le rite auquel un allemand « respectable » de cette époque-là ne pouvait déroger, par saluer l'idée d'un « progrès réel vers l'union monétaire », il avertissait aussi que les Allemands devraient s'assurer de manière absolue que « l'eurofanatisme » *(Europa Begeisterung)* ne les conduirait pas à perdre la maîtrise de leur propre monnaie. Le FME, écrivait-il, apportait une menace majeure, car, après sa création, « nous n'aurons plus à traiter avec M. Giscard d'Estaing, mais avec la bureaucratie française. Et s'il est quelque chose que j'admire, c'est bien la bureaucratie française : des siècles d'expérience l'ont portée au plus haut niveau, et elle nous est largement supérieure dans la lutte diplomatique pour ses intérêts nationaux*[15] ».

Dans la résolution finale du Conseil européen de Bruxelles, le compromis élaboré par les Français et les Allemands prévoyait

* Nous reviendrons sur le rôle des énarques.

que la mise en place du SME s'opérerait en deux étapes : une première étape sans institutions nouvelles, puis une seconde, au plus tard deux ans après l'entrée en vigueur du système, qui serait alors doté d'un FME au rôle non défini. Là encore, on trouve un parallèle avec Maastricht où fut dessiné le cadre juridique de la marche vers une monnaie unique, mais où la décision d'entamer ou non cette marche devait dépendre du résultat de nombreuses années d'affrontement franco-allemand pour la suprématie politique.

Ensuite, on assista à des joutes sévères sur le rôle que l'ECU, le nom nouveau donné à l'Unité de compte européenne (UCE), jouerait dans le système. L'UCE n'était que ce que son appellation même indiquait et rien de plus : une unité dans laquelle s'exprimaient les calculs financiers de la Communauté. L'ECU devait devenir bien plus que cela. Pour commencer, on l'écrivit dès le début *écu* en français, à l'instar de l'ancienne pièce française. Présentant les propositions franco-allemandes, Schmidt déclara qu'il pourrait, au bout du processus, se transformer en monnaie européenne unique — objectif ambitieux relancé l'automne précédent par le président de la Commission, Roy Jenkins[16].

L'importance de l'initiative de Jenkins en 1977 tient au fait qu'elle réamorçait et renforçait la vision romantique d'une monnaie unique, à l'opposé de la *Realpolitik* nationale. En elles-mêmes, les propositions de Jenkins furent considérées comme inapplicables par la plupart des ministres des Finances et des dirigeants des banques centrales. Mais son discours redonna vie à un climat psychologique grâce auquel le schéma Giscard-Schmidt pouvait porter le label « communautaire ».

En termes concrets, exprimer en écus les obligations de change imposées par le SME plutôt qu'en termes de parités face au Mark réduirait la place maîtresse de la Bundesbank dans le système. Tout naturellement, une telle idée consternait les responsables allemands des Finances et de la banque centrale, de même que leurs homologues néerlandais (on considérait en général qu'il existait *de facto* une relation fixe entre le florin et le Mark). Ils exprimèrent leurs réticences avec tant de force que, lors du sommet franco-allemand d'Aix-la-Chapelle, on décida finalement que les interventions obligatoires, comme dans le serpent, ne seraient déclenchées que si les limites *bilatérales* des fluctuations entre deux monnaies étaient atteintes (afin de prendre en compte les différentiels d'inflation entre pays membres et non membres du serpent, les marges de fluctuation furent portées à +/– 2,25 %, contre +/– 0,75 %)*. Cependant, autre compromis, l'ECU serait présenté comme le « centre du système », ainsi qu'il avait déjà été entendu au Conseil européen de juillet : tous les taux pivots seraient définis en ECU (disposition sans signification pratique, mais symbole important pour les Français).

Fantômes du passé

A l'origine, le compromis entre la grille de parités bilatérales et l'optique de réalignements décidés par référence à l'ECU avait été soumis par les Belges. Le franc belge appartenait au serpent. Mais la position géographique, économique, culturelle et linguistique du royaume d'outre-Quiévrain, à la charnière du monde latin et du monde germanique, a toujours posé des problèmes, et d'abord dans la propension notoire qu'ont eu, pendant plus de mille ans, les royaumes et les puissances plus grands à venir livrer bataille sur le sol de ce qui est devenu la Belgique. La disparition du « royaume du milieu » de Lothaire, en 870, a laissé le territoire de l'État moderne à cheval sur la grande ligne de démarcation. Jusqu'à nos jours, la Belgique est demeurée un agrégat mal cimenté de deux traditions culturelles et linguistiques différentes. Au moment de la formation du royaume, en 1830, et durant le siècle qui a suivi, les Wallons francophones ont bénéficié de la suprématie politique, économique et culturelle. Du point de vue monétaire, la Belgique a appartenu, avant la Première Guerre mondiale, à l'Union latine, dominée par la France, puis au désastreux « bloc or » des années 30. Quoi qu'il en soit, après la guerre, l'évolution de la conjoncture économique et la création du Benelux ont, économiquement, placé la Belgique dans le camp germanique, tandis que, dans le même temps, les Flamands néerlandophones gagnaient en influence politique et économique. Il semblait aux gouvernants

* On remarquera que les conclusions du Conseil européen tenu à Brême, en septembre, déclaraient que le SME ne porterait pas atteinte au serpent, qui demeurerait opérationnel. Mais l'accord final sur le SME (conclu lors du Conseil européen de Bruxelles, en décembre) ne contenait aucune disposition en ce sens : le serpent s'évanouit (quoique, par une nouvelle préfiguration d'événements à venir, les autorités allemandes et néerlandaises aient décidé bilatéralement de maintenir des marges de fluctuation plus étroites entre leurs monnaies respectives).

belges que ce conflit entre pôles d'attraction, l'un traditionnel, l'autre récent, ne pouvait *in fine* trouver d'apaisement que dans une association monétaire, économique et politique de la Belgique avec, *à la fois*, la France et l'Allemagne. La solution résidait dans la fin des partages de Verdun (843) et de Mersen (870), et dans la résurrection de l'empire de Charlemagne. Que les bureaux et les salles de réunion du Conseil des ministres de la Communauté aient été abrités par le gouvernement belge, à Bruxelles, dans l'immeuble Charlemagne ne relève pas de la coïncidence.

Ce n'est pas non plus par pure coïncidence que Giscard et Schmidt décidèrent d'accepter le compromis belge lors du sommet bilatéral de septembre 1978 à Aix-la-Chapelle, capitale de l'empire carolingien où se trouve le tombeau de Charlemagne. En France comme en Allemagne, on insista lourdement sur la symbolique de ce lieu. Les deux leaders ne manquèrent pas de se recueillir devant le trône de l'empereur à la barbe fleurie, et une messe particulière fut célébrée à la cathédrale. À la fin du sommet, Giscard remarqua : « L'esprit de Charlemagne flottait peut-être au-dessus de nous pendant que nous discutions des questions monétaires[17]. »

Cet euroverbiage négligeait un fait gênant : l'empire de Charlemagne n'a guère survécu à son fondateur (pas plus que les empires de Napoléon et de Hitler, autres héritiers présomptifs de Charlemagne). L'accord d'Aix-la-Chapelle fut approuvé par le Conseil européen de Bruxelles, car tous les accords de ce genre reçoivent l'aval des Premiers ministres qui veulent être autorisés à conserver leurs fonctions*. Mais, comme le compromis élaboré plus tard à Maastricht (situé à quelques kilomètres d'Aix-la-Chapelle), sa formulation avait été conçue de manière à ouvrir la voie à des interprétations bien différentes pour satisfaire les opinions publiques, en France et en Allemagne. S'agissait-il d'une transformation majeure d'un serpent jusque-là dominé par l'Allemagne (ainsi qu'on le proclamait en France), ou de l'extension à la France et à l'Italie du règne du serpent (ainsi qu'on l'affirmait en Allemagne) ? Dans le nouvel empire carolingien, qui tiendrait l'emploi de Charlemagne ? A Maastricht, la même question, exactement, fut implicitement posée, et elle demeura également sans réponse.

---

* Le veto opposé par John Major à la nomination de Jean-Luc Dehaene à la présidence de la Commission, en juin 1994, ne constitue, de ce point de vue, qu'une exception de pure forme.

Aussi bien Schmidt que Giscard paraissaient déterminés, chacun pour des raisons qui leur étaient propres, à ignorer les leçons de l'histoire, et à leur préférer la grandeur supposée de l'Histoire avec un grand H. L'Europe occidentale venait de connaître trente années de paix, de légitimité, d'amitié et de prospérité croissante. Cette situation enviable était, pour une part, le résultat de la volonté commune, partagée avec les États-Unis au sein de l'OTAN, de s'opposer à la menace potentielle incarnée par l'Union soviétique. Le trait fondamental de l'Alliance atlantique résidait dans le respect du droit de chacun de ses membres à régler ses affaires intérieures sans ingérence d'un autre membre ni des institutions de l'Alliance elle-même. Au lieu de cela, les eurofédéralistes voulaient — et veulent encore — se battre et s'empoigner les uns les autres afin de déterminer qui obtiendra les plus grands succès en se mêlant des problèmes d'autrui, et en défiant et combattant les États-Unis, pays qui a protégé militairement l'Europe occidentale et lui a fourni sa substance économique depuis la fin de la guerre.

L'histoire du MEC nous donne l'une des clés de cette étrange pulsion. C'est celle d'une lutte visant à perpétuer dans le monde d'aujourd'hui une conception obsolète de l'interaction de la politique et de l'économie. Selon cette conception, l'économie — et l'économie monétaire, en particulier — est l'instrument de l'hégémonie politique d'un État ou d'une caste. Les monnaies sont l'expression du pouvoir de cet État ou de cette caste, et, plus large est le domaine d'extension de cette monnaie, plus considérable est la puissance de celui qui en a la maîtrise. Comment s'est développée cette lutte de pouvoir, et comment a été distordue la logique économique, c'est ce qu'il nous faut maintenant découvrir.

2

Création de la chimère

En 1978, lorsque l'idée du MEC fut soumise à brûle-pourpoint à la Bundesbank, les banquiers centraux de Francfort redoutèrent par-dessus tout que le fonctionnement du mécanisme soit tel qu'il n'en vienne à saper le contrôle qu'ils exerçaient sur la conjoncture monétaire de l'Allemagne. En fait, la Bundesbank avait fait connaître son opposition au SME avec tant de vivacité que Schmidt la menaça de mettre fin à son indépendance si elle ne s'inclinait pas[1]. Il est probable qu'il ne s'agissait là que d'une bravade (quinze ans plus tard, nous le verrons, Helmut Schlesinger a ignoré une menace analogue fulminée par Helmut Kohl, et mis ainsi fin, en fait, à l'existence du SME). Les experts monétaires internationaux apprirent ultérieurement qu'à la suite d'un échange de correspondance entre Helmut Schmidt et Otmar Emminger, alors président de la Buba (la fameuse « lettre Emminger », qui revêtira une importance considérable dans ce récit), la Bundesbank s'était vu reconnaître le droit de demander au gouvernement de procéder à un réajustement dans le cas où ses interventions submergeraient le marché monétaire allemand. La suite nous montrera que, grâce à la combinaison de divers événements politiques, elle n'a pas eu à évoquer cette prérogative avant janvier 1987, huit ans après la mise en œuvre du système. Quand elle finit par s'en réclamer, la lutte qui opposait la France et l'Allemagne pour la mainmise sur le MEC était entrée dans une phase nouvelle, bien plus aiguë. Toutefois, durant ces huit ans, le MEC fonctionna à la satisfaction croissante de la Bundesbank, si bien que son actuel président considère encore le « vieux » MEC avec nostalgie et nourrit le désir de le ressusciter. Comprendre comment ces huit premières années ont camouflé l'objectif géopolitique originel de ce système et ont, au contraire, donné naissance au mythe selon lequel le MEC constituait un mécanisme d'action économique positive, voilà tout l'objet de ce chapitre.

Père absent

En apparence, les deux premières années de fonctionnement du système se déroulèrent sans incidents. Les batailles auxquelles on s'attendait entre les dirigeants français et la Bundesbank n'eurent pas lieu. Le FME non plus ne vit pas le jour. Autre absente de marque : la convergence des taux d'inflation entre les principaux pays de la Communauté, pourtant vantée comme l'un des bénéfices économiques à tirer du système. De A jusqu'à Z ou presque, les présupposés qui avaient fondé le débat sur le MEC se révélèrent sans fondement.

En premier lieu, le dollar commença de recouvrer la santé, grâce aux mesures économiques adoptées en novembre 1978 par l'administration Carter. A partir d'octobre 1979, le billet vert progressa à grands pas à la suite d'un contrôle plus sévère de la politique monétaire décidé par la Réserve fédérale dirigée par Paul Volcker. Avec l'élection de Ronald Reagan, qui donna aux marchés des espoirs d'amélioration de la demande dans un sens favorable aux entreprises, le rythme de progression adopta le galop de charge. De l'autre côté de l'Atlantique, l'arrivée au 10, Downing Street de Mrs Thatcher, armée avec une combinaison analogue d'une politique de renforcement de la demande et d'une politique monétariste, propulsa le sterling vers les hauteurs. Cette ascension imprévue des devises anglo-saxonnes signifiait que l'Allemagne, loin de recourir au MEC pour protéger sa compétitivité de la faiblesse du dollar, voyait au contraire sa monnaie glisser vers le bas dans le MEC au fur et à mesure que ses partenaires se réchauffaient à la flamme glauque d'une dépréciation de la leur vis-à-vis des principales devises non membres du mécanisme.

La politique économique adoptée par Schmidt à l'automne 1978 avait accentué la faiblesse du Mark. Depuis un certain temps, l'équipe Carter pressait les pays européens de donner un coup d'accélérateur à leur paresseuse expansion, dans l'espoir que l'accroissement de la demande en Europe éperonnerait la croissance mondiale et améliorerait la balance courante des États-Unis. L'Allemagne avait été choisie comme « locomotive ». En juillet 1978, à Bonn, au sommet des pays les plus industrialisés, Schmidt avait accepté d'augmenter le déficit budgétaire allemand. Ce sommet avait offert à la « coordination » économique internationale un cas d'école : un État consent à agir d'une manière qui lui est défavorable, à la condition qu'un autre en fasse autant. L'économie mondiale souffre, on crie au triomphe diplomatique, et, dans tous les camps, la technocratie dominante reçoit à nouveau mandat d'intervenir à tort et à travers dans la vie économique. La malencontreuse transaction germano-américaine de Bonn comportait, de la part des États-Unis, une nouvelle poussée d'interventionnisme interne et un soutien américain au SME*, et, pour l'Allemagne, une stimulation keynésienne** de la demande par le biais de la fiscalité.

---

* Le Département d'État américain approuvait le principe du SME de manière plus ou moins inconditionnelle, en tant qu'étape vers une Union européenne dont les « bons jeunes gens » de Washington se sont faits les apôtres depuis la fin de la guerre. Il semble que, dans sa vision de l'Europe, le Département d'État joue aux États-Unis le même rôle que le Foreign Office en Grande-Bretagne : favoriser les étrangers au détriment des intérêts nationaux. Officieusement, le Trésor américain et la Réserve fédérale se montraient plus réalistes et, donc, hostiles au SME. L'euroenthousiasme d'un Département d'État dominé par les WASPS ne convainc pas les continentaux qui déblatèrent contre les soi-disant complots « anglo-saxons » ourdis contre « l'Europe ». « Anglo-saxon » n'est là qu'un euphémisme pour « financiers juifs ». Avant la guerre, les continentaux ne s'embarrassaient pas de périphrases[2]. Certains ne se gênent toujours pas..

En tout cas, le secrétaire adjoint au Trésor responsable des affaires internationales, Anthony Solomon, un « modéré » pour son milieu, eut ce commentaire au printemps 1978 : « L'expérience de la dernière décennie a démontré à plusieurs reprises que la stabilité des taux de change ne peut pas être imposée au système, mais qu'elle doit être le résultat de politiques économiques efficaces[3]. Il faudra encore une décennie et demie d'expérience aux Européens pour qu'ils en arrivent à la même conclusion, enfin exprimée par une Commission européenne provisoirement moins présomptueuse, dans son « rapport sur la convergence[4] » de la fin 1993.

** Une stimulation fiscale de la demande « à la Keynes » consiste en un accroissement relatif des dépenses publiques par rapport aux recettes fiscales, dans l'espoir que le surcroît de demande interne fera progresser la production et l'emploi dans le pays concerné et — ce qui est particulièrement important dans un contexte de « coordination » — dans les principaux pays fournisseurs d'importations. L'appellation « keynésienne » est quelque peu trompeuse, car Keynes n'aurait certainement pas préconisé une stimulation fiscale de la demande dans l'Allemagne de 1978.

En réalité, la mollesse de la croissance européenne pendant la période qui a suivi le premier choc pétrolier de 1973-1974 résultait de la détérioration des conditions de la demande, puisque les gouvernements et les syndicats se débattaient pour maintenir, simultanément, les salaires réels et l'emploi face à une augmentation des prix à l'importation. La rigidification de l'économie, la perte de rentabilité de la production, et la transformation des tentatives de stimulation de la demande en accélération de l'inflation en furent les conséquences nettes. Avant 1978, l'Allemagne, quoiqu'elle ait souffert d'une baisse de ses taux de rentabilité et d'emploi, avait su résister, pour l'essentiel, aux voix des sirènes appelant à une « gestion de la demande coordonnée sur le plan international ». Mais, en 1978, Schmidt avait besoin qu'une approbation internationale dans le domaine de l'économie vienne conforter ses ambitions diplomatiques.

L'expansion allemande due à la fiscalité produisit ses effets au moment même où la révolution survenue en Iran provoquait une nouvelle hausse sauvage des prix du pétrole. En Grande-Bretagne, le gouvernement tout juste élu était déterminé à éviter les erreurs du passé : la réduction du déficit budgétaire et la pression sur la demande venaient en tête de ses priorités. En France, le Premier ministre Raymond Barre, partisan de l'austérité, avait annulé la contribution prévue pour la France à « l'initiative de croissance » internationale. Mais Schmidt persista. Alors que le choc pétrolier avait affaibli le potentiel d'offre de l'économie allemande, la stimulation de la demande fit grimper l'inflation jusqu'à un sommet gênant de près de 7 %. En outre, puisque les autres grands pays européens jouaient, au contraire, d'une fiscalité restrictive, le cavalier seul de l'Allemagne, non content d'augmenter le déficit budgétaire, produisit une situation presque sans précédent de déficit de la balance des paiements courants. Ironiquement, alors qu'en France l'austérité décidée par Barre constitua l'un des facteurs majeurs de la défaite de Giscard à l'élection présidentielle de 1981, la trajectoire inverse adoptée par Schmidt* le conduisit, lui aussi, à la retraite politique, car les Allemands estimaient que leur

* Au cours de la campagne électorale, vers la fin de 1982, la hiérarchie catholique exprima l'idée que la progression de la dette publique constituait une perte de vertu tout court. Bien que les partis allemands soient, au sens strict du terme, non confessionnels, l'Église catholique a eu tendance à favoriser la CDU-CSU, plus forte dans les régions catholiques du pays, au détriment du SPD, mieux implanté dans les régions protestantes.

vertu dans le domaine de l'économie avait été trahie. Quoi qu'il en soit, au sein du MEC, l'expansion à contretemps de l'Allemagne et le désenchantement croissant que Schmidt inspirait aux marchés se conjuguèrent à la force du dollar et du sterling pour faire monter les autres monnaies contre le Mark (le dollar, lorsqu'il était fort, avait toujours tendu à attirer des capitaux placés en Mark, la principale devise d'investissement en Europe, l'affaiblissant ainsi face aux devises concurrentes). De fait, durant quelques mois en 1980, le Mark se trouva la plus faible des monnaies du système*.

Au début de 1981, la faiblesse du Mark, aussi bien à l'intérieur du MEC que face au dollar et au sterling, ainsi que l'accroissement des pression inflationnistes forcèrent la main au conseil de la Bundesbank. L'étoile de Schmidt déclinait déjà, et les membres SPD du conseil auraient pu être accusés de comportement politicien s'ils s'étaient opposés à un resserrement de la politique monétaire**. Helmut Schlesinger***, récemment promu vice-président de la Buba, saisit l'occasion à deux mains, et son autorité joua un rôle essentiel en poussant le conseil à mettre en œuvre une hausse considérable des taux****.

A peu près à la même époque, les craintes qui s'exprimaient devant la montée du niveau de la dette publique***** contraignirent Schmidt — sous la pression de ses partenaires FDP (libéraux) de la coalition gouvernementale — à opérer un virage dans sa politi-

* On avait procédé à deux réajustements en 1979. Le premier, conforme aux prévisions, avait comporté une réévaluation du Mark et une dévaluation de la couronne danoise, tandis que le second se limitait à une dévaluation unilatérale de cette même couronne.

** La Bundesbank avait commencé à mettre en œuvre une politique plus restrictive dès janvier 1979, immédiatement après la conclusion de l'accord sur le SME, en dépit de l'opposition publiquement formulée par le gouvernement, et avait continué d'augmenter les taux d'intérêt au cours des dix-huit mois suivants. Mais l'action la plus drastique n'intervint qu'en 1981.

*** Nous reverrons souvent Helmut Schlesinger dans le cours de ce livre. Son portrait figure au chapitre 3.

**** Le Lombard, plafond normal des taux du marché de l'argent, fut suspendu, tandis que les taux à très court terme grimpèrent un temps aux environs de 30 %.

***** La dette publique nette ne représentait en 1981 que 17,5 % du PNB (contre 48,2 % en Grande-Bretagne). Mais, pratiquement depuis le début de l'histoire de l'Allemagne de l'Ouest, les finances publiques s'étaient trouvées en suréquilibre, alors que la dette publique dépassait maintenant celle de la France — phénomène dérangeant pour la plupart des Allemands.

que budgétaire. Cette année-là, les mesures de réduction du déficit budgétaire avaient déjà eu un impact légèrement négatif sur la demande intérieure allemande. En 1982, leur incidence fut bien plus forte. Le tour de vis fiscal et monétaire donné par la Bundesbank fit entrer l'Allemagne dans la récession. En termes réels, le PNB chuta faiblement, en 1981 comme en 1982, cependant que le chômage doublait en deux ans. Schmidt, politiquement, rencontrait de graves difficultés : attaqué sur sa droite par la CDU pour mauvaise gestion de l'économie, doublé sur sa gauche par des Verts en pleine ascension, il était en outre sur le point d'être abandonné à son sort par le FDP. Il n'était plus en position de pousser à la mise sur pied d'un FME, d'autant que les juristes et les hauts fonctionnaires allemands — mécontents de la manière dont ils avaient été tenus à l'écart en 1978 — avaient clairement expliqué que la naissance d'une telle institution exigerait une révision du traité de Rome, avec toutes les difficultés inhérentes à une ratification par le Parlement.

Les Français écumaient de rage. Tout comme Tommaso Padoa-Schiappa, directeur général des affaires économiques à la Commission. Les uns et l'autre rappelèrent l'accord conclu lors du Conseil européen de décembre 1978 : la naissance du FME y était inscrite noir sur blanc. Mais Helmut Schmidt était désormais impuissant devant l'opposition de la Bundesbank. Horst Schulman, principal négociateur, du côté allemand, de l'accord de 1978 et, pour l'heure, président du Comité monétaire, sentait de quel côté soufflait le vent. Il fut atteint d'une grippe diplomatique lorsque la Commission tenta de passer en force, laissant ainsi le champ libre à Leonhard Gleske, responsable des affaires internationales au sein du directoire de la Bundesbank, et son représentant, par conséquent, au Comité monétaire. Une personnalité qui présiderait plus tard le Comité décrivit ainsi le rôle de Gleske : « Ambassadeur de la Bundesbank auprès du Comité monétaire, mais aussi ambassadeur du Comité monétaire auprès de la Bundesbank. » Gleske lui-même, à la différence de l'un, au moins, de ses successeurs, n'appréciait guère cette représentation en Janus. Peu connu pour sa subtilité, il rejeta le FME en quatre mots : « *Wir wollen das nicht.* » La Bundesbank avait parlé. Padoa-Schioppa se souviendrait de la leçon. A la fin de la décennie, il crut qu'il tenait sa revanche en voyant un autre Chancelier d'Allemagne signer à Maastricht un traité contraignant qui reflétait ses idées plus que celles de quiconque. Les vieux défenseurs du FME espéraient que cela signifiait la fin de la Bundesbank.

Rupture franche

Tout cela relevait encore de l'avenir. En 1981, pendant que la Bundesbank creusait la tombe de Schmidt à l'aide des outils que lui avait fournis la malheureuse tentative de « coordination » de 1978, les déménageurs se présentaient à l'Elysée pour enlever les meubles de Giscard — en partie à cause de l'austérité mise en œuvre par Barre. L'élection présidentielle de mai avait été remportée par François Mitterrand — ancien militant d'extrême droite, ancien pétainiste, ancien ministre de la IVe République, ancien centriste, désormais socialiste et allié des communistes, mais toujours opportuniste. Pendant la précampagne électorale, Mitterrand avait parlé de « procéder à une rupture franche avec le capitalisme ». Le capital, immédiatement, décida de rompre franchement avec lui : les capitaux s'enfuirent de France à un rythme étourdissant dans les jours qui suivirent son triomphe.

Le programme de Mitterrand avait été élaboré en commun avec les communistes, et quatre d'entre eux figuraient dans son premier gouvernement. Ce dernier décida rapidement d'une réduction de la durée hebdomadaire du travail, d'une augmentation du salaire minimum, de mesures étendues de nationalisation, et d'un accroissement des transferts financiers, présentés comme des salaires à ses partisans socialistes, dans l'administration et le système éducatif. L'ensemble de ces mesures entraîna une diminution de la capacité productive de l'économie française, tandis qu'elle accroissait, à court terme, la demande de biens et de services. Inévitablement, la balance des paiements plongea dans le déficit : il y avait insuffisance de l'offre proprement française pour faire face à une demande en progression, tant et si bien que les importations augmentèrent et que les exportations diminuèrent. Pour ajouter à ces maux, la fuite des capitaux se poursuivait, en partie pour tirer avantage des taux d'intérêt allemands qui avaient grimpé en flèche depuis que la Bundesbank s'en était prise à Schmidt, en partie par peur du programme commun des socialistes et des communistes. La Bourse enregistra une forte baisse après l'élection de Mitterrand. Le franc, lui aussi, aurait subi une forte chute sans les interventions de la Banque de France, et une aggravation d'un contrôle des changes déjà sévère*. Mais les réserves de change de la France s'évanouissaient : il fallait en venir à une dévaluation.

Les socialistes avaient déjà débattu entre eux de la nécessité ou non de dévaluer dès leur arrivée au pouvoir. Mitterrand avait mis son veto. En France, la dévaluation ne revêtait pas encore le caractère infamant qu'elle aurait dans les années à venir, mais le nouveau président ne voulait pas que son triomphe électoral soit terni, ne fût-ce qu'un tant soit peu, par la reconnaissance par avance du fait que sa politique allait ravager l'économie française. On retarda donc la dévaluation jusqu'à l'automne, moment où il deviendrait possible d'en faire porter la responsabilité à la « spéculation étrangère » — refrain que les gouvernements français entonneraient avec un enthousiasme croissant au fil de l'histoire du MEC.

La dévaluation d'octobre 1981 donna ses lignes directrices à l'avenir du mécanisme. Mitterrand et Jacques Delors, son ministre de l'Économie et des Finances, voulaient que le réalignement soit perçu non comme la conséquence d'un jugement négatif porté sur l'économie française mais comme une remise en ordre générale du MEC, perturbé par les déséquilibres allemands : un déficit budgétaire important et des taux d'intérêt extraordinairement élevés. Les apparences ont toujours compté davantage que les réalités dans le fonctionnement du MEC puisqu'il constitue un moyen de déformer la réalité. Donc, lorsque Delors eut à solliciter pour le franc un réajustement à la baisse de 8,5 %, il ne le demanda pas à l'organe théoriquement responsable des réalignements — la réunion des ministres des Finances et des gouverneurs des banques centrales des pays du SME, lesquels, en général, délèguent la décision au Comité monétaire, dont les membres, alors, siègent en qualité de représentants de leurs autorités — mais à l'Allemagne. Pour l'Allemagne et la France, le sens de cette démarche — comme celui de la démarche de Schmidt et Giscard en 1978, et comme celui de bien des éléments d'importance dans la Communauté — consistait à dicter aux autres membres ce qu'ils avaient à faire.

En l'occurrence, ce que voulait Delors, par une étrange préfiguration de l'attitude qu'il observerait en juillet 1993, comportait deux aspects. Il fallait d'abord que le réajustement soit présenté

* Selon le traité de Rome, tout contrôle des changes aurait dû disparaître dans la Communauté en 1961.

essentiellement comme une réévaluation du Mark. Et il obtint très vite l'accord du gouvernement allemand pour que soient annoncées une réévaluation de 5,5 % du Mark et une dévaluation de 3 % du franc. Schmidt, en position de plus en plus délicate en Allemagne, espérait sans conteste que son opinion publique oublierait la honte du déficit de la balance des paiements et de la faiblesse du Mark provoqués par sa politique de « locomotive de l'expansion » — mais l'opinion fit retomber sur ses épaules le poids de ces péchés, et crédita la Bundesbank de la sortie du Mark de son purgatoire. Les marchés, bien entendu, rendirent leur propre verdict, aussi défavorable au franc que l'opinion publique allemande l'était à Schmidt : le cours du Mark demeura inchangé face aux devises n'appartenant pas au MEC, vis-à-vis desquelles le franc chuta d'un bon 8,5 %. En second lieu, Delors tenait mordicus à ce que le franc ne soit pas le seul à dévaluer. Lorsque le Comité monétaire fut finalement réuni, les Italiens apprirent qu'ils avaient été choisis pour danser avec la France le fox-trot de la dévaluation. Ils ne cachèrent pas qu'ils auraient préféré faire tapisserie, car ils bénéficiaient encore des effets d'une dévaluation de la lire opérée en solo quelques mois plus tôt sans tambour ni trompette. Mais, selon la malhonnête tradition communautaire respectée avec vénération au fil des années, une dame doit toujours être prête à vendre ses charmes. Dans la nécessité de conserver son alliance avec la France sur des questions telles que la Politique agricole commune et le budget de la Communauté, le gouvernement italien donna consigne à ses représentants au Comité monétaire d'approuver — confortant ainsi une réputation d'opportunisme qui, une dizaine d'années plus tard, influencerait l'attitude des marchés et de la Bundesbank.

Les autres membres du MEC étaient quelque peu vexés que la France et l'Allemagne aient également décidé de ce qu'il devait advenir de leurs monnaies. Il avait été édicté que le florin suivrait le Mark, tandis que les autres devises (le franc belgo-luxembourgeois, la couronne danoise et la livre irlandaise) seraient utilisées comme « pivots », leur taux central demeurant inchangé, mais dévaluées légèrement en termes de moyennes pondérées. Les Néerlandais n'avaient guère d'objection économique à suivre le Mark : ils considéraient eux-mêmes le florin comme une sorte d'annexe du Mark. Cependant, le traité du Benelux de 1947, qui établissait une union économique entre ses signataires, stipulait aussi qu'aucun d'eux ne pouvait prendre de décision affectant le taux de change de sa monnaie sans l'accord de ses deux partenaires. Le Comité monétaire, dont les trois États étaient membres, pouvait fournir un habillage juridique à une telle décision. Mais le diktat franco-allemand, auquel les Néerlandais se pliaient non sans réticence, signifiait une abrogation du traité du Benelux dans tous ses aspects monétaires. Les Pays-Bas avaient consenti implicitement à la prédominance monétaire de l'Allemagne, ce qui modifiait la géopolitique des monnaies du continent d'une manière que Delors, au moins, n'avait pas su reconnaître. Pendant mille ans, on avait créé, détruit, recréé, détruit à nouveau, des zones-tampons entre la France et l'Allemagne. Dorénavant, la dissolution de la zone-tampon monétaire due au Benelux signifiait qu'il y aurait inévitablement, entre les deux grands astres du firmament européen, compétition pour attirer des satellites dans leur orbite. En 1981 comme en 1993, la France s'est montrée prête à tenir les Pays-Bas pour un satellite de l'Allemagne. En 1981 comme en 1993, elle voulait que la Belgique, tout comme l'Italie, continuât d'appartenir à un groupe d'États agglutinés autour d'elle. Mais la perversité de la politique suivie par Delors, par Pierre Mauroy, et par Mitterrand, était telle que la France devrait d'abord essuyer l'humiliation d'un Vichy monétaire.

Le socialisme représentait la route qui conduisait à cette humiliation. Le secteur bancaire avait été presque entièrement nationalisé, tandis que le contrôle du crédit, le contrôle des changes (renforcé en juin 1981) et le contrôle des prix ne cessaient de s'étendre. Les lois Auroux avaient conféré plus d'ampleur à la fonction statutaire des syndicats. De nouvelles mesures s'inscrivaient dans la tendance des années 70 (du temps de Giscard) à diminuer la possibilité pour les employeurs de licencier*, ou à recourir au temps partiel ou au travail temporaire. Dans l'industrie française tout entière, ce qui restait de la « liberté de gérer du gestionnaire » n'était plus guère, pour les chefs d'entreprise, que la liberté de se conformer aux décisions du gouvernement. La plupart des grandes entreprises se trouvaient contrôlées par l'État, et la nomenklatura formée par les anciens élèves des grandes écoles sévissait partout.

---

* En 1975, Jacques Chirac, Premier ministre, avait décidé l'interdiction pour les entreprises de procéder à des licenciements collectifs sans autorisation administrative. De nouveau Premier ministre en 1986, durant son bref engouement pour le libéralisme économique, il abrogea cette décision, jusqu'à ce qu'Edouard Balladur en revienne à quelque chose de semblable en 1993.

Tout naturellement, la situation de l'économie française continua de se dégrader. L'emploi, dont l'amélioration constituait théoriquement l'objectif clé de la politique socialo-communiste, souffrait. Le taux de chômage progressait inexorablement, quoique pas encore aussi rapidement qu'en Allemagne ou en Grande-Bretagne (dans ce dernier pays, l'économie subissait le traitement, douloureux mais indispensable, de sa crise de « socialismisation » des années 70). Mais, pour les Français colbertistes, le symptôme le plus inquiétant des difficultés résidait dans l'aggravation permanente du déficit de la balance commerciale. Nous verrons, dans d'autres chapitres, qu'un tel déficit peut être, aussi, le signe d'une renaissance de l'économie. Toutefois, dans le cas de la France du début des années 80, le déficit reflétait précisément le déclin structurel d'une économie hyperadministrée, mais l'effet causait bien plus de soucis aux autorités que ce qui l'avait provoqué. Instinctivement, elles réagirent en multipliant les contrôles et les distorsions qui étaient à l'exacte racine du problème, car il va de soi que la maîtrise du taux de change constituait l'un des éléments essentiels de cette stratégie obscurantiste. Pour le mitterrandisme, le MEC était fondamental. Toutefois, la balance des paiements se détériorant à une vitesse telle que Colbert devait s'en retourner dans sa tombe, il fallut bien se mettre à « préparer » une deuxième dévaluation pendant le printemps 1982.

Delors récidive

Pendant le printemps, le franc chuta de 3 % au sein du MEC, malgré une hausse de 3 % du différentiel* entre les taux français et allemand sur l'euromarché. Compte tenu du comportement adopté par la Bundesbank et de la situation politique peu propice en Allemagne, il n'y avait aucun moyen d'éviter une dévaluation de la monnaie française. Une fois encore, on organisa des négocia-

* Le contrôle des changes mis en œuvre par la France avait pour conséquence que les taux d'intérêt intérieurs pouvaient être, dans une certaine mesure, découplés des taux de l'euro-marché (taux de prêt et d'emprunt de francs français entre banques non françaises). En outre, le contrôle du crédit et l'ampleur des subventions d'État — à ce moment-là, plus de la moitié des prêts consentis par le système bancaire nationalisé bénéficiaient d'une subvention — signifiaient que les taux de l'euro-marché pouvaient être augmentés pendant un bon moment avant que les emprunteurs français ne viennent eux aussi à en souffrir.

tions franco-allemandes préalables. Les Allemands voulaient absolument que le gel des prix, déjà en vigueur en France, soit étendu aux salaires. Pour la plupart des socialistes français, c'était là une exigence scandaleuse, mais le gouvernement y consentit et s'engagea à maintenir le déficit budgétaire à 3 % du PNB, en échange d'une dévaluation de 10 % qui, de nouveau, serait présentée comme un réajustement commun, le Mark et le florin étant « réévalués » d'un peu plus que le franc n'était dévalué.

Vis-à-vis de la France, l'Allemagne se trouvait désormais dans une position bien plus forte qu'elle ne l'avait jamais été par rapport aux petits pays de l'ancien serpent : elle décidait du « quand » et du « combien » des dévaluations françaises. De surcroît, elle dictait aux gouvernements français les politiques à mener. En ce qui concernait la France, tout semblait clair comme de l'eau de roche. La combinaison du MEC et de la phase ultra-socialiste de la présidence Mitterrand avait conduit la France à se soumettre presque pieds et poings liés au joug monétaire de l'Allemagne. Mais le pire était encore à venir.

En septembre 1982, le franc français fut mis, une fois de plus, sous pression, car la futilité du socialo-keynésianisme dans une économie ossifiée et sclérosée devenait de plus en plus apparente. Delors fulminait des imprécations contre les spéculateurs, antienne des ministres des Finances de la France depuis les années 20. « Il y a un complot international contre la France, affirma-t-il. On veut anéantir l'expérience socialiste, et nous contraindre à une troisième dévaluation[5]. »

Au début de 1983, la pression monta d'un cran, déclenchant de substantielles interventions des banques centrales. En février, l'ascension du dollar marqua une pause temporaire, ce qui renforça le Mark contre les autres monnaies du MEC. Le 7 mars, les élections générales en Allemagne confirmèrent la présence au pouvoir de la coalition CDU-FDP, ce qui donna un nouvel élan au Mark. Une semaine plus tard, le parti socialiste enregistra de lourdes pertes lors des élections municipales, par suite du vote-sanction d'électeurs socialistes déçus par les mesures d'austérité de l'été précédent. Lorsque les marchés de devises rouvrirent le lundi suivant, le franc tomba aussitôt à son plancher dans le MEC. Le franc belge et la livre irlandaise étaient, eux aussi, vivement attaqués. Le 15 mars, les banques centrales d'Allemagne, des Pays-Bas et de Suisse diminuèrent d'un point les taux d'intérêt (la Bundesbank ramena ainsi son taux d'escompte de 5 à 4 %), alors que les autorités françaises portaient à 25 % le taux de l'euro-franc. Mais les monnaies faibles continuaient de faire l'objet d'énormes ventes, contraignant les banques centrales à des interventions automatiques d'une ampleur sans précédent, au moins pour cette période du MEC.

La volonté de l'Allemagne de porter secours au franc était largement liée à la stagnation de l'économie allemande. En octobre 1982, les Suédois qui avaient déjà procédé à une dévaluation substantielle de leur couronne en septembre 1981 décidèrent tout à trac de dévaluer massivement une seconde fois : moins 16 % par rapport à un panier de devises. En Allemagne, on craignait de plus en plus d'assister à une nouvelle série de « dévaluations compétitives », dommageables pour l'industrie allemande. Schulman, qui allait quitter bientôt la scène politique après la défaite de Schmidt, avait tempêté contre les Suédois. Son successeur aux postes de secrétaire d'État du ministère des Finances et de membre du Comité monétaire, Hans Tietmeyer, professait des opinions politiques bien différentes, mais partageait sa vision d'un SME protecteur de la compétitivité de l'Allemagne. Dix ans plus tard, Tietmeyer, vice-président de la Buba, soutiendrait à nouveau, lors de l'ultime crise du MEC, la solution d'une baisse des taux d'intérêt allemands pour aider à défendre le franc. Comme nous le verrons, il ne put faire prévaloir ses vues en 1993. Mais, en 1983, il en allait autrement. À Paris, les pressions sur le franc alimentaient une bataille politique titanesque[6]. Le premier camp regroupait l'aile gauche des socialistes qui voulaient revenir aux errements de 1981, quitter le SME et mettre en œuvre des mesures protectionnistes, quitte à suspendre l'application des règles commerciales de la CEE. Le ministre de l'Industrie, Jean-Pierre Chevènement, et le secrétaire général de l'Elysée, Pierre Bérégovoy (qui, dix ans plus tard, défendrait — littéralement jusqu'à la mort — une politique totalement opposée), étaient les porte-drapeaux de la gauche. Face à eux s'alignaient les « modernistes », conduits par Jacques Delors, qui voulaient le maintien de la France dans le SME, et davantage de « rigueur ».

Le Chancelier Kohl était déterminé à voir Delors gagner son combat à Paris[7]. La victoire de son rival Chevènement aurait eu de graves conséquences pour le commerce allemand et, portant atteinte à la CEE, aurait notablement affaibli la position internationale de l'Allemagne. Mais Delors n'était pas un partenaire facile. Une fois de plus, des pourparlers franco-allemands s'étaient engagés sur la dévaluation et sur les mesures d'accompagnement. D'un côté, Delors ne pouvait accepter que l'opinion publique soit amenée à juger qu'il avait tout bonnement cédé devant les exigences de l'Allemagne. De l'autre, les Allemands devaient convaincre leur opinion publique que le MEC exportait vers la France la « vertu » financière allemande, bien plus qu'il n'importait en Allemagne le « vice » des Français ; après tout, la défaite du SPD — parti à l'évidence d'une tout autre espèce que le PS — était attribuée, pour une part, au laxisme budgétaire de Schmidt entre 1978 et 1980. En outre, s'il fallait éviter, autant que possible, que la France se retire du MEC, l'industrie allemande n'aurait pas apprécié qu'une dévaluation du franc trop ample soit le prix à payer pour le maintien du MEC en l'état.

Delors donna libre cours à ses talents de comédien. À deux reprises, il s'envola pour Paris afin de s'entretenir avec le « cabinet de crise ». Il s'en prit violemment aux Allemands sur tous les fronts — les taux d'intérêt, les interventions, et l'ampleur et la responsabilité de la dévaluation. À son collègue allemand, Gerhard Stoltenberg, qui avait d'abord repoussé l'idée d'une réévaluation du Mark, il lui arriva même de jeter : « Devant l'arrogance et l'incompréhension d'un peuple tel que le vôtre, que puis-je faire[8] ? » Durant les discussions, les Français avancèrent l'idée d'un élargissement des marges de fluctuation autorisées dans le MEC (suggestion qui serait reprise *par les Allemands* pendant la grande confrontation de 1993, nous le verrons), cherchant par là à faire chanter l'Allemagne pour qu'elle consente à une grosse dévaluation du franc maquillée en réévaluation du Mark. Les turlupinades de Delors déconcertèrent les responsables allemands et néerlandais des banques centrales aussi bien que Tietmeyer. Le gouverneur de la Banque de France lui-même dénonça auprès de ses collègues le « psychodrame » d'une dévaluation à la Delors*.

En fin de compte, Delors eu gain de cause sur les apparences. Le franc serait dévalué de 8 % par rapport au Mark, bien que la présentation formelle soit celle d'une « réévaluation » du Mark de 5,5 % et d'une dévaluation de 2,5 % du franc. En réalité, au total, le franc avait été dévalué de 30 % vis-à-vis du Mark en moins de dix-huit mois. L'Allemagne réglait déjà la politique budgétaire et

* Il est caractéristique de la logique biaisée qui préside au MEC-UME que, selon certains récits, c'est à ce moment-là qu'eurent lieu les premières discussions entre Kohl et Mitterrand sur l'Union monétaire européenne.

salariale de la France. Cette fois, au titre de l'ensemble des mesures de dévaluation de mars 1983, Mitterrand et son gouvernement avaient dû accepter qu'on leur fixe des limites pour la balance des paiements française. L'humiliation des socialistes français était quasi totale : une sorte de 1940 monétaire.

Le corporatisme dans un seul continent

Psychologiquement, l'élite française ne réagit pas en estimant que son pays devait changer ses méthodes et apprendre à marcher sur ses propres jambes. C'était exactement ce que Mrs Thatcher était en train de persuader ses compatriotes de faire, après les humiliations économiques dont ils avaient souffert sous les gouvernements Heath, Wilson et Callaghan. Mais alors qu'en Grande-Bretagne, juin 1940 évoque Dunkerque et la détermination de poursuivre la lutte même tout seul, cette date, en France, est associée à une capitulation totale et à l'installation du régime collaborationniste de Vichy. En mai 1983, le gouvernement français jugeait qu'à part l'autarcie et la soumission absolue au modèle allemand, il n'y avait pas d'autre choix. Étant socialiste et français, il n'accorda jamais une seconde d'attention à l'alternative qu'aurait représentée le libéralisme économique, seule manière de concilier la souveraineté nationale et l'ouverture au reste d'un monde interdépendant. Au lieu de cela, il opta pour la route de juin 1940, dans l'idée que la France (ainsi que l'exprimait il y a peu John Laughland, brillant chroniqueur de la désastreuse ère Mitterrand) « était vouée à la défaite, et que seule la tutelle des nazis victorieux la contraindrait à s'amender[9] ».

Bien entendu, Kohl n'est pas nazi, et le nazisme n'est pas le modèle allemand. Ce modèle est quelque chose que les Français qualifient de « capitalisme rhénan », par opposition au « capitalisme anglo-saxon » honni des nazis, de Vichy et des « chrétiens sociaux » français tel Delors. L'élément fondamental de ce « capitalisme rhénan » est le corporatisme*. La décision de la France de s'y rallier, en mai 1983, devait détruire la vie politique française.

* L'auteur tient à préciser qu'il utilise le mot corporatisme dans le sens qu'il revêt dans la langue anglaise, c'est-à-dire une « participation étroite des syndicats, des organisations patronales et de divers groupes d'intérêts aux décisions gouvernementales concernant l'économie ».

La décision connexe de boire le calice du franc fort jusqu'à la lie, comme une pénitence nécessaire après la dégradation de la France, devait détruire l'économie française. Ensemble, ces deux décisions ont inéluctablement conduit l'élite politique française à son actuelle obsession de « l'Europe ».

À l'origine, le SME avait été conçu comme un instrument de mise en œuvre de la géopolitique et de l'histoire. Par la suite, l'affaiblissement politique de Schmidt et de Giscard joint à l'application de politiques économiques différentes en Allemagne et en France devaient le réduire à guère plus qu'un mécanisme générant sporadiquement des turbulences sur les marchés financiers et retardant les inévitables mouvements des taux de change. Il ne fit rien ou bien peu pour promouvoir la « convergence » qu'avait espérée le Conseil européen de Bruxelles. Il servait déjà à véhiculer la non-responsabilité politique, le souci de laisser à d'autres les décisions, et la légèreté — au point qu'il créait les conditions d'une acceptation du même phénomène en « Europe ». Mais ses quatre premières années d'existence avaient déçu ceux qui voyaient en lui la route venant d'Aix-la-Chapelle — et y conduisant. La nouvelle phase de l'histoire du MEC inaugurée par la poussée de fièvre de mars 1983 devait être d'un caractère plus intensément géopolitique que la première — quoique, du point de vue de l'économie, ses résonances historiques aient eu davantage à voir avec le IIIe Reich qu'avec le Ier, l'empire de Charlemagne. La dévaluation de mars 1983 signait l'acceptation par Mitterrand et par Delors du fait que, dans l'ordre économique mondial d'aujourd'hui, le « socialisme dans un seul pays » est, économiquement, impossible. Comme substitut, ils tournèrent leurs regards vers l'installation du « corporatisme dans un seul Continent », suivant, par coïncidence, une ligne similaire à celle qu'avaient envisagée le nazisme et Vichy pour s'opposer au monde « anglo-saxon* ». Un peu moins de neuf ans plus tard, il a pu sembler que le traité de Maastricht avait transformé cette vision en réalité à portée de main.

Toutefois, le mysticisme, une quasi-religiosité et quelque chose qui s'apparente à l'aryanisme ne constituent que l'une des composantes de l'attitude de l'élite française à l'égard de « l'Europe ». L'autre est une technocratie sans états d'âme. Pour les énarques

---

* Le point de vue des nazis sur ce qu'aurait dû être le nouvel ordre économique mondial est décrit au chapitre 8.

que Klasen redoutait tant en 1978, le « franc fort » ne représentait pas seulement la pénitence des péchés de naguère : il devait être la voie par laquelle le leadership monétaire serait arraché à l'Allemagne. L'unique moyen de susciter en Allemagne un respect de la France suffisant pour qu'elle lui abandonne sa souveraineté monétaire consistait à ramener l'inflation française au niveau allemand et à conserver une monnaie forte. Hormis une interruption brève et timorée en 1986 (interruption qui présente une certaine cohérence historique, puisqu'elle intervint à l'époque du gouvernement de cohabitation dirigé par un gaulliste, Jacques Chirac), la politique économique et monétaire de la France aurait désormais pour objet le maintien du rapport franc-Mark. Mais la diplomatie monétaire française n'en poursuivrait pas moins les efforts entrepris par Giscard en 1978 pour se dégager des rigueurs de l'hégémonie allemande dans le domaine de la monnaie, et pour finir par se substituer à elle.

Regat Bundesbankia !

Chaque histoire possède plus d'une facette. Vue de Francfort, la période d'abnégation économique de la France, entre 1983 et 1986, ressemblait à la preuve que les doutes initiaux nourris par la Bundesbank au sujet du MEC étaient peut-être mal fondés. Après le changement de trajectoire budgétaire et monétaire de 1981, les performances de l'économie allemande avaient satisfait la banque centrale. En 1986, dernière année de la deuxième phase du MEC, l'Allemagne connaissait en fait un taux d'inflation négatif, et avait retrouvé une balance des paiements en suréquilibre. Le budget du gouvernement pouvait être considéré comme raisonnablement en ordre. Les objectifs d'évolution de la masse monétaire avaient été atteints plusieurs années d'affilée (1986 marquait justement une exception, mais il était possible de tolérer un dépassement, compte tenu du bon niveau des prix, et du fait qu'à la hausse vertigineuse du dollar entre 1981 et 1985 succédait ce qui s'avérerait être une baisse non moins aiguë).

Ce qui était peut-être plus satisfaisant encore du point de vue de l'Allemagne, l'évolution du MEC, depuis mars 1983, l'avait transformé en zone Mark officieuse, permettant ainsi aux bénéfices tirés de la stabilité des prix allemands de s'exporter chez les autres membres du système, en compagnie de la stagnation économique et du chômage. En Allemagne même, la disparition de l'inflation n'avait été obtenue que par cinq années de sous-utilisation du potentiel. Le chômage avait progressé régulièrement. De 1983 à 1986, il avait augmenté tout aussi régulièrement en France, en Italie et en Irlande. En Belgique et aux Pays-Bas, il avait fallu une manipulation des statistiques de l'emploi pour éviter d'avoir à présenter une progression du même ordre. Seul le Danemark faisait réellement — mais, hélas, temporairement — exception. Les années où la Bundesbank exerça une domination incontestée sur le MEC furent aussi les années du plus virulent des « europessimismes ». Dans ce chapitre, nous allons examiner brièvement comment le mécanisme fonctionnait réellement. Le sujet revêt davantage qu'un intérêt historique — avec la fréquente connotation péjorative attribuée à cet adjectif —, car il semble bien que ce soit l'intention d'Hans Tietmeyer, l'actuel tsar monétaire de l'Europe, que de recréer, sous certains aspects, les conditions qui prévalaient entre 1983 et 1986.

Il est temps pour nous d'affronter certains dragons dans leur antre. Les mots « symétrie », « asymétrie », et « point d'ancrage » ou « pivot » vont revenir à de nombreuses reprises dans ce texte. Il faut les expliquer. En théorie, le MEC est *symétrique*, dans la mesure où, ainsi que nous l'avons vu, sa caractéristique principale réside dans la grille des parités bilatérales. Si une devise atteint une marge de + 2,25 % (la plus élevée permise par les limites de fluctuation d'origine) par rapport à une autre, la seconde, par définition, a atteint une marge de – 2,25 % vis-à-vis de la première. Les devoirs, droits et obligations de la monnaie la plus forte sont, en théorie, identiques à ceux de la plus faible. Dans la pratique, cependant, la monnaie la plus forte subit bien moins de pression que la plus faible : le fonctionnement du système est *asymétrique*.

La Bundesbank, cela saute aux yeux, dominait un MEC asymétrique dans les années 1983-1986. Autrement dit, le MEC, durant cette période, était une zone Mark : les autres pays se bornaient à stabiliser leur monnaie par rapport au Mark. Ainsi, la Bundesbank assurait l'« ancrage » ou le « pivot » de la politique monétaire du système : il fallait bien que quelqu'un fixe la politique monétaire des pays du système ; ce quelqu'un, c'était la Bundesbank.

Pourquoi les autres pays étaient-ils disposés à suivre cette ligne ? Pour les anciens membres du serpent, il n'y avait naturellement rien de nouveau à admettre le leadership de la Bundesbank.

Ce qu'il y avait de neuf (mais pas pour les Pays-Bas), c'était la détermination de la Belgique et du Danemark d'éviter toute dévaluation vis-à-vis de la monnaie du pays pivot. Quels qu'aient été leurs vrais motifs de politique intérieure, ils trouvaient une certaine justification intellectuelle dans les idée des théoriciens de la « mort de la macroéconomie » qui dominaient le monde vers 1985. En Grande-Bretagne, la « stratégie financière à moyen terme » de Mrs Thatcher en représentait une version réfléchie et, à certains égards, assez exacte. Mais la variante abâtardie en vigueur sur le Continent n'était qu'une expression supplémentaire de l'europessimisme : on affirmait que la structure des économies européennes, celle du marché du travail en particulier, était tellement mal en point que toute tentative de stimulation de la croissance par l'intermédiaire de la politique budgétaire ou de la politique monétaire n'aboutirait qu'à une relance de l'inflation. On croyait — même dans la France de Mitterrand deuxième manière — que le vrai problème résidait dans des salaires réels excessifs, qu'il fallait réduire par la désindexation, par le gel des rémunérations et par le « dialogue social ». L'Europe continentale souffrait, à l'évidence, de problèmes structurels majeurs. Mais ils trouvaient leur véritable origine dans un excès de réglementation, dans un secteur nationalisé trop étendu, dans les distorsions de la concurrence, dans l'influence disproportionnée qu'exerçaient les syndicats dans l'élaboration de la politique, dans une fiscalité qui ne favorisait pas l'initiative ni l'esprit d'entreprise, dans les obstacles rencontrés par les entreprises nouvelles, dans la fixation d'un salaire minimum, dans les restrictions aux licenciements, dans des transferts sociaux qui décourageaient le travail et dans des coûts sociaux qui décourageaient l'offre d'emploi. Le « dialogue social » et les « politiques des revenus » n'enracinaient que mieux nombre de ces déficiences. Et quelle qu'ait pu être l'importance du chômage « structurel », il ne pouvait qu'empirer si la demande globale solvable ne venait pas au secours de l'offre libre et profitable. Cependant, adhérer aux vues de la Bundesbank conduisait *effectivement* à imposer des politiques monétaires trop strictes pour que la demande puisse correspondre à l'offre disponible.

La France elle-même s'écarta une fois de la voie de la pénitence sur laquelle elle s'était engagée en 1983. En avril 1986, le maintien de l'austérité socialiste et le franc fort d'inspiration vichyste avaient abouti à un résultat électoral prévisible (il en serait de même en mars 1993) : les socialistes perdirent les élections législatives. La coalition de centre-droit, conduite par le gaulliste Jacques Chirac, avait au moins deux bonnes raisons de remettre en question la politique de change Mitterrand-Delors. Tout d'abord, on ne pouvait guère s'attendre à voir un gaulliste apprécier une soumission monétaire à l'Allemagne. Ensuite, le socialisme du Mitterrand première manière et le corporatisme du Mitterrand deuxième manière, ou, à tout le moins, leurs conséquences sur l'emploi, paraissant rejetés par les électeurs, on pouvait raisonnablement imaginer que des orientations différentes étaient à l'ordre du jour (là cesse l'analogie avec 1993 : à ce moment-là, le débat démocratique avait été si complètement étouffé que le nouveau Premier ministre, Edouard Balladur, gaulliste en théorie, poursuivit tout bonnement la politique de son prédécesseur, le socialiste Pierre Bérégovoy).

Chirac, presque aussi caméléon politique que Mitterrand lui-même, opta pour un degré de libéralisme économique inaccoutumé en France. Les contrôles des changes seraient abolis. Les marchés financiers seraient déréglementés et modernisés, à l'imitation explicite de New York. On aurait recours à des privatisations. Les taux de prélèvement fiscal seraient réduits, et la réglementation restrictive du marché du travail abrogée. Mais Chirac ne voulait pas que ce programme aboutisse à un cul-de-sac à cause d'une perte de compétitivité immédiate et d'une poussée du chômage, comme cela avait été le cas dans les premières années du gouvernement de Mrs Thatcher. Il n'avait pas le temps de patienter. Son objectif véritable consistait moins à réformer l'économie française qu'à devenir président : l'élection présidentielle aurait lieu à peine deux années plus tard. Il lui faudrait donc opérer sa révolution en douceur, sans procéder à aucun des licenciements rendus nécessaires par douze années d'incurie. C'est pourquoi à peine eut-il pris ses nouvelles fonctions qu'il ordonna à Edouard Balladur, le nouveau ministre des Finances, de négocier une dévaluation.

La baisse de compétitivité (« divergence cumulée des coûts et des prix », dans le jargon de la Bundesbank) accumulée en trois ans, depuis la dernière dévaluation, servit de prétexte — dans l'ensemble, sur les trois années, le taux d'inflation de la France avait diminué, mais les prix et les salaires n'en avaient pas moins progressé nettement plus qu'en Allemagne. C'était un type de réajustement que Tietmeyer — déjà, à n'en pas douter, la force dominante dans l'élaboration de la politique économique de l'Allemagne — approuvait, ou, en tout cas, pouvait accepter, même si une amélioration de la position concurrentielle de la France se traduisait par une petite dégradation de celle de son pays : il ne s'agissait pas là de céder à la pression de la spéculation, et nul spéculateur n'en tirerait profit. Aucune pression politique ne s'exerçait sur l'Allemagne, et il n'y aurait pas de débat sur une éventuelle réévaluation du Mark. La Bundesbank n'était aucunement mêlée à des querelles au sujet des interventions ou des taux d'intérêt, et n'avait donc rien à voir dans l'affaire. Au lieu de les créer, le réajustement corrigerait les mouvements des taux de change réels (taux de change nominaux corrigés de l'évolution relative des coûts et des prix). Et il interviendrait après une période d'efforts de stabilisation interne qui le satisfaisaient (puisqu'ils avaient été dictés par l'Allemagne). La négociation prit un peu de temps, mais elle progressa sans heurt. Pour Tietmeyer, ce réalignement était le modèle de ce qu'un réalignement doit être.

Cependant, du point de vue français, on pouvait difficilement le considérer comme une nouvelle érection de la croix de Lorraine. Dans le domaine monétaire, Chirac se comportait comme un collaborateur plutôt que comme un combattant de la Résistance. En se conformant aux règles du MEC décidées par l'Allemagne, il confirmait la suprématie allemande dans le système. Il n'était pas encore dans une position telle qu'il puisse défier le leadership de l'Allemagne, et personne ne paraît avoir songé que faire flotter le franc pourrait constituer une alternative — les habits de libéralisme économique dont Chirac s'était vêtu ne pouvaient dissimuler son attachement borné à la fixité des taux. Mais suivre la Bundesbank avait un coût, ce qui le forcerait bientôt à contester sa domination. Il est temps de voir comment et pourquoi le leadership de la Bundesbank en vint à être contesté.

Tout ce qui brille

À la fin de 1986, de nombreux changements se préparaient, et d'abord en France. À eux tous, ils feraient de la question du point d'ancrage un sujet de conflit aigu. Le gouvernement Chirac desserra le contrôle des changes. Dès 1984, pour maîtriser la masse monétaire la Banque de France avait abandonné le contrôle du crédit au profit d'interventions sur les marchés. La déréglementation et la modernisation des marchés financiers étaient en cours. Tout cela signifiait que toute hausse des taux d'intérêt en vue de défendre le franc aurait des effets bien plus instantanés et bien plus étendus sur l'économie française. Le Marché unique apporterait davantage de concurrence. Et l'utilisation du taux de change comme amortisseur manquait de cohérence avec la redécouverte des objectifs de l'Union monétaire. Bien plus important à court terme, il avait été possible de faire porter sur les socialistes la responsabilité de la dévaluation d'avril 1986. Mais Chirac se verrait reprocher toute nouvelle dévaluation (dans l'atmosphère proche de celle de Vichy créée par, et pour, l'élite politique depuis 1983, dévaluer était de plus en plus tenu pour un déshonneur national), à moins d'en faire retomber le blâme sur quelqu'un d'autre : les États Unis ? l'Allemagne ? En outre, la patience du Français moyen commençait d'être mise à rude épreuve. L'inflation était tombée à 2,7 %. Atteindre un tel niveau après les hausses de prix à deux chiffres du début des années 80 avait produit quelques bénéfices politiques — mais point assez pour éviter aux socialistes de perdre la majorité au Parlement. Pour Chirac, il n'y aurait aucun profit à tirer d'une réduction supplémentaire. S'il voulait devenir président en 1988, il lui fallait dorénavant mettre l'accent sur la réduction du taux de chômage, dont les deux chiffres remplaçaient ceux des prix.

La marmite se mit à bouillir en janvier 1987. On assista à une vague de grèves et de troubles sociaux, inévitables dans une période de « politique des revenus ». Il était tout aussi inévitable qu'ils revêtent un caractère politique, et que Mitterrand les exploite afin de mettre à mal la position de son Premier ministre. Sur la scène monétaire internationale, le dollar continuait sa chute. Comme toujours, la faiblesse du billet vert suscitait des flots d'achats de Marks et faisait naître des tensions au sein du MEC*. Compte tenu de la nouvelle structure, libéralisée, des marchés financiers français, le volume des capitaux fuyant la France se révéla considérable. Le franc tomba à son niveau plancher de fluctuation. Il fallut que la Banque de France et la Bundesbank interviennent, pour des montants sans précédent, tandis que les taux d'intérêt français étaient relevés, ce qui eut un impact douloureux bien plus immédiat que par le passé. Pendant deux semaines, on assista à un échange de récriminations publiques entre la France

* Ainsi que nous le verrons ultérieurement, on assista au développement d'un autre mécanisme par lequel des tensions qui avaient leur origine *à l'intérieur* du MEC aboutissaient à un *renforcement* du dollar.

et l'Allemagne. Les taux d'intérêt allemands avaient déjà atteint un plancher historique : il n'y avait aucune perspective de les voir baisser à nouveau afin de sauver le franc. Un réalignement devenait nécessaire. L'Allemagne affirmait que le franc devait être dévalué, Chirac réclamait une réévaluation du Mark. Tranquille dans son palais de l'Élysée, Mitterrand souriait. Politiquement, la partie n'était pas égale. Le caractère asymétrique du MEC joua à plein. Chirac dut céder. Le franc fut dévalué. Les socialistes purent stigmatiser de l'épithète « dévaluationniste » le gouvernement Chirac qui avait par deux fois terni le renom de la France, après les trois années de « vertu » socialiste qui avaient suivi 1983.

Les portes du Louvre

Chirac était furieux. Mitterrand le tenait à l'écart des relations franco-allemandes au plus haut niveau, et, plus généralement, de la Défense et des Affaires étrangères — deux domaines qu'un Premier ministre gaulliste voulait naturellement marquer de son empreinte. À l'évidence, Chirac et Balladur décidèrent d'exploiter toutes les occasions que leur laissait la cohabitation pour mettre en œuvre une *diplomatie monétaire*. Contraints par les circonstances d'inverser l'approche qui avait été celle de Giscard et de Schmidt en 1978, ils se précipitèrent dans toutes les portes qui leur étaient encore ouvertes, au niveau des ministres et des hauts fonctionnaires, pour pallier leur exclusion du degré le plus élevé du pouvoir.

La première opportunité se présenta très vite. En février 1987, les ministres des Finances du G 7 (le groupe des sept principaux pays industrialisés : États-Unis, Allemagne, Japon, France, Grande-Bretagne, Italie et Canada) se réunirent au Louvre, qui abritait encore l'administration des Finances. Ils y conclurent un accord de « stabilisation » d'un dollar affaibli, lequel, en baissant fortement, s'était comporté très exactement comme les ministres des Finances le lui avaient ordonné au moment de la conclusion de l'accord du Plaza*, moins de dix-huit mois auparavant. L'accord du Louvre, exemple parfait des ingérences fâcheuses connues sous le nom de « coordination », permettait à Chirac et à Balladur

* En fait, l'accord du Plaza prenait tout bonnement acte d'un renversement de la tendance du dollar qui était intervenu sur les marchés plusieurs mois auparavant.

de se présenter devant l'opinion française sous un jour favorable. Conclus à l'initiative de la France et dans la majesté du Louvre, ces arrangements paraissaient démontrer que la contribution française avait été décisive pour contrer le facteur auquel il était possible d'attribuer la dévaluation de janvier : la faiblesse du dollar. Ils donnaient aussi l'impression que la France jouait un rôle significatif dans le grand théâtre du G 7, alors qu'il était évident qu'au sein du MEC elle n'était qu'un brillant second.

À cause de cela même, les accords mécontentaient à l'extrême nombre de membres du conseil de la Bundesbank. Depuis huit ans, la Buba avait transformé le MEC à son propre avantage. La création d'une zone Mark, plus étendue que l'ancien serpent, signifiait que la Bundesbank pouvait moins se soucier des événements monétaires survenant dans le reste du monde, en particulier des variations du dollar, pour se concentrer sur ses objectifs monétaires internes, avec toute la liberté de manœuvre que cela lui donnait pour régenter son territoire, hors de tout contrôle politique. Potentiellement, l'accord du Louvre pourrait lui procurer certains avantages si, par une stabilisation du dollar, il évitait au franc français d'avoir à subir des pressions du genre de celles qui l'avaient contrainte, en janvier, contre son gré, à des interventions massives. Mais il présentait le grand inconvénient que la fixation de zones cibles aux taux de change entre devises majeures par un forum dans lequel les décisions étaient prises par des hommes politiques, notamment français et italiens, pouvait saper le leadership que la Bundesbank exerçait sur le MEC. Néanmoins il n'y avait pas grand-chose à faire : la loi donnait au gouvernement fédéral seul le droit de conclure des accords de cette espèce-là.

Dans de telles circonstances, les *enragés* du conseil de la Bundesbank ne pouvaient que grincer des dents. De nouvelles épreuves les attendaient, cependant, car la France pressait le Comité des gouverneurs des banques centrales et le Comité monétaire d'obtenir des « améliorations » techniques du MEC à la lumière des événements de janvier. Les responsables français expliquaient que l'accroissement des volumes des mouvements spéculatifs exigeait que les ressources dont disposaient les banques centrales pour faire face à la spéculation soient augmentées. Brodant sur le thème de la nécessité théorique d'une coordination des politiques monétaires dans un système de taux de change fixes, ils réclamaient une révision régulière des taux de change et des taux d'intérêt, des autres volets de politique économique, et de leur évolution par le Comité des gouverneurs et par le Comité monétaire. Dans l'ensemble, les exigences françaises furent acceptées en ce qui concernait les deux « organes compétents* ».

Karl Otto Pöhl, président de la Bundesbank, jouait un rôle ambigu à l'intérieur du Comité des gouverneurs, tout comme celui qu'il tiendrait plus tard dans le Comité Delors. Peut-être avait-il compris que la position apparemment dominante de la Bundesbank dans le MEC la rendait, en réalité, terriblement vulnérable. Peut-être a-t-il songé qu'il était inimaginable que les autres pays, la France en tête, continuent d'admettre un leadership de la Bundesbank pour l'éternité. Si la Bundesbank refusait aujourd'hui un certain degré de « coordination », elle risquait demain d'affronter un mouvement irrésistible en faveur d'une solution davantage institutionnelle et europolitique.

Les changements techniques, en tout état de cause, furent admis à Bâle, lors d'une réunion du Comité des gouverneurs et approuvé par un Ecofin informel (auquel assistent les gouverneurs), tenu à Nyborg** en septembre 1987. En principe, ces modifications réduisaient quelque peu l'asymétrie du système. La France pouvait donc proclamer que son point de vue avait triomphé. Mais il était également prévu que l'on présupposait que les mouvements des devises à l'intérieur de la marge seraient utilisés les premiers lorsqu'une monnaie serait attaquée***, suivis, en cas de besoin, par l'ajustement des différentiels de taux d'intérêt, et, ensuite seulement, par des interventions (désormais, cette gamme d'actions serait connue sous l'appellation des « instruments de Bâle-Nyborg »). Cela autorisait la Bundesbank à présenter l'arrangement comme un pas dans la direction qu'*elle* souhaitait.

Ces interprétations contradictoires du compromis de Bâle-

---

* Un « approfondissement non institutionnel » du MEC avait déjà été suggéré en 1981-1982, après l'abandon de l'idée du FME. Mais, à l'époque, la position de force de la Bundesbank lui avait permis de le repousser.

** Jusque-là, une facilité de financement à très court terme (FTCT) avait été mise à la disposition des banques centrales de pays à monnaies faibles, afin de financer leurs interventions lorsque leur devise tombait à son cours plancher dans le MEC. Désormais, on « supposait » que les banques centrales des pays à monnaie forte autoriseraient des emprunts FTCT de leur propre monnaie en vue d'interventions infra-marginales, mais non pour des montants illimités. Le remboursement voyait son délai allongé, et, sous certaines conditions, il pouvait être opéré à 100 % en écu, et non dans la monnaie considérée.

*** Il s'agissait de tenter de créer un « double risque » pour les spéculateurs, concept auquel on aurait recours en août 1993.

Nyborg rappelaient celles qui avaient concerné le SME lui-même, et préfiguraient le conflit, non résolu à ce jour, soulevé par l'interprétation « correcte » du compromis de Maastricht. Après 1978, la Bundesbank avait été en mesure d'imposer sa propre interprétation, malgré les « psychodrames » de 1981-1983, parce que ses partenaires, en fin de compte, étaient prêts à l'accepter. Mais après Bâle-Nyborg, le MEC entra dans une phase différente, plus conflictuelle, en dépit d'une apparente stabilité due à l'absence de réalignements pendant cinq ans et demi : une épreuve de force s'engagerait entre la Bundesbank et ceux, en particulier les Français, qui voulaient s'emparer des leviers du pouvoir monétaire.

Wall Street s'effondre, le Louvre s'écroule

Néanmoins, ce fut l'accord du Louvre, et non pas directement le MEC, qui provoqua le premier affrontement. Pendant l'été et le début de l'automne 1987, la Réserve fédérale, conformément aux buts de l'accord, avait gardé le taux de change du dollar en tête de la liste des facteurs régissant ses décisions de politique monétaire, pour la première fois depuis l'écroulement du système de Bretton Woods. Mais on s'aperçut que la Bundesbank n'était pas disposée à agir de même. Il n'y avait pas de leader pour les zones cibles définies par l'accord, et par conséquent, pas de « point d'ancrage » à la politique monétaire. Du point de vue de la Bundesbank, le danger était grand que des voix ne s'élèvent pour demander que cet ancrage ne soit réalisé par une gestion commune, indésirable qu'elle qu'en soit la forme, de la politique monétaire mondiale. Pour prévenir ce danger, le conseil de la Bundesbank — sous l'impulsion d'Helmut Schlesinger, incontestablement — décida de s'en tenir à son propre point d'ancrage, la gestion de la masse monétaire allemande. Au début d'octobre, pour la première fois depuis 1981, la Bundesbank releva ses taux, dans le but annoncé de ramener la masse monétaire dans la zone cible dont elle s'échappait.

De l'autre côté de l'Atlantique, l'impact fut immédiat. James Baker dénonça Schlesinger qui, selon lui, mettait en danger la reprise internationale. Schlesinger répliqua que la stabilité des prix en Allemagne ne devait courir aucun risque. Les marchés financiers des États-Unis redoutèrent que les taux d'intérêt américains ne soient relevés, ou, à tout le moins, empêchés d'être réduits. La

Bourse avait atteint des sommets tandis que les taux d'intérêt à long terme progressaient, combinaison périlleuse. Soudain, le conflit ouvert entre Baker et Schlesinger et la perspective d'une longue période de taux élevés ébranlèrent la confiance, fragile et mal fondée, sur laquelle le boom boursier avait reposé. Le vendredi 16 octobre, Wall Street chuta lourdement, ce qui conduisit Baker à critiquer la Bundesbank en termes plus vifs encore. Le lundi 19 octobre, le marché s'effondra complètement. L'onde de choc s'étendit au monde entier. Quelques heures durant, le système financier des États-Unis risqua l'implosion. Sur-le-champ, et de manière parfaitement justifiée, la Réserve fédérale* injecta des masses de liquidités dans les marchés, signifiant du même mouvement que le sort du dollar lui était parfaitement indifférent, avec des conséquences immédiates. L'accord du Louvre, en gros et en détail, passait à la trappe**. Schlesinger avait gagné.

Son triomphe avait un prix cependant. La chute du dollar et la peur — qui devait bientôt se révéler sans fondement — d'une rechute de l'économie mondiale dans la récession à la suite des chocs boursiers nourrissaient de fortes pressions à la baisse sur le franc. La Bundesbank se trouvait placée devant un dilemme terrible. Elle venait tout juste de relever ses taux d'intérêt : les abaisser de nouveau, dans le but de défendre le franc, la ridiculiserait. Mais d'un autre côté, être contrainte à des interventions massives, car Chirac et Balladur seraient certainement déterminés à se défendre bec et ongles contre une nouvelle dévaluation, lui serait tout aussi douloureux. L'interprétation tranchée que la Bundesbank avait faite de Bâle-Nyborg serait, sans attendre, mise à l'épreuve. Depuis l'instant où Giscard et Schmidt avaient sorti le lapin SME de leur chapeau en 1978, la Bundesbank avait redouté de se voir entraînée à des interventions massives et sans limite, qui détruiraient sa maîtrise de la situation monétaire d'une manière plus spectaculaire qu'une baisse des taux d'intérêt. Janvier 1987 avait

* Cette injection massive de liquidités — mise en œuvre classique de la fonction de « prêteur en dernier recours » d'une banque centrale responsable — demeura temporaire. Mais l'action délibérée de baisse du taux de change constitua pour les États-Unis un bénéfice durable du krach de Wall Street.

** Des experts et certains intervenants sur les marchés ont depuis lors débattu du maintien de l'existence, ou non, de zones cibles, du type Louvre, mais officieuses, pour les trois principales devises du monde, garanties par des interventions concertées. Mais il est clair que la subordination de la politique de taux d'intérêt des États-Unis au sort du dollar a pris fin le 19 octobre 1987.

constitué une expérience pénible, réveillant des angoisses endormies depuis plusieurs années.

On peut aussi se demander si un élément géopolitique d'importance fondamentale ne guidait pas l'attitude de la Bundesbank. À l'automne 1987, à en croire certains analystes, Kohl et Gorbatchev avaient déjà conclu un accord sur la réunification de l'Allemagne[10], en échange de la reconnaissance par l'Occident — ce dont Kohl se ferait l'honnête courtier — du maintien des pays baltes, de l'Ukraine et la Biélorussie dans la sphère d'influence soviétique. Cet accord, avance-t-on, ne pouvait pas être rendu public tant que le « chaînon manquant », le traité INF, n'était pas encore en vigueur, ce qui conduirait inexorablement les États-Unis à se désengager de l'Europe mais donnerait à l'Allemagne la chance de retrouver sa prédominance traditionnelle sur l'Europe centrale et orientale. Pour calmer les peurs de la France et prévenir la réapparition chez elle du « complexe de Rapallo », il aurait fallu jeter à Mitterrand un os monétaire à ronger.

Ainsi, quelles qu'aient pu être les raisons, la Bundesbank choisit au début de novembre 1987 de jouer le jeu selon les règles de Bâle-Nyborg. Plutôt que de subir une période prolongée d'interventions obligatoires, elle s'entendit avec les autorités françaises pour mettre en œuvre le deuxième « instrument de Bâle-Nyborg » : la Bundesbank réduisit ses taux d'intérêt, alors que la France remontait les siens. Ce premier exemple de gestion coordonnée des différentiels de taux impressionna les marchés. Le franc se redressa vivement. Sur le plan intérieur, la Bundesbank pouvait justifier son action en la présentant comme une réaction à l'appréciation effective du Mark face à un dollar affaibli. Mais elle ne pouvait échapper au fait qu'en parant à la menace que constituait l'accord du Louvre, elle s'était mise devant un choix qui démontrait que son leadership incontesté sur le MEC avait pris fin. S'il en avait fallu une preuve, elle survint sous la forme de l'adhésion donnée par Kohl, sur l'insistance de Chirac et de Balladur et malgré les plus extrêmes réserves de la Bundesbank, à la création d'un Conseil franco-allemand de l'Économie et des Finances, qui réunirait, deux fois par an, les ministres des Finances *et les gouverneurs des banques centrales* des deux pays, afin de débattre de problèmes d'intérêt commun.

Pis, après avoir obtenu le petit doigt, Chirac et Balladur s'apprêtaient à demander davantage que le bras. Il apparut très vite que Genscher était prêt à leur accorder plus encore. Qu'il ait voulu, en quelque sorte, compenser le supposé pacte Kohl-Gorbatchev, ou entamer de cette façon, à titre préparatoire, l'extension de la puissance allemande vers l'ouest aussi bien que vers l'est, demeure une question pendante : une question à laquelle la France — comme le reste de l'Europe — devra bientôt trouver une réponse. À l'époque, en tout cas, ce fut une question qui n'effleura jamais la conscience des Français. Deux mois après l'opération de novembre, Balladur soumit à l'Ecofin le projet de création d'une Banque centrale européenne[11] — en fait, une idée française visant à supplanter le leadership de la Bundesbank grâce à une banque centrale commune (essentiellement franco-allemande), dont les pouvoirs de décision iraient bien au-delà du rôle consultatif dévolu au Conseil franco-allemand de l'Économie et des Finances. À dater de cet instant, le MEC serait mis cul par-dessus tête par la poussée politique vers l'Union monétaire.

3

Le monde à l'envers

Le corporatisme, ses pompes et ses œuvres

Lorsque Edouard Balladur proposa, en janvier 1988, la création d'une Banque centrale européenne, qui aurait la maîtrise de la politique monétaire de la Communauté tout entière, il accomplissait un pas en avant supplémentaire. L'Allemagne, comme les autres pays, serait représentée dans les organes dirigeants de la Banque, mais elle ne pourrait plus, désormais, jouer un rôle prépondérant. En fait, les Français espéraient parvenir à ce que Klasen avait redouté lors de l'instauration du SME : que les énarques, rusés, habiles, et nationalistes jusqu'au bout des ongles, ne deviennent les maîtres, grâce à la supériorité de leurs talents de manipulateurs et de leurs capacités bureaucratiques.

Nécessairement, la création d'une Banque centrale européenne impliquait une union monétaire, ce qui allait bien plus loin que le défunt projet de seconde étape du SME. À l'époque, la Bundesbank avait pu bloquer l'idée avec le minimum d'efforts. Sa tâche avait été facilitée par la faiblesse politique d'Helmut Schmidt, l'un des pères fondateurs du SME (nous l'avons vu, les effets des actions de la Bundesbank n'y étaient pas étrangers). Mais au début de 1988, la situation avait changé. Hans-Dietrich Genscher, le ministre des Affaires étrangères allemand, aussi volontaire et déterminé qu'un énarque, avait ses propres motifs pour soutenir la proposition Balladur. Il entendait que l'Allemagne cesse d'être perçue comme « un géant économique, mais un pygmée politique ». Que Kohl et Gorbatchev aient réellement conclu un pacte ou non, accroître le poids politique de l'Allemagne dans le monde et, tout particulièrement, dans ses relations avec les États communistes de l'Europe centrale et orientale — avant tout avec la RDA — nécessitait du doigté, cependant, compte tenu des souvenirs cuisants laissés par le passé allemand. Une « coopération » plus étroite en Europe occidentale, qui trouverait son aboutissement dans une certaine forme d'union politique, fournirait une couverture commode à l'action diplomatique de l'Allemagne. La théorie des néo-fonctionnalistes, qui mettait l'accent sur la doctrine des « débordements » (ou du tapis roulant vers le fédéralisme, ainsi que le disait Mrs Thatcher non sans justesse), suggérait que les temps étaient mûrs pour une initiative en vue d'une union politique éventuelle. Les mesures destinées à instituer un marché unique dans la Communauté avaient été définies. Les règles du vote à la majorité, stipulées par l'Acte unique européen, ouvraient une large brèche dans les défenses des États-nations membres. La combinaison de ces mesures et des dispositions institutionnelles visant à les mettre en œuvre créait un élan. Et, on l'affirmait, les « débordements » du Marché unique rendraient évidente la nécessité d'une monnaie unique. Le pas à accomplir pour passer d'une monnaie unique à une union fédérale serait le plus court de tous, comme le reconnaissaient les innombrables participants au débat, même si, éventuellement, il fallait d'abord mettre sur pied l'union politique avant que la monnaie unique n'entre en vigueur. Par conséquent, afin de donner à l'Allemagne davantage de poids politique, Genscher était prêt à appâter la France en lui offrant une réduction de la souveraineté monétaire de son pays, domaine pour lequel il éprouvait peu d'intérêt.

La Bundesbank, institution qui, semblait-il, avait le plus à perdre à la création d'une Banque centrale européenne, demeurait étrangement passive devant les initiatives de Balladur et de Genscher. Elle estimait que les plans en vue d'une union monétaire n'étaient que billevesées. Les ministres des Affaires étrangères tels que Genscher — et même les ministres des Finances comme Balladur — pouvaient bien concocter leurs schémas, il n'en sortirait rien. Car, la Bundesbank n'avait pas cessé de le répéter, l'Union monétaire exigeait l'union politique. Arrivée au pied du mur, la France ne s'abolirait pas elle-même afin de disposer d'un siège au conseil d'administration d'une Banque centrale européenne.

Mais la Bundesbank avait compté sans Jacques Delors. Cet homme est profondément ambivalent, mû par une double force.

Pour une part, il y a l'antipathie intense que lui inspirent l'Amérique et le Japon. Il n'a jamais fait le moindre mystère de son désir d'édifier une union économique, politique et militaire de « l'Europe ». Son euronationalisme, si l'on peut ainsi le qualifier, apporte un exemple particulièrement clair de ce que peut être la construction d'une « communauté imaginée[1] » fondée sur l'hostilité à un « autre » quelconque, ce qui est considéré souvent comme un indice de l'origine fragile et incertaine de l'État-nation. Mais les États-nations, au moins, bénéficient d'une certaine cohérence interne — les problèmes surviennent lorsque les limites de « la nation » ne coïncident pas avec celles de « l'État ». Ce qui constitue une nation est l'objet d'âpres controverses en science politique. Mais personne n'a encore prétendu que « l'Europe » (à douze ? à quinze ? à vingt ? à trente-deux ?) constitue une nation. Delors lui-même, avant le Conseil européen de Maastricht, devait demander à ses collaborateurs de lui trouver des ouvrages traitant de l'identité culturelle de l'Europe pour ses vacances d'été 1991. Ils furent dans l'incapacité d'en découvrir un seul*. Dans la période précédant immédiatement Maastricht, Delors abonderait, sur le « destin » de « l'Europe », en généralités creuses, pleines seulement de son hostilité envers le monde « anglo-saxon » et le Japon[2]. Alors que les spécialistes de la science politique voient « l'Europe » soit comme une structure politique nouvelle, qui aura peu à voir avec l'État-nation, soit comme une structure destinée à défendre les intérêts des États-nations existants, Delors veut faire de « l'Europe » un État nouveau et créer simultanément une « nation » nouvelle, fondée sur une prétendue identité culturelle qui ne peut être définie que par référence à ce qui lui est, ou ne lui est pas, antithétique.

Delors est animé par le nationalisme français autant que par l'euronationalisme. Comment résout-il cette contradiction ? Il voit dans la création de « l'Europe » le meilleur moyen d'étendre l'influence de la France. Pendant les dix années de ses deux mandats à Bruxelles, il a, sans relâche, peuplé la Commission de socialistes français : la Commission est devenue, dans une large mesure, une mécanique socialiste et française. Il espérait, très clairement, que « l'Europe » serait dirigée par la Commission et, par conséquent, dominée par la France. La « régionalisation » de l'Europe contri-

---

* Une étude récente relève que l'idée de « l'Europe », pensée en termes culturels ou idéologiques, est tout simplement absente de la littérature d'après 1945, peut-être par répugnance devant le souvenir de l'aryanisme du IIIe Reich[3].

buerait à la réalisation de cet objectif, car il était bien plus probable que ce processus — les hommes politiques et les bureaucrates français en ont traditionnellement l'intuition — conduirait à la dissolution de l'Allemagne et du Royaume-Uni plutôt qu'à celle de la France. Ce qui aurait pour effet de ramener l'Europe à la configuration qu'elle présentait sous le règne de Louis XIV, la plus longue période de prédominance française sur le continent.

Le nationalisme, qu'il soit français ou européen, n'est que l'un des aspects de la personnalité de Delors. Car il s'agit aussi d'un corporatiste. Ministre des Finances durant la tentative mitterrandienne d'installation du socialisme dans un seul pays, il a dévalué le franc trois fois en deux ans et a présidé à une détérioration grave des finances publiques dont il avait la charge. Cette expérience l'avait convaincu que la France ne pourrait « faire cavalier seul » pour défier « l'économie à l'anglo-saxonne ». Si le socialisme dans un seul pays se révélait impossible, le corporatisme dans un seul continent pourrait, lui, réussir. À l'origine, c'est justement son corporatisme qui lui a attiré la plupart de ses amitiés en Allemagne et, en particulier, celle d'Helmut Kohl, son plus grand ami. Aussi réservé que lui devant l'État socialiste comme devant le capitalisme anglo-saxon, Kohl a vu en Delors un autre champion du fameux « capitalisme rhénan », le capitalisme des gros bataillons, du complexe financier et industriel, des cartels bancaires, des associations de grandes entreprises, et des syndicats. Pour les deux hommes, le Marché unique, proposé par Delors lors de son arrivée à la tête de la Commission, représentait un moyen de doter l'Europe de « champions » (au sens médiéval, non au sens sportif) industriels. Associé à la « dimension sociale » (que Delors avait dissimulée à Mrs Thatcher), le Marché unique conforterait la position dominante des plus grandes entreprises françaises et allemandes, les mettant aussitôt en mesure de « rompre des lances » contre les Américains et contre les Japonais, mais il augmenterait, pour les entreprises nouvelles nationales ou étrangères, la difficulté à se faire une place au soleil.

Les grandes entreprises du Continent comprirent sur-le-champ les implications du Marché unique, tel que Delors et Kohl l'envisageaient, et se mirent à couvrir de louanges le président de la Commission. Pour elles, le Marché unique, il est vrai, ressemblait à un « charter de patrons ». La « dimension sociale » améliorait encore leur situation, puisque la Charte sociale, expression de ce concept, visait sans équivoque à étouffer la concurrence des pays à faibles coûts de production de la périphérie de la Communauté. À l'exception de la Grande-Bretagne, pour laquelle le rabais budgétaire obtenu de haute lutte par Mrs Thatcher n'était qu'une première petite étape sur la voie d'une correction des désastreuses conditions d'entrée dans la CEE concédées par Edward Heath, les pays concernés recevraient des compensations sous la forme de transferts communautaires. Mais ce seraient les contribuables et les consommateurs qui régleraient la note de la « dimension sociale », pas les grandes entreprises ni les syndicats*.

Prenant exemple sur la dimension sociale du Marché unique, l'industrie et les syndicats d'Allemagne de l'Ouest ne tarderaient pas à unir leurs forces pour imposer leur forme de syndicalisme et leurs coûts du travail à l'Allemagne de l'Est après la réunification. Il en résulta un chômage massif dans la population est-allemande, compensé par d'énormes versements de fonds publics. En tout cas, cela annihila toute possibilité, aussi ténue qu'elle ait pu être, d'une concurrence efficace venue des entreprises de l'Est. Cela laissa aussi la partie orientale de l'Allemagne à l'état de terre industriellement vierge, à coloniser par les entreprises ouest-allemandes. Quant aux syndicats, ils furent protégés de la concurrence des migrants est-allemands, qui devinrent des assistés du système de protection sociale. Bénéficiaires : les grandes entreprises et les syndicats. Perdants : les contribuables, les consommateurs, et la dignité des nouveaux citoyens de l'Allemagne.

Le parallèle entre le plan Delors-Kohl, en vue de renforcer le « capitalisme rhénan », et la réunification de l'Allemagne ne s'arrête pas là. Il est patent qu'un capitalisme libéral, sans rigidité, qui avait la préférence de Reagan et de Mrs Thatcher, exige une flexibilité des taux de change. Au contraire, le « capitalisme rhénan » requiert des taux de change fixes, jusqu'à l'ultime expression de cette fixité qu'est l'union monétaire, puisque son but est tout bonnement d'imposer la sclérose qui maintiendra au pouvoir économique et politique, d'une génération à l'autre, les mêmes

* Pourquoi des gens, lorsqu'ils se comportent en chefs d'entreprise ou en syndicalistes, accepteraient-ils en tant que tels de se conformer à une stratégie qui leur est profitable, mais qui les pénalise comme contribuables ou comme consommateurs ? Une part de la réponse réside dans le fait que les gains sont acquis aux dépens *d'autres* entreprises ou *d'autres* travailleurs (d'autres travailleurs potentiels, plutôt, car les chômeurs sont les plus grands perdants dans ce genre de transaction). Mais surtout, grâce à de telles stratégies, les leaders industriels et syndicaux gagnent en pouvoir et en prestige.

familles et les mêmes castes. Tourné vers l'avenir, dynamique et agressif, le programme de Marché unique, tel que l'envisageait Mrs Thatcher, ne pourrait jamais réussir si l'on n'autorisait pas les taux de change à varier, afin d'amortir les secousses. Vu par Delors et par Kohl, le Marché unique avait précisément pour but de protéger des chocs les dinosaures bien établis du noyau dur, en accroissant leur taille et en les rendant moins vulnérables à la concurrence. La fixité des taux de change était bien le corollaire obligé de cette optique statique, rétrograde et défensive.

C'est ainsi que le complexe financier, industriel et syndical de l'Allemagne se rallia de tout son poids à l'idée d'union monétaire. L'opinion publique allemande — le point de vue personnel de l'homme de la rue, par opposition à l'opinion manipulée par les experts et les hommes politiques — pouvait bien s'inquiéter de la perte de souveraineté nationale qu'entraînerait la disparition du Mark*. Mais en Allemagne, les idées « correctes » disposent d'un monopole d'expression plus strict encore qu'en Grande-Bretagne. Il fallut attendre le lendemain de la signature de l'accord de Maastricht pour que la presse allemande — en l'occurrence *Bild*, un tabloïd « vulgaire » — mette les pieds dans le plat[4].

Puissance d'un club

Tel fut le contexte dans lequel se réunit le Conseil européen, à Hanovre, en juin 1988, sous présidence allemande, pour discuter des propositions d'instauration d'une union monétaire, objectif que les douze États-membres s'étaient assigné par la signature de l'Acte unique. Mrs Thatcher ne l'avait approuvé qu'à contrecœur ; elle désirait la création du Marché unique mais avait été leurrée par le Foreign Office, pas pour la première fois ni pour la dernière. Elle commença de s'inquiéter pendant la préparation de l'ordre du jour du Conseil. Sur ces questions-là, comme de coutume, elle

---

* Nous verrons ultérieurement que les événements de 1992-1993 devaient ouvrir les yeux de bien des Allemands sur la nature nationaliste des objectifs de la France en Europe. Mais, ainsi que le prédiraient les « néo-fonctionnalistes », des intérêts perçus comme *particuliers* entrent en conflit avec les intérêts *nationaux* de tous les autres. La propagande répandue par l'alliance de la Commission, des grandes entreprises et des syndicats, a joué un rôle majeur en cachant cette vérité aux électeurs, et en célébrant, au contraire, un intérêt communautaire mythique.

souhaitait éviter un affrontement ouvert avec les « partenaires* » européens de la Grande-Bretagne. Mrs Thatcher avait encore tendance à tenir Delors pour un cheval de Troie du capitalisme introduit dans la citadelle du socialisme français. Impression fausse, renforcée peut-être par Geoffrey Howe, le secrétaire au Foreign Office, qui paraît avoir vu en Delors le cheval de Troie bienvenu de l'eurofédéralisme. À Hanovre, elle donna son accord à la mise sur pied d'un groupe d'études, composé des gouverneurs des banques centrales de la Communauté, ainsi que de trois « experts indépendants », et présidé par Delors.

En acceptant la création du Comité Delors, Mrs Thatcher espérait que les gouverneurs, entêtés, couleraient tous les projets de monnaie unique et de Banque centrale européenne. Elle se trompait, malheureusement. Depuis le début, Delors avait compris qu'il pouvait jouer sur deux traits de caractère des gouverneurs : leur ego et leur esprit de club. Il sut leur tourner la tête en évoquant la perspective future d'une super-Bundesbank au niveau européen, susceptible de jouir d'un pouvoir dépassant tous les rêves les plus fous de bien des chefs de gouvernement. Bien entendu, la Bundesbank perdrait de sa puissance, de sorte que la plupart des observateurs s'attendaient à voir Pöhl bloquer les propositions de BCE. À leur surprise, et pour l'effarement de Mrs Thatcher, il n'en fit rien.

Pöhl ne voyait peut-être que trop bien d'où soufflait le vent. La France exigeait d'avoir davantage son mot à dire dans l'élaboration de la politique monétaire du « point d'ancrage », et Kohl et Genscher étaient prêts à la soutenir. La Bundesbank risquait d'être soumise constamment à des ingérences politiques, tant françaises qu'allemandes, au sein du MEC. Dans ces circonstances, ne valait-il pas mieux s'engager avec Balladur et Genscher dans la préparation de la nouvelle institution ? Les préalables à sa concrétisation seraient si sévères que rien, probablement, ne sortirait jamais des cartons. Dans l'hypothèse improbable où elle verrait jamais le jour, la nouvelle institution se conformerait au modèle et à la philosophie de la Bundesbank. De fait, au lieu de tenter de bloquer le plan d'union monétaire dans le Comité Delors, Pöhl réclama

* Après de nombreux épisodes où, contre son gré, elle s'était ralliée aux initiatives européennes, avertie chaque fois par le Foreign Office que c'était la seule façon d'éviter que quelque chose de pire ne survienne, Mrs Thatcher devait finalement dire « non », lors du triste Conseil européen de Rome en octobre 1990, et « non, non, non » devant la Chambre des communes immédiatement après.

que certaines conditions soient remplies pour que la BCE puisse être mise sur pied : l'engagement que la BCE n'aurait pas le droit de renflouer les gouvernements de la Communauté qui éprouveraient des difficultés financières ; des limites étroites à l'ampleur des déficits budgétaires des pays qui voudraient se joindre à l'Union monétaire ; l'octroi d'un statut d'indépendance à toutes les banques centrales nationales avant que l'Union monétaire n'entre en vigueur.

Ce fut alors que l'astuce tactique dont Jacques Delors avait fait preuve en suggérant que le Comité soit composé, pour l'essentiel, de gouverneurs des banques centrales, apparut en pleine lumière. Les conditions posées par Pöhl ne risquaient guère de dissuader ses collègues. Tous voulaient devenir indépendants de tout contrôle gouvernemental, et la majorité d'entre eux consacraient déjà la plupart de leur temps et de leur énergie à morigéner des gouvernements qui entretenaient des déficits budgétaires excessifs. Ils souscrirent rapidement aux conditions de Pöhl. A-t-il réellement cru que ses exigences se révéleraient inacceptables pour le Comité — ce qui aurait été une grossière erreur d'appréciation des motivations personnelles et politiques de ses collègues gouverneurs ? A-t-il tendu un écran de fumée pour éviter des critiques à l'intérieur même de la Bundesbank ? Ou pensait-il que le gouvernement « jacobin » de la France reculerait devant l'indépendance de sa banque centrale ou que le gouvernement italien s'effrayerait des conditions budgétaires ? Ce n'est pas clair. En tout état de cause, Pöhl accepta de signer le rapport du Comité, transmis à l'Ecofin en mai 1989[5]. Le gouverneur de la Banque d'Angleterre, Robin Leigh-Pemberton, signa lui aussi, sous le mince prétexte qu'il ne voulait pas être isolé en exprimant un désaccord.

En juin 1989, le Conseil européen de Madrid, mettant Mrs Thatcher en minorité, décida qu'une conférence intergouvernementale*

* Selon le traité de Rome, il ne peut être opposé de veto à une *proposition* de réunion d'une conférence intergouvernementale. Cependant, un État ne peut être contraint d'y participer — il a la possibilité de pratiquer la politique de « la chaise vide ». Dans la mesure où toute révision du traité exige l'unanimité (en principe !), refuser de participer à une CIG implique une volonté de bloquer ses recommandations. Mais Mrs Thatcher ne se sentait pas suffisamment sûre de ses arrières en Grande-Bretagne pour mener pareille politique. Les « partenaires » du Royaume-Uni n'en ressentirent pas moins, à la fin de 1990, la nécessité de déboulonner Mrs Thatcher afin de s'assurer que la Grande-Bretagne se conformerait à leurs souhaits.

(CIG) sur une révision du traité de Rome (si les propositions formulées dans le rapport Delors devaient être mises en œuvre) serait convoquée lorsque les hauts fonctionnaires compétents auraient achevé leurs travaux préparatoires. Autre résultat du Conseil : tous les États-membres, sauf la Grande-Bretagne, acceptèrent l'idée que le Delors stade un — dont la participation de toutes les monnaies de la Communauté au MEC représentait l'élément principal — serait inévitablement suivi par l'Union monétaire. Ainsi naquit l'idée fallacieuse, tôt en vogue chez les hommes politiques et chez de nombreux hauts fonctionnaires, que le MEC était un « toboggan » vers l'Union monétaire, et que les réalignements avaient cessé d'être l'une des caractéristiques du système*. Sans doute, la volonté des Espagnols de se trouver, eux aussi, sur ce « toboggan », constitua le facteur clé de leur décision, prise en juin 1989, deux semaines avant le Conseil de Madrid, de faire entrer la peseta dans le MEC, avec la même marge de fluctuation que la lire (+/– 6 %). Nous allons nous tourner maintenant vers les conséquences de cette décision.

Sous-assistance

La motivation europolitique d'une entrée dans le MEC avait pris le pas sur l'intérêt économique national. Car l'introduction de la peseta dans le système constituait une réaction d'une perversité catastrophique à une période de renaissance économique. L'économie espagnole connaissait une croissance rapide — résultat de l'optimisme des ménages et des entreprises dû à l'entrée dans la Communauté, qui avait ouvert un immense marché à une économie dont les coûts de production étaient faibles, et à une action politique, encore timide, en vue de réduire les rigidités créées par un marché du travail trop dominé par les syndicats et par le système financier primitif et non concurrentiel hérité de Franco. Comme en Grande-Bretagne, la croissance rapide s'accompagnait de pressions inflationnistes à peine atténuées par un déficit de la balance des paiements courants qui se creusait non moins rapidement.

* Le directeur des Affaires monétaires de la Commission, Jean-François Pons, un socialiste français, exprima cette attitude de manière dépourvue de toute ambiguïté, lorsqu'on lui demanda, en 1990, si un réalignement s'imposait. Il répondit : « Des réalignements ? Il n'y en aura plus ! »

Durant les quelque douze mois qui avaient précédé mars 1989, la peseta s'était appréciée de manière significative, d'environ 12 % en moyenne pondérée. Mais, en vue de « préparer » l'entrée dans le MEC, le ministre des Finances, Carlos Solchaga, s'était efforcé, non sans succès, de jouer de « rumeurs baissières ». Si bien que, lorsque la peseta rejoignit le système, en juin 1989, elle était, à l'évidence, tombée à un niveau trop peu élevé pour pouvoir contrer les pressions inflationnistes que subissait l'économie espagnole. Dans l'année qui suivit, l'inflation continua de progresser légèrement, et on ne put discerner de tendance claire au ralentissement avant les dévaluations de la peseta de 1992-1993 (dans des circonstances que nous examinerons plus tard). Les autorités espagnoles redoutaient de laisser leur monnaie grimper au niveau qui aurait convenu à court terme, parce que cela se serait traduit par des pertes de compétitivité insupportables à long terme. Mais elles ne voulaient pas non plus donner l'impression qu'elles programmaient une future dévaluation.

Par conséquent, il n'était pas évident de comprendre quels bénéfices, en termes économiques, les autorités espagnoles espéraient retirer du système. Lors de l'entrée de la peseta dans le MEC, l'inflation espagnole était proche de 7 %, taux nettement plus élevé que la moyenne des autres participants. Susciter des « rumeurs baissières » avant l'entrée avait abouti, au départ, à une situation de meilleure compétitivité — trop favorable, en réalité, compte tenu de la surchauffe de l'économie espagnole. Le taux choisi pour l'entrée modifia simplement le chemin par lequel la position concurrentielle viendrait à s'affaiblir : l'inflation restait forte, ce qui rendait les biens et services espagnols plus chers, relativement, que ceux des concurrents européens. Ramener l'inflation au niveau des pays concurrents de l'Espagne — motif déclaré de l'entrée dans le MEC — ne pouvait être obtenu que par une récession. Et plus élevée était l'inflation, plus sévère la récession devrait être. En ce sens-là, le taux d'entrée n'a nulle importance. Dans une économie où l'équilibre de l'offre et de la demande est en train de se modifier, *aucun* taux ne peut convenir à la fois aux conditions d'aujourd'hui et à celles de demain. Et, *quel que soit* le taux d'entrée, un pays à inflation forte qui se joint à un système de quasi-fixité des taux de change sera contraint en fin de compte, s'il y reste, de ramener son taux d'inflation *au-dessous* de celui des pays concurrents afin de compenser ses pertes initiales de compétitivité.

Du jour même où l'Espagne entra dans le MEC, la récession devint inéluctable, avec toutes ses conséquences négatives sur l'emploi, les finances publiques, la volonté des entreprises, espagnoles ou étrangères, de lancer des projets d'investissement, et sur la recevabilité des réformes de structure. Il n'y a donc pas à s'étonner que les industriels français et allemands aient salué la décision de González : ils discernaient parfaitement que le MEC était un mécanisme destiné à confiner les pays pauvres dans leur pauvreté, et à protéger les nations riches contre l'environnement plus concurrentiel que le Marché unique était censé susciter, au moins dans la vision des libéraux tels que Mrs Thatcher. Pour les mêmes raisons, une future crise de la peseta au sein d'un MEC tenu pour un système de changes fixes devenait, elle aussi, inévitable. Lorsqu'elle surviendrait, on déplorerait hypocritement, en France et en Allemagne, que l'Espagne s'engage sur la voie des « dévaluations compétitives ».

Le paradoxe du MEC

Le MEC aurait un impact douloureux sur l'Espagne. On éprouvera peut-être une satisfaction ironique devant l'impact destructeur que la peseta aurait sur le MEC.

Jusqu'en 1989, les monnaies des pays à forte inflation s'étaient trouvées en position de faiblesse au sein du système. Pour une raison simple : une inflation forte diminue la compétitivité ; celle-ci conduit à anticiper un réalignement à la baisse de la monnaie en cause — une dévaluation, en d'autres mots. Puisque les marchés s'attendaient à une dévaluation dans un avenir proche, la devise en question restait faible à l'intérieur des marges. Comme corollaire, les monnaies des pays « vertueux » à bas taux d'inflation (l'Allemagne et son « satellite », les Pays-Bas) avaient tendance à rester les plus fortes du MEC. Cette tendance avait été quasi institutionnalisée : de toute évidence, l'Allemagne n'accepterait jamais que le Mark soit dévalué à l'intérieur du MEC. Il était devenu tout aussi clair que les autres pays n'accepteraient jamais une dévaluation du Mark face aux devises extérieures au MEC. Mais si, pour quelque raison que ce soit, le Mark s'affaiblissait sur les marchés des changes, les autres pays seraient parfaitement heureux que la faiblesse de la monnaie allemande entraîne les leurs à la baisse face au reste du monde*.

* Il serait assez inexact de présenter les Néerlandais comme « heureux » dans de telles circonstances. Mais ils n'ont *jamais* exprimé publiquement aucune

Par voie de conséquence, les taux d'intérêt allemands déterminaient le niveau plancher des taux d'intérêt des autres pays. Puisque le Mark ne pouvait jamais être dévalué, mais seulement réévalué, les autres pays du MEC ne pouvaient pas avoir des taux d'intérêt nettement plus bas que ceux de l'Allemagne. Naturellement, la possibilité subsistait de mouvements temporaires de hausse des autres devises face au Mark *à l'intérieur* du MEC, ce qui expliquait que, par moments, les taux d'intérêt à court terme sur les marchés de l'argent des autres pays pouvaient être plus bas que les taux allemands. Mais l'Allemagne n'en demeurait pas moins le leader du système. Les banques centrales des partenaires de l'Allemagne ne pouvaient pas fixer leurs taux d'intérêt à court terme à un niveau plus bas que celui que la Bundesbank choisissait pour les taux allemands correspondants sans remettre en cause le leadership de l'Allemagne. Nous verrons ultérieurement que l'effondrement du MEC, sous sa forme d'origine, a justement été déclenché par un tel défi lancé par la France, durant l'été 1993. Pendant l'été 1989, l'ordre naturel des choses présidait encore au fonctionnement du MEC, mais l'entrée de la peseta dans le système allait conduire les gens à reconsidérer leur position, ce qui vaudrait à l'Espagne l'hostilité d'une Bundesbank offensée.

Nous avons vu que l'économie espagnole se trouvait en surchauffe lorsque la peseta était entrée dans le MEC. Logiquement, il aurait fallu y réagir par la rigueur monétaire. Certes, la Banco de España maintenait ses taux d'intérêt à un niveau aussi élevé que le lui permettaient les contraintes du MEC. Mais ils n'étaient pas encore assez hauts. L'Espagne avait réellement besoin d'un différentiel de taux d'intérêt plus grand par rapport à ses « partenaires ». Mais si les taux d'intérêt à court terme de l'Espagne avaient été élevés davantage, les étrangers se seraient précipités pour acheter des pesetas, poussant la devise espagnole au-delà de ses marges de fluctuation autorisées par rapport aux autres monnaies du MEC, à moins que la Banco de España n'intervienne en *vendant* sa propre monnaie. En fait, si forte était la demande de pesetas qu'il s'agissait d'un combat en vue d'éviter que les taux d'intérêt ne baissent. La Banco de España devait intervenir plus massivement encore que la Banque d'Angleterre ne l'avait fait en 1987-1988. L'expansion de la demande intérieure espagnole avait,

---

critique de la politique économique allemande, ni manifesté d'inquiétude devant l'évolution de la situation économique de l'Allemagne.

évidemment, conduit à un déficit de la balance des paiements courants, mais ce déficit ne suffisait pas à atténuer les pressions inflationnistes. Et, puisqu'elle ne pouvait plus laisser la peseta monter suffisamment pour dégager le marché, la Banco de España devait créer autant de pesetas que le marché voulait en acquérir au prix bloqué par le MEC. Ce prix se trouvait bloqué parce que la peseta, tôt après son entrée dans le système, avait atteint sa limite supérieure de fluctuation dans le MEC et ne pouvait plus s'apprécier davantage.

Ainsi, les théoriciens du MEC étaient-ils confrontés au spectacle d'un pays à inflation forte, à taux d'intérêt élevés (même s'ils ne l'étaient pas encore assez), à déficit important de la balance courante, dont la monnaie, sans que cela soit crédible, tenait le haut du pavé dans le système dont elle écartait les devises vedettes. En toute objectivité, affirmaient ces théoriciens, pareil pays devrait être dans la fourchette *basse* du MEC, sa monnaie subissant des pressions *à la baisse* et non à la hausse, et sa banque centrale devrait être en train d'intervenir pour *soutenir* sa monnaie, non pour l'affaiblir. Ils ne tardèrent pas à donner une étiquette à ce phénomène : un slogan destiné à éviter qu'on ne se demande si le MEC n'était pas, au vrai, un mécanisme faussé. Les dévots du système, nombre d'entre eux étant soi-disant catholiques, inventèrent donc le « paradoxe du MEC », notion rassurante et d'une signification révélatrice. Ce « paradoxe » peut être considéré, à l'instar des mystères de la religion, comme une épreuve pour la foi et non un défi à la raison*. Cependant, de même que, lors de

---

* La tendance de nombre de partisans du MEC-UME — chez les dupes plutôt que chez les cyniques — à considérer que leur point de vue a un fondement religieux a provoqué quelque inquiétude, non seulement parmi les protestants, mais aussi chez ceux des catholiques — y compris, semble-t-il, le pape actuel — qui jugent la déification de l'Union européenne presque blasphématoire. Les incroyants avaient une autre appellation pour ce qui était en train de se passer : la « Critique Walters » du MEC, du nom du conseiller de Mrs Thatcher qui, dès 1986, avait prédit la situation créée par l'entrée de l'Espagne. Curieusement, les analystes de la City et les économistes devaient écrire, après avoir constaté ce qu'il advenait de la peseta, des sornettes du genre : « La Critique Walters va bien, et elle s'applique à l'Espagne. » Ils refusaient pourtant de l'appliquer à leur propre pays. En Grande-Bretagne, ce n'était pas la tendance continentale à confondre économie et religion qui constituait le problème, mais le respect erroné, bien plus anglo-saxon, du « politiquement correct ». Critiquer les mérites du MEC demeura politiquement incorrect jusqu'aux dix dernières minutes avant que le sterling ne soit éjecté du MEC, en septembre 1992.

tout pèlerinage, la mise à l'épreuve de la foi est rendue plus angoissante encore par une mise à l'épreuve de la morale, le MEC devrait non seulement affronter le « paradoxe » espagnol, mais aussi, de façon presque simultanée, une Allemagne qui paraissait vouloir se débarrasser de tout vestige de bonne conduite. Les sirènes de la réunification allaient bientôt séduire le leader du MEC et l'écarter de la voie, droite et étroite, de la rectitude fiscale et de la stabilité des prix.

Qu'aucun ne reste à l'écart

Durant le second semestre de 1989, le principal souci de la Bundesbank ne résidait pas dans le sort de la peseta, mais dans le rapport Delors. La cote de Pöhl, qui n'avait jamais été très haute à l'intérieur de la Buba, chuta à la suite de la signature qu'il avait apposée, de plus ou moins bon gré, au bas de ce document. Les autres membres du conseil de la Banque, voyant que le rapport exprimait l'idée que le MEC devenait un « toboggan » sans réalignement vers l'UME, lancèrent une campagne de discours, d'interviews et d'articles en faveur d'un réajustement du Mark[6]. Cet automne-là, Helmut Schlesinger, parlant à bâtons rompus devant des fonctionnaires de la Bundesbank envoyés en détachement dans des organisations internationales, martela à ses jeunes missionnaires qu'il leur fallait, dans les contrées païennes pour lesquelles ils partaient, œuvrer en vue d'un réalignement du Mark.

Cependant — ce ne serait ni la première ni la dernière fois — le gouvernement allemand adopta une optique différente. Pendant tout l'été 1989, la diplomatie de Bonn avait visé à l'effondrement du régime communiste de la RDA. À l'automne, cette stratégie était près de réussir et de nombreux voisins occidentaux de l'Allemagne commençaient à s'inquiéter. François Mitterrand était au nombre de ceux qui redoutaient les implications géopolitiques d'une implosion du communisme en Europe centrale et orientale. Afin de le rassurer et de lui démontrer que l'Allemagne n'allait pas s'isoler dans un rôle de grande puissance du centre de l'Europe, Kohl insista sur le rapport Delors et sur le plan d'union monétaire qu'il proposait. Sans doute fut-ce à la même période que le Chancelier imposa pour la première fois un oukase à la Bundesbank : quoi qu'il puisse survenir au sein du MEC, il ne devait y avoir aucun réajustement du Mark vis-à-vis du franc français.

Les arguments économiques qui sous-tendaient la campagne de Schlesinger se concentraient sur les problèmes de balances extérieures et de compétitivité. Pendant l'été 1988, la Bundesbank avait déjà commencé à raidir sa politique monétaire. Le 5 octobre 1989, elle releva d'un point ses principaux taux d'intérêt. Dans le passé, pareille augmentation aurait pu déclencher des tensions à l'intérieur du MEC, et ouvrir la voie à un réalignement des parités. D'ailleurs, le lendemain, Pöhl lui-même devait déclarer à Bonn, devant une association de banquiers, que la Bundesbank jugeait souhaitable un réalignement du point de vue d'une politique de stabilité. Mais, dans la phrase suivante de son allocution, il prit acte du fait que les partenaires les plus importants de l'Allemagne au sein du MEC avaient exclu l'utilisation des taux de change comme instrument d'ajustement extérieur. L'emploi du pluriel ne trompait personne et n'était d'ailleurs pas destiné à tromper quiconque. Pöhl parlait de la France. Mais l'ajustement extérieur auquel il faisait allusion concernait l'Allemagne, non la France. En réalité, il prenait acte du fait que la France, soutenue par Kohl, avait interdit une réévaluation du Mark. D'ailleurs, le ministre des Finances Pierre Bérégovoy confirma l'inflexibilité de la France, dans un discours prononcé quelques jours plus tard[7]. Mais Pöhl alla plus loin encore. Certains des « partenaires les plus importants de l'Allemagne » (la France) se comportaient, dit-il, comme s'il y avait déjà une union monétaire, définie comme une zone de taux de change fixes et de liberté des mouvements de capitaux. Faisant allusion, pour la première fois, à un « noyau dur », il affirma que les choses étaient allées bien plus loin dans cette direction que la plupart des gens n'en avaient conscience. Peut-être Pöhl avait-il l'intention que son discours (auquel certains membres du conseil de la Buba firent écho dans les mois qui suivirent) soit interprété comme une alternative à la vision institutionnelle de l'UME inscrite dans le rapport* Delors : une union monétaire fonctionnait déjà (les prochains chapitres montreront que l'idée qu'une union monétaire existait *de facto* était une illusion dangereuse, devait devenir un thème répété sans discontinuer par la Bundesbank, lorsque le climat politique et l'attitude des marchés se modifièrent en sa faveur).

Le problème, du point de vue des faucons de la Bundesbank,

---

* Quel qu'ait pu être son raisonnement lorsqu'il signa le rapport Delors, Pöhl considéra plus tard qu'il avait commis une erreur.

était que les autres pays du MEC connaissaient, eux aussi, une croissance soutenue, pouvaient imiter sans états d'âme les mouvements de taux d'intérêt de la Buba, et n'avaient pas la moindre envie de dévaluer leur monnaie (nous avons vu que l'Espagne et la Grande-Bretagne avaient, déraisonnablement, freiné les mouvements de leurs devises *vers le haut* l'année précédente). Seule la couronne danoise donnait des signes de faiblesse. Conséquence de son entrée dans le MEC, le Danemark souffrait d'une récession — nous examinerons cela plus en détail dans un autre chapitre —, mais dans l'atmosphère générale d'euro-euphorie de la fin de 1989, la pression de la spéculation demeura modérée, si bien que les autorités danoises purent mettre fin aux attaques lancées contre leur monnaie grâce à une petite hausse de leurs taux d'intérêt.

En novembre, toutefois, le tableau connut un changement spectaculaire. La chute du mur de Berlin secoua durement la structure géopolitique de l'Europe tout entière. Nous verrons que la secousse affecta aussi « l'Europe ». Mais ses plus immédiates conséquences furent d'ordre économique. L'ouverture de la frontière interallemande constituait un authentique choc asymétrique, tel que nous l'avons défini auparavant. Très probablement, la liberté de mouvement conduirait à l'Ouest un afflux de travailleurs est-allemands et de leurs familles, attirés non seulement par la liberté politique, mais aussi par les « primes d'installation » attribuées par Bonn, et par la perspective de profiter du niveau de vie de l'Ouest. Il faudrait loger ces immigrants. Ils auraient l'intention d'acquérir des voitures occidentales et autres biens de consommation durables. Leurs enfants auraient besoin d'écoles, et leurs familles de services médicaux. Tout cela ne manquerait pas d'accroître la pression de la demande sur les ressources de l'Allemagne de l'Ouest, déjà sous tension après deux années de croissance relativement forte. Par surcroît, l'arrivée en très grand nombre de nouveaux travailleurs — allemands, bien formés, habitués à la discipline industrielle — représenterait une cure de jouvence bienvenue pour un marché du travail sclérosé. Les coûts du travail seraient entraînés à la baisse, et les attitudes à l'égard du travail améliorées par la concurrence des nouveaux venus. Tout cela — demande accrue de biens et de services et augmentation de l'offre de travail — se traduirait par une amélioration du taux de retour sur le capital physique investi en Allemagne de l'Ouest, ajoutant de nouvelles pressions sur les ressources disponibles à court terme. Pour des raisons différentes, la devise allemande, comme celle de la Grande-Bretagne en 1986-1987, devrait connaître une appréciation en termes réels*. Si cela ne devait pas se produire via un regain d'inflation en Allemagne de l'Ouest, que la Bundesbank, on le croyait dur comme fer, ne pourrait contenir, on assisterait à une appréciation nominale du Mark, une réévaluation, qui s'opérerait face aux autres monnaies européennes aussi bien que face au dollar et au yen.

Les marchés financiers réagirent sans attendre. Les taux d'intérêt allemands à long terme augmentèrent, tandis que le Mark montait face au dollar — conjonction qui indiquait clairement une amélioration prévue du taux de rentabilité du capital investi et un besoin d'appréciation en termes réels. Si les faucons de la Bundesbank, en octobre, avaient donné un coup d'épée dans l'eau avec la campagne qu'ils avaient menée en faveur d'un réalignement, ils paraissaient maintenant vouloir ouvrir à deux battants la porte des marchés financiers déverrouillée par les gardes-frontière est-allemands. Et cependant, en quelques jours, Bonn allait leur claquer cette porte au nez.

Les hommes politiques de la capitale fédérale réagissaient à l'ouverture du mur par un mélange de bonheur et d'angoisse. Ces deux sentiments orientaient l'aiguille de la boussole politique dans la même direction : vers la réunification. Nul besoin d'expliquer leur bonheur, pas plus que leur désir de mettre à profit cette « fenêtre » historique pour réunifier l'Allemagne. Mais leur angoisse était générée par la perspective de tensions politiques et sociales si les prévisions de transferts massifs de population — qui rendaient les marchés des changes euphoriques — finissaient par se concrétiser. Il fallait trouver un moyen de maintenir les Allemands de l'Est en Allemagne de l'Est, si bien que les plans d'union monétaire avec l'Est, ainsi que les transferts financiers massifs de l'Ouest à l'Est, n'allaient pas tarder. Cependant, comme les hommes politiques, les hauts fonctionnaires et les banquiers allemands l'avaient toujours répété, une union monétaire, à l'intérieur de l'Allemagne ou en « Europe », ne pouvait fonctionner sans une

---

* En novembre 1989, étant donné les circonstances, la seule façon d'empêcher une appréciation en termes réels aurait consisté en un tour de vis fiscal — donc une réduction d'un déficit budgétaire déjà minime. Mais, économiquement, cela aurait été parfaitement inadéquat. Pis encore, cela aurait été absolument impossible sur le plan politique, compte tenu de l'accroissement prévisible des besoins de dépenses publiques dans les domaines de l'éducation, de la santé, des services sociaux, de la formation...

union politique. La réunification politique de l'Allemagne ne manquerait pas de réveiller la peur viscérale de la France à l'idée d'une domination allemande sur le continent. Pour apaiser Mitterrand, l'Allemagne devrait lui promettre une union monétaire de « l'Europe », mais cette promesse perdrait toute crédibilité si elle coïncidait avec la réévaluation du Mark par rapport au franc exigée par la Bundesbank. Donc, six jours après l'effondrement du mur de Berlin, Hans Tietmeyer, secrétaire d'État au ministère allemand des Finances, déclara catégoriquement qu'il n'y aurait pas de réalignement des parités au sein du MEC, du moins pas à l'intérieur de la bande étroite de fluctuation[8].

Tietmeyer va jouer un rôle particulièrement important dans la suite de ce livre. Il est utile de le présenter ici. Originaire de Westphalie, catholique, Tietmeyer, dans sa jeunesse, avait fréquenté le grand séminaire avant d'entrer dans la fonction publique. Affecté au ministère de l'Économie, il avait appartenu, en 1970, à l'équipe de fonctionnaires allemands participant à la négociation du plan Werner, prédécesseur infortuné du rapport Delors. En 1982, le FDP changea de cheval, amenant Kohl et les chrétiens-démocrates au pouvoir, et Tietmeyer reçut le poste de secrétaire d'État auprès du ministre des Finances, Gerhard Stoltenberg. Ce poste correspond à la fois à la fonction de secrétaire général d'un ministère et à un portefeuille ministériel de second rang. Son titulaire n'est pas un homme politique élu, mais il joue cependant un rôle politique. Tietmeyer était particulièrement proche d'Helmut Kohl.

Son poste lui donnait un siège au Comité monétaire, dont il devint bientôt le membre le plus influent, puis le président de 1985 à 1987. Il ajoutait une puissance intellectuelle remarquable à une formidable présence physique et à une grande rudesse dans la discussion. Sans scrupule, il pouvait administrer aux autres participants du débat des volées de bois vert. Avant de s'attaquer à eux, il arborait un demi-sourire et un demi-rictus, et sa gencive découverte lui donnait l'allure d'un poids-lourd s'apprêtant à envoyer au tapis un adversaire déjà presque inconscient et acculé dans les cordes.

Tietmeyer ne respectait pas plus les positions établies que les réputations. Nigel Lawson, se souvenant de son éclat, lui trouvait « quelque chose d'un diamant brut[9] ». Un diplomate allemand (marié avec une Française, comme tant d'autres dans le cercle des proches conseillers de Kohl en politique étrangère) le qualifia une fois de « boche typique ». Dans les réunions, il condescendait rarement à l'usage du prénom* qu'apprécient tant les autres acteurs du grand cirque monétaire et financier international, et que les autres responsables de la Bundesbank tenaient pour l'une des preuves du « manque de solidité » de Pöhl.

En novembre 1989, Tietmeyer avait remplacé au directoire de la Bundesbank, comme responsable des affaires monétaires internationales, Leonhard Gleske qui venait de prendre sa retraite. Sa nomination avait été accueillie sans grand enthousiasme à Francfort, où elle était perçue comme une tentative de Kohl pour imposer un homme à lui. Mais la dualité de sa position en novembre 1989 — secrétaire d'État et conseiller de Kohl, et futur membre du directoire de la Bundesbank — donnait à ses paroles une autorité particulière. En tout état de cause, le gouvernement allemand jouissait toujours de la prérogative de décider des changements de parité, sous la seule condition de respecter les dispositions de la « lettre Emminger ».

Une fois de plus, les propos de Tietmeyer pouvaient rassurer la France, mais indisposer d'autres pays du MEC. En disant qu'il n'y aurait pas de réalignement « du moins pas à l'intérieur de la bande étroite », il avait braqué les projecteurs sur les deux pays, l'Espagne et l'Italie, dont les monnaies évoluaient dans la bande des 6 % (à peine six semaines plus tard, le gouvernement italien ferait preuve d'une habileté caractéristique, mais, en fin de compte, suicidaire, en rejoignant la bande étroite). À l'évidence, Tietmeyer n'entendait pas suggérer qu'il fallait que la peseta et la lire soient réalignées à la hausse face au Mark : c'eût été là une violation de la plus importante des règles non écrites du MEC — celle qui veut qu'aucune monnaie, jamais, ne puisse être réévaluée face au Mark. Au contraire, il indiquait que ces deux devises devaient être dévaluées — suggestion irresponsable et malveillante pour des pays dont le taux d'inflation se situait déjà trop haut, et, au moins dans le cas de l'Espagne, tendait à augmenter encore, justement parce que ni le MEC ni le gouvernement n'autorisaient une réévaluation.

Tietmeyer proféra l'accusation stupéfiante que l'Espagne et l'Italie — et également la Grande-Bretagne — « exportaient leur

* Dans son livre sur la Bundesbank, David Marsh cite un membre du conseil de la Bundesbank : « Les maîtres monétaires du monde se rencontrent souvent et deviennent proches l'un de l'autre. Ils se donnent du "Karl Otto" plutôt que du "M. le président". C'est là une bonne chose, mais cela peut aussi vous ligoter, dans la mesure où vous êtes contraint de prendre en compte les intérêts personnels des gens que vous rencontrez[10]. »

inflation » vers une Allemagne qui n'en pouvait mais, par l'intermédiaire d'un mélange aberrant de taux d'intérêt élevés et, à l'en croire, de politiques budgétaires « expansionnistes* ». Il est vrai que la croissance des investissements dans ces deux pays et dans d'autres donnait un coup d'accélérateur aux exportations de l'Allemagne et contribuait ainsi aux pressions inflationnistes latentes. Mais Tietmeyer, comme la plupart des autres apôtres de « l'Europe », était tombé dans le piège d'un refus de la logique du Marché unique : une logique selon laquelle, si la demande intérieure en Grande-Bretagne, en Espagne ou en Italie débordait sur l'Allemagne, il n'était pas plus de la responsabilité des gouvernements de ces trois pays de réduire cette demande qu'il n'aurait été de leur responsabilité de compenser, par leur politique budgétaire, l'impact sur l'offre, en Allemagne, d'un excès de la demande intérieure *allemande*. La vraie responsabilité de chaque gouvernement était, outre de veiller à la bonne santé de ses finances publiques, de prendre les mesures de politique *monétaire* nécessaires à la stabilisation de l'offre, de l'emploi et des prix dans son propre pays. Au lieu de cela, Tietmeyer exigeait que les autres gouvernements adaptent leurs politiques aux desiderata de l'Allemagne, puisqu'elle était dans l'impossibilité de stabiliser la marche de son économie à cause de l'engagement politique pris par Kohl de ne pas permettre une réévaluation du Mark face au franc.

On a souvent dit que Schlesinger agissait dans l'intérêt égoïste de l'Allemagne en tentant d'orienter la politique monétaire dans le sens de ses objectifs intérieurs. Mais, dans la mesure où il se comportait bien ainsi, il faisait exactement ce qu'il fallait, tant du point de vue de l'Allemagne que du point de vue des économies de qui que ce soit d'autre (mais pas nécessairement de la classe politique et bureaucratique de qui que ce soit d'autre). La position réellement dommageable à un ensemble de bien-être économique — pour ne rien dire du mythe de la « solidarité » du MEC — était celle défendue par Tietmeyer. Moins de trois ans et demi après

* À ce moment-là, le gouvernement italien aurait dû, à l'évidence, mettre à profit une période de croissance relativement forte pour réduire son énorme déficit budgétaire. Les raisons pour lesquelles il ne le fit pas sont liées aux euroillusions qui empoisonnaient la vie politique de la péninsule, sans parler des problèmes endémiques du pays. Mais il est certain qu'en 1989, la politique budgétaire de l'Italie n'était pas « expansionniste » en termes de demande. Pas plus que ne l'étaient la politique budgétaire de l'Espagne ni de la Grande-Bretagne.

son discours de novembre 1989, Tietmeyer en viendrait à accuser la Grande-Bretagne et l'Italie (à tort, et contre toute logique) de « dévaluation compétitive » et, par là même, de risquer d'*importer* de l'inflation dans leurs propres économies (et il avertit l'Espagne qu'elle risquait de tomber sous le même chef d'accusation). Nous préciserons mieux cet exemple du double langage de Tietmeyer au chapitre 9. Il y en aura d'autres.

À peine quelques mois plus tard, les circonstances auraient connu un renversement et, par une piquante ironie de l'histoire, la Bundesbank — où Tietmeyer occupait maintenant ses nouvelles fonctions — se trouverait plongée dans le plus profond embarras par la doctrine qu'il avait formulée le 17 novembre. Dans l'immédiat, son discours eut un autre impact paradoxal : il excluait l'éventualité d'un réalignement au moment même où les marchés avaient de bonnes raisons d'en souhaiter un*. Comme toujours dans le MEC, des considérations politiques prévalurent sur la logique économique du système. Il fallut improviser en toute hâte des doctrines économiques pour dissimuler ce fait. Cette mascarade trompa bien des spectateurs crédules, qui n'auraient pourtant pas dû s'y laisser prendre. Au nombre des plus influents de ceux-là se trouvaient les deux organes éminemment « anglo-saxons » de l'opinion éclairée, l'*Economist* et le *Financial Times*.

Francfort contre Bonn

En décembre 1989, Kohl avait déjà présenté un plan en dix points pour la réunification de l'Allemagne. Le rythme s'accéléra au début de février 1990. En effet, Kohl, alarmé par les informations selon lesquelles 3 millions d'Allemands de l'Est, « assis sur leurs valises », s'apprêtaient à inonder l'Ouest, surprit la Bundesbank en lançant un plan d'union monétaire. Le Mark deviendrait la monnaie de l'Allemagne tout entière et remplacerait en RDA le Reichsmark non convertible.

La Bundesbank était horrifiée. Fin janvier, Pöhl avait qualifié de « fantasmagorique[12] », et Schlesinger de « très irréaliste[13] », l'idée

* Le 11 décembre, Schlesinger déclara dans un discours qu'une politique de stabilité était possible « uniquement si l'instrument des taux de change est disponible », mais reconnut de mauvaise grâce que, pour le moment, « les réalignements sont politiquement interdits[11] ».

d'une union monétaire. Le 6 février, le jour même où Kohl fit connaître ses intentions, Pöhl jugea que c'était très prématuré. Pratiquement d'un coup de baguette, l'ensemble de l'économie est-allemande deviendrait non compétitive, quel que soit le taux de conversion des Marks de l'Est pour ce qui concernait les salaires. Il faudrait désormais soit des subventions massives du gouvernement ouest-allemand pour conserver les entreprises d'Allemagne de l'Est, soit des transferts tout aussi massifs en faveur des chômeurs est-allemands. Dans un cas comme dans l'autre, le coût serait gigantesque* pour le budget de l'Allemagne de l'Ouest. En même temps, puisque les salaires est-allemands, exprimés jusqu'alors en Reichsmarks inconvertibles, seraient convertis en Marks au taux autoritaire de 1 pour 1 (alors que le taux de change officieux se situait aux environs de 7 pour 1), les ménages est-allemands, découvrant soudain que leurs salaires (ou les revenus de la protection sociale) valaient sept fois plus qu'auparavant en termes de biens et de services ouest-allemands, se lanceraient très probablement dans une frénésie d'achats en Allemagne de l'Ouest**. En gros, on assisterait à une nouvelle poussée de la demande de biens et de services dans la nouvelle union monétaire allemande, alors même que la production de l'union chuterait, puisque les entreprises est-allemandes deviendraient moins compétitives encore qu'auparavant sur le marché mondial (cependant que leurs marchés, naguère garantis en Europe orientale et en Union soviétique, s'effondreraient).

Tout cela se traduirait par un renforcement de la pression inflationniste dans l'Allemagne réunifiée. Normalement, la réaction à cette évolution consisterait en une appréciation du Mark, afin de reporter une part de la demande pesant sur l'offre allemande, tendue à l'extrême, sur une offre étrangère. Pourtant, Bonn, plus fermement que jamais, excluait tout réalignement, afin de se ménager la bonne volonté de Mitterrand. Ainsi, l'appréciation inévitable du

---

* Une bonne part de ces coûts budgétaires serait inévitable quel que soit le taux de conversion retenu. Compte tenu du lien maintenant établi entre les marchés du travail de l'Ouest et de l'Est par une émigration massive potentielle, on aurait forcément une convergence rapide des revenus disponibles exprimés en Marks.

** L'épargne, pour sa part, serait convertie à un taux d'environ 1,6 pour 1, accroissant ainsi, comme celui des revenus, le pouvoir d'achat du patrimoine des Allemands de l'Est en termes de biens et de services ouest-allemands.

Mark* *en termes réels* devrait passer par l'inflation, dont le taux en Allemagne dépasserait ceux de ses principaux partenaires commerciaux — perspective absolument effrayante pour la Bundesbank, dont le prestige et le poids politique reposaient sur sa réputation d'autorité monétaire la plus résolument hostile à l'inflation dans le monde entier (exception faite de la Banque nationale suisse, qui n'avait pas besoin du leadership de la Bundesbank, ni du MEC, pour remporter la palme).

Pis encore, le fait que le gouvernement avait passé outre l'avis de la Bundesbank — aussi bien sur l'idée même d'union monétaire que sur les termes de conversion — avait été remarqué. Pöhl lui-même avait songé à démissionner, et plusieurs membres du conseil de la Buba avaient eu publiquement des propos très durs, attaquant Kohl qui agissait « comme si l'autonomie de la Bundesbank avait été mise de côté pendant le processus d'unification », d'une manière qui pouvait « commencer de mettre à mal l'autonomie de la Banque » en la « dépouillant de son leadership[14] ».

Les marchés financiers réagirent sans attendre. De même qu'au mois de novembre précédent, les taux d'intérêt allemands grimpèrent fortement après l'annonce, le 6 février, de l'union monétaire. Mais cette fois, au lieu de se renforcer davantage, le Mark *s'affaiblit* sensiblement. Cette conjonction démontrait avec clarté les atteintes portées à la crédibilité de la Bundesbank, et les craintes suscitées par l'inflation** allemande.

Tietmeyer, maintenant installé au conseil de la Buba, se mit à jouer le rôle ambigu que ses nouvelles fonctions paraissaient exiger de la plupart des titulaires du poste. Dès le mois de mars, il critiqua vertement la Commission de Bruxelles pour avoir publié des estimations chiffrant le coût budgétaire de la réunification à

---

* En toute cohérence, l'appréciation réelle initiale dépasserait de beaucoup le nouveau taux réel d'équilibre à long terme, lequel se trouverait en dessous de son niveau d'avant l'unification, ce qui supposait, pour l'avenir, une dépréciation du Mark en termes réels afin de corriger le dépassement de départ.

** Le problème macroéconomique réel ne résidait pas dans les taux de conversion des Marks de l'Est — Kohl devait trouver un moyen de relever immédiatement les revenus réels des Allemands de l'Est, avant les mouvements de la productivité, et il était contraire aux règles de la démocratie de critiquer ces taux —, mais dans le refus d'envisager un réalignement, accompagné d'une tentative de tromper l'opinion publique ouest-allemande sur le coût budgétaire de la réunification. La grande erreur *structurelle* fut de laisser les syndicats ouest-allemands coloniser l'Est, avec la connivence des entreprises ouest-allemandes et d'étendre au-delà de l'Elbe le « modèle social allemand ».

3 % du PNB de l'Allemagne de l'Ouest sur trois ou quatre ans. Des chiffres aussi mal fondés et irresponsables, affirma-t-il, étaient à l'origine de la hausse des taux d'intérêt allemands à long terme. En fait, ces estimations se révélèrent très faibles*. Mais Kohl, le protecteur de Tietmeyer, répétait aux Allemands que la réunification ne coûterait rien. Au début d'avril, Tietmeyer, tout en conservant ses responsabilités à la Bundesbank, fut nommé conseiller spécial de Kohl pour l'union monétaire allemande — ce qui ne fit qu'ajouter aux soupçons que l'on nourrissait à son encontre à Francfort et, plus encore, dans les banques centrales de Land. Tout au long de l'année 1990, Tietmeyer ne cessa de répéter que la réunification n'entraînait aucune menace inflationniste. Cette obstination peut probablement s'expliquer par un désir de ne pas affaiblir Kohl et les chrétiens-démocrates dans la période qui précédait les premières élections panallemandes d'octobre 1990**, mais elle reflétait aussi l'importance que Tietmeyer attachait au MEC comme garant de la compétitivité de l'Allemagne, tout en illustrant l'impuissance temporaire de la Bundesbank***.

Pendant plusieurs mois, après sa défaite de février, la Buba

---

* À partir de 1991, les transferts ont représenté quelque 5 à 6 % du PNB allemand (et environ 6,5 % du PNB ouest-allemand) par an. On pense aujourd'hui qu'il faudra poursuivre des transferts de cette ampleur pendant environ dix ans. Les observateurs pessimistes redoutent la création à l'Est d'un Mezzogiorno allemand, sous assistance financière permanente.

** Une fois acceptée l'union monétaire entre les deux Allemagnes (elle entra en vigueur le 1er juillet 1990), il fallait à l'évidence que l'union politique suive dans la foulée. Ainsi que la Bundesbank, à juste titre, n'a cessé de l'affirmer, la viabilité d'une union monétaire implique nécessairement une union politique.

*** Un autre facteur aurait pu, s'il avait été perçu à l'époque, amener Tietmeyer à modifier son point de vue. Il n'existe pas de preuve qu'il en était conscient, encore qu'on puisse en trouver une présomption dans le fait qu'il était apparemment convaincu que la position de force de la peseta et du sterling confrontés aux chocs d'une demande asymétrique serait seulement passagère. Toute appréciation initiale du Mark, qui aurait été parfaitement justifiée en l'absence des contraintes du MEC, aurait constitué un dépassement de son niveau réel d'équilibre à long terme. Mais puisque le MEC reposait sur un postulat de « non-dévaluation du Mark », toute correction de ce dépassement exigerait soit un abandon du MEC, soit une désinflation relative en Allemagne. Cette dernière aurait soit provoqué une récession plus grave et plus prolongée que celle que l'Allemagne a réellement subie en 1992-1993, soit une hausse du taux absolu d'inflation des partenaires de l'Allemagne dans le MEC, démontrant ainsi, avec une clarté aveuglante, que le MEC ne peut prétendre constituer un instrument de convergence des niveaux de prix.

pansa ses plaies. Kohl avait tout bonnement écarté ses objections. Au bout du compte, la Bundesbank aurait sa revanche, mais il lui fallait prendre son mal en patience. Le Chancelier chevauchait alors sur la crête d'une vague de popularité. Et, si respectée qu'elle fût en Allemagne, la Bundesbank ne pouvait espérer sortir vainqueur d'un affrontement direct avec « le Chancelier de l'unité allemande ». Engager un tel bras de fer, et perdre, aurait été plus grave pour sa crédibilité monétaire et pour son influence politique que se résigner à l'inévitable. La très forte position tactique de Kohl, ainsi que la ferme promesse qu'il avait faite à Mitterrand de préserver le rapport franc-Mark comme preuve du sérieux de son engagement en faveur de l'UME avaient pour conséquence que la Bundesbank ne pouvait plus exprimer sa désapprobation de la politique du gouvernement à sa manière habituelle — un fort relèvement des taux d'intérêt. Pourtant, si la Bundesbank ne faisait rien, les craintes éprouvées par les marchés devant l'inflation que la réunification pourrait engendrer conduiraient à un affaiblissement du Mark, au moment même où la situation intérieure de l'Allemagne exigeait un renforcement de sa monnaie. C'est dans ce contexte-là qu'il faut juger l'attitude de Tietmeyer. Si, politiquement, il était impossible à la Bundesbank, au moins avant les élections d'octobre, de prendre des mesures pour prévenir l'inflation, il fallait au moins rassurer les marchés en sous-estimant délibérément le risque inflationniste. On ne pouvait guère s'attendre à voir Tietmeyer se répandre en jérémiades sur la surchauffe et sur les pressions inflationnistes alors que la Buba était empêchée d'agir pour la contrer — à moins qu'il n'ait eu l'intention de saper la position de Kohl, ce qui n'était évidemment pas le cas. Pas plus qu'il ne pouvait admettre l'ampleur des dégâts budgétaires que la réunification ne manquerait pas de provoquer. En fait, Tietmeyer n'était pas seulement soumis à un impératif électoral immédiat pour sous-estimer publiquement les coûts, mais il devait aussi tenir compte de son malencontreux discours du 17 novembre précédent, dans lequel il avait critiqué certains pays qui recouraient à des taux d'intérêt élevés pour compenser des politiques budgétaires expansionnistes. À cette époque, nous l'avons vu, ces pays ne menaient pas de telles politiques. Mais l'Allemagne, elle, en avait certainement adopté une, ce qu'il fallait dissimuler pour que les critiques de Tietmeyer ne se retournent pas contre le Mark.

Après l'annonce en février de l'unification monétaire, le Mark vacilla face aux monnaies non membres du MEC, mais ne s'effondra pas. Les marchés étaient partagés entre la peur que la Bundesbank ne soit forcée de laisser l'inflation grimper (peur qui tendait à affaiblir le Mark), et la certitude qu'elle finirait bien par réagir en resserrant fortement sa politique monétaire (certitude qui soutenait la devise allemande), quels qu'aient pu être les commentaires désobligeants de Tietmeyer à l'adresse de la Grande-Bretagne et de l'Espagne. À l'intérieur du MEC, le Mark s'affaiblit légèrement. Toutefois, sa faiblesse ne revêtit pas tout d'abord la forme d'un mouvement à la baisse à l'intérieur des marges de fluctuation. Elle se manifesta dans la possibilité accrue, pour les autres membres du système, de réduire le différentiel de leurs taux d'intérêt avec les taux allemands.

L'ancre chasse

Au départ, les autorités monétaires françaises considérèrent — ou affectèrent de considérer — avec beaucoup de détachement la réunification monétaire de l'Allemagne. À l'instar de Tietmeyer (auquel les marchés financiers décernèrent bientôt le sobriquet de « représentant de la Banque de France au conseil de la Bundesbank »), elles traitaient dédaigneusement les craintes d'une poussée d'inflation en Allemagne. L'inaction de la Bundesbank en ce qui concernait les taux d'intérêt leur convenait à merveille, puisque les réserves des marchés financiers au sujet de la crédibilité de la Bundesbank permettaient aux autres pays de réduire effectivement leurs différentiels de taux avec l'Allemagne.

En mai 1990, il est vrai, les responsables français commencèrent à se demander si l'Allemagne pouvait encore être tenue pour le « point d'ancrage » du MEC. Mais leurs interrogations ne pouvaient pas aller trop loin : si la politique monétaire allemande n'était plus dorénavant l'ancrage du système, qu'est-ce qui en tenait lieu ? Pour les faucons tels que Schlesinger, il n'y avait pas d'alternative : le MEC cesserait d'exister si l'Allemagne n'en était plus le pivot.

Bien des esprits plus naïfs étaient prêts à croire que la France — dont le taux d'inflation (qui diminuait, à mesure que le chômage augmentait), se situait maintenant au-dessous de celui de l'Allemagne* — pourrait assumer le rôle de point d'ancrage. Mais

* À peu près à cette époque, nombre de commentateurs britanniques mirent en valeur l'expérience française, présentée comme le modèle que la Grande-Bretagne devrait imiter en entrant dans le MEC.

il aurait fallu pour cela que les marchés soient convaincus que l'objectif de la politique française était définitivement la lutte contre l'inflation. Bien peu, sur les marchés, pas plus que dans les banques centrales ou les gouvernements des autres pays du MEC, étaient disposés à le croire. La France menait une politique de désinflation compétitive, ramenant son taux d'inflation au-dessous de celui de l'Allemagne, afin d'améliorer sa compétitivité sans dévaluer par rapport au Mark. Mais si le niveau des prix allemands s'élevait, il serait plus facile pour la France de devenir plus compétitive sans avoir à lutter contre sa propre inflation. Sans compter que la faiblesse du Mark, due à une inflation plus forte en Allemagne, permettrait aux différentiels français de taux d'intérêt de diminuer, si bien que les taux d'intérêt *réels* de la France (taux d'intérêt nominaux corrigés des anticipations d'inflation) pourraient être plus bas que dans d'autres circonstances. Mais comme il n'y avait pas la moindre preuve que la France poursuivrait une politique d'inflation faible si les prix allemands partaient à la hausse, on ne la voyait en aucun cas assumer le rôle de point d'ancrage d'un système dont la raison d'être, on l'affirmait, résidait dans « la stabilité des prix par la discipline ». Alors, si l'Allemagne ne semblait plus capable d'assurer la fonction de pivot tandis que la France ne le voulait pas, à quoi donc servait le système, sauf à offrir un exemple de symbolisme politique ?

Le créateur de la politique de désinflation compétitive était Jean-Claude Trichet, depuis 1988 directeur du Trésor, poste doté de plus de pouvoir que celui de bien des ministres dans la structure gouvernementale française. Ancien élève de l'ENA comme la plupart de ses pairs, il était, comme la majorité des membres de sa caste, sûr de lui, ce qui n'aurait pas eu d'importance s'il n'avait pas eu autant de pouvoir sur autant de gens*. Le volume de ses épanchements oratoires est devenu légendaire. Ses auditeurs, ennuyés à mourir par ses torrents d'aphorismes, s'amusent à relever ses tics verbaux. L'un de leurs passe-temps favoris consiste à compter le nombre de fois où, dans l'un de ses soliloques, les mots méditation, méditer, et leurs déclinaisons et conjugaisons donnent une expression à sa vision transcendantale. Régulièrement, Trichet confère un sens profond à des formules sibyllines. En mai 1990, il se surpassa. Alors qu'on lui demandait où se trouvait le point

* Cf. chapitre 11.

d'ancrage du MEC depuis la faiblesse du Mark provoquée par la réunification, il répliqua : « L'ancre du système, c'est le système lui-même », en prononçant ces mots lentement et d'un ton délibéré, et en les répétant pour faire bonne mesure. Personne n'insista pour qu'il s'explique. Les propriétés d'auto-ancrage du MEC résistaient, comme le « paradoxe du MEC », à toute explication par ses dévots, et l'anathème était jeté sur les agnostiques qui auraient voulu tenter de l'analyser.

Ainsi donc, à la mi-1990, le MEC était en plein désordre.

Les deux monnaies les plus fortes du système étaient celles des pays subissant la plus forte inflation (Espagne et Italie). Alors que la rationalité économique du système avait été souvent présentée comme la possibilité, pour les autres pays, « d'emprunter sa crédibilité à la Bundesbank », c'était justement la crédibilité de la Buba qui était remise en question. En outre, l'inflation augmentait en Allemagne pour atteindre bientôt un niveau supérieur à celui des autres membres de la bande de fluctuation étroite. La politique de désinflation compétitive conduite par la France signifiait que la hausse de l'inflation en Allemagne était la bienvenue. Enfin, la doctrine « l'ancre du système, c'est le système lui-même », démontrait très clairement que, pour le meilleur ou pour le pire, il n'y avait *plus* de point d'ancrage dans le système, et que la France n'était pas prête à lui en fournir un.

Tout le monde, à l'évidence, ne jugeait pas la situation déprimante. Les partisans d'une instauration rapide de l'Union monétaire étaient enchantés. Ils tenaient le récent affaiblissement relatif de la Bundesbank, et les performances assez médiocres de l'Allemagne en matière d'inflation, pour des signes que l'un des obstacles majeurs à l'Union monétaire — la répugnance bien compréhensible du peuple allemand à renoncer à son indépendance monétaire et à lier son sort à celui des pays à forte inflation et à monnaie faible — pourrait bien s'écrouler. Les défenseurs de l'UME n'attachaient pas d'importance à la stabilité des prix proclamée par le rapport Delors comme son but et sa justification — ce que le traité de Maastricht proclamerait plus fallacieusement encore. La stabilité des prix n'était jamais désirée en soi — pas même par la Bundesbank, nous le verrons. Tous ceux, en dehors de la Bundesbank, qui payaient leur tribut à l'objectif de stabilité des prix, ne s'exprimaient ainsi que pour avancer davantage vers l'UME, et ils ne voyaient dans l'UME qu'un moyen d'aller plus loin dans l'extension de leur propre pouvoir. Wilhelm Nölling, président de la Hamburg Landeszentralbank et membre du conseil de la Bundesbank, l'indiqua très clairement, au début de 1991 : « Nous ne devons nourrir aucune illusion ; la controverse actuelle sur le nouvel ordre monétaire européen porte sur le pouvoir, l'influence, et la satisfaction des intérêts nationaux[15]. »

Un fait remarquable advint à la fin de 1990. La Commission européenne réalisa une analyse — et non un morceau de propagande — du fonctionnement du MEC et des implications de l'UME. Inutile de préciser que cette analyse ne fut pas rendue publique. Son existence n'a été révélée qu'en 1993, par un article de la revue bruxelloise *De Pecunia*[16], connue pour son « engagement » en faveur de l'UME et de l'ECU (ou de l'écu, ainsi que la revue y fait toujours référence). L'analyse de la Commission démontrait sans ambages que l'absence de point d'ancrage, dont Trichet se félicitait, ne pouvait continuer. Si le MEC était réellement le « toboggan » vers l'UME autant que le garant de la stabilité des prix, il fallait lui donner en quelque sorte un point d'ancrage collectif. Sinon, les attaques de la spéculation conduiraient soit à l'écroulement du système lui-même, soit à la disparition du contrôle de la monnaie dans le pays pivot. C'était là prophétiser avec une exactitude parfaite le dilemme — et le conflit franco-allemand sur la manière de le résoudre — qui finirait par détruire le MEC pendant l'été 1993.

La solution proposée se situait parfaitement dans la ligne du rapport Delors : il devrait y avoir une sorte de « période d'essai », durant laquelle les politiques monétaires seraient coordonnées, avant d'arriver à l'UME pleine et entière. Au lieu de voir la Bundesbank fixer un objectif à la masse monétaire allemande, tandis que les autres membres du MEC se contentaient, en réalité, de se fixer un objectif de taux de change par rapport au Mark, *tous* les membres du MEC devraient fixer des objectifs aux composantes intérieures de leur masse monétaire, afin d'atteindre un objectif monétaire commun pour le MEC dans son ensemble*. Les implications d'une telle procédure sautaient aux yeux : si le but était de

* Les mérites ou les inconvénients techniques ne doivent pas nous retenir plus qu'il n'est nécessaire. L'idée de base était que, si les monnaies du MEC en tant que bloc flottaient par rapport à celles du reste du monde et si toutes les interventions à l'intérieur du système n'étaient pas gelées, les composantes internes de la masse monétaire de chacun des pays membres s'additionneraient pour aboutir au résultat souhaité pour la masse monétaire du MEC dans son ensemble.

parvenir à un objectif décidé en commun pour la masse monétaire de l'ensemble du système, il fallait aussi que chaque pays admette que ce qui importait, c'était l'inflation, l'offre et l'emploi dans le MEC tout entier, et non dans chaque pays pris séparément.

Sous une forme assez différente, la Commission ne répétait que ce que la Bundesbank avait dit quelques mois plus tôt, dans sa première réaction réfléchie et formelle au rapport Delors : « Une union monétaire constitue une fraternité de la foi irrévocablement jurée — un pour tous et tous pour un[17]. » Pourtant, on peut déduire de l'article de *De Pecunia* que les États membres rejetèrent ce schéma plus ou moins d'une seule voix[18]. Pourquoi ? La réponse relève, à la fois, du désir de la Bundesbank de conserver sa suprématie et de l'attitude hypocrite des fanatiques de l'UME. La déclaration de la Bundesbank sur l'UME avait averti que « la fixation rapide de taux de change irrévocables et le transfert à des institutions communautaires des pouvoirs de politique monétaire comporteraient des risques considérables pour la stabilité monétaire ». Juxtaposer les deux citations de la Bundesbank conduirait à la conclusion que les postulants à l'UME devraient démontrer leur engagement à la « fraternité de la foi irrévocablement jurée » *avant* l'union monétaire de plein exercice. Le schéma de la Commission aurait permis un tel test : l'objectif de masse monétaire pour le MEC tout entier serait décidé d'un commun accord par les autorités monétaires des pays participants, et non imposé par une institution communautaire — et n'importe lequel des pays pourrait se retirer du schéma et ajuster son taux de change s'il le voulait. Il ne serait besoin d'aucune institution nouvelle, et le principal changement serait de confier aux autorités monétaires des autres pays un rôle égal à celui de la Bundesbank.

Ainsi, la raison de l'opposition de la Bundesbank était sans équivoque : la banque centrale allemande ne voulait pas partager sa responsabilité à l'égard de la situation monétaire de l'Allemagne, que ce soit dans l'UME ou avant l'UME. Plus encore, la Bundesbank n'avait pas la moindre raison de croire que les autres pays joueraient le jeu selon la règle de la stabilité des prix.

Si l'attitude de la Bundesbank n'avait rien pour surprendre, le rejet par les autres pays du schéma de la Commission était révélateur. Ces pays n'étaient à l'évidence pas prêts à admettre le « un pour tous et tous pour un ». Nölling l'avait souligné, il s'agissait, dans l'UME, de pouvoir et d'intérêt national, et non d'un intérêt communautaire mythique. Si les États membres devaient jamais s'engager dans un exercice qui donne, si explicitement, priorité à l'intérêt communautaire (quel qu'il puisse être) sur les intérêts nationaux, c'est tout le projet d'UME qui serait en danger. Les idées de « solidarité », de « communauté » et de « fraternité », et ainsi de suite, fournissaient un bon camouflage aux jeux de pouvoir de la politique monétaire européenne, mais que personne, jamais, ne tente de les mettre en pratique !

En rejetant le schéma de la Commission, les mandarins monétaires avaient mis trois éléments en pleine lumière : ils ne s'intéressaient pas à la stabilité des prix pour elle-même ; le MEC resterait sans point d'ancrage si la Bundesbank ne retrouvait pas son autorité et serait instable si elle la retrouvait ; l'UME échouerait et ne serait qu'une source d'instabilité économique et de conflits de nationalismes à l'intérieur de la Communauté. Sont-ce là les conclusions que les auteurs anonymes de l'analyse de la Commission, sachant l'accueil qui lui serait fait, *voulaient* provoquer ? Peut-être. Mais la logique, l'ouverture et la transparence tenaient peu de place dans le jeu du MEC et de l'UME. Il ne faut pas s'étonner que le schéma de la Commission et les réactions qu'il suscita n'aient pas été rendus publics : presque au même moment, les hommes politiques du continent dressaient et mettaient en œuvre leurs plans pour imposer l'UME et pour liquider politiquement Margaret Thatcher, la seule personnalité capable de dire la vérité à son sujet.

On liquide

Au sein du cabinet britannique, après le sommet de Madrid de septembre 1989 où avaient été fixées les conditions d'entrée du sterling dans le MEC, la position de Mrs Thatcher n'avait pas cessé d'être battue en brèche par certains. Au point qu'après la démission de Nigel Lawson, remplacé comme chancelier de l'Échiquier par John Major, un « second couteau » en prit prétexte pour contester la position de Mrs Thatcher comme leader du Parti conservateur. 80 parlementaires votèrent contre elle ou se réfugièrent dans l'abstention, chiffre assez élevé pour lui causer un grave tort politique. Les eurofanatiques du parti, et leurs alliés de Bruxelles, de Strasbourg, de Bonn et de Rome, ainsi que le CBI, le gros des médias britanniques, les travaillistes, les libéraux et le parti des travailleurs socialistes étaient convaincus que la vilaine besogne serait bientôt achevée, et Mrs Thatcher déboulonnée. Ils voyaient, avec une joie mauvaise, les taux d'intérêt à 15 % — cadeau de départ de Nigel Lawson — ravager les petites entreprises, en particulier les sociétés nouvelles qui avaient été créées par toute une classe émergente d'entrepreneurs dont Mrs Thatcher avait été l'inspiratrice.

Margaret Thatcher était dans une situation telle qu'elle devrait, que cela lui plaise ou non — et cela ne lui plaisait absolument pas — laisser John Major faire entrer le sterling dans le MEC.

Les conséquences politiques en devaient apparaître bien plus rapidement que les conséquences économiques. Il fallait se débarrasser très vite de Mrs Thatcher. Une occasion idéale se présentait. Un Conseil européen était convoqué pour la fin octobre, sous la présidence de l'Italie. Ce Conseil était censé régler toutes les affaires pendantes, en particulier les pourparlers du GATT, afin qu'en décembre le sommet normal de fin de présidence puisse se consacrer à ce qui était considéré comme les gros problèmes touchant aux objectifs et à l'organisation de la future conférence intergouvernementale sur l'union politique et économique*.

Cependant, pour les observateurs avisés, il devint clair qu'il y avait quelque chose dans l'air lorsque, par exemple, des ordres furent donnés au personnel de la Commission pour que la publication de *Un marché, une monnaie*, qui était prévue juste avant le Conseil de décembre, soit avancée. Ce texte devait maintenant paraître juste avant le Conseil d'octobre. *Un marché, une monnaie* était un morceau de propagande néo-fonctionnaliste éhontée, un ramassis d'arguments antiéconomiques et de résultats truqués de modèles de simulation, destiné à étayer l'idée que le Marché unique exigeait une monnaie unique pour fonctionner. Long, lourd, ce document était délibérément technique et abscons, afin de dissimuler sa logique biaisée et d'impressionner les « faiseurs d'opinion » par son autorité « scientifique ». Il réussit sa mission — au

* À Madrid, en juin 1989, Mrs Thatcher avait été mise en minorité sur la convocation d'une conférence intergouvernementale sur l'union économique. Kohl et Mitterrand avaient sorti l'union politique de leur chapeau en avril 1990 (Kohl ayant persuadé Mitterrand qu'il avait besoin d'éléments d'union politique si l'Allemagne devait accepter l'union monétaire que la France avait exigée en échange de son acceptation de la réunification). Au Conseil de Dublin, en juin, Mrs Thatcher, compte tenu de ses difficultés intérieures, dut accepter le diktat franco-allemand.

moins à court terme, ce qui était politiquement l'essentiel — avec un succès confondant.

Le « quelque chose » qui était dans l'air commença à empester lorsque la cabale chrétienne-démocrate se réunit juste avant le début du Conseil. Le doyen d'âge de ce cénacle, Andreotti, alors président du Conseil italien et président du Conseil européen, aujourd'hui en disgrâce et jugé pour des actes criminels incluant la collusion avec la Mafia et la complicité de meurtre, obtint l'accord de ses affidés pour qu'une embuscade soit montée contre Mrs Thatcher : le Conseil débattrait de l'union monétaire et déclarerait que sa phase finale débuterait le 1er janvier 1993. Mrs Thatcher qui, si souvent dans le passé, avait consenti à tant de concessions ambiguës à cause de pressions politiques intérieures, serait bien obligée de sortir du bois : ou bien elle accepterait, concédant ainsi jeu, set et match à ses adversaires étrangers, ou, plus probablement, elle devrait refuser, laissant la porte ouverte à ses opposants britanniques qui pourraient alors l'abattre.

L'embuscade se conclut par le résultat espéré. Mrs Thatcher refusa d'accepter que la conférence intergouvernementale ne s'achève sur des conclusions connues d'avance et que l'UME n'entre en vigueur, bon gré mal gré, à une date déjà fixée. Le lundi suivant, dans l'après-midi, Mrs Thatcher rapporta l'embuscade de Rome devant la Chambre des communes, lança son célèbre et passionné « Non, non, non », et critiqua Delors avec une sévérité particulière. Deux jours après, Geoffrey Howe donna sa démission, inaugurant la séquence d'événements qui se conclurait, trois semaines plus tard, par le départ pitoyable de Mrs Thatcher de Downing Street*.

L'empire contre-attaque

À la fin de 1990, la Bundesbank commençait d'émerger de la somnolence qui avait aussitôt suivi la réunification et suscité tant de questions sur l'ancrage du MEC. Il devenait de plus en plus

* Pendant quelque temps, des rumeurs circulèrent à la Commission selon lesquelles le discours de démission de Howe, mortel pour Mrs Thatcher, trouvait son origine à Bruxelles. Cela paraît peu probable, et nombre d'observateurs affirment y avoir décelé la main de son épouse. Mais on ne serait pas surpris d'apprendre que Howe avait eu des consultations avec Bruxelles sur le moment et le contenu de son discours.

évident qu'elle devait agir et qu'elle en avait l'occasion : les élections générales, qui avaient confirmé Helmut Kohl à la barre, étaient passées. La minute de vérité, à propos des coûts de la réunification, sonnait, et le ministre des Finances, Theo Waigel, s'était mis à indiquer à quel point le déficit budgétaire allait se creuser. En outre, les demandes initiales des syndicats en matière de salaires pour 1991 annonçaient une vive progression de l'inflation.

La Bundesbank ne manquerait donc pas de prétextes intérieurs pour resserrer la politique monétaire. La nécessité d'une action résidait, simultanément, dans l'embarras que lui causait la faiblesse relative du Mark dans le MEC, et dans sa crainte de ne plus pouvoir arrêter la marche vers l'UME après la réunion de Rome et le Conseil européen de décembre. Les deux étaient liés, cela va de soi. À la fin de 1989, Pöhl et Tietmeyer avaient brodé sur le même thème : le MEC constituait déjà une union monétaire qui — puisqu'elle était dirigée par la Bundesbank — serait meilleure que sa variante Delors. Mais en 1990, la situation de l'économie allemande et la politique européenne avaient rendu bien moins vraisemblable qu'une quasi-union dominée par la Bundesbank via le MEC puisse tenir la route face à une révision du traité de Rome en vue de la création d'une Banque centrale européenne et d'une monnaie unique. Si le MEC était désormais le « toboggan » conduisant à l'UME plutôt qu'une solution de rechange, peut-être, songeaient certains membres du conseil, le moment exigeait-il quelques turbulences. Le temps était venu pour la Bundesbank de réaffirmer son autorité. Le choc asymétrique provoqué par la réunification impliquait une appréciation du Mark en termes réels. Les « partenaires » de l'Allemagne ne permettraient pas une appréciation réelle du Mark au sein du MEC (et éprouveraient un vif mécontentement si le MEC tout entier, en bloc, montait contre les autres devises telles que le dollar). Il faudrait donc que l'inflation allemande se situe au-dessus de celle des pays tiers. Les autorités françaises avaient démontré que la France serait heureuse de suivre l'inflation allemande. Maintenant que les contraintes intérieures s'étaient relâchées, la Bundesbank était convaincue, à juste titre, qu'il fallait que la progression *absolue* de l'inflation allemande s'arrête là et soit orientée vers la baisse. La seule voie qui demeurait ouverte à une appréciation du Mark en termes réels passait par une réduction absolue des taux d'inflation des partenaires commerciaux de l'Allemagne, la France en particulier. Si les

Français ne voulaient pas d'une réévaluation du Mark, il leur faudrait subir la récession qui réduirait leur taux d'inflation.

Ces conséquences désastreuses pour la France valaient *a fortiori* pour les pays — tels que la Grande-Bretagne et l'Espagne (pour des raisons que nous avons vues), le Portugal (pour des motifs très voisins de ceux de l'Espagne) et l'Italie et le Danemark (dont nous examinerons le cas dans le chapitre suivant) — qui avaient besoin, ou qui auraient bientôt besoin d'*améliorer* leur compétitivité. Bref, les autres pays du MEC auraient à payer très cher leur appartenance au système et les aspirations fédéralistes de Delors, Mitterrand, Kohl, Gonzalez, Andreotti, Haughey, Schlüter, Martens, Lubbers, Hurd et Cavaço Silva.

À la mi-1991, la démission de Karl Otto Pöhl renforça la détermination de la Bundesbank de retrouver son statut de leader du MEC, de se venger de l'humiliation infligée par Bonn au moment de la réunification et de contraindre les autres pays, notamment la France, à se coucher sur la planche à clous qu'elle avait elle-même confectionnée. Les rapports du président de la Bundesbank avec Bonn, déjà difficiles depuis l'annonce des plans d'unification monétaire, s'étaient détériorés en mars, lorsque Pöhl avait qualifié la réunification de « désastre[19] ». Deux mois après, apparemment pour des motifs personnels et professionnels à la fois, il décida que cela lui suffisait et fit savoir qu'il s'en allait, trois ans et demi avant la fin de son mandat.

Le raidissement de l'attitude de la Bundesbank ne provenait pas de son désir de venger un chef abattu (Pöhl n'avait jamais entretenu de rapports particulièrement étroits avec ses subordonnés, pas plus qu'avec ses collègues du conseil). Bien davantage, la nomination d'Helmut Schlesinger eut un effet marquant sur l'action de la Buba. David Marsh, chroniqueur de la Bundesbank, a présenté Schlesinger — de manière ambivalente — comme « le boy scout des banques centrales », tandis qu'Helmut Schmidt le décrivait — péjorativement — comme « un nationaliste allemand ». Il a fait toute sa carrière à la Bundesbank, escaladant les échelons de la hiérarchie et obtenant un siège au directoire en 1972. Il est tenu pour l'âme de la Bundesbank et, depuis que Pöhl avait succédé à Otmar Emminger à la présidence en 1980, pour la force agissante de son processus de décision. Son dévouement et sa loyauté à l'institution ont été récompensés par un égal dévouement et une égale loyauté de la part de ses subordonnés. Contrairement à Pöhl et à Tietmeyer, il s'est toujours senti moins à l'aise en compagnie des « maîtres monétaires du monde » qu'avec les cadres de la Bundesbank et avec l'Allemand de la rue (sans doute est-ce pourquoi Schmidt — qui avait des raisons de le détester après l'épisode des taux d'intérêt, en 1981 — le qualifiait de « nationaliste »). Il possédait certainement une intuition remarquable des inquiétudes de l'opinion publique de son pays. En particulier, il n'avait aucune envie de voir sacrifier la Buba, et le Mark, aux aspirations des eurofédéralistes, qu'ils viennent d'Allemagne ou d'ailleurs. Bavarois, c'est un conservateur, proche des idées de la CSU (la branche bavaroise de la CDU), mais il n'est pas inféodé à Kohl comme Tietmeyer. En apparence, il répond à l'image d'un bon grand-père. Il s'exprime d'une voix séduisante, sonore et rassurante. Malheureusement, bien qu'il parle un anglais excellent, l'effort supplémentaire qu'il doit faire pour utiliser une langue étrangère lui donne souvent un sourire presque figé, un peu nerveux. Ce qui peut avoir poussé les non-germanophones à sous-estimer sa dureté, de même que sa capacité à être à l'unisson de l'opinion publique allemande et à l'influencer.

Marsh écrivait de lui en 1992 : « Il n'était pas doté de la capacité politique d'affronter et de maîtriser le défi hors du commun auquel l'institution dont il avait fait sa vie devait soudain faire face[20]. » En fait, Schlesinger possédait des talents politiques de tout premier ordre : lorsqu'il prit sa retraite, au début de l'automne 1993, la Bundesbank était redevenue — du moins en apparence — maîtresse de tout son empire. Et, ce qui était sans doute le plus satisfaisant, du point de vue de Schlesinger, la France, qui contestait le rôle de point d'ancrage joué par l'Allemagne dans les rapports de change en Europe (le MEC, virtuellement, avait cessé d'exister), avait été battue à plates coutures.

La toute première réunion du conseil de la Bundesbank présidé par Schlesinger, au début de septembre 1991, se termina par un avertissement de la forme que revêtiraient les choses dans l'avenir : les taux d'intérêt principaux furent relevés d'un demi-point. On serrait lentement la vis : au gouvernement allemand, aux syndicats, et aux pays de la bande de fluctuation étroite, à la France en particulier. Parmi ces cibles de l'attention malveillante de la Bundesbank, le gouvernement de Bonn fut le premier à commettre l'erreur de se lancer dans des reproches publics. Les Français, pour leur part, avaient fait de leur mieux pour ne pas s'opposer trop ouvertement à la Bundesbank pendant toute l'année 1991. L'un des motifs de cette bénignité des plus inhabituelles se trouvait dans la nécessité de dégager la voie à Maastricht et à la révision du traité qui, ils l'espéraient, signifierait la fin de la Buba. Ils ne voulaient pas rendre l'existence difficile à Kohl en donnant à la Bundesbank la moindre chance de soulever l'opinion allemande contre le projet d'UME. Un second motif était apparu durant les six premiers mois de l'année, avec les impératifs tactiques à court terme résultant du MEC. Les différentiels continuaient de diminuer, au fur et à mesure que l'euro-euphorie, devant les perspectives de monnaie unique — et, par conséquent, de convergence complète des taux d'intérêt —, s'emparait de plus en plus des marchés. La forte expansion de la demande en Allemagne se traduisait par de fortes exportations de la part de la France, et l'économie française connaissait une croissance raisonnablement rapide *. Le plus gros problème venait de ce que le coup de pouce à la hausse donné aux taux d'intérêt allemands, ajouté à la réduction continuelle des différentiels de la France avec l'Allemagne et ses satellites du Benelux, avait relégué le franc dans la position la plus faible au sein du MEC.

Grippe espagnole

L'intervalle entre le franc et les autres devises de la bande étroite de fluctuation n'était pas large. Malheureusement, la peseta se rendait insupportable, collée à la limite supérieure de la bande des 6 % puisque les capitaux étrangers continuaient d'affluer en Espagne. La pression à la hausse amenait la monnaie espagnole à l'extrême frontière de sa marge de fluctuation autorisée face à la devise la plus faible du système, le franc ; et, vu la symétrie formelle du système, le franc touchait la frontière extrême de sa marge de fluctuation autorisée face à la peseta. Dans le jargon technique en usage, les deux devises étaient « en opposition ». Pour parler clair, les deux pays étaient en opposition sur ce qu'il fallait faire.

Une telle situation n'avait pas de précédent. Bien des fois, dans

* Pas assez rapide, toutefois, pour endiguer un chômage de plus en plus menaçant, mais les mesures qui auraient permis de stimuler la croissance et l'emploi, en 1991 du moins, étaient thatchériennes — peu susceptibles, donc, de séduire Édith Cresson, Premier ministre delorienne, à une époque où les agriculteurs français étaient en révolte, et où il était interdit aux ministres de quitter Paris parce que leur sécurité ne pouvait plus être garantie en province.

le passé, le franc français (ou la lire, le franc belge ou la couronne danoise) avait été « en opposition » avec le Mark, ou avec son suppléant le florin. Entre 1979 et 1983, la réponse avait été simple : la monnaie la plus faible devait dévaluer, même si les marchands d'orviétan tels que Delors tentaient de camoufler les réalignements en réévaluations des monnaies fortes. De mars 1983 à janvier 1987, la réponse n'avait pas été moins claire : le pays à monnaie faible devait serrer les dents, prendre des mesures d'austérité, et tenter de devenir plus « vertueux » pour finir, cependant, par dévaluer. Dans les deux cas, on était pleinement dans la ligne de la « philosophie » qui prévalait dans le MEC durant ces deux périodes.

Mais maintenant, la monnaie qui se traînait tout au fond du système était celle d'un pays officiellement « vertueux », qui bénéficiait d'une inflation réduite, d'une situation budgétaire saine (dans ces jours heureux bien lointains) et d'une balance courante en équilibre. Au contraire, le pays à la monnaie la plus forte souffrait d'un taux d'inflation élevé et d'un déficit de la balance courante important, même si son budget semblait (en ce temps-là) convenablement maîtrisé.

Un réalignement était totalement exclu. Ne serait-ce que parce qu'il aurait mis à mal l'illusion du « toboggan ». Mais, même sans cette contrainte, un réajustement de la parité franc-peseta n'était en aucune manière possible. Une dévaluation du franc était impensable : tant de capital politique avait été investi pour parvenir au franc fort et pour obtenir des Allemands qu'ils l'acceptent, que la France emploierait en œuvre tous les moyens de chantage que la Communauté mettait à sa disposition contre l'Espagne pour en éviter une. Une réévaluation de la peseta n'était pas moins hors de question, car les règles non écrites du MEC stipulaient qu'il n'était permis à aucune monnaie de réévaluer face au Mark, et moins encore à une « mauvaise » monnaie comme la peseta. Cette caractéristique du système se renforçait d'elle-même : puisque aucune autre monnaie que le Mark ne pouvait réévaluer lorsque cela devenait nécessaire, l'inflation se développait, conduisant à une perte de confiance, et, en fin de compte, à un « couac » économique exigeant une *dévaluation*. Les dévaluations des autres monnaies renforçaient les marchés, les hommes politiques et le public dans leur conviction que le Mark était la devise la plus forte, et donnaient plus de poids encore à l'interdiction de toute réévaluation par rapport à lui. Dans le MEC (et *a fortiori* dans une union monétaire), le plus important n'est pas, comme le proclament les euroenthousiastes, de renoncer à son droit de dévaluer mais à son droit de *réévaluer* et d'*éviter* ainsi les accélérations-coups de frein et, au sein du MEC, les dévaluations qui s'ensuivent.

Dans le cas de l'Espagne, comment les tensions au sein du MEC pourraient-elles trouver leur solution sans réalignement ? Il faudrait qu'il se produise un changement dans le différentiel de taux d'intérêt. Les Français devaient-ils relever les leurs pour soutenir le franc, ou les Espagnols les réduire pour affaiblir la peseta ? Les autorités espagnoles, en tout cas la Banco de España, n'avaient aucune envie de procéder à une réduction de leurs taux. En Espagne, l'inflation avait culminé après l'entrée dans le MEC. Non sans embarrasser Madrid dont la décision politique d'entrer dans le système avait été que les anticipations seraient « disciplinées » par le MEC, préparant ainsi la convergence de l'inflation espagnole avec le reste de la Communauté.

Du point de vue du MEC, du moins de son objectif affiché de stabilité des prix, le résultat aurait dû consister en un relèvement des taux français, puisque cela aurait emmené le MEC *dans son ensemble* vers la stabilisation des prix, alors qu'une baisse des taux espagnols l'aurait écarté de cette stabilité. Ainsi que l'avait, de mauvais gré, démontré l'analyse de la Commission à la fin de 1990, si le MEC devait agir comme un « toboggan » vers l'UME, alors les pays membres devaient prendre leurs décisions de politique monétaire sur la base de ce qui convenait à tout le système et non à ce qui leur convenait à eux, individuellement.

Du point de vue français, relever les taux d'intérêt pour défendre le franc ne constituait pas un choix envisageable. Certains Français croient que l'Espagne est un pays à mi-chemin du tiers monde. Pour ceux-là, une action de ce genre aurait donc représenté une humiliation insupportable, susceptible de monter l'opinion publique — et, même, une partie des hommes politiques — contre l'UME. En outre, plus profondément, si la situation au sein du MEC avait obligé la France à relever ses taux, il y aurait eu alors une remise en cause de l'UME, sous un angle ou sous un autre. Dans l'optique française, le sens de l'UME, au moins en termes monétaires, était de permettre à la France de mettre la main sur la Bundesbank. Mais qu'adviendrait-il dans l'UME si une bande de misérables pays tels que l'Espagne exerçaient une influence sur la zone monétaire tout entière ? Céder maintenant aux règles du jeu de « l'opposition » avec la peseta signifierait que, dans l'UME, les intérêts spécifiquement français continueraient d'être submergés. Mettre la main sur la Bundesbank ne serait qu'une victoire illusoire. Alors, les besoins du système dans son ensemble ? La stabilité des prix dans la Communauté ? Les Français répondaient : « Je m'en fiche. »

Si l'hypocrisie de la France en ce qui concernait le MEC et l'UME était notoire, la position de la Bundesbank a pu décevoir ceux qui voyaient en elle un missionnaire déterminé, portant la bonne nouvelle de la stabilité des prix à ses voisins païens. La Buba, sous les apparences pataudes de Tietmeyer, prit parti pour les Français*. Il ne souhaitait pas porter ombrage à la France pendant les négociations de Maastricht, pas plus que les Français ne souhaitaient porter ombrage aux collègues plus germanocentriques de Tietmeyer au sein du conseil de la Bundesbank. Mais, mieux que cela, Tietmeyer avait des motifs spécifiques pour ne pas soutenir l'Espagne. Il suffit de se souvenir qu'il avait proféré en novembre 1989 des critiques extrêmement virulentes contre les taux d'intérêt « excessivement élevés » et la politique budgétaire « expansionniste » de l'Espagne. Tietmeyer, plus que quiconque, s'était colleté avec le « paradoxe du MEC ». Conséquence de la réunification de l'Allemagne, ses critiques s'étaient accentuées depuis lors. Donner sa bénédiction à l'utilisation par l'Espagne de la politique monétaire pour combattre l'inflation était bien la dernière chose à laquelle il aurait consenti. Quelles leçons appliquer à l'Allemagne ? Les faucons du conseil de la Bundesbank pourraient se mettre à croire qu'*ils* débarrasseraient l'Allemagne de sa gueule de bois inflationniste d'après la réunification grâce à la pilule d'un relèvement considérable des taux d'intérêt. Quelles leçons appliquer au reste de l'Europe ? Des décisions monétaires dictées par les nécessités intérieures pouvaient représenter le meilleur moyen de lutter contre l'inflation plutôt que suivre celles de la Bundesbank.

Selon la doctrine de Tietmeyer, une banque centrale a pour tâche principale d'aboyer aux chausses des gouvernements et des syndicats qui s'écartent du droit chemin, de les menacer toujours

---

* Du temps de Pöhl, Tietmeyer avait pratiquement la haute main sur les questions du MEC. En tant que membre du directoire de la Buba responsable des affaires monétaires internationales, il représentait la Bundesbank non seulement au Comité monétaire, mais aussi au Comité des suppléants des gouverneurs des banques centrales, l'organisme qui exerçait l'influence la plus grande dans la gestion technique du SME.

d'une politique monétaire draconienne s'ils ne veulent pas s'amender, mais de ne jamais la mettre en œuvre de peur de susciter un conflit politique et économique. Dans le cours de ce récit, nous aurons d'autres possibilités de réfléchir aux qualités et aux défauts de la vision de Tietmeyer. Mais son application pratique au MEC, en 1991, entrait directement en contradiction avec la déclaration de 1990 de la Bundesbank sur l'UME, dont le projet avait été rédigé par Tietmeyer lui-même. En effet, dans les conditions de 1991, la maxime du « un pour tous, tous pour un » aurait dû conduire la Bundesbank à soutenir l'Espagne contre la France. Au lieu de cela, Tietmeyer s'en prit au « paradoxe du MEC » : la position de la peseta à la limite supérieure du système était une aberration, et il était du devoir des autorités espagnoles, et de personne d'autre, de la faire baisser.

Et c'est bien ce qu'il advint. Face à une France et une Allemagne liguées, l'Espagne n'avait d'autre choix que de suivre la ligne qu'on lui avait tracée. La Banco de España, avec la plus extrême réticence, réduisit plusieurs fois ses taux d'intérêt, dans l'unique but de diminuer la pression sur le franc français[21].

Dans le second semestre de 1991, le sterling, entré dans le MEC depuis un an, avait fini par remplacer le franc dans sa position « en opposition » avec la peseta. De fait, entre octobre 1991 et avril 1992, le taux de change sterling-peseta resta à peu près constant, avec un écart proche du maximum de 6 %. Certains commentateurs ont interprété ce fait d'une manière absurde, en affirmant que c'était la peseta, et non le Mark, qui imposait les contraintes pesant sur la situation monétaire de la Grande-Bretagne[22]. C'est faux. Les réductions des taux d'intérêt britanniques se poursuivirent pendant toute cette période. Le processus s'arrêta seulement quand les taux britanniques touchèrent le plancher constitué par les taux allemands, et c'est à ce moment-là que la contrainte du MEC devint insoutenable. Il est plus exact de dire que, comme dans le cas du franc français, le sterling fut la principale influence affectant la politique monétaire de l'Espagne, qui s'adapta fidèlement aux réductions successives des taux britanniques. « Influence » convient mieux que « contrainte », car à partir de la fin de 1991 et du début de 1992, les autorités espagnoles commencèrent à s'inquiéter du ralentissement de leur économie. Un desserrement progressif de la politique monétaire espagnole n'était pas pour leur déplaire, du moins pour ce qui concernait le gouvernement.

Tout de même, si la politique monétaire britannique ne tomba pas sous la contrainte de la peseta, il est très probable que la politique de la Grande-Bretagne dans d'autres domaines — face à la demande espagnole de versements communautaires supplémentaires, à Maastricht, à la fin de 1991 ; ensuite dans la négociation des transferts du « paquet Delors* » ; sur la question de pêches, à propos de la Politique agricole commune ; sur le problème de Gibraltar ; et, en particulier, sur les fraudes commises en Espagne sur les quotas laitiers — a été modelée par ce qui était perçu comme une nécessité de maintenir l'Espagne dans son attitude « accommodante » sur le taux de change sterling-peseta**.

En bref, le MEC avait souffert d'un grand désordre en 1990. Il avait empêché une appréciation du Mark, pourtant bien nécessaire à la stabilité, non seulement en Allemagne mais ailleurs en Europe. Sa raison d'être économique, toujours douteuse dans le meilleur des cas, s'était évanouie. Cependant, trois autres monnaies furent incitées à rejoindre le système ou à s'amarrer à sa clef de voûte théorique, l'ECU, en dépit d'une conjoncture économique qui rendait cette décision suicidaire***. En 1991, le fonctionnement du système était, sans aucune équivoque, devenu pervers. Ses contradictions avaient été mises à nu. Pourtant, ses gestionnaires se fermaient les yeux. On s'accrochait à ce système boiteux et discrédité avec encore plus de ténacité que jamais. Quasiment tous les hommes politiques et tous les commentateurs « respectables » chantaient ses louanges. Les marchés étaient induits, par la réduc-

---

* Le « paquet Delors 2 » était l'ensemble budgétaire approuvé par le Conseil européen, largement conforme aux propositions de Delors, en vue d'augmenter les transferts financiers à destination des pays les plus pauvres de la Communauté. « Delors 1 » était un ensemble budgétaire semblable, mais moins important, d'accompagnement de l'Acte unique.

** Deux des plus éminents apologistes experts du MEC et de l'UME, Nils Thygesen (lui-même membre du Comité Delors) et Daniel Gros, émirent des assertions erronées en écrivant, en mars 1992, que « les arrangements actuels [au sein du MEC] ont laissé la politique monétaire largement dans les mains des responsables des banques centrales, et donc [*sic*] hors de toute ingérence politique directe, au moins dans le MEC[23] ».

*** Entre novembre 1990 et l'été de 1991, la Norvège, la Suède et la Finlande lièrent toutes trois leur monnaie à l'ECU, dans l'espoir que ce geste réduirait l'opposition de la France, de l'Italie et de l'Espagne, principaux partisans de l'ECU, à l'entrée des pays nordiques dans la Communauté. En agissant ainsi, elles s'attirèrent le déplaisir de bien des gens de la Bundesbank qui auraient préféré, à ce moment difficile pour la devise allemande, un vote de confiance sous la forme d'un lien avec le Mark.

tion des différentiels, à le croire encore plus solide et plus stable. Discuter des défauts du système était interdit. Il n'était rien d'autre que le réceptacle de torrents de banalités et du double langage. La raison du maintien du Grand Mensonge qu'était le MEC se trouvait dans le Mensonge Encore Plus Grand que serait l'UME. Et on arrivait au seuil de Maastricht.

DEUXIÈME PARTIE

4

Les paris de Maastricht

Le jour et la nuit

À la fin de 1991, la Bundesbank avait déjà essayé une série de stratagèmes pour couper court à la menace de l'UME. Quant à la réunification monétaire de l'Allemagne, elle avait commis une grave erreur de calcul en critiquant et en s'opposant au gouvernement sur une question où Bonn jouissait du soutien écrasant de l'opinion publique : elle avait mis à mal sa propre crédibilité. Pas question donc de risquer deux fois la même bévue. D'autant que Bonn, depuis les origines mêmes de la République fédérale, avait pu compter sur un appui sans réserve en faveur d'une intégration plus grande de l'Europe. Bien entendu, l'opinion publique n'appréciait guère l'idée d'abandonner le Mark, mais le gouvernement n'avait jamais présenté l'union monétaire sous cet angle-là. Au contraire, le discours officiel différait bien peu de celui qu'avait répandu la Reichsbank durant les premières années de la Seconde Guerre mondiale : l'Allemagne exportait son ordre monétaire dans le reste de l'Europe. Le rapport Delors lui-même était présenté de cette manière en Allemagne. Pöhl, l'un de ses signataires, devait déclarer peu après sa publication : « Si la vérité se répandait et si le peuple allemand comprenait de quoi [l'UME] il s'agit — à savoir que tout repose sur son argent, et que les décisions le concernant pourraient ne plus être prises par la Bundesbank, mais par une institution nouvelle —, je pense qu'une résistance considérable pourrait alors se faire jour[1]. » Pourtant, la Bundesbank ne fit aucun effort pour expliquer aux citoyens ce que l'UME signifiait : le tabou interdisant de critiquer l'intégration européenne était tellement impératif que la Buba garda le silence. Au lieu de dire aux Allemands ce que cela entraînerait pour eux — la perte du Mark —, la Bundesbank se concentra sur les conditions qui, à son avis, devraient être remplies pour que l'UME puisse concrétiser l'extension du domaine du Mark aux autres pays européens.

L'accord de Maastricht, une fois connu, plongea plus d'un conseiller de la Bundesbank dans la consternation. Maastricht était un compromis apparemment habile mais en réalité destructeur entre les deux visions traditionnellement opposées d'une union monétaire. La vision économiste, qui prévalait depuis longtemps en Allemagne et aux Pays-Bas, affirmait que la convergence économique devait précéder l'union monétaire. Défendue surtout en France et en Italie, la vision monétariste (qui n'avait rien à voir avec le monétarisme de Milton Friedman et de ses disciples) soutenait, au contraire, que l'union monétaire *conduirait* à la convergence économique. Dans la première optique, l'union monétaire constituait un *objectif* lointain, dans la seconde un *instrument* à mettre en œuvre immédiatement afin d'aboutir au but supposé qu'était la convergence. L'accord de Maastricht tirait un coup de chapeau à la vision monétariste en fixant des dates précises à l'union monétaire, mais prenait aussi en compte les arguments de la vision économiste en énumérant, s'agissant de la convergence des taux d'inflation et de la bonne conduite budgétaire, des critères précis à l'entrée dans l'union monétaire. Les Douze pouvaient bien avoir signé l'accord, leurs divergences n'en étaient pas moins grandes sur sa signification. Que se passerait-il si, aux dates retenues, trop peu de pays (une majorité absolue de pays en 1997, ou deux pays au moins en 1999) répondaient aux critères ? Qu'est-ce qui prévaudrait ? Si l'on accordait la priorité aux dates, la vision monétariste gagnait la bataille. Si les critères l'emportaient, les tenants de la vision économiste étaient vainqueurs.

Le mécontentement de bien des membres du conseil de la Bundesbank provenait de ce qu'ils avaient compris que plusieurs des pays signataires n'avaient pas le commencement d'un espoir de pouvoir respecter les critères en 1997. Cependant, c'étaient précisément ces pays-là qui ne voulaient pas manquer l'autobus, ni se retrouver sur une voie de garage. À l'évidence, cela sous-entendait que les critères n'étaient qu'un trompe-l'œil, que la Commission et les hommes politiques pourraient « interpréter » à loisir. Bref, l'Allemagne, ou du moins la Bundesbank, s'était fait rouler. Le discours d'Helmut Kohl devant le Bundestag, au lendemain de

Maastricht, ne fit qu'aviver leurs craintes : « Je le répète, cette Europe [de Maastricht] aura une monnaie commune en 1997 ou en 1999. Il nous faut réfléchir à ce que cela signifie une monnaie commune de Copenhague à Madrid, de La Haye à Rome[2]. » Les propos *ex cathedra* de Kohl paraissaient démontrer que les critères de convergence n'étaient que des clauses de style : une décision politique avait déjà été prise sur le choix des pays qui participeraient à l'UME (ni la Grande-Bretagne, ni l'Irlande, ni le Portugal, ni la Grèce — ou bien Kohl n'avait-il que de vagues notions de géographie ?). Qu'adviendrait-il, interrogeait Nölling[3], si seuls la France et le Danemark répondaient aux critères en 1999 ? Qui pouvait croire que les hommes politiques n'en décideraient pas moins d'aller de l'avant ? On écarquillait les yeux d'incrédulité, notait Nölling, en constatant que la prétendue irréversibilité du processus d'unification monétaire, demandée au dernier moment par Mitterrand et par Kohl*, avait été inscrite dans l'accord de Maastricht.

Et, cependant, la Bundesbank se montrait étrangement réticente à prendre une position nette et à dire que l'accord de Maastricht, s'il était appliqué, signifiait sans équivoque la disparition du Mark. Schlesinger lui-même devait admettre qu'au moins dans la forme, on avait satisfait aux conditions posées par la Bundesbank ; responsable d'une banque centrale, il n'était pas en situation de traiter les chefs de gouvernement ou les ministres des Affaires étrangères d'autres pays de menteurs et de tricheurs (dans le cas de certains, cette tâche reviendrait à la presse ou aux magistrats de leur propre pays). Au lieu de cela, il lui fallait se contenter d'une stratégie indirecte — en attirant l'attention de l'opinion publique allemande sur les propos de gens qui déclaraient tout haut ce que la Bundesbank ne pouvait pas dire tout bas. Il adopta comme truchement les *Auszüge (Les Extraits)*, un bulletin hebdomadaire de la Bundesbank consacré à la reproduction d'articles et de discours portant sur les questions monétaires. Juste avant Maastricht, Schlesinger avait personnellement commandé, pour parution dans les *Auszüge*, la traduction de la communication présentée, lors d'une conférence

---

* À en croire un compte rendu sérieux des discussions de Maastricht, Kohl, embobiné par Andreotti, donna au dernier moment son accord sur la date « irrévocable[4] » de 1999, ce qui provoqua une vive consternation dans la délégation allemande — consternation partagée par le ministre allemand des Finances, Theo Waigel.

d'experts tenue aux États-Unis, par un éminent économiste américain, Martin Feldstein, ancien président du Conseil des conseillers économiques de Ronald Reagan, et ennemi acharné des partisans de la « coordination » économique internationale. Caustique, Feldstein se livrait à une attaque dévastatrice de l'union monétaire[5], et prédisait une catastrophe, non seulement économique, mais aussi politique, si elle était jamais mise en œuvre. Normalement, les textes reproduits par les *Auszüge* sont publiés dans leur langue d'origine. Que Schlesinger ait voulu que les arguments de Feldstein soient plus directement accessibles à l'opinion allemande constituait un signe patent de sa profonde inquiétude.

Peu après Maastricht, les *Auszüge* reproduisaient, de nouveau traduite en allemand pour le plus grand bénéfice de l'opinion publique d'outre-Rhin, une interview accordée à un journal français par le gouverneur de la Banque de France[6], Jacques de Larosière. Selon lui, Maastricht signifiait un *renforcement* et non un affaiblissement de la souveraineté monétaire de la France. Il montrait, aussi clairement que cela lui était possible sans employer l'expression « mettre la main sur la Bundesbank », qu'à ses yeux, Maastricht constituait le triomphe de la stratégie adoptée par Balladur en janvier 1988. Selon les dispositions de Maastricht, soulignait Larosière, les monnaies nationales disparaîtraient « très rapidement » dès le début de la phase trois de l'UME, et elles seraient alors remplacées « par l'écu ». Néanmoins, le gouvernement allemand était en train d'essayer de donner l'impression que, d'une manière ou d'une autre, l'UME ne mettrait pas le Mark en danger*.

Bref, Maastricht, comme la présentation qu'en faisaient les marchands d'orviétan, n'était que le camouflage de fissures politiques

---

* Bien peu de membres du conseil de la Bundesbank se laissèrent impressionner par la déclaration, en avril 1992, de Horst Köhler, successeur de Tietmeyer au poste de secrétaire d'État au ministère des Finances[7]. Pour lui, loin d'être abandonnée, « une composante importante de l'identité allemande » serait exportée vers les autres pays au travers de l'UME. « Nous ne devons pas craindre, ajoutait Köhler, que les autres pays nous privent du Mark et de notre stabilité. » C'est en partie pour répondre à des déclarations de ce genre que, pendant six mois après Maastricht, les membres du conseil soulignèrent l'un après l'autre, dans des discours, des articles ou des interviews, que les critères avaient la priorité sur les dates, mirent en évidence la besogne énorme qui attendait certains pays s'ils voulaient se convertir à la *Kultur* de la faible inflation tellement indispensable à l'UME, et insistèrent sur les implications de l'UME dans le domaine de l'union politique.

très profondes — à l'intérieur de l'Allemagne, au sein même de la Bundesbank, entre l'Allemagne et les pays du sud de l'Europe, et, ce qui était plus important que tout, entre l'Allemagne et la France. Même pendant la campagne précédant le référendum français de 1992, ces failles ne seraient pas pleinement mises à nu. Il faudrait attendre que la CDU publie son plan de « noyau dur » européen, en 1994, pour qu'on assiste à un tollé en Italie et en Espagne, et que la véritable nature du choix auquel la France était confrontée ne commence à y être perçue, ce qui conduirait, notamment, au retrait de la candidature Delors à la présidence de la République*.

Le grand steeple de Maastricht

Si, sur le plan politique, l'instabilité du compromis de Maastricht n'apparut pas d'emblée au plus grand nombre, celle qu'il générait dans le domaine de l'économie allait faire sentir ses effets bien plus rapidement. L'un des critères de convergence fixés par le traité stipulait que, pour être en mesure de se joindre à la phase trois de l'UME (appartenance à une zone de monnaie unique gérée par une banque centrale européenne), la monnaie d'un État membre devait avoir appartenu pendant deux ans au moins à la « marge normale de fluctuation** », sans contrôle des mouvements de capitaux, sans « tensions aiguës », et sans qu'il ait été besoin de lui faire subir une dévaluation. Ainsi, le traité concrétisait-il l'idée que le MEC formait un « toboggan » vers l'UME, du moins en apparence. En tout état de cause, la Bundesbank, au cours même

* Paul Fabra s'en aperçut avant bien d'autres. Il notait, dans *Le Monde* du 13 décembre 1991 : « Chacun des deux principaux protagonistes, la France et l'Allemagne, a agi de telle sorte que les décisions les plus difficiles à prendre, celles qui rompent avec des habitudes bien enracinées, ont été repoussées aussi loin que possible. Mais, en même temps, ils se sont donné rendez-vous pour une date si proche — avant l'an 2000 — qu'elle confère à l'entreprise le caractère d'un défi majeur [...]. la combinaison est tellement instable que tous les paris sont ouverts sur le résultat final. »

** Au moment de la rédaction du traité, chacun savait que « marge normale de fluctuation » signifiait « marge étroite de fluctuation ». Mais, ensuite, cette signification devint sujette à interprétation — ce qui pourrait donner motif à la Cour constitutionnelle de Karlsruhe pour déclarer non conforme à la Constitution, et nulle et non avenue en droit allemand, toute décision de s'engager dans la phase trois.

des négociations, avait combattu avec succès les propositions françaises qui visaient à en codifier les règles et les usages et à les intégrer au texte. En effet, si le MEC était devenu l'un des instruments prévus par le traité, le droit communautaire aurait vidé de son sens la « lettre Emminger ». Pis encore, la nouvelle institution prévue pour la phase deux* — l'Institut monétaire européen, que la Bundesbank était bien déterminée à confiner dans un rôle de façade — aurait eu une justification juridique pour intervenir dans les décisions concernant les taux d'intérêt et les interventions.

Avec Maastricht maintenant derrière eux, bien des membres du conseil de la Bundesbank étaient décidés à faire la preuve que le MEC restait un mécanisme auquel les États membres participaient volontairement, et que l'Allemagne constituait toujours son point d'ancrage. Juste avant les pourparlers, la Bundesbank avait fixé un objectif de progression extrêmement limité à la masse monétaire pour 1992. Le 19 décembre, au cours de la première réunion tenue après l'accord sur le traité, la Bundesbank releva d'un demi-point ses deux taux d'intérêt officiels, le lombard et le taux d'escompte, ce qui conduisit le lombard au niveau record de 9,75 %**. Si les autres pays voulaient suivre le mouvement, libre à eux. Sinon, ils auraient à en subir les conséquences sur le taux de change de leur monnaie. Naturellement, si peu de jours après la conclusion de l'accord, les États qui avaient attendu avec impatience l'abaissement de la Bundesbank qu'apporterait l'UME n'eurent d'autre choix que d'admettre que la Buba était *désormais* la patronne. Non sans mauvaise grâce. La presse italienne dénonça dans le relèvement des taux la « sauvagerie allemande ». Pierre Bérégovoy, qui s'était longtemps contraint au silence pendant les pourparlers, n'hésita pas — une fois l'accord réalisé — à qualifier la décision de la Bundes-

---

* Telle que l'avaient définie le rapport Delors et le Conseil européen de Rome (octobre 1990) — dans lesquels l'influence de Padoa-Schioppa avait été considérable —, la phase deux prévoyait que la banque centrale européenne (BCE) serait mise sur pied avant la fixation définitive des parités (c'est-à-dire la disparition) des monnaies nationales. La BCE aurait déjà joué un rôle de coordination des politiques monétaires, et préparé la politique monétaire unique de la phase trois. Mais on opta à Maastricht pour une solution plus modérée, en créant à sa place l'Institut monétaire européen — doté de fonctions très limitées. Padoa-Schioppa lui-même a exprimé par écrit son regret de voir que l'on s'était écarté de son projet d'origine[8].

** Le lombard avait été purement et simplement suspendu en 1981-1982, tandis que le taux auquel la Bundesbank fournissait, en cas d'urgence, des liquidités au marché atteignait 13 %.

bank de « victoire de l'égoïsme allemand sur la solidarité internationale[9] ». De manière révélatrice, l'un des membres du conseil, Lothar Müller, fit allusion à ces réactions d'un ton réjoui, dans un discours prononcé quelques jours plus tard. Si les Français et les Italiens qui avaient embobeliné Kohl avaient cru qu'ils avaient enfin mis la main sur la Bundesbank, semblait-il dire, eh bien la Bundesbank allait leur prouver qu'ils se trompaient !

Au grand dam de Francfort, les premières réactions du marché financier parurent marquées par une nouvelle poussée d'« euro-euphorisme ». Plus agaçant encore, les cours et le volume des transactions progressèrent notablement sur le marché des nouvelles émissions libellées en ECU durant les quelque deux mois qui suivirent Maastricht. Cela signifiait que les marchés tablaient sur l'instauration d'une monnaie unique. On jouait le « jeu de la convergence ». Sans entrer dans les détails techniques, il faut retenir que les fonds étaient investis dans les monnaies à taux d'intérêt élevés, y compris l'ECU (lequel, avant la Phase Trois, était, en effet, un panier pondéré de devises de la Communauté), en anticipant le fait que les convergences que Maastricht devait induire, ajoutées au « toboggan » menant à l'UME sans réalignements, se traduiraient par des gains en capital sur les obligations, sans risque de dépréciation de la monnaie choisie. Néanmoins, ces « jeux de convergence » n'éliminaient pas les différentiels de taux d'intérêt à long terme. En fait, ces différentiels demeuraient élevés sur la lire, sur la peseta et sur l'escudo, ce qui indiquait que les détenteurs de bons et d'obligations exigeaient une compensation pour le risque supplémentaire que comportaient ces monnaies-là. La vraie nature du pari des marchés financiers sur Maastricht aurait dû apparaître clairement : il s'agissait d'une course contre le temps. *Si* des pays tels que l'Espagne et l'Italie accomplissaient des progrès suffisants sur la voie des critères d'entrée* dans

---

* Ces critères portent sur : la convergence des taux d'inflation et des taux d'intérêt à long terme ; la limitation des déficits publics à 3 % du PNB, sauf à titre « temporaire » ou « exceptionnel » ; la limitation de la dette publique à 60 % du PNB, à moins que la réduction de ce ratio ne progresse à un rythme « satisfaisant » ; l'appartenance pendant deux ans à la marge de fluctuation étroite du MEC, tout en évitant, sans contrôle des capitaux ni « tensions aiguës », toute dévaluation à l'initiative du pays concerné. Les qualifications variées de ces critères, et leurs ambiguïtés, outre le fait qu'ils ne sont pas, au sens strict, des *conditions* mais bien plutôt des guides pour le jugement des membres du Conseil européen, signifient que, à la mi-1995 encore, personne ne savait précisément comment ils seraient interprétés, ni même la valeur qui leur

l'UME, les marchés considéreraient que le risque d'une dévaluation s'amenuisait, et les cours des bons ne manqueraient pas de monter. Mais si ces pays n'y parvenaient pas, les marchés croiraient de nouveau à l'éventualité d'une dévaluation, et il faudrait alors relever même les taux d'intérêt à court terme. On aboutirait à une crise, à un réalignement des taux d'intérêt, et le pays concerné serait exclu du premier « rendez-vous », celui de 1997. En tout état de cause, on pouvait s'attendre que pareille perspective serait jugée si catastrophique, étant donné les choix bien connus des gouvernements des pays en question à cette époque, que lesdits gouvernements se battraient afin d'obtenir de leur économie toutes les « convergences » nécessaires pour l'éviter : ils gagneraient la course contre le temps.

Le succès de la stratégie de Maastricht dépendait de trois préalables. Premièrement, il fallait que le « prix » à remporter à la fin de la course — la participation à une monnaie unique à partir de 1997 — soit disponible en permanence. Car tout ce qui pouvait menacer le processus de Maastricht découragerait les gouvernements d'exiger de leurs économies des efforts douloureux pour décrocher la timbale. Deuxièmement, il fallait que les gouvernements continuent à aspirer à remporter le prix — ou qu'ils y soient autorisés par les électeurs. Que l'on en vienne à douter si peu que ce soit de leur engagement en faveur de la monnaie unique, et le « seuil de tolérance » de leur opinion publique vis-à-vis de l'effort de convergence serait abaissé. Tant et si bien que la perspective d'un changement de gouvernement, dans l'hypothèse où l'équipe qui pourrait lui succéder apparaîtrait comme moins engagée en faveur de l'UME, bouleverserait les anticipations des marchés. Troisièmement, il était impératif que les efforts en vue de la convergence au sein du MEC ne deviennent pas insupportables. S'ils le devenaient, les marchés estimeraient que les concurrents, aussi important que soit le prix, préféreraient se retirer de la course. En d'autres termes, les marchés pourraient considérer des facteurs tels que la récession et le chômage comme des « fondamentaux » plus essentiels que les critères de convergence de Maastricht. Nous verrons ultérieurement que ces trois conditions seraient bientôt remises en cause, avec des résultats spectaculaires. Mais, au printemps 1992, la course offrait encore suffisamment

---

serait accordée lorsque le moment viendrait de prendre une décision sur la phase trois.

d'attraits pour que l'un des concurrents dont le handicap était le plus lourd, le Portugal, tente de franchir l'obstacle que constituait une entrée dans le MEC.

Derniers feux

Sept mois plus tard, il fallut dévaluer. Le ministre portugais des Finances, Jorge Braga de Macedo, affirma à la presse de son pays que l'escudo était maintenant proche du taux pivot qu'il avait demandé en avril, mais qu'il lui avait été alors refusé de peur que ce niveau ne crée des problèmes au sterling. En fait, la dévaluation ramena l'escudo au-dessous de ce qui avait été demandé par les Portugais. Mais l'accent mis par Braga sur le sterling confirme certainement ce à quoi il pensait, et apporte un démenti à ceux qui prétendent que n'importe qui aurait pu demander, pour la livre, un taux pivot *plus bas* lors de son entrée dans le MEC, en octobre 1990. Le Portugal d'avril 1992, sous bien des aspects fondamentaux — en particulier son taux d'inflation —, se trouvait dans une position très proche de celle de la Grande-Bretagne au moment où elle avait rejoint le MEC. S'il y avait eu des doutes sur la possibilité de conserver durablement le taux pivot du sterling, des doutes analogues auraient dû s'exprimer au sujet de l'escudo. Pourtant, le Comité monétaire avait exigé, pour l'escudo, un taux pivot plus haut que celui que le gouvernement de Lisbonne proposait. Incontestablement, l'escudo s'apprécia légèrement, juste après son entrée dans le mécanisme : le « nouveau » MEC sans réalignements continuait encore d'expédier à la limite supérieure de la marge de fluctuation les monnaies des pays à forte inflation. Mais tout cela ne tarderait pas à changer. La « baudruche » qu'était le MEC était sur le point d'éclater.

5

La baudruche se dégonfle

Nej !

Les Danois n'aiment pas les Allemands*. Ils se méfient du catholicisme et n'apprécient guère les bureaucrates de Bruxelles. Ils ne figuraient pas parmi les fondateurs du Marché commun. En 1972, le Danemark n'était devenu membre de la Communauté qu'avec beaucoup de réticences, après le sabotage de la Zone européenne de Libre-Échange par un Edward Heath qui avait fait entrer la Grande-Bretagne dans ce qui devait devenir — il l'espérait — un État fédéral. À l'époque, ce n'était pas une attirance positive du Danemark à l'égard de la Communauté qui avait constitué le facteur essentiel, mais bien plutôt la peur que, dans leur égoïsme, les membres du club européen, qui allait désormais comprendre le Royaume-Uni, principal marché pour les produits agricoles danois, ne portent atteinte aux exportations danoises par l'intermédiaire de la Politique agricole commune et du Tarif extérieur commun sur les produits manufacturés. Il en irait quelque peu différemment deux décennies plus tard.

Au Danemark, la ratification du traité de Maastricht exigeait un référendum. Conformément à la tradition de (relative) ouverture du pouvoir dans les pays scandinaves, le gouvernement fit diffuser

* Ils redoutaient tellement d'être submergés par les Allemands que, pour tenter de les calmer, leur gouvernement avait obtenu l'intégration au traité de Maastricht d'un protocole particulier interdisant l'acquisition de résidences secondaires par des étrangers : les Allemands raffolent des plages du Jutland, qui ne sont qu'à quelques tours de roue de Mercedes de la frontière allemande.

par la Poste des centaines de milliers d'exemplaires du traité. Il n'y a pas lieu de s'étonner que les Danois aient été terrifiés par ce document terrifiant. Peu avant le scrutin, ils éprouvèrent un choc devant la révélation par la presse[1] des plans de Jacques Delors visant à limiter les prérogatives des petits pays et d'accroître les pouvoirs de la Commission.

Mais le gouvernement danois était partisan de Maastricht. De même que vingt ans plus tôt, les milieux d'affaires et les grandes entreprises de l'agro-alimentaire redoutaient d'être victimes de mesures de représailles si les électeurs danois s'avisaient de défier le Léviathan européen. En outre, comme dans la plupart des autres États membres, la caste des hommes politiques, des bureaucrates, du patronat, des juristes, des journalistes, des groupes de pression et consorts, se prononçait massivement en faveur d'une Communauté corporativiste et élitiste. Avec l'arrogance propre à leur espèce, ils ne croyaient absolument pas, tout comme leurs homologues des autres pays de la Communauté, que le référendum puisse aboutir à autre chose qu'à un « oui ». Les sondages indiquaient le contraire — mais ils reflétaient seulement les préoccupations futiles du petit peuple. Lorsque viendrait le moment de voter, les bonnes gens feraient ce que les puissants leur disaient de faire, tout comme en 1972, et ainsi que le prévoyait la théorie « néo-fonctionnaliste ».

C'est pourquoi le rejet du traité à un petit nombre de suffrages, le 2 juin 1992, laissa partout les euro-enthousiastes abasourdis et, provisoirement, sans voix. Mais il ne fallut pas longtemps pour que ne s'élèvent menaces et malédictions. João de Deus Pinheiro, le ministre portugais des Affaires étrangères à la physionomie diabolique, voyait déjà, si Maastricht n'entrait pas en vigueur, la place « dans la cour des grands » promise à son pays s'évanouir dans les limbes, en compagnie des milliards d'ECU de subventions communautaires extraites à ses partenaires. Il se montrait particulièrement violent[2]. Son collègue espagnol, Carlos Westerdorp, ministre des Affaires européennes, déclarait, en malmenant Shakespeare : « Il y a quelque chose de pourri dans l'État de Danemark[3]. » Mais les hommes politiques français et allemands refusaient, eux aussi, d'accepter le verdict du référendum. Traité de Rome[4] ou pas, disaient-ils en substance, on ne pouvait absolument pas permettre à quelques milliers d'électeurs danois d'arrêter le Mouvement de l'Histoire, ni de s'opposer à la Volonté générale définie par les ténors des pays qui comptaient.

Assistait-on à une crise de la Communauté ? Non, soutenaient-ils, c'était une crise intérieure danoise[5] ! L'un des juges de la Cour européenne[6], gardien en principe du traité de Rome, fit chorus : selon des dépêches d'agences, Paul Kapteyn écrivait presque, dans un article publié par une revue juridique néerlandaise, que le Danemark devait quitter la Communauté. Les Danois ne pouvaient pas imaginer qu'ils empêcheraient ce que voulaient les hommes politiques des autres pays. Et, alors que l'ambassade du Danemark au Royaume-Uni était inondée de télégrammes de félicitations, l'ambiance, dans les couloirs de Bruxelles, était devenue sinistre et désagréable. Gênés, la tête basse, les eurocrates danois essuyaient les critiques de leurs « collègues » des pays continentaux, furieux, qui vitupéraient les péchés de leurs compatriotes.

Comme toujours, les marchés financiers demeuraient politiquement neutres. Chaque information politique, d'où qu'elle vînt et quoi qu'elle signifiât, ouvrait la voie à des profits ou à des risques de perte. Le « non » danois mettait à mal la croyance en un « toboggan » lisse et sans problèmes. L'UME était menacée de sombrer. À moins que les pays du « noyau dur » n'abandonnent le cadre de Maastricht* pour former une « mini-union ». Dans une hypothèse comme dans l'autre, c'en serait fini des hauts rendements assurés. Les marchés se repositionnèrent instantanément. Sur le plan psychologique, la baudruche du MEC avait éclaté. La dynamique de ce processus se révélerait irréversible et se renforcerait d'elle-même.

L'inversion des « jeux de convergence » se traduisait par des fuites massives de capitaux hors d'Italie et d'Espagne. Les investisseurs avaient parié naguère sur une baisse des taux d'intérêt à long terme et sur des taux de change stables dans les pays les moins vertueux. Maintenant, ils se dégageaient en toute hâte, ce qui montrait qu'à leurs yeux, le roi était nu — qu'ils ne croyaient plus au prétendu consensus européen selon lequel la convergence des inflations, les restrictions budgétaires et les rigueurs du MEC étaient bonnes en elles-mêmes.

L'Espagne et l'Italie avaient accumulé des réserves de change considérables pendant la période où leur monnaie s'était installée

---

* À ce moment-là, déjà, une analyse fouillée aurait indiqué — ce que démontreraient les événements — qu'une telle « mini-union » n'était pas plus envisageable sur le plan juridique que d'un point de vue technique ou politique. Mais l'hypothèse n'en pesa pas moins sur la réaction du marché.

à la limite supérieure de la marge de fluctuation autorisée par le MEC. Les autorités de ces deux pays se mirent à les employer. Mais elles se servaient aussi de la largeur de la marge. Tout cela était bel et bon. Dans la forme, du moins, elles recouraient à deux des trois « instruments de Bâle-Nyborg ». Cependant, en ce qui concernait la peseta, en tout cas, la glissade à l'intérieur de la marge de 6 % ressemblait davantage à un changement de philosophie. Durant trois ans, la peseta avait constamment occupé une position de force au sein du MEC, et les autorités espagnoles s'étaient alors montrées prêtes à *réduire* les taux d'intérêt afin de freiner les mouvements monétaires. Aujourd'hui, au premier signe de perte de confiance de la part des investisseurs, elles laissaient leur taux de change subir le gros de l'impact, sans tenter de freiner le mouvement en recourant au troisième « instrument de Bâle-Nyborg », l'action sur les taux d'intérêt*. Si les autorités espagnoles étaient tellement disposées à laisser la peseta glisser à l'intérieur de la marge sans *relever* leurs taux d'intérêt, les marchés pouvaient-ils croire raisonnablement que lorsqu'elle toucherait la limite inférieure, les mêmes autorités relèveraient soudain les taux d'intérêt dans la proportion nécessaire — de 10 %, peut-être, plutôt que de dix points de base — pour éviter qu'elle ne soit franchie ? Si même les marchés l'avaient cru, cela aurait-il suffi à les empêcher de vendre de la peseta alors qu'elle approchait de son plancher ? La vitesse de la chute de la peseta à l'intérieur de la marge, alors qu'il y avait relativement peu d'informations nouvelles sur les « fondamentaux » de l'économie espagnole, paraissait indiquer que la stratégie précédente avait tout bonnement été jetée par-dessus bord. L'Espagne, semblait-il, retirait son cheval de l'épreuve avant même qu'il n'ait atteint le premier obstacle de la grande course de haies de Maastricht. Ce n'était plus qu'une question de temps avant que des dévaluations massives de la peseta, affaiblie par le bas niveau de ses taux d'intérêt à long terme, ne soient décidées.

En Italie, l'inversion des « jeux de convergence » produisit des réactions très différentes. La nécessité de l'UME et du MEC avait

---

* En juillet, la Banco de España avait laissé une fois son taux des prises en pension s'élever d'à peine 13 points de base (0,13 %). Mais, étant donné les mesures prises par la Suède en novembre précédent, et celles que l'Italie était en train de prendre, cela soulignait que des relèvements significatifs des taux d'intérêt avaient été exclus.

été intégrée dans le système italien au credo implicite de la vie politique. Pour empêcher tout l'édifice de pots-de-vin, de corruption politique, et d'irresponsabilité gouvernementale de s'effondrer, il avait fallu que la classe politicienne s'accroche à l'idée que, d'une manière ou d'une autre, la Communauté européenne résoudrait à sa place les problèmes de l'Italie — un peu comme, dans un western, les fermiers installés dans un territoire sauvage et sans loi votent en faveur de l'obtention du statut d'État afin que les prévôts fédéraux puissent enfin débarquer, pour les libérer du règne des gangsters, et pour leur apporter tous les bénéfices de la Constitution des États-Unis. S'il l'avait voulu, Jim Callaghan aurait pu démontrer qu'un tel scénario n'avait rien de plausible. Les dindes ne votent pas en faveur de Noël. Pourtant, on soutenait que les quasi-gangsters qui dominaient la politique de la Péninsule avaient pris la tête d'un mouvement qui les priverait de leur pouvoir. Il est probable qu'était bien plus proche de la réalité l'hypothèse selon laquelle des gens tels qu'Andreotti dressaient un rideau de fumée devant leur opinion publique, en sachant bien que toute tentative propre à l'Italie pour apporter des solutions à ses problèmes internes signifierait la mort politique — et peut-être pire — de la vieille classe dirigeante. Si ceux-là avaient eu le champ libre, l'Ouest barbare aurait pris le pas sur la Communauté, et non l'inverse.

Lorsque l'inversion des « jeux de convergence » entraîna des fuites massives de capitaux hors d'Italie, la Banca d'Italia et les bureaucrates internationaux considérèrent que la réduction drastique des déficits budgétaires et l'abrogation formelle du système d'indexation des salaires constituaient les seuls moyens de « sauver la lire » et de sauver le MEC du même mouvement. Cette façon de placer la charrue avant les bœufs dans le raisonnement économique suscita nombre de critiques, pour des raisons que nous examinerons ultérieurement. Un socialiste, Giulio Amato, prit la tête du gouvernement qui finit par émerger, en juin, des résultats, peu significatifs conformément à la tradition, des élections générales d'avril. Amato annonça des coupes claires dans le déficit du budget (ou, plus exactement, des coupes claires dans les prévisions d'un déficit qui, sans cela, aurait été énorme), et abrogea formellement l'indexation des salaires.

Le marché en fut tout d'abord « impressionné ». Pendant un moment, la lire se stabilisa. Mais, sur les marchés et ailleurs, les esprits qui avaient résisté à la propagande favorable au MEC commencèrent à se poser des questions pertinentes. Aussi nécessaires et désirables qu'elles puissent être, les mesures budgétaires n'auraient-elles pas davantage de chances de réussite si l'économie connaissait réellement une croissance ? Cela ne sous-entendait-il pas qu'il fallait envisager un assouplissement de la politique monétaire et une amélioration de la compétitivité par l'intermédiaire d'un taux de change plus bas ? Et la suppression de l'indexation des salaires n'augmenterait-elle pas les chances qu'une dévaluation n'améliore la compétitivité au lieu d'accélérer l'inflation ? Avant le « non » danois, des réflexions de ce genre auraient eu peu de chance d'influencer le marché. Mais, après le « non », elles ne pouvaient plus être ignorées.

Pendant l'été, un article très important de David Walton[7], analyste monétaire chez Goldman Sachs, donna une armature logique à de tels doutes. Furieuses, les autorités italiennes, à en croire la rumeur, « punirent » Goldman Sachs, en l'écartant des futures privatisations et en lui menant la vie dure à Milan. Mais un autre acteur allait bientôt entrer en scène, qui possédait bien davantage de pouvoir qu'une maison de titres « anglo-saxonne », et qui avait toutes les raisons du monde pour « châtier » le gouvernement italien et la Banca d'Italia. Dans ce western spaghetti, ce n'était pas un prévôt fédéral qui allait faire son entrée en ville, mais un *vigilante* âgé et implacable, qui avait déjà inscrit Helmut Schmidt et les accords du Louvre à son tableau de chasse.

Abondance de biens nuit

Tout au long du premier semestre 1992, la bombe à retardement que constituait l'objectif que s'était fixé la Bundesbank pour l'agrégat monétaire M3 durant l'année en cours avait continué son tic-tac. Depuis plusieurs années, les objectifs retenus pour M3 avaient été dépassés, et on accordait peu d'importance à l'ensemble du concept. Tietmeyer se contentait de rendre un hommage de pure forme aux objectifs monétaires. Au cours d'une réunion, alors qu'un vétéran lui rappelait que la Bundesbank utilisait ces objectifs depuis 1959*, il grommela : « 1959 était une très mauvaise année ». Plus tard, quand l'adoption d'objectifs d'inflation par

* Ce ne fut qu'en 1974 que la Bundesbank commença de rendre publics ses objectifs formels de masse monétaire, mais elle en avait tenu compte dans ses décisions depuis 1959, date de la levée des contrôles des changes en Allemagne.

nombre de pays menaça sa théorie d'espace de manœuvre politique pour les banques centrales, il parvint à manifester un enthousiasme considérable pour les objectifs monétaires. Mais, en 1992, Tietmeyer paraissait s'en tenir tristement à la conclusion sans joie qu'avait tirée Pöhl à propos de ses collègues du conseil de la Bundesbank. « Ils ne regardent la masse monétaire que lorsqu'ils ne peuvent plus trouver d'autre prétexte pour relever les taux d'intérêt[8]. » En juillet, il est vrai, ils auraient pu mettre en avant d'autres motifs. L'inflation allemande tournait aux environs de 4 %, et, quoique plus faible qu'au début de l'année, elle risquait bien d'augmenter à nouveau au début de 1993, avec l'entrée en vigueur de la hausse prévue pour la TVA. D'un autre côté, compte tenu des temps de latence habituels en matière de politique monétaire, on pouvait espérer que le relèvement des taux d'intérêt de décembre précédent (le septième en à peine plus de deux ans) finirait bien par faire reculer la hausse des prix. La poussée de la demande qui avait suivi la réunification s'était essoufflée, et la production industrielle déclinait déjà. Toutefois, inévitablement, la masse monétaire progressait au-delà de la zone cible. Si la Bundesbank ignorait une fois encore l'indicateur qu'elle avait choisi, il semblerait, ou bien que la Buba cédait à la pression internationale — ce qui soulèverait de nouvelles questions, fort malvenues, au sujet de la solidité de l'ancrage du MEC —, ou bien qu'elle se contentait d'un pilotage à vue des cycles économiques — auquel cas, autant laisser les hommes politiques se charger de la politique monétaire.

Le président de la Bundesbank, l'ultra-monétariste Helmut Schlesinger, se trouvait soutenu par un autre gardien de la flamme du monétarisme, Otmar Issing*. Sept mois durant, depuis la hausse

---

* Ancien professeur d'économie, Issing est le membre du directoire de la Bundesbank responsable du département de l'économie et de la statistique. Les journalistes le présentent souvent comme l'économiste en chef de la Buba. Mais il s'agit là d'un solécisme : l'économiste en chef de la Bundesbank appartient au personnel, non au directoire. Il s'agit du chef du département de l'économie, le Dr Reinmut König. Quelques mois après cet épisode, un haut fonctionnaire de la Bundesbank devait réagir avec ironie à un discours de l'économiste en chef de la Banque d'Angleterre, Mervyn King, qui décrivait les deux institutions comme similaires par essence (des projets successifs de discours avaient été envoyés pour aval à la Bundesbank, jusqu'à ce King perde patience devant le côté vétilleux des réponses et se décide d'aller de l'avant). « Leur seule similarité, ricana un cadre de haut rang de la Buba, réside dans le fait que les deux économistes en chef portent l'un et l'autre un nom trompeur : dans chacune des banques centrales, c'est la *politique* qui est reine. »

des taux d'intérêt de décembre, Schlesinger était demeuré l'arme au pied. Le marché, tourné comme toujours vers l'avenir et s'accoutumant à négliger M3, se demandait, en voyant le retournement de la conjoncture en Allemagne, quand la Bundesbank commencerait à réduire les taux d'intérêt. Mais en juillet, la bombe à retardement de M3, réglée avec soin en décembre précédent, était sur le point d'exploser. L'expansion de M3 allait dépasser sa limite prévue et, si possible, s'accélérer.

Il n'y avait, semblait-il, que deux choix possibles. Par tradition, la Bundesbank procédait à mi-année à un examen de son objectif. Tout aussi traditionnellement, elle s'abstenait d'ajuster son objectif, de crainte de paraître s'adonner au « pilotage à vue* ». Changer maintenant d'objectif reviendrait à admettre qu'elle s'était trompée en décembre. C'était impensable. Mais si elle voulait avoir la moindre possibilité d'atteindre l'objectif fixé en décembre, les taux d'intérêt devraient être relevés — comme cela avait été évident depuis le début —, avec toutes les chances de faire exploser le MEC.

Tel était le dilemme avec lequel le conseil de la Bundesbank devait se colleter. Pour nombre de ses membres, sans aucun doute — y compris Schlesinger, probablement —, il n'y avait là aucun dilemme : l'objectif ne devait pas être négligé. Certains voulaient taper sur les doigts du gouvernement et des syndicats. Pour d'autres — dont Tietmeyer faisait partie —, les contraintes de politique internationale revêtaient une importance primordiale. Si le MEC s'effondrait, il pourrait bien en aller de même du processus de Maastricht. Dans ce cas-là, la Bundesbank n'aurait pas à redouter un transfert de ses pouvoirs à une institution *extérieure à l'Allemagne*. En revanche, rien dans la Constitution fédérale n'interdirait au gouvernement d'amender la loi sur la Bundesbank afin de lui enlever son indépendance vis-à-vis des *hommes politiques allemands*** ! Quoi que

* La seule exception avait eu lieu en 1991, l'objectif ayant été ajusté à mi-année *à la baisse.* Ostensiblement, il s'agissait de prendre en compte le fait que l'incertitude concernant la demande fiduciaire des Allemands de l'Est se dissipait : on disait que les résidents de la partie orientale de l'Allemagne vidaient les comptes en Marks qui leur avaient été offerts un an plus tôt, afin de les convertir en actifs financiers d'autre nature. Mais il n'y avait plus de prétexte analogue en 1993 ; du moins, n'en chercha-t-on aucun.

** Cette sauvegarde a été mise en danger à l'automne 1992, pendant le processus de ratification parlementaire de Maastricht en Allemagne. Les changements constitutionnels proposés par le gouvernement lui auraient donné tout pouvoir de transférer les fonctions de la Bundesbank à un organe supranational.

Schlesinger puisse penser, Kohl risquait de considérer une hausse des taux d'intérêt comme une provocation intolérable de la part de la Bundesbank.

Finalement, le 16 juillet, les discussions fiévreuses du conseil de la Buba se conclurent sur un compromis. On relèverait le taux d'escompte, mais le lombard demeurerait inchangé. Si le taux d'escompte constitue en quelque sorte le plancher du couloir* dans lequel la Bundesbank guide l'évolution des taux du marché monétaire, le lombard en est le plafond. Quand les taux du marché de

Le gouvernement s'apprêtait à agiter la menace qu'aurait représentée la création d'un Conseil franco-allemand de banque centrale, ce qui était totalement anathème pour Schlesinger et ses collègues, si la Bundesbank mettait des bâtons dans les roues de la progression vers l'union monétaire prévue par Maastricht. Schlesinger se précipita alors à Bonn, où il mit en œuvre son prestige formidable, la puissance de son intelligence et son habileté politique, afin de convaincre la commission parlementaire chargée des textes de ratification d'apporter une modification fondamentale aux propositions du gouvernement. La législation finalement adoptée stipulait que le gouvernement ne pourrait transférer à l'étranger les prérogatives de la Bundesbank *que* dans le cadre d'une Union monétaire européenne telle que définie par le traité de Maastricht. Dans la mesure où les modifications constitutionnelles contenaient aussi des dispositions en vue de rendre plus difficile toute nouvelle modification future, Schlesinger pouvait estimer que son intervention avait renforcé considérablement sa marge de négociation face au gouvernement. Sur ce sujet, il est plus que certain que le point de vue de Schlesinger différait totalement de celui de son prédécesseur, Pöhl, et de celui de son successeur, Tietmeyer.

* À l'intérieur de ce couloir, les taux du marché de l'argent sont influencés par le taux de « prise en pension », celui auquel la Bundesbank accepte que le système bancaire lui « vende » des valeurs (ce qui augmente les reserves de liquidité des banques) pour une période déterminée (de 14, 21 ou 28 jours, habituellement). En pratique, la Bundesbank prête aux banques de l'argent garanti par la sécurité qu'apportent leurs portefeuilles de titres et de bons. Souvent, lorsque la Bundesbank désire donner au marché de l'argent un signal clair au sujet du niveau de taux qu'elle souhaite voir s'établir, elle annonce à quel taux d'intérêt elle acceptera les offres des banques en vue d'accords de vente-et-rachat (« offres à taux fixe »). Dans d'autres cas, lorsqu'il convient à la Bundesbank de paraître s'aligner seulement sur un taux déterminé par le marché, elle invite les banques à lui faire des offres au taux de leur choix, et décide alors du montant de liquidités alloué aux différentes banques en fonction du taux d'intérêt proposé. Dans la mesure ou c'est le *directoire* qui décide des termes et des conditions des accords de prise en pension, en général une fois par semaine, alors que le *conseil* fixe le niveau du taux d'escompte et du lombard, les présidents des banques centrales des Länder, membres du conseil mais non du directoire, préfèrent en général maintenir étroit le couloir déterminé par le taux d'escompte et le lombard afin de restreindre la marge de manœuvre du directoire.

l'argent s'élèvent, c'est le lombard qui est, en général, le plus important. Quand la tendance est à la baisse, c'est le taux d'escompte que l'on observe avec le plus d'acuité. Ce schéma normal, toutefois, peut subir des modifications lorsque l'on juge imminent un renversement de l'évolution des taux d'intérêt.

C'est exactement ce qui se produisit en juillet 1992. À l'étranger on éprouva un choc devant le relèvement du taux d'escompte. Taux d'escompte, lombard, taux de prise en pension, qui s'en souciait ? La Bundesbank avait *relevé* un de ses taux directeurs au moment même où d'autres pays du MEC avaient désespérément besoin de réduire les leurs. Les marchés des changes flairaient la panique : on retrouvait tous les signes de la rupture de la coordination internationale qui avait précédé le krach de Wall Street et l'abandon des accords du Louvre. La nervosité des fonds de placement étrangers qui détenaient encore des actifs importants libellés en peseta ou en lire, achetés à la suite des « jeux de convergence », augmentait d'heure en heure. Les fuites de capitaux hors d'Espagne et d'Italie reprirent.

Puisque la lire, une fois encore, se trouvait sous pression, la Banca d'Italia décida qu'il lui fallait faire preuve de détermination afin de calmer les marchés. À la mi-juillet, elle releva substantiellement son propre taux d'escompte de 1,25 %. À son grand étonnement, le renforcement de la lire auquel elle s'attendait en réponse à cette mesure ne se matérialisa pas. Les marchés avaient rapidement fait leurs calculs. L'essentiel de la dette publique italienne était à court terme, et elle devait, fréquemment, être renouvelée. Si le haut niveau des taux d'intérêt se prolongeait, le coût additionnel pour les finances publiques italiennes du service de la dette effacerait la plupart des gains budgétaires prévus par le plan Amato, et cela, sans même prendre en compte les effets négatifs des taux d'intérêt élevés sur la croissance et, par conséquent, sur les rentrées fiscales. En théorie, un train de mesures budgétaires était indispensable pour sauver la lire. Mais maintenant, c'était, semblait-il, la lire qui allait conduire au naufrage le train de mesures budgétaires.

Dès lors que les marchés se mettaient à envisager la situation sous cet angle-là, le sort de la parité de la lire au sein du MEC était scellé. Les dirigeants de la Banca d'Italia ne l'ignoraient pas. Pendant un mois, ils ne purent guère faire autre chose que de racheter de la lire sur le marché, en vidant leurs réserves de change à un rythme inquiétant. Il ne leur restait plus qu'un seul espoir :

que, lorsque le conseil de la Bundesbank se réunirait fin août après les vacances d'été, le sentiment des marchés puisse s'inverser grâce à une baisse des taux d'intérêt allemands.

Mais les événements survenus en août sur les marchés monétaires d'Allemagne indiquaient précisément une orientation opposée. La rumeur d'une éventuelle suspension du lombard avait entraîné une forte hausse des taux du marché.

Ce fut alors que le gouvernement de Bonn commença de s'inquiéter sérieusement. À en croire un article intitulé « *Sabotage gegen Bonn* », publié par *Der Spiegel** la semaine suivante, le gouvernement avait dû adresser à la Bundesbank un avertissement des plus directs : un conflit politique de grande ampleur éclaterait si la Buba provoquait une forte hausse des taux du marché. L'article faisait allusion à des divisions survenues à Francfort, et jusqu'à l'intérieur même du directoire, et, sans citer de noms, indiquait que certains de ses membres avaient averti les autres qu'une catastrophe attendait la banque si elle ne changeait pas de ligne. En tout état de cause, on nota soudain un changement évident de la tactique de la Bundesbank, dont le département du marché monétaire se mit à alimenter le marché en liquidités, ramenant ses taux au-dessous — juste au-dessous — du niveau du lombard. Mais la menace d'un relèvement du lombard continuait de peser lourdement sur la tendance.

Les ventes de lires et de pesetas s'accélérèrent dans la seconde quinzaine d'août. À la fin du mois, la lire toucha le plancher de sa marge de fluctuation autorisée.

En Grande-Bretagne, la victoire inattendue remportée par Major aux élections générales d'avril avait apaisé les cauchemars du marché, qui avait redouté que le Premier ministre n'ait à plier bagages

---

* En règle générale, le *Spiegel* soutient le SPD. Il n'appréciait pas Kohl, pas plus qu'il n'appréciait Maastricht dans lequel il dénonçait le déséquilibre entre l'aspect politique et l'aspect économique. Mais il n'avait pas davantage de sympathie pour la Bundesbank, notamment pour Schlesinger qu'il jugeait plus ou moins responsable de la chute de Schmidt dix ans auparavant. L'article peut avoir eu pour but de faire d'une pierre trois coups : mettre Kohl dans l'embarras, en laissant entendre que les erreurs du gouvernement en matière financière étaient si graves que même le directoire de la Bundesbank, pourtant favorable à la CDU, se sentait dans l'obligation de lui taper sur les doigts ; insinuer, en même temps, que la Bundesbank se comportait de manière inconstitutionnelle ; et renforcer ses critiques contre Maastricht en suggérant que le traité laissait le champ libre au gouvernement.

pour laisser la place à Neil Kinnock. Elle avait également permis à John Major de démontrer sa capacité inquiétante à crier au triomphe alors même que le Destin frappait encore à sa porte. Exalté par le renforcement de la livre pendant l'état de grâce post-électoral, et sans vouloir entendre que, sous ses pieds, les plaques tectoniques grinçaient de plus en plus fort depuis le référendum danois* du début juin, Major avait prononcé une déclaration stupéfiante au début de juillet[9]. Le sterling, avait-il claironné, deviendrait la devise la plus forte du MEC, et même le pivot du système.

Au lieu de cela, il devint de plus en plus évident que l'économie britannique, notamment un marché immobilier tétanisé, ne supportait plus le ralentissement déflationniste intense que lui imposait le MEC. Au début d'août, le gouvernement décida une réduction des taux d'intérêt des comptes d'épargne, pour tenter d'éviter une hausse des taux hypothécaires qui serait économiquement, politiquement et socialement désastreuse. Ce signal de détresse** conduisit les marchés à douter de la possibilité d'un relèvement des taux au cas où la livre connaîtrait des difficultés sérieuses.

Aucune zone n'est une île

Pendant cette période, la colère soulevée par la tactique mise en œuvre par la Bundesbank sur les marchés de l'argent ne s'était pas limitée à l'Europe. Aux États-Unis, la Réserve fédérale (la Fed) menait depuis deux ans une politique de réduction des taux, dans le but de sortir l'économie américaine de la récession*** et de fortifier les bilans d'un système bancaire sinistré par une crise de l'immobilier. Les moteurs de la machine économique chauffaient,

* Les conséquences du vote danois sont examinées dans le chapitre suivant.

** Un signal de détresse analogue avait été lancé en mai par les autorités françaises, qui avaient annoncé une réduction des réserves obligatoires des banques ; ce qui permettait à ces dernières de baisser les taux de leurs prêts sans pour autant affecter les taux interbancaires qui jouaient un rôle direct dans l'attrait que pouvait exercer le franc face au Mark. Et l'occurrence, le signal fut considéré comme plus important que la mesure elle-même, et le franc commença de s'affaiblir légèrement au sein du MEC.

*** Cette récession était modérée comparée à celle que subissaient — ou allaient subir — les économies européennes. Mais la Fed sait réagir à l'opinion populaire, et non pas seulement à l'opinion politique. Et les Américains n'aiment pas le chômage.

et ils démarreraient franchement au cours du quatrième trimestre. Mais en août, les signes de reprise n'étaient pas encore évidents. La Fed procéda à une nouvelle réduction du taux d'intérêt de ses obligations fondamentales, qu'elle ramena à 3 %, le taux d'intérêt à trois mois revenant à 4,1 %. Avec des taux d'intérêt à trois mois situés, en Allemagne, légèrement au-dessus de 9,75 % du lombard, l'écart entre les taux allemands et les taux américains atteignait une ampleur sans précédent de presque 6 points.

Le dollar, qui s'était affaibli pendant tout l'été, plongea. Du point de vue de la Fed, la chute du billet vert faisait partie intégrante de l'assouplissement de la situation monétaire qu'elle avait recherché en guidant les taux d'intérêt vers une baisse. Mais si l'administration Bush se félicitait de voir des taux d'intérêt plus bas, elle n'en éprouvait pas moins un certain malaise. Un dollar plus bas améliorerait la compétitivité des États-Unis, ce qui devrait donner un nouvel élan à la croissance et à l'emploi dans un an ou deux, mais, politiquement, un tel délai n'avait pas de sens : l'élection présidentielle se déroulerait dans moins de deux mois. On redoutait, en plus, que le plongeon du dollar, effrayant les investisseurs japonais, ne les éloigne du marché américain des actions et des obligations*. Une crise boursière, fût-elle une mini-crise, était bien la dernière chose qu'auraient voulue les responsables de l'administration dans la dernière ligne droite avant l'élection. Alors que les rumeurs d'un relèvement du lombard remplissaient les pages de tous les journaux financiers du monde, le dollar s'effondra. L'administration Bush ordonna à la Fed d'intervenir pour le soutenir, et battit le rappel des autres banques centrales. Le 21 août, 18 banques centrales firent leur apparition sur les marchés pour se porter acquéreurs de dollars. Tout ce à quoi elles réussirent, ce fut, pour la première fois depuis de nombreuses années, de procurer un bénéfice facile aux courtiers en devises des banques

* Cette crainte était dépourvue de fondement. Il est extrêmement rare que les marchés réagissent de manière perverse aux mesures rationnelles prises par les autorités. Les krachs ne surviennent généralement que lorsque les marchés ont le sentiment que les données politiques sur lesquelles ils ont fondé leurs scénarios ne sont plus valables. En particulier, les krachs coïncident avec les tentatives des autorités pour figer, ou pour manipuler, les taux de change — le krach de Wall Street en 1987 en fournit un premier exemple, la crise du MEC lui-même un autre, le krach du marché obligataire au début de 1994 un troisième, et le krach de tous les marchés financiers mexicains à la fin de 1994 et au début de 1995 un autre encore.

commerciales, car l'intervention concertée échoua à redresser le billet vert.

Le plongeon du dollar face au Mark (jusqu'au niveau de 1,40 Mark pour un dollar) l'amena aussi au taux de 2 dollars pour une livre, niveau que l'on n'avait plus vu depuis une décennie. Dans la mesure où le commerce avec les États-Unis jouait un rôle bien plus grand pour l'économie britannique que pour celles des pays du Continent, la chute du dollar exerça une pression considérable sur le sterling. En fait, la livre toucha le plancher de sa marge de fluctuation dans le MEC, contraignant la Banque d'Angleterre à intervenir en soutien.

Outre que le sterling avait atteint la limite inférieure de sa parité bilatérale avec le Mark, son « indicateur de divergence » (mesure de son écart par rapport à la moyenne des autres devises du système) se situait à une valeur telle que, en théorie, il y avait « présomption » que les autorités britanniques allaient devoir agir. Ayant déjà recouru aux mouvements à l'intérieur de la marge, puis aux interventions massives, la prochaine étape, en bonne logique, aurait dû consister en un relèvement des taux d'intérêt. Mais c'eût été pure folie, au moment où la livre se redressait fortement vis-à-vis du bloc dollar, le principal partenaire commercial de la Grande-Bretagne, où l'économie subissait une récession très profonde, et où l'état du marché immobilier était devenu un sujet d'inquiétude majeur, tant sur le plan économique que sur le plan social ou politique. Comme substitut, le gouvernement en revint aux méthodes des années 60 et 70 (qui avaient échoué) : multiplier les rodomontades et les déclarations d'attachement indéfectible et irrévocable au maintien de la parité ; laisser entendre que la livre entrerait bientôt dans la marge de fluctuation étroite ; dénoncer quiconque suggérait de mettre en œuvre une autre politique de change — le tout accompagné d'une rhétorique du style « moi vivant, jamais ! », qui, immédiatement, poussa les courtiers des marchés des devises à rêver de l'emploi de leurs prochaines primes, et conduisit de vastes pans de l'électorat britannique à ne plus jamais croire un seul mot de ce que pourrait dorénavant dire John Major, sur quelque sujet que ce fût.

Le 26 août, on annonça que le chancelier de l'Échiquier, Norman Lamont, allait faire une déclaration matinale, peu après l'ouverture des marchés, depuis les marches de la Trésorerie[10]. Le marché s'attendait à l'annonce d'un relèvement des taux d'intérêt. Au lieu de cela, Lamont se borna à affirmer brièvement que la parité de la livre serait maintenue, et que tous les moyens nécessaires seraient employés : pour les marchés, cela signifiait clairement que les taux d'intérêt ne seraient *pas* relevés. Aussitôt après, la Banque d'Angleterre intervint très agressivement pour acheter du sterling. Cependant, l'impact de ses interventions fut très atténué par la diffusion anticipée d'une allocution que devait prononcer Reimut Jochimsen[11], l'un des membres du conseil de la Bundesbank, dans laquelle il faisait allusion à un potentiel de réalignement*. La livre demeura dangereusement proche de son plancher dans le MEC.

Deux jours plus tard, le 28 août, les projecteurs se braquèrent à nouveau sur la lire. De manière significative, le Mark, à la fin de ce vendredi après-midi, atteignit la limite supérieure de la marge du MEC, pour la première fois depuis que Bonn, en octobre 1989, avait coupé court à la campagne menée par la Bundesbank en faveur d'un réalignement. Par conséquent, la Buba se trouvait désormais en première ligne, et devrait procéder aux interventions imposées par les règles du MEC si la lire restait à son plancher. Les expériences passées tendaient à démontrer que cela la pousserait à demander à Bonn une réévaluation du Mark. Lorsque les interventions du MEC cessèrent, à la fin de la journée (17 heures à Bruxelles), la lire tomba au-dessous de son plancher. En réaction, par le truchement de Jean-Claude Trichet, président du Comité monétaire, le Conseil des ministres des Finances de la Communauté publia une déclaration excluant tout réalignement[12]. Ce ne serait que la première de toute une série qui laisseraient les marchés indifférents. Il éclatait aux yeux de tous que présenter le MEC comme un mécanisme géré en commun et menant à l'union monétaire relevait d'une farce cruelle. Dorénavant, seuls les hochements de tête et les clins d'œil de la Bundesbank auraient encore le pouvoir d'influencer les marchés.

Le jeudi 3 septembre apparut comme une journée particulièrement significative. Pour commencer, la Trésorerie britannique annonça, non sans vanité, qu'un accord venait d'être conclu avec un syndicat bancaire international, afin de permettre au gouvernement d'emprunter ce qui paraissait un montant considérable, l'équivalent de 10 milliards d'ECU, qui serait revendu contre du

* Lorsque Jochimsen prononça son allocution, cette phrase avait été supprimée, ce qui permit à la Bundesbank d'affirmer qu'elle ne défendait pas l'idée d'un réalignement. Schlesinger lui-même aurait recours à un tour de passe-passe analogue deux semaines plus tard.

sterling. Dans un communiqué de presse, la Trésorerie proclamait : « Cet arrangement démontre une fois encore que le gouvernement est déterminé à maintenir la position du sterling au sein du MEC à son taux pivot actuel, quel que soit le résultat du référendum français sur le traité de Maastricht, et qu'il en a la capacité. » Pour la première fois en quinze jours, le sterling remonta au-dessus de 2,80 Marks, car les analystes les plus crédules affirmaient que l'emprunt montrait que le gouvernement « joignait le geste à la parole ». Mais la Bourse adopta un point de vue différent : les intervenants voyaient dans cet emprunt la preuve que le gouvernement ferait tout pour éviter non pas une dévaluation mais un relèvement des taux d'intérêt. À la clôture du marché de Londres, la lire était tombée bien au-dessous de son plancher, ce qui promettait un feu d'artifice pour le lendemain, lorsque les interventions obligatoires du MEC reprendraient.

Boucheries

Toutefois, l'événement le plus important de ce jeudi-là se produisit dans la soirée, à la Sorbonne, au cours d'un grand spectacle télévisé, et préparé avec le plus grand soin, consacré à la campagne en vue du référendum sur Maastricht. Le programme comprenait un duplex avec Bonn, où Kohl plaida en faveur du « oui ». Suivit un « débat » entre Mitterrand et Philippe Séguin, l'un des principaux partisans du « non », qui, le matin même, avait jugé « parfaitement scandaleuse » l'invitation adressée au Chancelier. Dès le début, les organisateurs du spectacle avaient placé Séguin en position de faiblesse, puisqu'ils avaient prévu que le débat se déroulerait juste après l'intervention de Kohl, elle-même précédée par près de deux heures de conversations décousues, entrecoupées de commentaires tendancieux de morceaux choisis du traité.

Mais ce furent les propos tenus par Mitterrand lui-même au cours du débat qui devaient avoir les conséquences les plus profondes, en contribuant puissamment à la destruction du MEC, et peut-être même à celle du projet d'UME. Séguin critiquait le traité parce qu'il confiait la maîtrise d'éléments fondamentaux de la politique économique à une bande de « technocrates » de la Banque centrale européenne non responsables et non élus démocratiquement. Mitterrand, dans sa réplique, se livra à une interprétation du traité si diamétralement opposée à celle de la Bundesbank qu'il n'y aurait désormais plus aucune chance de faire admettre à Schlesinger que la France puisse exercer la moindre influence dans la conception de la BCE. Ce que signifiait le traité, déclara Mitterrand, c'était que « les techniciens de la Banque centrale [européenne] sont chargés d'appliquer, dans le domaine monétaire, les décisions du Conseil européen [...]. On entend dire que la Banque centrale européenne serait maîtresse de ses décisions. Ce n'est pas vrai ! La politique économique relève du Conseil européen, et son application à la politique monétaire est la tâche de la Banque centrale [européenne], dans le cadre des décisions du Conseil européen [...]. Ceux qui décident de la politique économique, dont la politique monétaire n'est rien de plus qu'un des moyens de mise en œuvre, sont les hommes politiques [...]. Les responsables de la BCE réagiront comme les membres de la Commission qui nourrissent une certaine tendresse, sans aucun doute, pour les intérêts de leur propre pays[13] ».

Le degré d'indignation de la Bundesbank devant cette relecture sans vergogne du traité peut se mesurer à l'aune du numéro suivant des *Auszüge*[14]. Il était largement consacré à des articles (pas moins de huit) provoqués par les propos de Mitterrand. La une, titrant (en allemand) « Paris remet en question l'indépendance de la BCE », reproduisait un article d'un quotidien de Stuttgart* qui se composait principalement de la traduction en allemand de ce que Mitterrand avait dit. Puis venaient, mot pour mot, les commentaires litigieux de Mitterrand, en français cette fois, comme pour convaincre mieux les gens qui auraient cru que ce qu'ils avaient lu en allemand ne pouvait tout simplement pas être vrai. La Bundesbank n'épargnait aucun effort pour persuader l'opinion publique que Mitterrand était revenu sur sa parole.

Comme sur tant d'autres points, la vérité avait jailli de la campagne pour le référendum en France. Les journaux allemands (et jusqu'à Martin Bangemann, l'un des deux Commissaires allemands) s'étaient plaints du ton germanophobe des partisans du « oui »[15]. Les ténors du Parti socialiste, en particulier — le Premier ministre Pierre Bérégovoy, Laurent Fabius, ancien Premier ministre et proche de Mitterrand et de Delors, et Michel Rocard, lui aussi ancien Premier ministre et alors premier secrétaire du PS —,

* À l'évidence, les responsables des *Auszüge* avaient épluché toute la presse régionale, afin d'y trouver la manchette qui correspondrait le plus précisément au message d'indignation qu'ils voulaient diffuser.

avaient tous soutenu que seul le traité de Maastricht pouvait tenir en respect les « vieux démons » de l'Allemagne. Et voilà que Mitterrand en personne déclarait sans aucune ambiguïté que la Bundesbank avait été roulée : l'indépendance de la Banque centrale européenne, préalable fondamental pour que la Buba donne son accord à Maastricht, n'était qu'un leurre. Ce qui aurait dû être évident dès l'origine. L'idée que des Français nationalistes tels que Mitterrand et Delors auraient pu se vouer à la création d'une union monétaire, pour en remettre ensuite la maîtrise à un conclave de dirigeants de banques centrales, avait toujours paru irrecevable. Et pourtant Schlesinger, pour qui l'honneur, la rectitude et la solidité revêtaient une importance essentielle, y avait cru. Sa confiance avait facilité l'acceptation du traité* par les autres membres du conseil. Mais maintenant, face à la preuve irréfutable de la traîtrise de Mitterrand, bien des membres du conseil, d'après de bonnes sources, étaient décidés à prendre leur revanche**.

Le lendemain, la crainte d'une dévaluation pendant le week-end poussa de nouveau à des ventes massives de lires. Pour la Bundesbank, la journée avait débuté dans l'agacement, car les banques, les entreprises et les fonds italiens qui, la veille au soir, avaient poussé la lire *au-dessous* de son plancher du MEC, se présentaient au guichet (électronique) de la Buba pour exiger qu'elle leur rachète leurs lires au cours plancher du mécanisme, ainsi que les règles le prévoyaient. Ils réalisaient ainsi un bénéfice coquet, cependant que les courtiers de la Bundesbank et leurs patrons ne pouvaient que grincer des dents devant pareille injustice. La lire resta toute la journée proche de son plancher, en dépit d'interventions continues et de l'annonce, par la Banca d'Italia, du fait qu'elle tirait sur la facilité de financement à très court terme (FTCT) illimitée en théorie, que le MEC mettait à sa disposition. Au début de l'après-midi, la publication des chiffres du chômage

---

* Dans un discours prononcé peu après Maastricht[16], Schlesinger avait fait allusion aux craintes éprouvées par la Bundesbank en ce qui concernait l'indépendance de la future BCE par rapport au Conseil des ministres, notamment dans le domaine de la politique de change, mais avait déclaré que « cette indépendance semblait assurée par la formulation du traité approuvé à Maastricht ».

** Schlesinger exposa clairement ses propres sentiments dans une allocution[17], quelques semaines plus tard. Faisant directement allusion aux propos de Mitterrand, il déclara qu'il doutait que les onze États de la Communauté autres que l'Allemagne puissent nommer à la direction de la BCE des personnalités réellement indépendantes.

aux États-Unis, médiocres, fit naître l'espoir d'une réduction des taux d'intérêt américains. Le Mark remonta face au dollar, repoussant la lire à sa limite inférieure, et annulant les progrès accomplis par le sterling depuis qu'avait été annoncé l'accord d'emprunt. Désespérée, la Banca d'Italia releva de 1,75 % son taux d'escompte, qui passa ainsi à 15 %. Les taux à court terme grimpèrent à 18 %, ce qui amena Gianni Agnelli, le président de Fiat, à déclarer que « les taux d'intérêt avaient atteint un niveau insupportable pour l'industrie[18] ». Et ce qui était insupportable pour l'industrie l'allait être aussi pour les finances publiques italiennes.

Tout ce que les Italiens pouvaient espérer, c'est qu'ils tiendraient le choc jusqu'au référendum français du 20 septembre. Si le « oui » l'emportait, la confiance des marchés dans l'UME et dans la « convergence » pourrait s'en trouver renouvelée, ce qui « sauverait » la lire. Si le « non » obtenait la victoire, le MEC se désintégrerait : du moins l'Italie ne serait-elle pas montrée du doigt comme la brebis galeuse. Car Rome aurait tenu pour désastreuse une dévaluation de la seule lire. Mais l'Italie n'était plus en mesure de maintenir isolément la parité de sa monnaie : il fallait bien que la Bundesbank, par un geste ou un autre, démontre, ne serait-ce que pour les deux prochaines semaines, son attachement à la vision d'un MEC « toboggan » vers l'UME. Le relèvement du taux d'escompte italien, qui en temps normal aurait été tenu pour ahurissant, était destiné à montrer que l'Italie respectait totalement les règles du MEC. Maintenant, c'était au tour des autres — c'est-à-dire au tour de la Bundesbank — d'agir.

Les relations de la Banca d'Italia avec la Buba n'étaient pas bonnes, à quelque niveau de responsabilité que ce fût. Lui lancer un appel direct n'aurait eu aucune chance de succès. C'est pourquoi la banque centrale italienne tenta tout ce que des méthodes indirectes pourraient lui apporter. Padoa-Schioppa, qui avait été l'éminence grise du rapport Delors, contacta le président de la Commission pour lui affirmer que seule une solution « politique » à la crise de la lire était désormais envisageable. Jacques Delors, insista Padoa-Schioppa, devait souligner auprès de Mitterrand la gravité de la situation, et lui demander de mettre à profit l'amitié qui l'unissait à Kohl, afin que Bonn fasse pression sur la Bundesbank.

Pour sa part, le gouvernement italien plaçait tous ses espoirs dans la réunion « informelle » de l'Ecofin qui se tiendrait le week-end suivant à Bath, sous présidence britannique. Ces réunions « informelles » — il y en a une durant les six mois de présidence de chacun des États membres — diffèrent des réunions normales du Conseil des ministres des Finances par bien des aspects. Il ne s'agit pas de voter sur des dispositions réglementaires. Leur but est de donner aux participants l'occasion de discuter entre eux, dans une atmosphère cordiale. Et surtout, les gouverneurs des banques centrales et leurs suppléants y participent. Ainsi, tous ceux qui gèrent le MEC (et tous les membres du Comité monétaire) sont présents. Bath offrait l'occasion d'exercer une pression politique coordonnée sur la Bundesbank.

De fait, on assista bien à une tentative concertée des ministres français, italien, britannique, et d'autres, de faire pression sur Schlesinger. On en oublia l'ordre du jour prévu. Pendant neuf heures, ce fut un échange acharné d'arguments. Norman Lamont, qui présidait, plaida auprès de Schlesinger la cause d'une réduction des taux d'intérêt allemands. Il revint quatre fois à la charge, réduisant peu à peu l'étendue de sa requête : partant d'une demande de baisse générale des taux, il termina en réclamant seulement un « signal » de la future orientation de ces taux — même une réduction de 10 points de base (0,10 %) du taux de prise en pension ferait l'affaire. Chaque fois, Schlesinger, de plus en plus en colère, refusa : son conseil s'était réuni deux jours auparavant pour fixer les orientations de la Bundesbank en matière de taux d'intérêt. Il n'avait pas le pouvoir de changer ses orientations, tandis que le conseil ne les modifierait pas à moins d'une évolution significative de la conjoncture.

Pour les participants de la réunion « informelle », il était évident que, ce week-end, la seule évolution significative de la conjoncture aurait résidé dans un réalignement du MEC. À en croire des rumeurs persistantes, la Bundesbank avait agité « dans les couloirs » l'idée d'un réalignement général, mais Schlesinger n'avait pas la possibilité d'évoquer le sujet de but en blanc en séance publique : c'était le gouvernement allemand qui prenait les décisions concernant la parité du Mark au sein du MEC. Ce qui est clair, c'est que personne n'était preneur, à ce moment-là, de l'idée d'un réalignement. Il aurait fallu qu'un réalignement « général » s'applique au franc français, qui chancelait sous l'effet de la campagne référendaire et d'une tendance à la récession de plus en plus visible en France. Pendant dix ans, la politique du franc fort avait été vendue à la population sous le seul argument, ou presque, qu'elle était indispensable si l'on voulait jamais que l'Allemagne tombe dans les rets d'une Banque centrale européenne. Dévaluer le franc aurait signifié l'échec de cette politique : deux semaines avant le référendum, l'hégémonie du Mark se serait imposée à l'électorat français, qui aurait cru alors que le traité de Maastricht donnait un caractère formel à cette hégémonie et la renforçait. Une dévaluation était donc totalement inacceptable pour les autorités françaises.

L'Italie, de son côté, n'entendait pas dévaluer si la France s'abstenait, par peur de s'exclure elle-même de l'UME. Mais pour la Grande-Bretagne, les contraintes étaient quelque peu différentes.

Incontestablement, certains des membres du Cabinet, conduits par Kenneth Clarke et par Michael Heseltine, partageaient une vision de la situation très comparable à l'optique italienne. John Major semble s'être opposé à une dévaluation pour ne pas perdre la face. Lamont et ses hauts fonctionnaires tenaient également compte de l'argument selon lequel une dévaluation n'aurait toujours pas permis aux taux d'intérêt britanniques de descendre significativement au-dessous des taux allemands. Et cela aussi avait une signification politique et économique. Accepter une dévaluation revenait à admettre que c'était le manque de compétitivité de la Grande-Bretagne, et non le niveau des taux d'intérêt imposé au système par la Bundesbank, qui constituait la cause majeure de la terrible récession que traversait le pays et de tout ce qui en découlait. John Major portait la responsabilité du taux choisi pour entrer dans le MEC, mais non des taux d'intérêt allemands. Et puisqu'il voulait pouvoir reprocher à la Bundesbank, et non à lui-même, tout ce qui allait mal, il était opposé à une dévaluation*. Et c'est ainsi que le malheureux Lamont avait reçu la consigne stricte d'obtenir à Bath que Schlesinger « fasse mouvement ».

Mais lorsque Lamont renouvela sa requête pour la quatrième fois, Schlesinger était à bout de patience. Ce qui se passait lui démontrait que les hommes politiques de toute la Communauté, et pas seulement François Mitterrand, avaient menti à Maastricht. Il referma sèchement ses dossiers et se leva. Waigel, qui avait siégé à côté de lui dans un malaise évident, conscient qu'il était des relations tendues de Francfort avec Bonn, l'agrippa par le bras et le persuada de ne pas bouger. Si Schlesinger avait quitté la salle, les autres gouverneurs des banques centrales, on le sait de bonne

* Nous verrons que, dans le camp opposé, la Bundesbank joua le même jeu lorsqu'il s'agit de savoir à qui « reprocher » le retrait du sterling du système.

source, auraient dû s'en aller eux aussi. Pendant les longues heures où Lamont et d'autres ministres avaient chapitré Schlesinger, pars un seul d'entre eux — pas même Carlo Ciampi — n'avait dit un mot pour les soutenir. Eux, au moins, se comportaient comme il convient aux membres « néo-fonctionnalistes » d'un club international. Peut-être leur vœu le plus cher était-il de se trouver eux-mêmes dans une position où *ils* pourraient prendre l'avantage sur Schlesinger, ou plutôt sur ses successeurs, mais ils n'y parviendraient que si, jusque-là, le club des dirigeants des banques centrales restait uni. Toutefois, un exode général des gouverneurs hors de la salle, deux jours après les déclarations de Mitterrand affirmant la primauté du Conseil des ministres sur les banques centrales, aurait assuré que les Français diraient « non » à Maastricht. Seuls les doigts d'un Souabe fermement serrés sur le bras d'un Bavarois ont empêché le monde d'avoir une bonne occasion de jeter le traité de Maastricht aux poubelles de l'Histoire.

On peut seulement soupirer en songeant à ce qui aurait pu être. Les choses étant ce qu'elles étaient, on put en revenir suffisamment aux convenances pour bricoler un communiqué. Il contenait deux éléments importants, qui avaient dû donner à leurs auteurs bien plus de tracas qu'ils n'en valaient la peine. Le premier affirmait que la déclaration des ministres des Finances sur le rejet de tout réalignement, que Trichet avait publiée une semaine auparavant, était « confirmée »[19]. Cinq minutes avant qu'il ne soit distribué à la presse, le communiqué indiquait encore que la déclaration avait été « confirmée à l'unanimité ». Mais Schlesinger avait insisté pour que « à l'unanimité » soit supprimé : la déclaration précédente émanait des ministres des Finances et d'eux seuls. A Bath, les gouverneurs étaient également présents. L'expression « à l'unanimité » les aurait associés à la déclaration, et Schlesinger ne souhaitait pas qu'on l'y associe. Dans le second élément, on saluait « le fait que, dans les circonstances actuelles, la Bundesbank n'a aucune intention de relever ses taux et garde sous observation l'évolution de l'économie ». Puisque le conseil de la Bundesbank, deux jours plus tôt, avait décidé de ne pas modifier ses taux « dans les circonstances actuelles », Schlesinger ne disait rien de bien nouveau ni de bien significatif. Et pourtant, lorsqu'ils sortirent d'un pas lassé de la salle de conférence, plusieurs ministres se redressèrent à la vue des micros et des caméras de télévision qui les attendaient. Lamont soutint que c'était « la première fois » que la Bundesbank s'était engagée « ouvertement et publiquement » à ne pas relever les taux. Michel Sapin, l'énarque qui avait été nommé ministre des Finances, en avril, après la nomination de Pierre Bérégovoy à Matignon, claironna qu'une « atmosphère nouvelle » avait marqué la réunion. « L'ambiance est à un abaissement des taux, dit-il. La Bundesbank n'est plus dans une disposition d'esprit qui la pousserait à les relever. » Aussi bien Lamont que Sapin racontaient des sornettes*. Schlesinger ne s'était *pas* engagé à ce que la Bundesbank ne relève pas les taux. Et aucune « atmosphère nouvelle » n'avait été constatée. Schlesinger, tout bonnement, se contentait de jouer le jeu ou, du moins, en suivait les règles à la lettre.

L'absurdité de ce communiqué ne tarda pas à sauter aux yeux. Le lendemain même, interviewé par la BBC (radio), Schlesinger refusa de souscrire à la déclaration de non-réalignement des ministres[21]. La question, dit-il, le touchait si profondément qu'il ne souhaitait pas y apporter une réponse publique. Pendant deux ou trois jours, la Bundesbank souligna, au cours de ses briefings destinés à la Presse, qu'au sujet des taux d'intérêt, Schlesinger s'était borné à répéter le contenu de la déclaration publiée par la Buba à l'issue de la réunion de son conseil, le jeudi précédent.

Le lundi, la lire se redressa comme de coutume après le week-end, mais le sterling s'affaiblit par suite de l'interview de Schlesinger et de l'incapacité de Lamont à lui arracher une baisse des taux. Le lendemain mardi fut tout aussi agité. Le gouvernement finlandais se résigna à l'inévitable et fit flotter le markka, quinze mois après l'avoir accroché à l'ECU. Instantanément, la devise finlandaise chuta de 13 % face au Mark. La décision d'Helsinki mit sur-le-champ la couronne suédoise sous pression. La banque

* Il n'est pas impossible que cette interprétation ne rende pas justice à Lamont. On ne connaîtra ses motivations précises à Bath que lorsqu'il publiera ses mémoires. Il est certain que ses réactions, dès après la sortie du sterling du système, donnent à penser que le résultat de Bath peut l'avoir satisfait davantage qu'un « succès ». Il est d'ores et déjà clair, d'après Lamont lui-même[20], que la Grande-Bretagne doit le remercier d'avoir empêché Major et Douglas Hurd, pendant les négociations de Maastricht de décembre 1990, de donner leur adhésion à un projet sinistre qui visait à rendre obligatoire l'appartenance du Royaume-Uni à l'UME, même s'il ne participait pas à la Phase Trois. Avec une telle obligation, il aurait ensuite été facile à ces deux personnages tortueux d'affirmer que, pour la Grande-Bretagne, il serait bien préférable de rejoindre la monnaie unique et d'avoir un siège à la BCE plutôt que d'être lié, via le MEC, à sa politique en matière de taux d'intérêt sans avoir aucune part à ses décisions. Le rôle de blocage joué alors par Lamont ne doit pas être sous-estimé.

centrale de Suède releva ses taux au jour le jour à 24 %. Les Britanniques et les Italiens étaient scandalisés. Les marchés l'avaient emporté sur le markka (l'économie finlandaise l'avait emporté, elle aussi — mais cela n'intéressait pas plus les ministres que les banques centrales), si bien que les Suédois devaient recourir à des choses horribles pour défendre leur parité. En Suède, les taux hypothécaires augmentèrent ainsi de 5 points en une semaine !

La course vers la sortie du MEC s'accéléra encore le mercredi. Les Suédois furent contraints de remonter jusqu'à 75 % leur taux au jour le jour, non sans exprimer l'espoir, illusoire et assez pathétique, d'une « association » avec le MEC qui leur permettrait de bénéficier des interventions de soutien de la Bundesbank. Mais lorsqu'ils s'étaient liés à l'ECU, les Suédois avaient choisi leur lit : la Bundesbank s'offrait maintenant le plaisir de les forcer à s'y coucher. De toute façon, pour la Buba, le problème le plus urgent consistait à se *dégager* de ses obligations d'aide à l'Italie, non d'en assumer de nouvelles. Dans ce but, on continua, à la Bundesbank, à minimiser l'importance du communiqué de Bath et, pour que les choses soient bien claires, la Buba, contre toute attente, resserra les conditions du marché de l'argent de Francfort en relevant son taux au jour le jour au niveau du lombard, ce qui fit naître la crainte que ce dernier ne soit lui aussi relevé lors de la réunion du conseil de la semaine suivante. La Trésorerie britannique et la Banca d'Italia furent tous deux obligés de diffuser de nouveaux communiqués pour démentir l'éventualité d'un réalignement. Mais, inévitablement, les marchés leur prêtèrent moins d'attention qu'au commentaire d'un responsable de la Bundesbank selon lequel la lire, le sterling et la peseta étaient tous trois « candidats à la dévaluation[22] ».

Le jeudi, une pression massive s'exerça sur la lire qui, à Londres, retomba au-dessous de son cours plancher. Les courtiers de Milan se plaignirent que les interventions de la Bundesbank aient été trop faibles (non, on peut le supposer, pour « sauver la lire », mais pour absorber toutes les lires que ces courtiers voulaient vendre en réalisant un bénéfice de plus en plus certain). Et il est vrai qu'à la Bundesbank, on ne manquait pas de glisser à certains opérateurs importants des propos du genre : « Nous rencontrons certaines difficultés, certains petits problèmes techniques, en ce qui concerne les lignes de crédit que nous avons ouvertes à la Banca d'Italia. » En d'autres termes, la Buba expliquait nettement que ses interventions n'étaient pas aussi illimitées que la Banca d'Italia l'aurait voulu. Et ce fut plus flagrant encore quand Ciampi, furieux, viola les règles de la franc-maçonnerie des banques centrales[23] en déclarant que les taux d'intérêt allemands étaient « excessivement élevés et devaient être abaissés ».

La pression avait été moins forte sur la livre que la veille : on estimait que l'engagement de Major à l'égard du MEC avait moins d'importance pour la survie du traité de Maastricht que celui de l'Italie. Néanmoins, le sterling demeura très proche de son plancher. Ce soir-là, Major prononça le discours qui, combiné à sa promesse préélectorale de ne pas augmenter la TVA, devait ruiner sa crédibilité dans l'électorat britannique[24]. Il critiqua l'idée d'un réalignement comme « une option molle, une option de dévaluateur, qui constituerait une trahison de notre avenir et de l'avenir de nos enfants ». Major croyait peut-être au MEC, mais il manquait certainement de charité en s'accrochant au naufrage du système. Poussé par sa conviction, il était prêt à condamner davantage d'entreprises à la fermeture, davantage de travailleurs au chômage, davantage de familles à la rue.

Mais pendant que Major s'adonnait, ce jeudi soir, à une rhétorique vaseuse, la Bundesbank venait, à propos de la lire, de tirer les conclusions qui s'imposaient enfin.

Magouilles sur les taux

Le vendredi commença comme le précédent — avec son cortège habituel de banques, d'entreprises et d'investisseurs italiens jouant sur les possibilités d'arbitrage entre devises et gavant la Bundesbank de gros montants en lires. Durant toute la journée, la Buba et la Banca d'Italia intervinrent pour des volumes sans précédent. Mais la banque centrale italienne ne procéda pas à un nouveau relèvement de ses taux. Et la lire, de nouveau, termina, en clôture, au-dessous de son plancher du MEC. Tout laissait prévoir un réalignement. On pouvait certainement s'attendre à une réunion du Comité monétaire, le lendemain samedi, afin d'en régler tous les détails avant que les marchés ne rouvrent le lundi. Pourtant, il n'y eut aucune réunion. S'il y eut bien un réalignement, ce ne fut qu'après deux jours de marchandages sordides, d'intrigues et de tromperies, qui arrachèrent le manteau du « bien commun », comme Trichet, en particulier, aimait à l'appeler, dont on avait enveloppé le MEC.

Jean-Claude Trichet, ce week-end-là, allait jouer un rôle ambigu qui serait, par la suite, très critiqué. Jusqu'à présent, les récits des événements affirmaient qu'il avait trompé les émissaires allemands sur ses intentions, recevant en sa qualité de président du Comité monétaire les informations qu'ils lui apportaient pour les utiliser en tant que haut responsable français[25]. En fait, il ne peut guère y avoir de doute que lui-même et les deux membres allemands du Comité, Köhler et Tietmeyer, agissaient étroitement de concert*.

Schlesinger, le lundi suivant, devait publiquement exposer la version officielle des faits[26]. En se conformant à ses obligations d'intervention, dit-il, la Bundesbank avait absorbé l'équivalent de 24 milliards de Marks, soit deux fois le montant des interventions qui avaient précédé le réalignement de janvier 1987. En une semaine, l'expansion de la masse monétaire allemande avait atteint le niveau d'une année entière. Les accords du SME, ajouta Schlesinger, stipulaient clairement ce qui devait advenir en de telles circonstances : après l'échec des interventions *inframarginales*** et le relèvement des taux d'intérêt du pays à monnaie faible, il fallait procéder à un réalignement — « cela fait partie des accords », dit-il. Nous verrons dans le chapitre 11 que cette interprétation des accords du MEC n'était pas de celles que la France, à tout le moins, pouvait accepter. Selon toute probabilité, Schlesinger ne faisait en réalité référence qu'à la « lettre Emminger », qui formalisait l'accord conclu entre la Bundesbank et le gouvernement fédéral lorsque le MEC avait été mis sur pied. « Quoi qu'il en soit, poursuivit Schlesinger, la Bundesbank devait se tourner vers le partenaire qui a la prérogative de la négociation, le gouvernement fédéral, lequel, avec l'Italie, dont la monnaie se trouvait en opposition avec le Mark, est parvenu à un accord qui prévoit, comme on le sait, la réévaluation du Mark et des autres monnaies du SME [*sic*]*** et la dévaluation de la lire. »

---

* La tentative la plus sérieuse — mais incomplète — de mise en ordre des pièces du puzzle de ce week-end est due à Peter Norman et à Lionel Barber dans leur article « Behind the ERM Crisis » (« Dans les coulisses de la crise du MEC »), *Financial Times* 11 décembre 1992.

** C'est l'auteur qui souligne.

*** Ainsi qu'il est courant sur le continent, Schlesinger ne faisait pas de différence entre le MEC et le SME. La drachme, qui appartenait au SME mais pas au MEC, n'était pas concernée par le réalignement.

Le 11 septembre, Kohl s'était secrètement rendu au siège de la Bundesbank[27]. Schlesinger, à l'évidence, avait invoqué la « lettre Emminger » et demandé au gouvernement de lancer la procédure en vue d'un réalignement. Ainsi qu'il devait le dire le lundi suivant, « la solution au piège des taux de change repose dans les mains des gouvernements. Nous devons remercier le gouvernement fédéral de nous avoir tiré de celui-là ». Les événements qui allaient se dérouler dans les dix mois et demi à venir exposeraient avec clarté les conditions que Kohl avait dû mettre à son accord. La première, c'est évident, était que, pour ce jour-là du moins, la Bundesbank devait, à la lettre, se conformer à son obligation d'intervenir. La deuxième, qu'il devait y avoir un « signal » d'un genre ou d'un autre sur les taux d'intérêt. Et la troisième, la plus sévère, que la « solution » au piège ne devait faire courir aucun danger au franc français, et en aucune circonstance* ! Si ces conditions étaient remplies, les deux représentants de l'Allemagne au Comité monétaire, Köhler (du ministère des Finances) et Tietmeyer (de la Bundesbank, du moins en principe en l'occurrence) pourraient négocier un réalignement avec les Italiens.

Le samedi, Köhler et Tietmeyer s'envolèrent pour Rome. Mais pas directement. Ils firent d'abord escale à Paris[29], afin d'y rencontrer Jean-Claude Trichet et Michel Sapin à Bercy, nouveau siège du ministère des Finances. Jamais les motifs de ce détour n'ont été reconnus. Quelque deux semaines après, Schlesinger, dans un document qui déclencherait une grave polémique avec la Trésorerie britannique[30], laisserait entendre que la Bundesbank avait demandé à Bonn de négocier un réalignement « dans le groupe des partenaires du MEC », ce qui aurait touché davantage que la lire. Trichet, président du Comité monétaire, avait le devoir à ce titre, cela va de soi, de sonder les membres avant une réunion ayant à décider d'un réalignement. Il était, en quelque sorte, le point de départ naturel de « négociations au sein du groupe des partenaires du MEC ». Mais il aurait pu être consulté par téléphone. Et pourquoi Sapin participait-il à l'entretien avec les deux Allemands ? Si Trichet était consulté en tant que président du

---

* Peu après avoir pris sa retraite du conseil de la Bundesbank, Wilhelm Nölling indiqua que la France s'était d'abord opposée à une dévaluation de la lire[28]. Évidemment, Tietmeyer en avait informé ses collègues du conseil. Mais il n'est pas sûr qu'il leur ait révélé la nature des conditions qui avaient conduit les Français à renoncer à leurs objections.

Comité monétaire, pourquoi ne pas informer également Lamont, président de l'Ecofin, et Wim Duisenberg*, président du Comité des gouverneurs ? Mais si Trichet n'agissait pas dans le cadre de sa fonction *communautaire* en recevant Köhler et Tietmeyer, pourquoi était-il, de même que Sapin, mis au courant des intentions de l'Allemagne, alors que les autres pays du MEC ne l'étaient pas ?

La réponse à ces deux questions ne peut guère soulever de doute. Quoi que Schlesinger ait pu penser, Köhler et Tietmeyer étaient passés par Paris pour discuter avec les Français de la façon de dresser un « cordon sanitaire » autour de la lire, et de prévenir, de repousser au besoin, toute attaque contre le franc. Leur « pacte amoureux[31] » (expression forgée quelques mois plus tard par le ministre irlandais des Finances, Bertie Ahern) fut échafaudé ce samedi matin. La stratégie adoptée comportait deux volets.

Il fallait, tout d'abord, « dédramatiser » le réalignement et le limiter à la lire. On en rendrait l'Italie responsable, à cause de ses problèmes de dette publique. Trichet, son président, ne convoquerait pas le Comité monétaire, dont une réunion aurait pu ouvrir la boîte de Pandore : la question d'un réalignement général ne manquerait pas d'y être posée, et on y attaquerait de nouveau la politique de taux d'intérêt de la Bundesbank. Tietmeyer, en particulier, s'y serait trouvé dans une position difficile, car chacun savait que, depuis un certain temps, la Bundesbank insinuait qu'elle était prête à baisser ses taux en échange d'un réalignement général. Par conséquent, Trichet attendrait que Köhler et Tietmeyer soient parvenus à un arrangement bilatéral avec Rome, et se bornerait à informer téléphoniquement les autres membres du Comité de ses détails, et à leur demander leur aval sans leur laisser le temps de la réflexion. Ainsi, l'ambiguïté apparente de la position de Trichet vis-à-vis de Köhler et de Tietmeyer ce matin-là s'explique. Il ne semble pas qu'il se comportât comme « l'honnête courtier » qu'aurait exigé son rôle à la tête du Comité monétaire. Mais il ne trompait pas non plus les Allemands. En fait, il était partie intégrante d'une alliance franco-allemande contre le soi-disant « bien commun » du MEC, et contre la Bundesbank.

En second lieu, si les choses tournaient mal, si les turbulences du MEC s'étendaient et que le franc en vînt à être attaqué, la Bundesbank prendrait des dispositions particulières, en dehors des règles formelles du MEC, pour apporter au franc — et au franc

* Gouverneur de la Nederlandsche Bank, la banque centrale des Pays-Bas.

seulement — un soutien illimité : c'était là le fondement du « pacte amoureux ». La « lettre Emminger », formule magique que la Bundesbank avait utilisée pour se protéger des démons du MEC, perdrait toute efficacité.

Arrivés à Rome, Köhler et Tietmeyer s'attelèrent à la négociation d'un réalignement avec les Italiens. Tietmeyer, en particulier, savait qu'il n'avait qu'une faible marge de manœuvre. Que la dévaluation de la lire soit insuffisante, et Schlesinger aurait du mal à persuader les autres membres du conseil de la Buba d'accepter autre chose qu'une baisse dérisoire des taux d'intérêt. Qu'elle soit trop forte, et les Français se plaindraient de l'avantage de compétitivité que les Italiens en retireraient. Ces derniers n'avaient pas caché que s'ils étaient contraints à une dévaluation, ils voulaient alors qu'elle fût considérable, de l'ordre de 15 %. Des demi-mesures ne serviraient de rien. Politiquement, une dévaluation, même minime, serait tenue pour un échec de la stratégie « européenne » que l'Italie avait mise en œuvre. Il valait donc mieux s'incliner devant la logique économique et retrouver une position de compétitivité, faute de quoi les marchés reviendraient à la charge.

Le compromis décidé à Rome — une dévaluation de 7,1 %* — ne satisfaisait personne, mais semblait acceptable aux deux gouvernements concernés. Dès qu'il en fut informé le samedi soir, Trichet s'attacha à placer les autres membres du Comité monétaire devant le fait accompli, et leur demanda simplement, par téléphone, s'ils acceptaient l'arrangement, qui incluait aussi une baisse, non précisée, des taux d'intérêt allemands. Il insista pour qu'ils donnent rapidement leur accord : il fallait « coincer » le conseil de la Bundesbank le lendemain, avant que les marchés ne rouvrent le lundi. Avec les Espagnols, Trichet devait prendre un risque calculé. Leurs actions, depuis le mois de juin, avaient démontré qu'ils ne s'opposeraient guère à une dévaluation de la peseta, surtout si le tabou interdisant tout réalignement avait déjà été violé pour la lire. Mais ils pouvaient demander une réunion du Comité monétaire, ce qui aurait pu mener facilement à dévaluer conjointement la lire, la peseta et le sterling. Un tel résultat, affec-

* Le communiqué officiel publié ensuite au nom des ministres des Finances et des gouverneurs des banques centrales du SME indiquait une dévaluation de 3,5 % de la lire, et une réévaluation d'un taux équivalent des autres monnaies du MEC. Ce n'était guère là qu'un artifice de présentation destiné à fournir un motif à peu près plausible à une baisse des taux d'intérêt de la Bundesbank.

tant la compétitivité de la France, aurait exercé de nouvelles pressions sur le franc, et compromis encore davantage le référendum. Afin d'éliminer cette éventualité, Trichet interrogea tout à trac : « Voulez-vous dévaluer la peseta ? » Son interlocuteur, ne voyant aucune possibilité de négocier un réalignement général, mais seulement les dangers qu'il y aurait pour l'Espagne à brouiller le jeu franco-allemand, répondit : « Non ».

À la fin de la soirée du samedi, l'affaire était dans le sac. À 6 heures, le lendemain matin, les affichettes des journaux de Rome annonçaient déjà une dévaluation de la lire et une baisse des taux d'intérêt allemands, avant même que la plupart des membres du conseil de la Bundesbank aient su de quoi il retournait. Pendant la plus grande partie du dimanche, Schlesinger procéda à des sondages auprès d'eux, pour leur demander l'ampleur de la baisse des taux qui leur paraissait acceptable. Il semble qu'au début de la soirée du dimanche, les autorités des autres pays avaient été informées du résultat de ces consultations, qui serait confirmé par le conseil, siégeant en réunion extraordinaire le lendemain matin. Le dimanche soir, la dévaluation de la lire et le mouvement de la Bundesbank sur ses taux furent annoncés officiellement.

Les marchés, le lundi, réagirent d'abord favorablement. La lire grimpa brièvement à la limite supérieure de sa nouvelle marge de fluctuation, car les opérateurs qui avaient emprunté des lires à terme pour les revendre au comptant les rachetaient pour prendre leur bénéfice et payer le coût de leurs emprunts. À l'ouverture du marché de Londres, l'indice Footsie gagna 99 points, suite à l'annonce de la baisse des taux d'intérêt de la Buba. Dans toute l'Europe, les bourses s'orientèrent à la hausse et les cours des obligations bondirent. Mais, en milieu de matinée, les décisions du conseil de la Bundesbank furent rendues publiques : le lombard était abaissé de 0,25 % et le taux d'escompte de 0,50 %. Les marchés, qui avaient concentré leur attention sur le lombard quand la tendance des taux était au relèvement, furent déçus par la modestie de la baisse. Les bourses effacèrent leurs gains de départ. Mais en Europe, pour l'essentiel, les « maîtres du monde monétaire » se sentaient soulagés : leurs ambitions demeuraient intactes.

En Allemagne, cependant, la baisse des taux, bien accueillie par les entreprises, causa une secousse dans les milieux bancaires. De nombreux commentateurs exprimèrent leur crainte que la Bundesbank, s'étant de nouveau inclinée devant une pression politique extérieure, n'ait affaibli le rôle du Mark comme point d'ancrage du MEC, et donné toute crédibilité à ceux — à commencer par Mitterrand — qui affirmaient que la future BCE ne serait pas, dans la pratique, indépendante. Schlesinger fit de son mieux pour contrebattre ces accusations. Lors de la conférence de presse organisée par la Bundesbank, il parla d'une « concession faite par avance » dans l'attente d'un meilleur comportement de l'Allemagne en matière budgétaire et salariale. Dans son discours du lundi soir, il souligna que c'était la Bundesbank qui avait demandé un réalignement au gouvernement, et que, dans le passé, les réalignements avaient souvent été suivis d'une baisse des taux de la Bundesbank. Ce point était important : Schlesinger disait précisément que si la Bundesbank pouvait réduire ses taux après un réalignement, parce qu'en elle-même une réévaluation du Mark *resserrait* les conditions monétaires en Allemagne, elle ne les réduirait pas dans le but *d'éviter* un réalignement, car cela se traduirait par un desserrement, pour de pures raisons de politique extérieure. La distinction était fondamentale. Schlesinger ne pouvait pas imaginer avec quelle vitesse la Bundesbank serait contrainte de procéder à des réductions de ses taux pour de simples motifs de « politique étrangère ». Mais, encore plus vite les trois « candidats à la dévaluation » distingués par la Buba seraient de retour en première ligne.

Mercredi blanc

La dévaluation de la lire signait l'arrêt de mort de l'appartenance du sterling au MEC. Elle montrait que les réalignements faisaient toujours partie du système (ce que Schlesinger eut bien du mal à indiquer dans son discours du lundi — une phrase après avoir fait allusion aux « divergences cumulées des coûts et des prix » dans un certain nombre de pays dans lesquels on reconnaissait facilement l'Italie, la Grande-Bretagne, l'Espagne et le Portugal). Elle démontrait aussi que l'on pouvait réaliser des bénéfices sur le dos des banques centrales. L'ampleur des interventions en faveur de la lire, la semaine précédente — 24 milliards de Marks — ramenait à de plus justes proportions l'emprunt de 5 milliards de livres annoncé dix jours auparavant avec tant de solennité par le gouvernement britannique. Et le fait que la Bundesbank ait pu cesser ses interventions revêtait une grande signification.

Pour les gens aux nerfs solides, les paris à prendre paraissaient tout à fait séduisants. Et George Soros, qui dirigeait Quantum, le plus gros des fonds de placement de couverture privés, avait certainement les nerfs solides. Selon de bonnes sources, il contacta quatre ou cinq des intervenants les plus importants, leur suggérant d'emprunter ensemble, par effet de levier, la somme ahurissante de 18 milliards de dollars*, afin de financer des ventes de sterling à découvert (certains se dégonflèrent, mais un trésor de guerre de 10 milliards de dollars « seulement » fut tout de même amassé). Le sterling se trouvant si proche de son plancher, des ventes de livres ne portant que sur une petite fraction de cette somme amèneraient la livre au point où les règles du MEC forceraient la Bundesbank à intervenir. À en juger par ce qui s'était passé la semaine précédente, les Britanniques ne pourraient pas compter sur l'aide de la Bundesbank suffisamment longtemps pour contrer les attaques, tandis que suivre la voie suédoise de relèvement des taux d'intérêt à des niveaux astronomiques serait politiquement suicidaire, et économiquement catastrophique.

Les nuages qui s'amoncelaient devinrent plus noirs encore le mardi : on annonça que John Major, à la dernière minute, avait annulé un voyage en Espagne. Sur les marchés, les anciens rappelaient l'humiliation de Denis Healey, contraint, à l'automne 1976, de renoncer à son départ pour une réunion du FMI afin de faire face à la crise du sterling. Major, disaient-ils, restait à Londres pour éviter semblable humiliation. Le même jour, Whitehall bruissait de rumeurs de divergences au sein du Cabinet, on n'arrivait pas à s'entendre sur les dépenses publiques de l'année suivante — les emprunts publics crevaient le plafond, tandis que la progression spectaculaire des allocations de chômage et la chute des recettes fiscales dues à la récession signifiaient qu'il allait falloir procéder, dans les budgets des différents ministères, à des coupes sévères qui faisaient l'objet d'oppositions farouches. À Londres, à la clôture, le sterling tomba à son niveau le plus bas depuis qu'il avait rejoint le MEC, à peine 0,20 pfennig au dessus de son plancher de 2,7780 Marks.

La lire, elle aussi, retombait de nouveau, après le bond initial du lundi provoqué par les prises de bénéfices. La bourse de Milan reculait également. Avant que la lire ne soit dévaluée pendant le week-end, on estimait en général sur les marchés qu'elle était suré-

* À titre de comparaison, cela représentait l'équivalent du besoin de financement public de la Grande-Bretagne, pour 1991, afin de couvrir le déficit budgétaire.

valuée de 15 à 20 %. Quelques mois auparavant, le marché des changes — mais pas celui des obligations — ne s'était pas intéressé à de telles considérations. Mais depuis que la baudruche du MEC s'était dégonflée, on en revenait aux « fondamentaux » traditionnels des cambistes. À 7 %, la dévaluation était insuffisante.

La plupart des grands fonds d'investissement de couverture, qui avaient misé sur l'Italie en jouant les « jeux de convergence », cédaient à la panique, et demandaient à leurs banques de les dégager de la lire à n'importe quel prix. De grandes entreprises italiennes, qui avaient pratiqué les « jeux de convergence » à leur manière et emprunté essentiellement des Marks et des francs suisses pour profiter de taux d'intérêt moins élevés qu'en Italie — ce qui représentait plus de 180 milliards de dollars, selon une estimation — se saignaient aux quatre veines pour acheter des devises étrangères afin de couvrir une part de leurs dettes avant que ces monnaies ne deviennent trop chères. La lire plongea au-dessous du taux pivot de sa nouvelle marge de fluctuation sans que la Banca d'Italia tente d'arrêter le mouvement. La banque centrale italienne, pensait-on, n'avait tout simplement plus de réserves. À un certain point, elle devrait en venir à *vendre* des lires contre des Marks afin de pouvoir rembourser à la Bundesbank ce qu'elle lui avait emprunté. Nouvel élément qui ajoutait au chaos de ce mardi-là : la peseta glissa au-dessous de son taux pivot du MEC, ce taux que, les semaines précédentes, la Banco de España avait défendu en dépensant une partie de ses énormes réserves.

Ce fut cependant à New York, après la clôture des marchés européens, que le sterling fut pris dans un ouragan de ventes. Il avait été déclenché par les dépêches de l'agence d'information allemande indiquant que Schlesinger, dans une interview à paraître le lendemain[32], avait déclaré que le réalignement du week-end avait été insuffisant et qu'il aurait dû impliquer d'autres monnaies. Sous le choc, des ministres britanniques donnèrent l'ordre à Leigh-Pemberton[33] de contacter immédiatement la Bundesbank, afin d'exiger sur-le-champ un démenti. La réponse qu'il obtint ne fit qu'aggraver le côté blessant des dépêches : la publication des propos de Schlesinger « n'avait pas encore été autorisée ».

Sur le marché de New York, la livre plongea au-dessous de son plancher, contraignant la Banque d'Angleterre à intervenir. Les règles du MEC ne l'y obligeaient pas, mais si elle restait l'arme au pied, elle devrait faire face à des arbitrages massifs dès la réouverture des marchés européens, le lendemain matin, et la reprise des interventions obligatoires. En l'occurrence, les interventions de la Banque d'Angleterre à New York furent trop réduites pour obtenir l'effet désiré. En Europe, le mercredi matin commença dans les pires conditions pour la « vieille Dame », car de gros montants de livres achetés à New York au-dessous du plancher lui étaient présentés pour rachat *au cours plancher*. Dès les premières secondes, littéralement, les réserves de la Banque d'Angleterre se mirent à baisser à une vitesse catastrophique, sans que la livre décolle de son plancher. Lamont donnait son accord à une salve d'interventions successives, sans le moindre effet sur la parité du sterling.

En milieu de matinée, il n'était plus possible, dans le monde fou du MEC, de repousser la décision que le gouvernement avait tout fait pour éviter : Major et Lamont ordonnèrent à la Banque d'Angleterre d'annoncer un relèvement immédiat, à 12 %, de son taux de base, ce qui impliquait une hausse de 2 points des taux de base des banques et, inévitablement, dans un certain délai, des taux de prêts hypothécaires. Le sterling ne réagit absolument pas. Seule la poursuite d'interventions massives empêchait encore la livre de crever franchement sa limite inférieure de fluctuation. À 14 heures, le message que les marchés espéraient tomba enfin : le taux de base était à nouveau relevé de 3 points, à 15 %, à partir du lendemain. À la Bourse, on en bondissait de joie : tous les courtiers interprétaient ce second relèvement, sans précédent, comme le signe que la partie était terminée : le sterling allait devoir quitter le MEC*. Le volume des ventes de livres s'accrut encore. Dans les minutes qui suivirent l'annonce, les responsables britanniques commencèrent de contacter leurs homologues des autres pays du MEC : Londres voulait que le Comité monétaire se réunisse le soir même, et, selon toute probabilité, devrait suspen-

* Ruth Lea, économiste en chef de la Mitsubishi Bank de Londres, fit, le lendemain, l'un des commentaires les plus pénétrants sur ce qui était en train de se passer : « Le paradoxe est que nous aurons peut-être une reprise de l'économie parce que les politiques économiques du gouvernement ont échoué[34]. » Mais peut-être le commentaire le plus stupide — là, la concurrence est bien plus forte — et peut-être le moins surprenant puisqu'il venait du cœur même du consensus qui s'était prononcé si bruyamment en faveur de l'appartenance au MEC fut celui de sir Michael Angus, président du patronat. Le 16 septembre, il déclara, en réaction au second relèvement des taux de base : « Nous avons autant besoin d'un taux de base à 15 % que d'un trou dans la tête. Mais, si le choix est entre cela et une dévaluation, je suppose qu'il nous faut l'accepter[35]. »

dre la participation du sterling au MEC. Il faut croire que le second relèvement des taux n'avait jamais été destiné à durer ; quelle qu'ait pu être la panique de la Trésorerie et des responsables de la Banque d'Angleterre ce jour-là, la terreur qui se serait emparée de Lamont, si le sterling avait *décollé* de son plancher, aurait été plus grande encore. « Vivre avec des taux de base à 15 % », titre d'un article que des journalistes du *Financial Times* écrivaient fiévreusement tard dans l'après-midi, aurait été tout bonnement impossible. La hausse n'était qu'un geste de John Major, qui voulait montrer à ses « partenaires » du MEC que la Grande-Bretagne jouait à fond les règles du système. Combien de suicides, de crises cardiaques et de dépressions nerveuses l'annonce du relèvement des taux peut-elle avoir provoqué dans des entreprises qui luttaient pour survivre, ou dans des cercles moins au fait de sa signification que la Bourse, on l'ignore. Mais ce fut Major lui-même[36], à en croire des récits certainement inspirés par Downing Street, qui, durant toute cette journée, exigea constamment l'assurance que la Grande-Bretagne se conformait à la lettre aux obligations que le MEC lui imposait. Le Premier ministre paraît s'être peu soucié du fait que sa réélection, cinq mois plus tôt, lui avait conféré des responsabilités bien plus fondamentales, mais envers le peuple britannique.

Même lorsque les interventions du jour cessèrent à 17 heures (heure de Bruxelles) et que la Banque d'Angleterre renonça à son fantasme, laissant le sterling descendre à 4 pfennigs au-dessous de son cours plancher, le gouvernement n'annonça rien. Revenant du travail dans l'ignorance de ce qui s'était produit, les gens apprirent seulement qu'ils auraient à payer moitié plus d'intérêts sur leurs emprunts hypothécaires et sur les prêts bancaires. Il fallut attendre le milieu de la soirée pour que Lamont soit autorisé à annoncer que la participation du sterling au MEC était suspendue. En même temps, il indiqua que le second relèvement des taux était annulé : le lendemain, le taux de base minimum serait à nouveau de 12 %.

La lire, simultanément, avait elle aussi crevé son nouveau plancher, après une réunion de crise du président du Conseil et des dirigeants de la Banca d'Italia, qui avait fait naître la rumeur que l'Italie, également, allait se retirer du système. Quant à la peseta, qui, la veille, était tombée dans la moitié inférieure de sa marge de fluctuation, elle termina proche de son plancher. La Banco de España était intervenue, mais sans que les autorités espagnoles laissent entendre qu'elles pourraient relever les taux. Le MEC était en loques.

Noire secousse

Le Comité monétaire qui débuta ce soir-là à 23 heures, à Bruxelles, fut curieusement, dépourvu de passion, et ses résultats prévisibles. Aucun des responsables présents n'émit de récriminations — il aurait pu, pourtant, y en avoir si quiconque avait compris pleinement quel avait été le rôle joué le dimanche précédent par Trichet, qui déployait maintenant tout le charme à la française, la courtoisie et la diplomatie qui conviennent à un président du Comité.

Les objectifs des différents pays étaient parfaitement clairs. Le principal souci des Britanniques — des représentants de la Trésorerie, en tout cas — était que Major sauve la face. Pour y parvenir, la méthode la plus séduisante — mais la moins réaliste — résidait dans la suspension du MEC tout entier, en utilisant comme prétexte le proche référendum français. François Mitterrand, qui avait décidé d'organiser ce scrutin, pourrait alors être présenté comme le principal responsable des turbulences du système. Ce qui était bien préférable plutôt que tenter de faire retomber le blâme sur l'Allemagne, étant donné l'importance que Major attachait à son amitié illusoire avec Kohl*. Quant à demander la suspension du MEC, la seule surprise fut que, selon des diplomates, les représentants de la Trésorerie ne trouvèrent le courage de le faire qu'après le représentant de la Commission[38].

Les Italiens, qui n'avaient pratiquement plus de réserves de change et qui croulaient sous le poids de la dette contractée auprès de la Bundesbank, n'étaient à l'évidence pas en mesure de défendre *aucune* parité pour la lire. Mais, à la différence des Britanniques, ils ne voulaient pas annoncer une suspension de leur

* Après l'échec de cette tactique, Major fut bien obligé de sauver la face en blâmant les Allemands, le 18 septembre, et en donnant son appui à la condamnation explicite de la politique économique allemande lancée par Lamont. Tietmeyer, qui ne se gênerait pas plus tard pour attaquer la politique britannique, répliqua à Lamont d'une manière qui justifiait la description de « quelque chose d'un diamant brut » que ce dernier avait faite de lui : les commentaires de Lamont, déclara-t-il avec chaleur, sont « inconvenants de la part d'un ministre[37] »

participation au MEC : le choc psychologique aurait trop gravement mis à mal leur stratégie « européenne ». Au lieu de cela, ils affirmèrent qu'ils resteraient dans le système, mais qu'à la lumière de la suspension de la participation britannique, ils « s'abstiendraient temporairement de toute intervention » (le lendemain, les autorités italiennes indiquèrent qu'elles entreraient à nouveau dans le système le mardi suivant, après avoir donné le temps aux marchés de réagir aux résultats du référendum français).

Pour les Espagnols, le but était de rester dans le MEC (ils considéraient que leur chance d'obtenir, au titre du Paquet Delors 2, des transferts communautaires satisfaisants, ce qui serait décidé lors du sommet d'Édimbourg, trois mois plus tard, dépendait de leur appartenance au MEC), tout en évitant un relèvement de leurs taux d'intérêt. En juin, ils avaient absorbé les pressions qui s'exerçaient sur la peseta en la laissant glisser depuis la limite haute de la marge de fluctuation. Ensuite, ils étaient intervenus de manière agressive afin de tenir son taux pivot. Depuis que cette tactique avait été dépassée, le mardi, la nécessité d'une dévaluation était devenue évidente. La Bundesbank avait déjà désigné l'Espagne comme « candidat ». Si les Espagnols ne saisissaient pas l'occasion qui s'offrait à eux cette nuit-là, la reprise des attaques contre la peseta amènerait certainement la Bundesbank à demander à son gouvernement un réalignement pour le week-end suivant, qui verrait tous les responsables concernés, ministres et gouverneurs, se rassembler à Washington pour les réunions annuelles du FMI.

Reste le problème de l'attitude de la France et de l'Allemagne. Confortée par la conclusion récente du « pacte amoureux », la position du gouvernement français était claire : on ne reviendrait pas sur le franc fort, ni sur la vision d'un MEC « toboggan » vers l'UME. Le point de vue du gouvernement allemand était identique. Quant à la Bundesbank, c'était Tietmeyer qui la représentait au sein du Comité. Alors que Schlesinger aurait vu des avantages à une suspension généralisée du système, Tietmeyer n'en voulait pas, pour deux raisons. La première, à court terme, était que Kohl et le reste de son gouvernement s'opposaient à cette idée. Il n'y aurait eu aucun sens à exprimer un désaccord — d'autant que Tietmeyer lui-même avait participé à la conclusion de l'accord secret avec la France. La seconde raison tenait à sa propre stratégie à long terme. Ce qu'il voulait, c'était un retour au MEC des années 1983-1986, période durant laquelle le leadership de la Bundesbank n'était pas contesté, période aussi où la Buba, dans la pratique, n'avait pas de problèmes d'intervention : les autres pays se conduisaient convenablement et dévaluaient lorsqu'ils éprouvaient des difficultés. De l'avis de Tietmeyer, le MEC avait permis d'exporter la stabilité chez les autres membres du système. S'il était possible de ressusciter le mécanisme de ces années bénies, en limitant son appartenance aux pays disposés à accorder la priorité à la stabilité des prix et possédant des caractéristiques économiques similaires à celles de l'Allemagne, alors la Bundesbank — quand Tietmeyer aurait succédé à Schlesinger à la présidence — pourrait prendre en considération les besoins du système en tant qu'ensemble lorsqu'elle prendrait ses décisions de politique monétaire. À son avis, cette « dictature bienveillante » exercée sur les affaires monétaires serait bien plus souhaitable que la « symétrie » proposée par la Commission en 1990. Ce serait aussi le moyen de conserver ce à quoi il tenait si Maastricht échouait, comme il soupçonnait que cela pourrait bien se produire en l'absence d'une union politique d'une espèce et d'un degré dont la France ne voulait pas. Ainsi Tietmeyer jouait le jeu exactement inverse de celui que les Français pratiquaient depuis si longtemps. Ils avaient été prêts, eux, à accepter un MEC dominé par l'Allemagne si cela devait les conduire à « mettre la main sur la Bundesbank » par le truchement de la BCE. Tietmeyer, lui, était prêt à digérer le « pacte amoureux » si cela maintenait en vie un MEC qui serait toujours piloté par l'Allemagne et qui pourrait fournir une solution de rechange à Maastricht, ou, à tout le moins, constituer un filet de sécurité si l'édifice de Maastricht s'effondrait.

S'agissant des taux d'intérêt, le conseil qu'il avait donné en privé aux Français, Tietmeyer le leur répéterait sans cesse pendant les quinze mois à venir : être patients, ne pas envenimer l'hostilité des faucons du conseil de la Bundesbank, et la récession finirait bien par se traduire par une baisse des taux d'intérêt, quels que puissent être les chiffres de la masse monétaire. Aux petites heures du 17 septembre, les Français semblèrent disposés à suivre cet avis et le reste du « noyau dur » potentiel parut s'aligner sur la position de la France. Étant donné tout cela (qui, naturellement, a été gardé sous silence*), il paraît assez surprenant qu'il ait fallu

* Dans sa réaction officielle, le lendemain, la Bundesbank estima que ces décisions constituaient « une réponse adéquate aux tensions préexistantes ». Une telle formulation contredisait, clairement et délibérément, la déclaration faite le 26 août par les ministres, qui avaient jugé qu'un réalignement ne constituerait *pas* une réponse adéquate aux tensions alors évidentes au sein du système.

six heures au Comité monétaire pour faire connaître à un monde impatient le résultat de ses délibérations. Peut-être les membres du Comité estimaient-ils que la solennité du moment requérait des discussions apparemment approfondies. Lorsque les membres de la délégation britannique, défaits et morts de sommeil, sortirent de la réunion, on les filma, assez méchamment, en quête infructueuse de taxis et errant dans une certain confusion, puis, lorsqu'ils eurent finalement atteint l'aéroport, obligés de s'asseoir en rond, pleins d'un embarras lugubre, parce que les horaires des vols avaient été perturbés par des problèmes techniques survenus nulle part ailleurs qu'à l'aéroport de Francfort.

On compte les coûts

L'absence de plan préétabli pour gagner l'aéroport, conjuguée aux difficultés éprouvées à cause de Francfort, constituait une métaphore facile des conditions dans lesquelles la Grande-Bretagne était sortie du MEC. La presse britannique ne manqua pas de l'exploiter. Mais quel était le bilan réel, à qui fallait-il reprocher ce dénouement, ou qui devait-on en féliciter ? Qu'est-ce qui allait remplacer le système comme clé de voûte de la politique économique britannique ?

John Major a dit une fois : « Si cela ne fait pas mal, cela ne marche pas. » Il est certain que le MEC faisait mal. Pendant les deux années où elle en fit partie, la Grande-Bretagne dut subir la pire récession de l'après-guerre. Le chômage grimpa à des niveaux records. Des milliers d'entreprises durent fermer, des dizaines de milliers de gens perdirent leur logement ; des centaines de milliers voire des millions d'emplois furent supprimés. Avec eux disparurent la confiance qui avait animé les entreprises à la fin des années 80, le radicalisme qui guidait la politique du gouvernement, et la santé financière du secteur public pour laquelle Howe et Lawson avaient lutté. On avait certes affirmé qu'une récession était devenue inévitable à partir du moment où l'échec de Lawson pour maîtriser l'expansion avait rallumé l'inflation. Mais le MEC transforma une récession, nécessaire pour que l'inflation soit contrôlée, en une déroute qui menaçait l'ensemble de la structure économique, financière et sociale du pays.

Quand John Major fit entrer le sterling dans le MEC, en octobre 1990, l'économie venait tout juste, pour reprendre l'expression utilisée à ce moment-là par des responsables de la Trésorerie, de « dépasser le bord de la falaise ». Le chômage s'élevait et, par réaction, l'inflation chutait. Lorsque la Grande-Bretagne fut exclue du MEC, elle était retombée à 3,6 %, à peu près au niveau où elle se situait avant que les erreurs de Lawson ne lui fassent perdre la maîtrise de l'économie.

Même en septembre 1992, il se trouva nombre d'experts des marchés financiers pour expliquer que tout cela démontrait que l'expérience du MEC avait été nécessaire et qu'il n'y aurait plus de « propension à la croissance » après la levée des contraintes formelles. On prédisait sombrement qu'en un an, l'inflation reviendrait à 6 ou 7 % si la politique financière était assouplie de manière significative*. Pour une fois, la machine gouvernementale avait été plus clairvoyante. Depuis le début, les autorités avaient fait tout ce qui était en leur pouvoir pour que la « discipline » du MEC soit moins contraignante, en réduisant les taux d'intérêt à chaque occasion (de 15 % immédiatement après l'entrée à 10 % en mai 1992). Mais cela ne suffisait pas. Si la perte de compétitivité avait été inévitable pendant les années d'expansion, il fallait maintenant y parer. La demande intérieure était déprimée, bien au-delà de ce qui aurait été normal dans une phase cyclique de ralentissement après une croissance soutenue, par la baisse des prix des logements, par les taux d'intérêt élevés, par les problèmes du secteur bancaire, par la nature apparemment illusoire de la révolution thatchérienne, et par une perte de confiance générale dans la capacité du gouvernement à gérer l'économie. Il ne pouvait pas y avoir de reprise durable tant que la compétitivité ne serait pas revenue accroître la part relative des exportations par rapport aux importations. Mais, tout au long de la période d'appartenance au MEC, la compétitivité de la Grande-Bretagne n'avait cessé de se *dégrader*, non de s'améliorer. Il faudrait ramener le niveau des prix et des augmentations de salaires *au-dessous* de celui des pays concurrents avant que la progression nette des exportations ne puisse recommencer lentement à combler le vide créé par la dépression de la demande intérieure.

---

* Il est peut-être significatif de noter que la plupart de ceux qui avaient été les plus attachés au MEC, et qui prophétisaient maintenant l'apocalypse et le chaos, travaillaient pour des maisons de titres ou des banques britanniques. Les analyses faites par des entreprises américaines établies à Londres étaient, en règle générale, mieux équilibrées et, on s'en aperçut par la suite, plus exactes.

À la mi-1992, les économistes de la Trésorerie et la Banque d'Angleterre étaient parvenus à la triste conclusion[39], sans partager, bien entendu, leurs vues avec le commun des mortels, que les prix *reculeraient* bel et bien en 1993, et que ce serait pire encore en 1994, comme lors de la dépression d'avant-guerre. Depuis six ans, le Danemark tentait de suivre la voie de la « désinflation compétitive », et le chômage montait toujours. La France avait fait la même chose depuis presque dix ans, avec à peu près les mêmes effets. En Grande-Bretagne, la situation était encore plus grave, analogue à celle des pays nordiques. Le système financier et politique britannique ne pourrait jamais supporter une telle tension. Déjà, le système financier connaissait des problèmes depuis que la reprise initiée par Lawson avait tourné en eau de boudin. Une prolongation du sous-emploi et de la déflation finirait par le détruire. En Amérique, on avait su prévenir des risques similaires grâce à une politique déterminée d'assouplissement monétaire menée par la Fed, à des taux d'intérêt bas, et à la dépréciation du dollar (ce qui, en soi, accentuait d'ailleurs les malheurs causés à la Grande-Bretagne par le MEC). Dans les pays scandinaves cramponnés à leur lien avec l'ECU, les risques étaient devenus des réalités pénibles, puisque la faillite virtuelle des systèmes bancaires contraignait les gouvernements à boucher les trous (et à creuser les déficits budgétaires) et à procéder à des semi-nationalisations.

Sur le plan politique, le MEC n'avait jamais non plus constitué un choix crédible dans ces circonstances. Quelque mécontentement que l'électorat ait pu éprouver devant les poussées inflationnistes des années 1988-1990, il n'y aurait jamais eu l'ombre d'un soutien de l'opinion publique à une politique qui aurait exigé une *déflation* à bloc et une montée permanente du chômage. En France, l'élite politico-technocratique avait pu faire passer les conséquences d'une telle politique parce que la quasi-totalité de la classe politique traditionnelle les tenait pour un mal nécessaire à son objectif : dompter l'Allemagne et affronter les Américains et les Japonais. Mais en Grande-Bretagne, cette peur de l'Allemagne et cette haine de l'Amérique et du Japon n'existaient tout simplement pas (sauf peut-être à l'aile gauche du Parti conservateur). L'assassinat de l'économie, pour des motifs « géopolitiques », ne trouverait jamais aucun appui populaire.

À l'automne 1992, Major, lié personnellement au MEC, avait pris conscience avec tristesse du fait qu'il s'était politiquement ligoté. Les prévisions officielles tablaient sur une sorte de croissance paresseuse l'année suivante, mais au prix seulement d'un relâchement à grande échelle des dépenses publiques. Le MEC avait ramené pour de bon le financement keynésien par le déficit, puisque le gouvernement tentait de compenser le resserrement monétaire par des largesses fiscales. Ainsi qu'on l'admettait en privé à la Trésorerie, il avait été contraint à faire marche arrière en ce qui concernait les politiques de soutien de la demande, ce qui renforçait les atouts des membres les plus interventionnistes du Cabinet. Et cependant, le gouvernement lui-même faisait preuve de trop d'optimisme, puisque, au moment du budget 1992, il devint clair pour les spécialistes des prévisions qu'il faudrait encore plus de financements à la Keynes pour réamorcer la pompe, tant le pays était étranglé par la contrainte du MEC. En outre, les effets « automatiques » de la récession accroissaient inexorablement le déficit du budget par la réduction des rentrées fiscales et l'extension des allocations de chômage.

La route suivie par les finances publiques devenait impraticable. Si la Grande-Bretagne était restée dans le MEC, elle se serait bientôt trouvée dans la même position que l'Italie, la Suède, la Finlande et la Belgique — tous pays dans lesquels la « discipline » des taux de change avait mené à une gestion totalement irresponsable de la fiscalité. Les choses étant ce qu'elles étaient, la Grande-Bretagne sortit du système juste à temps pour éviter une catastrophe fiscale irrémédiable. L'assouplissement de la politique monétaire et la reprise précoce que permettait la sortie du MEC signifiaient qu'il était possible de prendre des mesures destinées à remettre de l'ordre dans des finances publiques saccagées par le mécanisme. Ces mesures, inévitablement douloureuses du point de vue politique, devraient être prises à un moment ou à un autre, si l'on voulait prévenir un chaos économique et social. Mais seule la liberté de gérer la politique monétaire en tenant compte de considérations *intérieures* donnait la possibilité de les prendre dans des conditions de croissance et non de dégringolade catastrophique. Il fallait *à la fois* une baisse marquée des taux d'intérêt et un sterling en franche baisse. Le mercredi blanc les rendit l'un et l'autre possibles.

Dans le courant de 1993, la reprise britannique semblait fermement sur les rails et, cependant, l'inflation descendait lentement vers le milieu de sa zone cible. La livre avait commencé de remonter face au Mark. D'un point bas de 2,37 Marks en février 1993, elle était revenue à 2,65 Marks au début de 1994 (alors que son taux pivot dans le MEC avait été de 2,95), avant que l'effondrement gênant de la politique du « retour à l'essentiel » ne sème à nouveau la discorde dans le parti conservateur, et que les signes de la reprise économique en Allemagne ne redonnent vigueur au Mark.

Nous verrons dans les chapitres suivants que le succès de plus en plus évident de la politique monétaire britannique à l'extérieur du MEC suscita les vitupérations de ceux qui se sentaient le plus menacés par lui — la Commission, les Français, et, avant tout, Tietmeyer. Il leur faisait courir le danger d'une mise à nu des coulisses de tromperie cruelle de la scène où se jouaient les représentations du MEC. D'une manière ou d'une autre, il fallait que le mythe du MEC soit sauvegardé.

6

Certains sont plus égaux que d'autres

Creuser le creuset

Dans toute l'Europe, les hommes politiques, les bureaucrates, les économistes et les « faiseurs d'opinion » qui observaient, au lendemain du mercredi blanc, le naufrage du MEC, entreprirent aussitôt de limiter les dégâts. Pendant près de six ans, les partisans du système avaient marché sur les eaux : toutes les théories économiques affirmaient que des taux de change fixes étaient incompatibles avec la liberté des mouvements de capitaux et avec une coordination imparfaite des politiques monétaires. Pourtant, dans les faits, le MEC avait fonctionné avec une fixité des taux de change depuis 1987. Après la publication du Rapport Delors, en mai 1989, suivie, en octobre de la même année, par le rejet brutal, par le gouvernement allemand, de la campagne en faveur d'un réalignement menée par la Bundesbank, il était courant, en particulier chez les hommes politiques et les hauts fonctionnaires de Paris et de Bruxelles, d'affirmer : « Des réalignements ? Il n'y en aura plus[1]. » Au début de 1990, les seuls membres du MEC à conserver des vestiges de contrôle des mouvements de capitaux étaient l'Irlande, l'Espagne et le Portugal. Ainsi que l'avait souligné l'analyse de la Commission, à la fin de 1990, la coordination des politiques économiques n'approchait guère de la perfection. Comment le système avait-il gardé sa cohésion ? La stabilité apparemment stupéfiante du MEC après janvier 1987, et plus encore après mai 1989, n'était que le résultat d'un gigantesque tour de passe-passe dans lequel non seulement des hommes politiques et des bureaucrates, mais aussi, hélas, des journalistes et un grand nombre d'économistes jouaient leur rôle.

C'est peut-être dans *European Monetary integration : from the European Monetary System to European Monetary Union*, le livre de Daniel Gros (l'un des auteurs de *Un marché, une monnaie*, le tract de propagande de la Commission) et de Nils Thygesen (l'un des membres indépendants du comité Delors) que l'on peut trouver l'archétype de cet enthousiasme spécieux pour le MEC considéré comme un « toboggan » vers l'union monétaire. Écrivant en mars 1992, nos deux auteurs concluaient : « En bref, il est peu de raisons de croire que le SME puisse être déstabilisé, dans les années 1990, par des attaques désordonnées de la spéculation. L'élément fondamental de la stabilité des taux de change réside dans un engagement ferme et crédible de subordonner les objectifs de politique intérieure à la défense de la parité[2]. » Mais pourquoi *n'importe quel* pays accepterait-il *jamais* de « subordonner les objectifs de politique intérieure à la défense de la parité » ? Il y a deux réponses possibles : la première est que l'on peut chercher à atteindre les objectifs de politique intérieure autres que ceux de nature purement *économique* par la défense du taux de change. La seconde est que les objectifs *intérieurs*, même définis de façon extensive, peuvent être subordonnés à la défense du taux de change si cela, d'une manière ou d'une autre, permet de progresser vers les objectifs d'une entité politique plus large.

On pourrait attribuer respectivement à ces deux possibilités les qualificatifs d'« égoïsme politique » et d'« altruisme politique »*. Dans le contexte communautaire, le fait que les pays membres ont rejeté, à la fin de 1990, l'ancrage symétrique du SME proposé par la Commission montre que la seconde possibilité est mort-née : *personne* n'accorde la moindre importance aux intérêts de la Communauté en tant que telle. Ce qui permet de faire coïncider l'argument de l'« égoïsme politique » pour défendre le MEC, vu comme le « toboggan » vers l'UME, avec la théorie « néo-fonctionnaliste ». Nous réfléchirons, dans le chapitre final, sur les implications que cela peut avoir, dans l'avenir, sur le sort politique

* Le second de ces qualificatifs est peut-être trop généreux, dans la mesure où l'entité plus large n'est pas le monde entier : même si l'on croit, par exemple, que Jacques Delors a renoncé à son nationalisme *français*, son enthousiasme pour l'Union européenne n'en demeure pas moins fondé sur un euronationalisme défini par l'antipathie envers les Américains et les Japonais, entre autres.

de l'UME. En tout état de cause, ce qui compte lorsque l'on veut comprendre l'effondrement du MEC, c'est que la subordination de considérations *économiques* intérieures (c'est-à-dire nationales) à des objectifs de politique étrangère revient, presque toujours, à subordonner les préférences d'une population à celles de l'élite dirigeante, et qu'elle ne peut jamais être totale, sauf — peut-être — dans le plus brutalement efficace des États totalitaires.

L'histoire du MEC, des lendemains du mercredi blanc à l'affrontement suprême de juillet 1993, montrera comment, dans certains pays, on a empêché les désaccords de se manifester, on a répandu la désinformation, on a propagé une propagande éhontée, on a recouru au chantage, on a méprisé la loi et utilisé des « représailles collectives ». Mais, dans tous ces pays, il fallait bien accorder quelque attention aux intérêts économiques internes, que ce soient ceux de la nation tout entière ou ceux de groupes particuliers. Néanmoins, durant les années allant du rapport Delors au « non » des Danois, les apôtres de l'Union européenne étaient parvenus à faire croire aux marchés que suivre la route menant à l'UME n'entraînait que de petits sacrifices des intérêts économiques, et qu'il y avait même des bénéfices économiques à réaliser. Ainsi que nous l'avons vu au chapitre 4, le compromis de Maastricht n'était, de la part des hommes politiques, qu'un pari sur la possibilité de perpétuer l'illusion assez longtemps afin que les dates fixées pour l'UME soient respectées. Mais, entre juin et le 16 septembre 1992, les marchés perçurent de mieux en mieux que le MEC, du moins en ce qui concernait l'Italie, la Grande-Bretagne et l'Espagne, n'était guère plus qu'une illusion : il devenait clair que le coût économique de la défense des taux de change dépassait de loin les bénéfices éventuels du « toboggan », sauf dans la mesure où il aidait à sauver la face. À partir de cette prise de conscience, rien ne pouvait plus empêcher les forces des marchés — la gestion des risques et la protection des investissements (Soros donna seulement le coup de grâce) — de balayer la fixité des taux de change de la lire, du sterling, de la peseta, et la fixation sur le MEC des responsables de ces trois devises.

Parallèlement au repositionnement hâtif et défensif des marchés après le dénouement des « jeux de convergence » entre juin et septembre 1992, on assista à une révision rapide de la philosophie des hommes politiques européens après le 16 septembre. La « solidarité » était rompue. De Grande-Bretagne, sur-le-champ, d'Espagne et d'Italie avec plus d'hésitations et de réticences, mais inévitablement, s'élevèrent des appels en faveur d'une « réforme » du MEC. Il fallait porter remède aux « failles[3] » du système, que John Major avait découvertes bien tardivement, deux jours après le mercredi blanc, pour que le MEC puisse à nouveau fonctionner : c'était le système qui était en tort. Pour les autres pays, le temps était venu de stigmatiser les trois perdants comme des pécheurs qui avaient abusé du système et avaient mérité leur juste châtiment : si ses membres jouaient le jeu selon les bonnes règles, il n'y avait rien à reprocher au système. Les deux camps, bien entendu, défendaient des options politiciennes. Mais la faille qui s'était ouverte soulignait l'impossibilité de mettre sur pied une Europe monétaire « à une seule vitesse ». Désormais, toute l'histoire du MEC allait être marquée par les efforts frénétiques des membres potentiels du « noyau dur », autres que l'Allemagne, pour démontrer leur vertu en se soumettant à une ordalie — cependant qu'en Allemagne même, la bataille faisait rage pour savoir qui en serait le juge.

L'ordalie, en réalité, débuta le lendemain du mercredi blanc, puisque la livre irlandaise — coupable, jusqu'à preuve du contraire, d'association avec le sterling —, la couronne danoise et le franc français se trouvèrent repoussés tout près de leur plancher. Pour les vrais adeptes du MEC, c'était là un phénomène alarmant, suspect et anti naturel : le paradoxe du MEC à l'envers. Car l'Irlande, le Danemark et la France étaient les élèves modèles de la classe : des pays affichant une inflation inférieure à celle de l'Allemagne, une balance des paiements courants en excédent, et de faibles déficits budgétaires. On pouvait proclamer — et Tietmeyer n'avait pas manqué une seule occasion de le faire — que la lire, le sterling et la peseta ne répondaient pas aux exigences du système. Mais si les justifiés, tout comme les pécheurs, étaient maintenant contraints à une défense douloureuse de leurs parités, alors les païens pourraient bien trouver des oreilles accueillantes à leurs allégations selon lesquelles c'était le système lui-même qui était en cause. Pour les prétendus croyants, il existait trois méthodes pour faire face à ce nouveau défi à leur foi : la méthode jésuitique, la méthode calviniste, et la méthode superstitieuse *. La première consistait à contourner le problème, à démontrer, en

* Le secrétaire du Comité monétaire, à cette date, était Andreas Kees, qui nourrissait un intérêt profond pour les questions théologiques. Allemand et protestant, il exprimait souvent sa grande admiration pour le pape Jean-Paul II. Le pape, disait-il à ses collègues, était un personnage d'une grande importance religieuse et historique : quel dommage qu'il soit théologiquement dans l'erreur au sujet de l'accès des femmes au sacerdoce. « Ainsi, s'enquit l'un de ses inter-

fonction des circonstances, chaque proposition et son contraire, le plus souvent sans grand souci de cohérence avec les positions adoptées auparavant. La méthode calviniste voulait restreindre plus encore le cercle des élus, jusqu'à ce que ceux qui étaient laissés à l'extérieur atteignent le salut par la foi seule, tandis que, durant leur traversée du désert, ils trouveraient leur subsistance dans la manne répandue par la bienveillance de la divinité allemande.

Très à propos, ce fut Tietmeyer, ancien élève d'un séminaire tenu par les jésuites et originaire de Westphalie, avec toutes les résonances historiques que ce nom possède, qui s'attela à la tâche de combiner la réaction jésuitique et la réaction calviniste à la crise du MEC. Tout aussi à propos, ce fut chez les socialistes français, aux commandes à Paris et à Bruxelles, que le réflexe superstitieux fut davantage notable. Pour ceux-là, des forces noires et malveillantes étaient à l'œuvre dans les tribulations du MEC. Le Démon et ses anges déchus n'avaient eu aucune peine à attirer une Grande-Bretagne et une Italie décadentes dans leurs ténèbres extérieures et à piéger l'Espagne dans son purgatoire individuel. Ils déployaient maintenant tous leurs maléfices pour prendre les vertueux dans leurs filets.

Mais qui étaient ces suppôts de la nuit ? Les marchés financiers, cela va de soi, peuplés de spéculateurs et manipulés par une sinistre cabale anglo-saxonne*. Il n'est pas surprenant que des hommes qui avaient consacré l'essentiel de leur vie active à ourdir des intrigues complexes aient vu partout des complots. Il n'y avait rien de nouveau dans cette vision-là. En 1924, déjà, Keynes avait écrit :

> Chaque fois que le franc perd de sa valeur, le ministre des Finances est persuadé que cela est dû à tout, sauf à des causes économiques. Il attribue le fait à la présence d'étrangers dans les couloirs de la Bourse, aux forces perverses et malignes de la spéculation. Cette attitude se

---

locuteurs, vous entendez qu'il est bon d'avoir un pape, mais qu'il serait préférable que le pape soit protestant ? »

* La seule expression de « marchés financiers » suffisait à faire grincer les dents de certains énarques. Ceux qui accèdent au sommet des carrières ouvertes par l'ENA ne portent-ils pas le titre d'« inspecteur des Finances » ? Un très haut responsable monétaire français de Bruxelles éprouvait le plus vif mécontentement lorsque ses adjoints faisaient valoir que telle ou telle mesure serait inopportune à cause de la réaction probable des marchés financiers. À la fin, il explosa : « Je m'en fous, de ces marchés financiers et de leurs huitièmes de pour cent ! »

rapproche assez de celle du sorcier qui attribue au « mauvais œil » la maladie du bétail, et la tempête à l'insuffisance des sacrifices offerts à quelque idole[4].

Pour transformer une haine ancestrale des marchés en une volonté superstitieuse de les accuser de tous les maux de l'univers, il ne faut que de l'ignorance. Il y en aurait à foison. Delors lui-même avait été abasourdi par la violence de la tempête qui avait expulsé le sterling du MEC. Comment était-il possible, avait-il demandé à ses adjoints, qu'une crise des changes ait éclaté sur un marché aussi liquide que celui de Londres ? Quelqu'un lui avait peut-être expliqué, un jour, pour justifier la restructuration des marchés financiers français à l'instar de ceux de New York pendant le court flirt du gouvernement Chirac avec le libéralisme économique, que, sur des marchés liquides, d'amples mouvements de fonds peuvent n'être absorbés qu'avec de petits mouvements des prix. Si Londres était un marché liquide, pourquoi la valeur du sterling n'était-elle pas demeurée stable ? De toute évidence, il y avait eu un complot anglo-saxon, inspiré par des considérations politiques, en vue de faire sortir le sterling du système et de s'engager dans une politique de « dévaluation compétitive » au détriment des autres membres, tout cela dans le but de mettre à mal le projet d'UME *.

De l'or liquide

Avant que nous ne reprenions le récit de l'évolution du MEC, il est utile d'examiner de près les deux éléments de la vision faussée qu'avait Jacques Delors de ce qui se passait, puisque sa myopie et ses préjugés étaient également typiques de tant des grands décideurs monétaires de l'Europe (Kenneth Clarke compris) **.

---

* Il se trouve que le mercredi blanc coïncidait, presque jour pour jour, avec le trois centième anniversaire de l'exécution par pendaison de sept personnes accusées à tort de sorcellerie, à Salem (Massachusetts). On ne peut s'empêcher d'établir un parallèle avec la chasse aux sorcières de Salem, dans laquelle des accusations de possession démoniaque et d'adoration du Diable furent utilisées par des familles à l'encontre d'une autre, sur un arrière-fond de rivalité économique et politique.

** Un historique distrayant, mais parfois effrayant, de la propagation du mythe de la « conspiration anglo-saxonne » a été dressé par Lionel Barber, correspondant du *Financial Times* à Bruxelles, dans le *Washington Post* du 28 février 1993.

D'abord la liquidité. Il est exact que, sur un marché liquide, il est possible pour quelqu'un qui désire réaliser la vente de gros montants de trouver un acheteur sans « retourner le marché contre lui-même », c'est-à-dire sans avoir à accepter un prix considérablement plus bas que celui qui s'était établi au moment où il a commencé à vendre. En fait, c'est même là la définition d'un marché liquide. Mais si *tous* les intervenants sur un marché estiment qu'un prix est « faux », incohérent avec les « fondamentaux » qui le sous-tendent, il ne se trouvera *pas* d'acheteurs au prix d'origine, et les teneurs de marché vont alors coter un prix à la baisse, précisément pour éviter d'être submergés sous les ordres de vente, en l'absence de signes indiquant qu'il y aurait des ordres d'achat en contrepartie. Dans de telles situations, les marchés vont générer de gros mouvements sur les *quantités*, plutôt que des mouvements sur les prix, à moins qu'un des intervenants ne soit désireux de faire face à tous les ordres de vente afin de pouvoir détenir un volume toujours croissant du bien que tous les autres désirent vendre. Les règles du MEC exigeaient que les banques centrales remplissent ce rôle. Mrs Thatcher avait une perception juste de cette donnée de la dynamique de base des marchés : ou bien le taux de change est « faux », auquel cas toute tentative de résister au marché pour le défendre échouera, ou bien le taux est « juste », et point n'est besoin, dans cette hypothèse, de recourir à tous les artifices du MEC pour le « défendre »*. En fait, s'accrocher à un

* Il existe deux autres possibilités, mais elles ne remettent pas en cause la lucidité de Mrs Thatcher. Dans la première, les autorités monétaires amènent les marchés à croire qu'elles se conforment à une règle particulière de politique, alors même que cette règle n'est pas compatible avec les nécessités de la stabilisation de l'économie. Il peut en résulter un taux de change qui n'est pas non plus en harmonie avec les besoins véritables de l'économie. Mettre l'accent, par exemple, sur le rôle que peut jouer le taux de change comme déclencheur de décisions en matière de taux d'intérêt peut, en dehors même de tout accord de change formel, fausser par elle-même la perception du marché et mener en fin de compte à un cercle vicieux aussi bien pour les décisions sur les taux que pour les mouvements des parités. Mais le problème provient d'une conception défectueuse de la communication de la politique monétaire, non des taux de change flottants. Les mouvements des taux de change peuvent aussi jouer un rôle potentiellement ambigu s'il y a conflit entre les exigences de la politique fiscale et de la politique monétaire, ce qui peut pousser les marchés à se protéger contre l'éventualité de changements futurs dans la politique monétaire. Mais de tels problèmes ne peuvent être évités ; bien plus, il est probable qu'ils sont créés ou aggravés par les tentatives d'établir un taux de change fixe.

taux de change qui était « juste » (à un moment donné) peut, de lui-même, *provoquer* les turbulences des marchés. Nous le verrons bientôt, Schlesinger, lui aussi, sut percevoir cette donnée essentielle et plonger dans la confusions ceux qui croyaient qu'il ne comprenait rien aux marchés. Delors et ses acolytes, eux, ne les ont jamais compris ; peut-être n'ont-ils jamais essayé réellement de les comprendre.

En quoi les fameux fonds de placement diversifiés dirigés par des personnages tels que George Soros trouvent-ils leur place dans cette histoire ? Pour l'essentiel, ces fonds gèrent les portefeuilles de gros investisseurs privés. Ils ne sont pas soumis aux obligations de transparence exigés des fonds de placement publics. Du coup, ils sont beaucoup moins dépendants du court terme. Et ils peuvent ainsi assumer une importante fonction de « spéculation stabilisatrice » sur les marchés financiers, en mettant à profit tout mouvement des prix qui s'écarte de l'équilibre sous-jacent et en aidant de cette manière à revenir à l'équilibre. Naturellement, ils peuvent, comme tout le monde, se tromper sur ce qu'est vraiment l'équilibre sous-jacent du marché. Les fonds de placement de couverture étaient au premier rang de ceux qui avaient succombé au mirage de Maastricht, et ils s'étaient lourdement placés sur le sterling, la lire et la peseta durant le prélude à la conclusion du traité et immédiatement après. D'origine hongroise, ancien porteur de gare à Londres, George Soros, devenu la tête pensante de Quantum, le plus grand de ces fonds, allait apporter une contribution particulière en discernant les risques que cela comportait. Les « jeux de convergence » s'étaient traduits par de gros achats de *gilts* (bons du gouvernement britannique) dans l'espoir que la convergence des taux d'intérêt promise par UME apporterait des gains en capital (les taux d'intérêt britanniques à long terme étaient plus élevés que les taux allemands ; la convergence aurait entraîné une baisse des taux britanniques, et, par voie de conséquence, une hausse des prix des *gilts*). On croit que, lorsqu'il fut demandé à Soros de passer en revue les portefeuilles de ses clients, il commença très vite à « couvrir » leurs actifs en *gilts* — c'est-à-dire qu'il emprunta du sterling à court terme contre la garantie présentée par ces bons, puis il le convertit en Marks, couvrant ainsi le « danger » que les bons pouvaient faire courir à leurs détenteurs. Étant donné que, dès ce moment-là, les taux britanniques à *court* terme étaient pratiquement tombés au même niveau que les taux allemands, de sorte que le coût des intérêts de ses emprunts à court terme en sterling était presque complètement compensé par le rendement des avoirs à court terme en Marks, l'opération de couverture ne coûtait pratiquement rien.

L'une des données essentielles résidait dans la liquidité des marchés financiers britanniques en général, qui permettait à des gens tels que Soros d'emprunter sans difficulté de gros montants en sterling, sans avoir à payer des taux d'intérêt exorbitants. Dans un certain nombre d'autres pays, ainsi que nous le verrons, il était plus facile aux banques centrales de résister aux pressions sur les taux de change, au moins pendant un moment, parce que le caractère sous-développé de leurs marchés financiers et l'existence de contrôle des changes — ce qui interdisait tout lien avec les marchés financiers mondiaux — les autorisaient à restreindre la liquidité. En Grande-Bretagne, de même qu'à New York et, de plus en plus, à Paris, les marchés financiers fonctionnaient sur le postulat que la liquidité serait toujours suffisante. Des pyramides complexes d'opérations à effets de leviers multiples sur les marchés dérivés y permettaient une gestion plus efficace du risque financier — *aussi longtemps* que le degré de liquidité demeurait suffisant. Dans des pays comme l'Irlande, l'Espagne et le Portugal, et comme la Suède, dans une certaine mesure, les autorités, pendant une période, étaient en mesure de restreindre la liquidité, en imposant aux emprunts des coûts astronomiques, sans risquer un effondrement total des marchés financiers. À Londres et même à Paris, de telles procédures auraient été impensables.

Ainsi, Delors était complètement dans l'erreur : c'était justement la liquidité des marchés de Londres et la nécessité de maintenir cette liquidité qui rendaient la défense de la parité du sterling à l'intérieur des marges de fluctuation du MEC aussi impossible que non souhaitable. À la fin, lorsqu'il était devenu évident que les *seuls* acheteurs de sterling à son cours plancher étaient les banques centrales, l'occasion s'était offerte aux fonds de placement diversifiés, Soros compris, d'aller au-delà de leur couverture. Ils avaient pu, nous l'avons vu, constituer par effet de levier un trésor de guerre qu'ils avaient employé pour submerger les défenses des autorités. Mais ce à quoi ils s'attaquaient, c'était à l'injustifiable autant qu'à l'indéfendable. Si John Major avait eu le moindre sens de l'humour ou de la justice, Soros se serait vu conférer un titre honoraire de chevalier dans la Liste des Honneurs du Nouvel An 1993. Car c'était lui, le chevalier blanc qui, le mercredi blanc, avait donné le coup de grâce au dragon qui détruisait l'économie britannique.

Pauvres voisins

Après le mercredi blanc, il ne fallut pas longtemps aux défenseurs du MEC pour cesser de prétendre qu'il apportait des bénéfices non précisés à ceux qui en étaient membres, mais pour affirmer désormais que les pays qui l'avaient quitté bénéficiaient d'un avantage de compétitivité indu. À partir du 17 septembre, des discours solennels avertirent l'Italie et la Grande-Bretagne qu'elles devaient s'abstenir de procéder à des « dévaluations compétitives ». La plupart de ces avertissements émanaient de Paris et de la Commission (mais, nous le verrons plus tard, ce fut Tietmeyer qui se livra à l'une des attaques les plus virulentes contre la politique monétaire de Londres et de Rome). On proclamait, en particulier, que la Grande-Bretagne menait une politique d'appauvrissement de ses voisins en laissant glisser le sterling, améliorant ainsi la compétitivité de l'économie britannique et donnant un coup de fouet à sa croissance, au détriment de ses partenaires commerciaux.

Comme d'habitude, ces accusations mêlaient l'hypocrisie à l'ignorance en matière économique. Elles étaient hypocrites parce que la France, pour ne parler que d'elle, avait délibérément mené une politique de « désinflation compétitive ». Nous découvrirons, dans le chapitre 7, à quel point cette politique fut dommageable à l'économie française. Si elle avait réussi, elle aurait eu le même effet d'appauvrissement chez les voisins de la France, en améliorant sa compétitivité face à ses partenaires commerciaux. La seule différence était que la désinflation compétitive ne produisait ses effets qu'au bout d'un certain nombre d'années, et non plus ou moins du jour au lendemain dans le cas d'une dépréciation du taux de change. Et elle ne parvenait à ces effets qu'en contraignant l'économie française à la récession, ce qui restreignait le marché accessible aux partenaires de la France. À l'évidence, quiconque se souciait authentiquement du bien-être du monde, ou même d'une seule région du monde telle que la Communauté, devrait préférer les pays qui ont besoin, pour y parvenir, de dépréciations en termes réels grâce à une dépréciation nominale plutôt que par le biais de la « désinflation compétitive ».

Supposons néanmoins qu'il y ait un problème généralisé d'insuffisance de la demande dans le monde (ou dans l'économie de la Communauté). Un pays qui dévaluerait alors sa monnaie dans le seul but de s'emparer d'une part plus grande d'un marché mondial rétréci ne se comporterait-il pas d'une manière égoïste et destructrice ? Ne pousserait-il pas les autres pays à se défendre en dévaluant leurs monnaies à leur tour, déclenchant ainsi une salve de « dévaluations compétitives », individuellement inutiles et collectivement dangereuses, et nourrissant la montée des protectionnismes ? Ceux qui raisonnaient ainsi rappelaient les années 30, où la dépression avait été associée aux « dévaluations compétitives » décidées par de nombreux pays. La vérité, cependant, est que de telles dévaluations compétitives, parce qu'elles équivalaient à un assouplissement de la politique monétaire mondiale, avaient constitué un facteur important de reprise de l'activité économique dans le monde, ce qui l'avait tiré de la dépression.

Naturellement, dans les années 30, les pays du « bloc or » rassemblés autour de la France, qui avaient refusé de prendre part à l'assouplissement monétaire général induit par la renonciation à l'étalon-or, avaient perdu sur toute la ligne. La France était restée liée à l'or jusqu'en 1936, et les tensions économiques, politiques et sociales — elles culminèrent avec le Front populaire de Léon Blum — suscitées par cet entêtement déraisonnable expliquent en partie la nécessité dans laquelle on se croyait de pratiquer une politique conciliante à l'égard de l'Allemagne nazie. Le parallèle historique avec les années 90 est frappant. La France, pour de fausses raisons de géopolitique, était déterminée à se lier au Mark, mais les responsables français redoutaient que l'affaiblissement de la compétitivité de leur pays ne réveille les souvenirs des années 30 et n'excite une pression populaire, ce qui rendrait un retour à 1936 difficile à éviter.

Ces responsables, jaloux des prérogatives de l'État, avaient, de même que tous les « maîtres monétaires du monde », un autre motif de s'en prendre aux « dévaluations compétitives ». Si vraiment la pression des intérêts économiques nationaux, en contraignant à une vague générale de « dévaluations compétitives » et à un assouplissement de la situation monétaire mondiale, menait à une amélioration du bien-être *de chacun* *, ce serait alors le triom-

* Le même raisonnement s'appliquerait à des « réévaluations compétitives » et à un resserrement monétaire mondial si l'inflation constituait le problème auquel la macroéconomie du monde serait confrontée.

phe des forces du marché. Les « maîtres du monde », bien entendu, préféraient de loin la « coordination » à la concurrence comme méthode pour arriver au but souhaité, tout simplement parce que le processus de « coordination » internationale augmentait leur propre influence et leur prestige, et les mettait davantage à l'abri de la responsabilité politique. En outre, chaque nation (et la France au premier rang) espérait que le processus de négociation nécessaire à la « coordination » lui permettrait d'obtenir des avantages que les forces du marché lui auraient refusé. Donc, si la lutte pour l'intérêt national concrétisée par une vague de « dévaluations compétitives » amène à un jeu à somme *positive* pour le monde entier, le combat bureaucratique en vue de mettre en œuvre une « coordination » conduit à un jeu à somme *négative* : les bureaucrates se servent de ce processus pour justifier les distorsions, les contrôles, l'inefficacité et la fixation d'« objectifs » pour des variables inadéquats comme les balances courantes, qui *réduisent* le bien-être économique du monde. Ce qui est vrai des bureaucrates de chaque pays du G 7 est plus vrai encore des bureaucrates dont la « coordination » est la seule ligne de conduite. C'est pourquoi non seulement la Commission, protectionniste, dirigiste et antilibérale, mais aussi l'OCDE, favorable au libre-échange, à la dérégulation et, plus généralement, libérale, firent entendre des condamnations sévères de la « dévaluation compétitive ».

Filer à l'anglaise ?

Lorsque les marchés commettent des erreurs, c'est souvent parce qu'ils croient trop à la rationalité du comportement économique des autorités. Après avoir été totalement leurrés par la propagande officielle qui vantait Maastricht, les marchés, aux lendemains du mercredi blanc, estimèrent que, puisque l'illusion s'était dissipée, les gouvernements et les banques centrales allaient se mettre à imiter Norman Lamont et à concevoir leurs politiques dans le seul souci des intérêts de leurs populations. Ils entreprirent immédiatement de vendre des livres irlandaises et des couronnes danoises, monnaies de pays dont les économies paraissaient particulièrement vulnérables à l'impact des améliorations de compétitivité dues aux mouvements des taux de change de septembre. Ils vendaient aussi du franc français : un climat de pessimisme s'était emparé des entreprises et des ménages français, qui attendaient désespérément la reprise que la « désinflation compétitive », leur avait-on assuré de façon mensongère, ne manquerait pas d'assurer. Ce pessimisme se nourrissait de lui-même : les médias français parlaient constamment de la « morosité » et des risques de déflation*. Il existait une forte chance, estimaient les marchés, que n'importe quoi d'autre qu'un « oui » retentissant à Maastricht conduise à une modification de la politique de franc fort.

Ce « oui » retentissant ne vint jamais. À la place, on eut un « petit oui », une approbation du traité par une marge aussi mince que du papier à cigarettes. En dépit de nouvelles déclarations du Comité monétaire et des ministres des Finances, ainsi — cette fois — que des gouverneurs, tous rassemblés à Washington pour les réunions d'automne du FMI, on assista à des fuites massives de capitaux hors de France. Le franc fut repoussé dangereusement près de son plancher du MEC.

Mais la France n'était pas la Grande-Bretagne, pas même l'Italie ni l'Espagne. La classe dirigeante réagit avec férocité à ce que ses membres considéraient comme une agression contre toute leur conception de l'« État ». Dans le domaine financier, le pouvoir de l'État français s'étend beaucoup plus loin que celui du gouvernement britannique, et il fut utilisé à plein. La Banque de France put ainsi relever fortement les taux de l'argent au jour le jour, renchérissant le coût des emprunts destinés à financer des positions à la baisse en francs, sans provoquer une hausse immédiate des taux bancaires. Ceci, pour une part, était dû au statut d'établissement nationalisé de nombre des banques les plus importantes. Quant aux banques « privatisées », encore dirigées par des énarques ou assimilés, elles observaient une attitude de déférence vis-à-vis des pouvoirs publics. Dans la pratique, ces banques n'auraient pas pris la décision de relever leurs taux sans l'autorisation du gouvernement. Même ainsi, le gouvernement devait procéder prudemment, car les bilans des banques avaient bien mauvaise mine après une épidémie de prêts malheureux, investis pour la plupart sur le marché immobilier de Paris, désormais à l'agonie,

---

* Nous reviendrons davantage sur ce point dans les chapitres suivants. La déflation, qui réveillait les échos des années 30, était le cauchemar économique des Français, comparable à l'horreur que suscitent en Allemagne l'inflation et les souvenirs des années 20. C'est à ce moment-là que la Bundesbank fit reproduire un article d'un quotidien allemand se moquant des peurs de la France devant la déflation, qui, en substance, dépeignait les Français comme des trouillards[5].

et pour quelques-uns, notamment ceux du Crédit Lyonnais, destinés à financer les folies architecturales et les vieux copains douteux de Mitterrand. Par conséquent, il fallait alléger les difficultés qu'elles éprouvaient en gardant des taux de base inchangés, alors que les taux au jour le jour étaient si hauts, en leur offrant, auprès de la Banque de France, des facilités particulières de refinancement qui ne seraient pas ouvertes aux banques à capitaux étrangers. Incontestablement, le contrat implicite prévoyait que les banques françaises ne recourraient pas à ces facilités pour jouer elles-mêmes le franc à la baisse ou pour consentir des prêts à quiconque en aurait eu l'intention. Ces mesures représentaient, sans l'avouer, une violation de la législation communautaire sur la liberté des mouvements de capitaux, qui avait été renforcée par les règles du Marché unique. Bien naturellement, la Commission* — responsable de la surveillance de ces mouvements — détourna les yeux : nouvel exemple de l'hypocrisie du slogan « Un marché, une monnaie ».

Mais, pour les autorités françaises, leur allié extérieur était plus important encore que leur pouvoir intérieur. Le « pacte amoureux » allait entrer en action. On en nota les premiers signes immédiatement après le mercredi blanc, puisque Tietmeyer déclara à l'Agence France-Presse, le 18 septembre : « Le franc est une monnaie très forte, qui a acquis une stabilité propre. » Schlesinger, qui se trouvait à Washington pour les réunions du FMI, y prononça un discours dans lequel il présentait le franc français comme « une monnaie stable et saine[6] ». Mieux encore, à Washington, en contraste absolu avec l'attitude qu'il avait eue à Bath, il cosigna une déclaration des ministres des Finances et des gouverneurs exprimant leur confiance dans la grille de parités du MEC. Il devait savoir que Kohl, en aucun cas, ne donnerait son feu vert, si la Bundesbank demandait une réévaluation du Mark face au franc. En conséquence, il avait toutes les raisons de redouter une attaque généralisée des marchés contre la devise française, car il serait alors contraint de lui fournir un soutien sans limite, ce qui entraînerait la Bundesbank à perdre le contrôle des marchés financiers allemands, sans aucun moyen d'y mettre fin. Il valait donc

* Il est difficile de croire que les responsables français des affaires monétaires de la Commission, dont les liens avec leurs collègues énarques du ministère des Finances, de la Banque de France et des banques commerciales étaient exceptionnellement étroits, n'aient pas su ce qui se passait.

bien mieux apporter au franc un appui verbal, dans l'espoir de limiter le massacre.

Mais au matin du mercredi 23 septembre, le franc, après deux jours de combat, était coincé dans les cordes. Les interventions répétées de la Banque de France l'avaient maintenu au-dessus de son plancher absolu, mais il lui avait fallu pour cela tirer sur ses réserves de change à un rythme accéléré. Il n'en restait presque plus rien.

Le vendredi et le lundi, les ventes massives de Marks auxquelles avait procédé la Banque de France avaient considérablement accru la liquidité sur les marchés financiers, poussant à la baisse les taux d'intérêt allemands à très court terme. La Bundesbank avait un problème : une semaine auparavant, Schlesinger avait expliqué que c'était précisément une situation de ce genre, provoquée par les interventions en faveur de la lire, qui avait poussé la Buba à demander un réalignement au gouvernement allemand. Elle savait maintenant, cependant, qu'une requête analogue serait rejetée. Mais accepter sans broncher que les taux d'intérêt allemands puissent être déterminés par les mouvements du marché, hors du contrôle de la Buba, serait dévastateur pour sa crédibilité, et constituerait une victoire pour tous ceux qui croyaient que la Bundesbank pouvait être submergée par des entrées de capitaux. Aussi la Buba utilisa-t-elle toutes les armes dont elle disposait pour contrer l'impact de ces mouvements sur les taux des marchés de l'argent.

Le mercredi, l'emploi de l'une de ces armes fournit un bon indice de la gravité de la situation. La Bundesbank offrit à la vente sur le marché des bons du Trésor à deux jours au taux de 8,90 % (le lombard était à 9,50 % et le taux d'escompte à 8,25 %). Théoriquement, cela aurait dû constituer un plancher pour les taux du marché de l'argent : les banques, en concurrence pour se procurer des fonds et pour acquérir des bons rapportant 8,90 %, pousseraient à la hausse le taux d'emprunt des fonds disponibles s'il était inférieur au taux des bons du Trésor. Mais, le mardi soir, les réserves de bons du Trésor s'épuisaient. Aussi, dans la soirée, la Banque de France et la Bundesbank présentaient des symptômes de détresse. Si les attaques des marchés se poursuivaient à la même cadence, la défense du franc contraindrait l'une ou l'autre des banques centrales à faire ce qu'elles avaient voulu éviter à tout prix : s'incliner devant un effondrement des taux d'intérêt allemands, pour la Bundesbank, ou suivre une politique à la suédoise de relèvement des taux d'intérêt à des niveaux astronomiques, pour la Banque de France.

Deux informations, l'une en Allemagne, l'autre en France, étaient venues compliquer encore le dilemme. En Allemagne, les chiffres de l'agrégat M3 pour août indiquaient un taux de progression annuel de 9 % depuis l'année précédente, au point que Schlesinger dut admettre que l'objectif prévu pour 1992 ne serait pas atteint. Pour la Bundesbank, aucun moment n'aurait pu être plus mal choisi pour laisser les taux d'intérêt allemands baisser. En France, le Crédit Lyonnais, géant nationalisé et fief des socialistes, annonça des profits d'une faiblesse choquante, parce qu'il avait fallu provisionner des créances douteuses. Ce qui ne faisait que souligner le risque d'une crise financière si la Banque de France suivait la voie suédoise. Il fallait faire quelque chose.

Tôt le lendemain matin, les autorités françaises et allemandes mirent en place un dispositif de défense à trois volets. Avant l'ouverture des marchés, la Banque de France releva de 10,50 à 13 % son taux de prise en pension, et poussa à 30 % le taux de l'argent au jour le jour, ce qui renchérit le coût des positions spéculatives. Mais elle laissa inchangé son taux d'intervention, ce qui permettait aux banques de ne pas toucher à leur taux de base. Ce n'étaient pas là des mesures qui pouvaient tenir très longtemps. La « dissuasion psychologique » déjà en action s'intensifia : un écart important séparait désormais les taux à court terme des marchés intérieurs et de l'euromarché*, signe de l'entrée en action d'un contrôle des changes occulte.

Ensuite, peu après le relèvement du taux de prise en pension, les gouvernements français et allemand et les deux banques centrales publièrent un communiqué commun selon lequel aucun changement de la parité franc-Mark n'était justifié. Cela n'avait rien de l'euroverbiage du Comité monétaire ou de l'Ecofin : la déclaration possédait une force politique réelle, et certains des intervenants sur les marchés prirent peur. Finalement, la Bundesbank annonça qu'elle procédait à des interventions inframarginales pour soutenir le franc. Dans toute l'histoire du MEC, c'était la première fois que la Bundesbank était intervenue en soutien d'une monnaie autrement que lorsqu'elle était contrainte de le faire parce que la devise en question avait touché sa limite inférieure autorisée. À l'évi-

* Pour le franc français, l'euromarché est le marché interbancaire pour les dépôts en francs détenus hors de France.

dence, le mercredi 23 septembre serait bien différent du mercredi 16 septembre. Pour que le message soit mieux compris encore, Michel Sapin avertit les spéculateurs, en termes d'une extrême violence, qu'ils seraient durement frappés, et leur rappela que, pendant la Révolution, on coupait la tête à leurs prédécesseurs[7]. La spéculation, sous-entendait Sapin, était un crime qui s'apparentait à la trahison, à un crime contre l'État. Pour un énarque, il n'en est pas de pire.

Outre cette défense déterminée, presque frénétique, et surtout *commune*, de la parité, l'une des différence, avec la semaine précédente résidait dans l'attitude de Soros. On (les autorités françaises, croient ceux qui observaient les marchés) fit bientôt savoir que Soros pariait *contre* une dévaluation du franc. Son raisonnement envisageait la situation d'une manière tout à fait différente que celle qui s'appliquait au sterling. Du point de vue *économique*, pensait-il, il y avait bien peu de raisons de dévaluer, tandis que les autorités faisaient preuve d'une détermination presque fanatique dans leur refus d'une dévaluation. Peut-être Soros n'était-il impressionné par la force de cette volonté politique que parce qu'il aspirait lui-même à une union de l'Europe, même si ce n'était pas sous une forme que la France appréciait. Ainsi donc, les banques centrales n'étaient *pas* les seuls intervenants à racheter des francs.

Le 23 septembre, les forces en présence étaient bien plus équilibrées qu'une semaine auparavant. Mais, même dans ces conditions, la bataille fit rage toute la journée, et il fallut de lourdes salves d'interventions pour maintenir le franc au-dessus de son plancher. De façon surprenante, presque miraculeuse, la Bundesbank parvint à conserver un plancher de 8,90 % aux taux à court terme du marché allemand de l'argent, en dépit de la création énorme de liquidités en Marks qui résultaient des interventions de la semaine. À en croire des rumeurs, la Bundesbank s'était trouvée dans l'obligation de demander aux banques de restreindre leurs acquisitions des bons du Trésor qu'elle offrait*. Mais, s'il en était bien ainsi, pourquoi les taux du marché de l'argent ne baissaient-ils pas ? La situation paraissait plus ahurissante encore sur l'euro-

* On demanda à un responsable de la Bundesbank pourquoi le plafond des réserves obligatoires que les banques allemandes devaient déposer à la Bundesbank n'était pas relevé afin d'éponger les liquidités. « Parce que si nous faisions cela, répliqua-t-il, le ciel serait noir d'escadrilles de Mirage traversant le Rhin pour venir nous bombarder. »

marché des Marks, où le taux des dépôts en Marks à deux jours tomba à 0,50 %. Un moment, on offrit même des intérêts *négatifs* sur ces dépôts-là. Comment pouvait-il s'être créé un écart aussi considérable entre les taux internes et les eurotaux ? Que se passait-il exactement ? À la Bundesbank, on raconte que Schlesinger, qui observait l'évolution sur les écrans de contrôle, posa exactement la même question. La réponse, selon les employés de banques allemandes de Luxembourg, réside, une fois encore, dans la « dissuasion psychologique ». Toutes les banques allemandes du grand-duché, centre du marché de l'euro-Mark, avaient été sollicitées par la Bundesbank de ne pas transférer de Marks de l'euromarché vers leur marché intérieur. « Aucun de nos clients n'est prêt à détenir autre chose que des Marks, déclara un banquier. Luxembourg est inondé de Marks, et on nous empêche de les déposer en Allemagne. » En d'autres termes, la Bundesbank appliquait elle aussi un contrôle des changes occulte. Qui en avait donné l'ordre ? Personne n'est prêt à le révéler. Le seul indice dont nous disposions, c'est que Schlesinger, dit-on, manifesta sa stupéfaction et sa perplexité. Quelqu'un, à ce qu'il paraît, avait dû agir derrière son dos.

Cette violation des règles communautaires et allemandes, quel qu'en ait été le vrai coupable, contribua à produire les effets recherchés dans la partie de poker qui se jouait sur les marchés des changes pour les enjeux les plus élevés que l'on ait jamais vus. Les autorités françaises vivaient dans un état de terreur absolue, mais réussirent à le cacher. Les nerfs des opérateurs craquèrent les premiers. Le franc survécut au mercredi, se raffermit un peu le jeudi et, le vendredi, il rebondit vers ses plus hauts niveaux depuis plusieurs mois. La Banque de France put en revenir assez rapidement aux pourcentages de taux d'intérêt qui prévalaient avant la crise, en reconstituant cependant ses réserves, et, on peut le supposer, rembourser les prêts qui lui avaient été consentis par la Bundesbank (sur le marché, on les estima ensuite à 130 ou 140 milliards de francs, sur un total de 160 milliards d'interventions, ce qui est notablement plus que les 10 milliards de livres qui avaient été dépensés en interventions inutiles, la semaine précédente, au cours de la bataille pour le sterling).

Les autorités avaient remporté la bataille de septembre pour le franc. Mais le MEC avait été davantage encore affaibli. Aussi bien la France que l'Allemagne avaient dû recourir à un contrôle des changes occulte et à la dissuasion psychologique. La preuve avait été faite que les contempteurs du MEC qui avaient toujours soutenu que le système ne pouvait pas fonctionner sans contrôle des changes voyaient juste. Une fois encore, la Commission s'était tenue à l'écart. Les dommages subis par les principes d'une intégration monétaire et financière de l'Europe avaient été plus importants que tous les dégâts qu'une dévaluation aurait pu provoquer. La Bundesbank avait été humiliée, contrainte de faire ce qu'elle avait toujours redouté : donner une priorité absolue au taux de change au détriment de ses objectifs intérieurs, avant tout de la maîtrise de la masse monétaire. Dans les semaines suivantes, la Bundesbank serait forcée d'entériner la non-stérilisation des entrées de capitaux, tandis que sa volonté d'empêcher que ne se renouvelle cette douloureuse semaine de septembre serait l'un des facteurs qui la conduiraient à réduire ses taux d'intérêt en dépit d'un dépassement, substantiel et incontournable, de son objectif de masse monétaire. À la mi-novembre, la France avait été en mesure de suivre ces réductions de taux et les siens étaient plus bas qu'avant la crise, tandis que le M3 allemand s'enflait et avait échappé au contrôle. La parité du franc avait été tenue, mais il était devenu plus difficile — et non plus facile — qu'avant le 23 septembre de continuer à justifier l'existence du MEC. Quand la poussière de la bataille se fut dissipée, on vit bien que, pour la toute première fois, l'Allemagne avait supporté tout le poids des ajustements aux mouvements des marchés des changes, mais l'on ne discernait plus où se trouvait le point d'ancrage du MEC. *À quoi* servait donc le système ?

Cette question avait déjà traversé l'esprit de certains entre le 21 et le 25 septembre. Cette semaine-là, Jacques Delors avait insinué[8] que si certains pays continuaient de soulever des difficultés à propos du traité de Maastricht, les autres pourraient accélérer la marche vers une mini-union*. Alfons Verplaetse, le très politique gouverneur de la Banque nationale de Belgique, alla plus loin encore : l'Allemagne, la France et les trois pays du Benelux pourraient instaurer une mini-union monétaire *immédiatement*[10]. Au moins en ce qui concerne Verplaetse, ces propos excessifs résultaient en partie de la guerre des nerfs qui se livrait sur les marchés

* Il en avait profité pour s'attaquer encore une fois aux opposants à Maastricht, en affirmant que les hommes politiques qui refusaient le traité ne s'intéressaient qu'à « la satisfaction à court terme de leur opinion publique et de leur vanité personnelle [...] ce qui conduit au déclin et au ridicule[9] ».

des changes : si les marchés croyaient qu'une union monétaire irrévocable comprenant l'Allemagne et la France allait se former d'ici peu, avec les deux monnaies converties au taux pivot de 3,35 francs français pour 1 Mark, il devenait risqué de parier que le franc serait repoussé au-dessous de son plancher.

À la fin de cette semaine, le cabinet de Kohl et l'Élysée démentirent l'imminence d'une telle mini-union : à ce moment-là, le franc avait surmonté les attaques des marchés. Mais il apparut que le génie de la « mini-union » — une première version de l'Europe à deux vitesses — que l'on avait laissé s'échapper de son flacon pour des motifs de tactique à court terme, ne pourrait pas y être fourré de nouveau. L'idée d'une union monétaire s'appliquant à la Communauté tout entière avait été sérieusement mise à mal le 16 septembre. Le 23 septembre, elle avait été tuée raide. Les pays périphériques — l'Espagne, le Portugal, l'Italie, le Danemark (malgré les résultats de son référendum), l'Irlande et la Grèce — s'accrochaient toujours désespérément à ce concept. Le Premier ministre irlandais, par exemple, Albert Reynolds, ne perdit pas une seconde pour donner sa réponse aux commentaires de Delors et de Verplaetse. Voyant dans quelle direction le vent allait probablement souffler, il essaya de répliquer le premier, en affirmant le 23 septembre face à un monde impavide : « La monnaie unique est plus nécessaire que jamais. S'il doit y avoir un raccourci vers l'union monétaire, nous voulons l'emprunter nous aussi[11]. » Désormais, les tactiques adoptées par tous ces pays, et par les euro-enthousiastes, point encore remis de leur défaite, du gouvernement britannique, seraient déterminées par leurs calculs : tenter de pénétrer dans le noyau dur rapporterait-il de plus gros ou de plus petits bénéfices qu'essayer de le faire éclater ? À l'intérieur du noyau dur lui-même, les grandes questions demeuraient sans réponse. La France et l'Allemagne appartiendraient-elles à la même union monétaire ? Si oui, laquelle des deux la dominerait ? Une union réduite à quelques membres était-elle possible en dehors du cadre tracé par Maastricht ? Dans quelle mesure les pays tampons, à commencer par la Belgique, en seraient-ils affectés ? Quels effets une telle union aurait-elle sur les relations monétaires avec les pays scandinaves, et ceux de l'Europe centrale et orientale ? Jusqu'à quel point y aurait-il d'étroites relations entre l'union monétaire et l'union politique ?

Cependant, en novembre 1992, le MEC demeurait un système comprenant bien plus de membres que n'importe quelle union prévisible. Les événements concernant les pays « périphériques » ne pouvaient pas être ignorés — ils devaient enraciner Schlesinger dans une opposition absolue, mais formulée avec modération, au MEC, et donner lieu à un long affrontement d'astuce et de volonté entre lui-même et son adjoint à la tête de la Bundesbank. Revenons donc maintenant aux monnaies « périphériques ».

7

Le MEC s'effiloche

Les quatre monnaies « périphériques » qui appartenaient encore au MEC subirent toutes des secousses dans la semaine qui suivit le référendum français. Les autorités espagnoles furent bientôt amenées à comprendre que les marchés les considéraient désormais comme un point faible du dispositif. La glissade de la peseta à travers la moitié supérieure de la marge de fluctuation, puis sa dévaluation formelle de 5 % peu après que le niveau du taux pivot eut été franchi avaient été destinées à lui garder une position « confortable » dans le MEC sans avoir à recourir à un relèvement des taux d'intérêt. Mais les marchés, aussitôt, en exigèrent davantage. Le 23 septembre, la Banco de España secoua le marché en introduisant à nouveau un contrôle des changes sévère afin de « brûler les ailes » aux spéculateurs qui avaient pris des positions à la baisse contre la devise espagnole*. Mais ces contrôles mettaient à mal la liquidité du marché boursier de Madrid : il s'effondra immédiatement. La communauté financière internationale lança des avertissements pour expliquer que les efforts des Espagnols en vue d'intégrer leurs marchés à ceux du reste du monde pourraient souffrir durablement, et que les banques et les institutions financières internationales ne feraient des affaires à Madrid

---

* L'Espagne n'avait aboli tout contrôle des changes, afin de se conformer aux règles de la Communauté, que huit mois auparavant. Que les nouvelles mesures soient illégales personne n'en doutait — sauf la Commission qui, après deux jours de réflexion douloureuse, publia une déclaration en deux phrases par laquelle elle leur donnait provisoirement son aval. L'étude « approfondie » de la situation promise par la Commission ne fut jamais rendue publique, si tant est qu'elle ait jamais eu lieu.

qu'avec la plus extrême méfiance. Les contrôles remplirent cependant leur malheureuse mission pendant quelques jours, jusqu'à ce que la peseta retrouve meilleure mine après la retraite des marchés à l'issue de la bataille contre le franc.

À la fin de cette semaine-là, le ministre espagnol des Finances, Carlos Solchaga, qui avait rabattu de sa superbe, lança un appel à « une remise en ordre générale des parités au sein du MEC ». Pour les autorités de Madrid, c'était la première fois qu'elles insinuaient, et ce serait de plus en plus précis au fil des jours, qu'elles ne seraient pas opposées à une deuxième dévaluation. Mais, dans l'atmosphère de calme trompeur qui régnait après la survie du franc français, elles ne souhaitaient pas, cependant, encourir la colère des autres pays, moins encore celle de la France, en exigeant un « réalignement à froid ». Cela aurait été perçu comme un acte inamical visant à porter atteinte à la compétitivité de la France. Au lieu de cela, l'Espagne commença de laisser entendre que le retour de la lire dans le MEC pourrait fournir l'occasion d'une « remise en ordre » plus générale des taux de change[1].

Comme on pouvait s'y attendre, de telles allusions furent mal accueillies par l'Irlande, le Portugal et le Danemark, trois pays que les marchés jugeaient « candidats » à une révision de leurs parités. Leurs devises avaient été soumises à des pressions intenses après le mercredi blanc. L'Irlande et le Portugal avaient remis en vigueur le contrôle des changes (ce qui était légal, dans leur cas, puisqu'ils avaient obtenu des « dérogations » à la législation communautaire sur les mouvements de capitaux). Sur des marchés aussi étroits et aussi peu liquides que ceux de l'Irlande et du Portugal, ces contrôles rendraient la spéculation coûteuse et difficile : les taux au jour le jour seraient parfois cotés à plusieurs milliers de pour cent.

Mais les turbulences de septembre avaient conduit, en Irlande, à un fort relèvement des taux bancaires et hypothécaires. Et elle était toujours soumise à son engagement d'abolir tous les contrôles résiduels à la fin de l'année. L'Irlande se trouvait confrontée à deux gros problèmes, tous deux connexes, au moins dans l'esprit des marchés, aux liens de la livre irlandaise avec le sterling. Le premier était d'ordre politique et provenait du souhait de l'Irlande d'appartenir à tout « noyau dur » européen quel qu'il soit. Que le sterling se fût séparé du « noyau dur » menaçait les objectifs irlandais. Le problème économique résidait dans le fait que la chute du sterling face au Mark depuis le mercredi blanc s'était accompagnée d'une chute simultanée du sterling face à la livre irlandaise, ce qui menaçait la compétitivité de l'Irlande. Pour y faire face, les autorités de Dublin mirent en place un régime étendu de subventions en faveur des secteurs industriels les plus directement en concurrence avec la Grande-Bretagne — mesure à l'évidence discriminatoire, et contraire aux règles du Marché unique. Mais c'était le MEC, et non pas le sterling, qui était responsable de ce pas en arrière. Dès le début, il était évident que les tensions et les distorsions suscitées par la volonté farouche des autorités de maintenir leur parité rendaient justement sa défense impossible sur une certaine durée. Nous verrons que l'évolution de l'économie britannique ferait bientôt justice de cette obsession. Mais le détonateur d'une reprise de l'offensive contre le MEC fut l'effondrement spectaculaire de ce qui avait été un engagement plus solide encore en faveur des taux de changes fixes : celui de la Suède.

En septembre 1992, l'économie suédoise se trouvait dans une situation catastrophique : traversant sa troisième année de récession, elle tentait de faire face à une crise bancaire et approchait à grands pas d'une crise des finances publiques. Les mesures incroyablement drastiques adoptées au début de septembre en matière de taux d'intérêt, y compris, le 16 de ce mois-là, un taux marginal de 500 % pour les prêts de la banque centrale au système bancaire, avaient endigué le raz de marée de ventes de couronnes — pour un temps, et à un coût qui ne pourrait être supporté très longtemps. Pendant la crise de septembre, les autorités suédoises, sans avoir l'air d'y toucher, avaient parlé d'une « association » avec le MEC mais rien n'en était sorti. Des pays tels que la France ne souhaitaient pas accueillir une devise instable de plus dans le MEC, dont les membres avaient déjà leur content de problèmes. La Bundesbank n'appréciait guère d'avoir à assumer le fardeau de nouvelles interventions obligatoires, et se permettait un peu de *Schadenfreude* en voyant les Suédois se débattre dans les affres pour maintenir leur lien avec un ECU qu'ils avaient choisi de préférence au Mark*.

---

* En janvier 1992, déjà, le ministre suédois des Finances, Mme Anne Wibble, avait demandé[2] aux pays du SME des interventions de soutien, sans recevoir de réponse favorable. Quelques jours plus tard, Schlesinger, qui donnait par hasard une conférence à Stockholm, fit une digression[3], au début de son propos, pour attirer l'attention sur le fait que la Suède avait choisi, de son propre chef, de lier sa monnaie à l'ECU plutôt qu'au Mark (il fit également remarquer qu'alors que le grand économiste suédois Knut Wicksell avait rédigé ses œuvres

En novembre, les tensions qui pesaient sur la Suède devinrent insupportables. Une « association » avec le MEC n'y aurait probablement guère porté remède, mais si les marchés en venaient à croire le moins du monde que les ouvertures suédoises avaient été repoussées par les pays du système, cela pourrait se révéler fatal. Et c'est justement ce qu'ils se mirent à penser — ce qu'on les poussa à penser, plus précisément. À la mi-novembre, les marchés des changes furent envahis de rumeurs selon lesquelles le Comité monétaire avait rejeté une demande d'aide urgente de la Suède. Le jeudi 19 septembre, Michel Sapin, dans une interview accordée au *Financial Times*, avait déjà indiqué qu'il avait été dit à la Suède — sans préciser par qui — qu'elle ne pouvait recevoir le statut d'associé qu'elle avait sollicité parce qu'elle n'était pas membre de la Communauté. En fait, bien que Sapin ait affirmé dans cette interview que la France était désormais favorable à l'élargissement de la Communauté (comme s'il essayait de persuader les électeurs danois de ne pas avoir peur de Maastricht), il se peut bien qu'il ait tenté de créer des difficultés à la monnaie suédoise. La raison en était que, quelques jours auparavant, l'un des membres du conseil de la Bundesbank, Otmar Issing, avait agité le spectre d'un abandon de Maastricht[5], auquel se serait substituée une mini-union comprenant certains pays de l'AELE regroupés autour du Mark. Sapin a dû être informé, probablement par Tietmeyer relayé par Trichet, que la Bundesbank n'avait aucune intention de voler immédiatement au secours de la couronne, quelle que soit la place que la Suède tenait dans les plans stratégiques de certaines personnalités de Francfort.

En tout état de cause, le jour même de la publication de l'article du *Financial Times*, on assista au « repositionnement » d'entreprises et de gestionnaires d'investissements, qui redoutaient une

---

majeures en allemand, il prononçait lui-même sa conférence en anglais, ce qui « montrait à quel point le monde avait changé ». En novembre, pendant la crise de la couronne, il put commenter, sans aucun doute avec une certaine malice, que le problème de la politique monétaire suédoise était qu'elle était liée à « une monnaie qui n'existe pas réellement[4] ». Apparemment, les responsables de la banque centrale de Suède exprimèrent leur accord avec Schlesinger. Il ne serait pas inconcevable que la banque centrale, coincée entre la menace d'un effondrement complet du système bancaire, à la suite de la « perte de confiance » dans la monnaie, et un Premier ministre, décidé à ne pas céder, ait eu intérêt à répandre des rumeurs qui provoqueraient des sorties massives de capitaux, se donnant ainsi une bonne excuse pour jeter l'éponge.

dévaluation de la couronne. Le mouvement prit soudain de l'ampleur. Après un bref combat, au cours duquel elle intervint massivement, la Riksbank abandonna. Elle n'avertit Carl Bildt, le Premier ministre, abasourdi, que dix minutes avant qu'elle allait abandonner son lien avec l'ECU et faire flotter la couronne. La devise suédoise chuta immédiatement, perdant 10 % face à l'ECU dans la journée. L'onde de choc s'étendit rapidement. La manière dont la Suède avait défendu sa monnaie avait été la plus farouche que l'on ait vue jusque-là, et elle avait été le fait d'un pays où l'existence d'un « consensus national » sur la fixité de la parité était tenue pour acquise. Le fait que la Riksbank ait dû tout de même céder à la pression renouvelée, du marché, renonçant à la réintroduction du contrôle des changes, supprimé seulement en 1988, semblait indiquer qu'un succès dans la défense unilatérale d'une parité était impossible.

La devise du MEC la plus immédiatement touchée par le flottement de la couronne suédoise fut la couronne danoise (en dehors du système, le lien de la couronne norvégienne avec l'ECU fut également mis sous pression), car il ne faisait qu'augmenter les pertes de compétitivité que le Danemark avait déjà subies depuis le début de la crise du MEC. Sur-le-champ, la banque centrale danoise fit connaître son intention de s'accrocher à son taux de change, en relevant son taux d'estompte de 5 points. Mais de nouvelles attaques s'exercèrent contre la peseta, l'escudo et la livre irlandaise. Le prétexte que l'Espagne avait attendu arrivait. Le vendredi 20 novembre, les autorités espagnoles convoquèrent une réunion du Comité monétaire pour le lendemain, afin qu'il approuve une dévaluation de la peseta.

Bec et ongles

La demande de dévaluation présentée par l'Espagne n'avait rien des aspects dramatiques du mercredi noir. Nous avons vu que, depuis plusieurs semaines, les autorités espagnoles voulaient obtenir une nouvelle baisse de la parité de la peseta. Lorsqu'il survint, le réalignement fut exempt de l'aspect manichéen de la bataille entre le marché d'un côté, et les mandarins de l'autre, qui avait donné aux événements de septembre une apparence aussi théâtrale. Et, pourtant, le week-end des 21-22 novembre représenta une étape fondamentale dans le processus d'effilochage du MEC, et il devait avoir des conséquences bien plus importantes.

En Italie, l'expulsion de la lire hors du mécanisme, en septembre, s'opposait à tous les présupposés qui avaient sous-tendu le système politique corrompu du pays. La vieille stratégie qui consistait à tenter de refiler les problèmes de l'Italie à un super-État européen avait toujours été contraire à toute logique et, sur le plan moral, pernicieuse. Mais il fallut attendre le mercredi noir pour que l'opinion publique italienne commence enfin à comprendre que le pays allait devoir remettre lui-même de l'ordre dans ses affaires. Néanmoins, la demande d'un prêt destiné à compenser le déficit de la balance des paiements afin de faire face à la crise financière d'octobre montrait que l'on n'avait pas encore pleinement pris conscience des vrais besoins de l'Italie. Mais les résultats de la réunion du 21-22 novembre ôtèrent les écailles de quelques yeux d'importance.

Le processus de remise en cause était allé bien moins loin en Espagne qu'en Italie. En fait, les tactiques auxquelles elles avaient recouru le 16 septembre donnait à penser dans une certaine mesure que les autorités espagnoles, à la différence des autorités britanniques et italiennes, avaient le sentiment que leurs idées d'origine se trouvaient pleinement justifiées par ce qui arrivait au MEC ce jour-là. Les hauts fonctionnaires se mirent à affirmer que le MEC était devenu très différent du mécanisme dans lequel l'Espagne était entrée en 1989. Ils insinuaient ce que Nigel Lawson, ajoutant un épilogue à ses mémoires, était en train de claironner : le MEC avait été détourné de ses objectifs initiaux[6] afin de le transformer en « toboggan » conduisant à l'UME. Certes, à la différence de Lawson, les Espagnols continuaient à ne pas contester le but choisi pour le voyage. Mais, indiquaient-ils maintenant, l'avion espagnol allait s'écraser contre une falaise si la politique monétaire restait déterminée par un MEC en pilote automatique. De tels arguments exhalaient un fort parfum de révisionnisme. Mais ils permettaient au gouvernement espagnol d'éviter d'avoir à reconnaître, soit une volte-face complète dans le style de John Major, soit une totale névrose collective de la classe politique comme en Italie : on voulait seulement arracher le MEC au déterminisme inspiré par la France.

La décision de l'Espagne de dévaluer la peseta le 16 septembre plutôt que de se retirer du système avait été présentée comme totalement cohérente avec une vision claire et proprement espagnole du MEC : oui, le MEC continuait de posséder une connotation politique puisqu'il était le signe concret d'un engagement en faveur du *but* qu'était l'union monétaire, mais les gestionnaires du système devaient admettre qu'il ne constituait pas, *en lui-même*, une union monétaire. Par conséquent, la peseta demeurerait dans le système, après une dévaluation qui posséderait un triple avantage : elle mettrait fin aux pressions spéculatives, elle améliorerait la compétitivité de l'Espagne au moment où l'orage de la récession menaçait de plus en plus, et elle réintroduirait dans le système la notion de taux de change fixes mais *ajustables*.

Malheureusement pour les autorités espagnoles, la longue période de quasi-stabilité des taux de change dans le MEC avait dissimulé la dure réalité qui était en train d'apparaître : dans un monde où la mobilité des capitaux avait été accrue dans d'énormes proportions, et où les marchés extrêmement puissants faisaient preuve aussi d'une extrême nervosité, une quasi-union monétaire était peut-être prématurée et peu sage pour l'Espagne, mais la mise en place d'un système de taux de change fixes mais ajustables était, elle, tout bonnement impossible. Les mésaventures de la peseta, de l'escudo, de la livre irlandaise et des devises scandinaves, entre le 16 septembre et la troisième semaine de novembre, l'avaient démontré à bien des participants du jeu du MEC sur les marchés. Après la bataille du 24 septembre, les monnaies du « noyau dur » étaient demeurées relativement calmes, parce que les marchés persistaient à croire qu'une quasi-union entre ces devises existait toujours. Mais ces mêmes marchés n'avaient pas cessé d'attaquer les devises qui leur semblaient être des « candidates potentielles » à un ajustement. La demande espagnole de convocation d'une réunion en vue d'un réalignement montrait que la leçon n'avait pas été pleinement comprise à Madrid : on croyait encore qu'il suffirait de regagner un peu de compétitivité et de donner à la peseta une situation plus confortable dans sa nouvelle marge de fluctuation, pour que les marchés soient calmés. Du point de vue du gouvernement espagnol, la réunion du 21-22 novembre n'aurait rien d'exceptionnel puisqu'on allait, en quelque sorte, tuer l'ours dont les marchés voulaient la peau.

La plupart des autres pays paraissaient estimer que l'Espagne se montrait mauvaise joueuse et déplaçait, au milieu de la partie, les limites du terrain. C'était particulièrement vrai de la France, qui s'inquiétait chaque jour davantage des gains de compétitivité obtenus par les économies de la Grande-Bretagne, de l'Italie et de l'Espagne. Sans parler, bien entendu, du Portugal. Mais bien peu, parmi les hommes (et les deux femmes) qui se rendaient à Bruxelles pour y peser à son juste poids la demande espagnole, étaient pleinement conscients des dommages qui allaient être bientôt infligés au mécanisme « en vue du bien commun » qu'ils aimaient tellement. Un seul d'entre eux en voyait l'occasion.

Éviter la relégation

À en croire des récits de source irlandaise, la décision concrète la plus importante fut prise avant même que la réunion ne commence. Les choses avaient pris un mauvais départ, puisque le représentant du Trésor portugais au sein du Comité, José Braz, avait déclaré aux journalistes[7] qui attendaient devant l'immeuble Borschette que l'on discuterait du sort de la livre irlandaise, aussi bien que de celui de la peseta et de l'escudo. Puis les membres de la délégation de Dublin, qui avaient traversé sans mot dire la meute des reporters et des cameramen, se trouvèrent confrontés, dès leur entrée, à la formidable présence de Tietmeyer escorté de ses gardes du corps*. Sur l'escalier mécanique qui les conduisait à la salle de réunion, au troisième étage, Tietmeyer demanda carrément aux Irlandais de dévaluer de 4 % — un taux qui, selon ses calculs, leur rendrait un niveau de compétitivité « adéquat ». Les Irlandais refusèrent. Même si la demande espagnole de réalignement impliquait que Madrid, pour sa part, changeait d'attitude vis-à-vis du MEC depuis 1989, l'Irlande voulait être considérée comme l'un des membres du « noyau dur » du MEC, quasi-union monétaire dans laquelle le recours à la manipulation du taux de change comme instrument de régulation de la compétitivité était catégoriquement exclu. Dévaluer pour des raisons de compétitivité aurait risqué, aux yeux des marchés, de lier la livre irlandaise au sterling, puisque la chute du sterling depuis le 16 septembre avait constitué le facteur le plus essentiel dans la perte de compétitivité de l'Irlande. En réalité, les Irlandais soupçonnaient Tietmeyer de vouloir les piéger, en les poussant à reconnaître leur dépendance vis-à-vis du sterling, ce qui pourrait ensuite être utilisé contre eux

* Lorsqu'il était secrétaire d'État au ministère des Finances, Tietmeyer avait été victime d'une tentative d'assassinat perpétrée par des terroristes d'extrême gauche. Depuis, il était accompagné en permanence de gardes du corps.

comme prétexte pour les exclure de l'UME. Rien ne donne à penser que, pendant la réunion*, Tietmeyer renouvela sa demande aux Irlandais. Les motifs de son silence apparaîtraient clairement lorsque le monde aurait pris le temps de digérer les décisions prises.

Mais les membres du Comité, qui ignoraient les propos échangés pendant une vingtaine de secondes par Tietmeyer et les Irlandais, durent d'abord supporter onze heures d'affrontement entre l'Espagne et le Portugal. Le sujet paraissait futile à la plupart de ceux qui y assistaient : il ne s'agissait guère que d'un heurt de sensibilités ibériques. Mais chez les adversaires, pourtant tous deux à l'avant-garde de la marche vers « l'Europe », les vieilles rivalités et le dédain réciproque avaient pris le dessus. Selon les quotidiens espagnols et portugais[9], les Portugais, pour la forme, jouèrent leur gambit d'ouverture en s'opposant à toute dévaluation de la peseta. Mais quand l'inévitable survint, quand Tietmeyer accorda son *nihil obstat* au réajustement en baisse de la devise espagnole, le Portugal, lui aussi, demanda une dévaluation de sa monnaie.

On l'expliquerait par l'impact sur la compétitivité portugaise de la chute de la peseta durant les six mois précédents. Ce qui était assez plausible : avant que les deux États ibériques n'entrent dans la Communauté, ils avaient observé une certaine distance dans leurs relations économiques mutuelles. Depuis leur entrée, leurs relations commerciales s'étaient développées rapidement, au point que, sous certains aspects, l'Espagne était devenue, en 1992, le principal partenaire commercial du Portugal. Mais ce dernier était en train de déclarer ouvertement ce que l'Irlande aussi bien que le Danemark tentaient désespérément de ne pas admettre : les relations de taux de change avec le « noyau dur » pouvaient être mises sous tension par les mouvements des parités de partenaires commerciaux géographiquement proches qui avaient démontré qu'ils n'appartenaient *pas* à ce noyau — le Royaume-Uni, dans le cas de l'Irlande, et les autres pays nordiques dans celui du Danemark. Ainsi, le Portugal acceptait-il d'être exclu du « noyau dur »

---

* Selon les quotidiens italiens[8], des pressions furent exercées, durant ce week-end, à la fois sur l'Irlande et sur le Danemark pour qu'ils dévaluent. Mais le compte rendu officiel irlandais démontre qu'il n'en fut pas question pendant la réunion proprement dite, tandis que, de source danoise, on affirme que le Danemark ne fut soumis à aucune pression.

et se condamnait-il lui-même, aux yeux des marchés, à partager un avenir commun avec l'Espagne en matière de parités, que cela corresponde ou non aux « fondamentaux ». Mais l'optique à court terme prédominait.

Le ministre portugais des Finances, Jorge Braga de Macedo, se tenait en contact téléphonique constant avec ses représentants au Borschette. Son principal souci était d'obtenir l'assurance que le communiqué officiel stigmatiserait l'Espagne pour défaut d'ajustement interne, et ferait retomber sur elle le blâme de la dévaluation supposée malvenue du Portugal. Naturellement, la délégation espagnole refusa d'y consentir. De même qu'en avril précédent, Braga de Macedo menaça de demander une réunion des ministres des Finances et des gouverneurs pour le lendemain dimanche s'il n'obtenait pas ce qu'il voulait. Une telle réunion n'aurait probablement pas fait avancer ses affaires de manière notable. Braga de Macedo n'avait guère d'amis parmi ses pairs. Il possédait — même s'il était bien le seul — un sens exacerbé de sa supériorité intellectuelle. Lorsqu'il était encore haut fonctionnaire de la Commission, avant d'entrer franchement dans l'arène politique, il était apparu aux membres du Comité monétaire comme un homme « surmené et pas très intelligent ». Ensuite, quand il avait présidé l'Ecofin, on rapporte qu'il avait agacé les autres ministres par ses commentaires critiques sur leurs contributions à la discussion, à la façon d'un professeur notant ses étudiants en économie dans un séminaire de maîtrise*. Peut-être espérait-il que les membres du Comité ne voudraient pas être contraints d'avouer à leurs ministres ou à leurs gouverneurs qu'ils avaient été incapables de mettre fin à une querelle d'Ibères, obligeant ainsi ces augustes personnages à s'arracher à la rédaction de leurs mémoires, de leurs parties de golf, ou à toute autre activité propre à meubler ou distraire leur dimanche.

Trichet, qui présidait le Comité, avait une raison particulière pour que la question soit réglée *hic et nunc* au Borschette. Plein de méfiance à l'encontre des hommes politiques élus et des marchés « anglo-saxons », il redoutait qu'une réunion des ministres convoqués en hâte pour le lendemain n'élargisse les débats : on pourrait

---

* Les Espagnols, en particulier, éprouvaient une certaine difficulté à le prendre au sérieux. Une haute personnalité espagnole le dépeignit comme « l'un de ces hommes qui parlent beaucoup pour ne rien dire ». Braga avait en outre la malchance que son nom, en espagnol, signifie « caleçon ».

même y parler du franc. Mal préparés, les ministres ont tendance à se laisser aller à des commentaires trop libres. Qui savait ce qu'ils pourraient bien dire, et à quel point les rédacteurs des grands services d'informations économiques pourraient donner des interprétations fausses de leurs déclarations à l'intention de marchés financiers à l'affût*.

En tout état de cause, l'ennui (apparemment, la plupart des participants à la réunion de réalignement passèrent l'essentiel de leur temps debout, dans le vestibule sinistre et sans meubles de la salle de conférence, à manger des canapés aux crevettes et à boire du Rioja) et la volonté de ne pas troubler les loisirs dominicaux de leurs patrons agirent sur les signaux d'alerte des gardiens européens des finances. Contrairement à ce qui s'était passé pendant la nuit chaotique du 16 au 17 septembre, beaucoup d'entre eux avaient eu le bon sens de réserver une chambre d'hôtel à Bruxelles, et n'avaient donc pas besoin d'utiliser le Borschette comme asile de nuit pour se protéger contre le froid de novembre**. Quand Trichet put enfin arracher une concession aux Portugais, puisque les Espagnols tenaient bon et qu'il apparaissait de plus en plus que Braga courait le risque d'être pris au mot, il dut y avoir un certain soulagement parmi les neutres. La question de savoir à qui le communiqué distribuerait le blâme et l'éloge avait été, semble-t-il, réglée.

Pleurs et grincements de dents

Ces hommes et ces femmes épuisés laissèrent néanmoins l'un des leurs — ce ne peut avoir été que Tietmeyer — introduire dans le texte final une dernière phrase qui paraissait unc platitude mais

* Pendant les moments de crise, les officiels français avaient tendance à s'en prendre aux médias « anglo-saxons » sans autre précision. Lorsqu'ils étaient plus amènes et plus raisonnables, ils étaient prêts à concéder que les papiers des grandes agences d'information financière étaient assez exacts — après tout, ils se bornaient à citer ce qui avait été dit.

** Par contraste, les journalistes et les équipes de télévision durent passer la nuit, dans le froid mordant, sur le trottoir du Borschette. Ils en furent si mécontents qu'ils envoyèrent à Trichet une délégation pour se plaindre. Lors de la réunion de réalignement suivante, à la fin de janvier 1993, ils furent autorisés à sc tenir dans le hall d'entrée du bâtiment.

qui se révéla, en fait, explosive : « Les États membres dont les monnaies font partie du mécanisme de change appliqueront leurs politiques économiques et monétaires de manière à améliorer leur convergence, et à assurer la stabilité de leurs monnaies à l'intérieur de la grille des parités[10]. » Cette phrase expliquait pourquoi le vice-président de la Bundesbank n'avait pas, semble-t-il, évoqué l'éventualité d'une dévaluation de la livre irlandaise pendant la réunion proprement dite : il n'avait pas souhaité provoquer un débat *général* sur l'une des parités alors que le pays concerné n'avait pas demandé un réalignement. Du point de vue de Tietmeyer, un tel débat aurait pu ouvrir la boîte de Pandore. Tout d'abord, d'autres pays auraient pu s'intéresser à d'autres monnaies, peut-être même au franc français. On aurait pu critiquer le « pacte amoureux » et même accuser la Bundesbank d'être à l'origine des problèmes du MEC. Ensuite, même si rien de tout cela ne s'était produit, un débat général sur l'une des parités aurait pu être tenu pour la démonstration qu'au sein du système, toutes les parités relevaient d'un accord mutuel. Celles dont on discutait, mais sans qu'il y ait accord sur la nécessité de les modifier, seraient probablement tenues pour agréées mutuellement. La même conclusion pourrait s'appliquer aux parités dont on ne discutait pas. On pourrait dès lors venir à estimer que ces parités-là devaient faire l'objet d'un soutien mutuel. Cela aurait, certes, réjoui les Italiens qui n'avaient cessé de répéter qu'il fallait davantage de symétrie et une acceptation sans réserve des obligations *réciproques* du système — sujets sur lesquels la Bundesbank avait toujours jeté l'anathème (sur ce point, Tietmeyer était en parfaite communion d'idées avec Schlesinger, du moins pour ce qui touchait aux obligations *formelles* des membres du MEC).

La « phrase de Tietmeyer » impliquait — et c'est sans doute ce qu'elle était destinée à signifier — une philosophie du MEC à l'opposé de celle qui se fondait sur la décision commune et l'obligation réciproque. Quand le représentant ordinaire de la Banca d'Italia au Comité monétaire, Lamberto Dini, qui n'avait pas assisté à la réunion, lut le communiqué, il bondit : Tietmeyer avait changé les règles du jeu, et, dès que les marchés le comprendraient, le MEC menacerait de s'effondrer complètement. Les marchés le comprirent très vite. Le lundi suivant, dans un article sur le réalignement, le *Financial Times* citait un analyste financier selon lequel le communiqué rejetait en substance l'idée d'un soutien mutuel de la *grille* des parités. À la lecture de ce papier, la colère de Dini augmenta. Devant ses adjoints, brandissant les feuilles rose saumon, il déclara avec rage que l'on ne pourrait jamais faire fonctionner le MEC puisque ceux qui le géraient, au sein du Comité monétaire, étaient incapables d'interpréter la situation et le communiqué avec autant de facilité qu'un quelconque analyste anonyme.

La colère de Rome fit bientôt place à une attitude froidement désabusée envers le MEC. La perspective d'un retour de l'Italie dans le système fut repoussée. De plus en plus, les hommes politiques et les hauts fonctionnaires italiens mettaient davantage l'accent sur la nécessité de réformer le système que sur l'amélioration des performances de l'Italie en matière financière comme préalable à la rentrée de la lire dans le mécanisme. Le 23 novembre, Piero Barucci, ministre du Trésor, expliqua clairement que les événements du week-end l'avaient retardée[11]. Il ajouta que l'Italie avait tout intérêt à la reconstitution d'une grille de parités « solide et crédible », ce qui sous-entendait que la réunion de Bruxelles n'avait pas abouti à rendre le MEC plus solide ni plus crédible. Le lendemain, les journaux italiens publiaient les réactions de responsables anonymes de la Banca d'Italia, qui déploraient le communiqué où se dessinait une étape évidente vers une « Europe à deux vitesses », où le Mark, les monnaies du Benelux et le franc français seraient seuls admis sur la voie rapide, tandis que toutes les autres devises resteraient en dehors.

Ainsi, la phrase finale si pleine de sens du communiqué du Comité monétaire avait mis fin à tout risque — dans l'esprit de la Buba — que le MEC n'ait à assumer le fardeau d'un comblement de la dette italienne. Elle servait aussi à avertir une nouvelle fois l'Irlande — à supposer qu'il en eût encore été besoin après « l'invitation » officieuse de Tietmeyer à dévaluer la livre irlandaise — qu'elle était désormais responsable de son propre sort. L'Irlande était pourtant l'élève le plus sage de la classe de l'UME, celui qui avait suivi à la lettre les douloureux préceptes de Maastricht. Elle avait obtenu les « meilleurs » résultats, dans la mesure où elle avait pratiquement résorbé un déficit budgétaire gigantesque. Elle parvenait à conserver un taux d'inflation qui se situait parmi les plus bas et les plus stables de la Communauté (même si elle partageait avec l'Espagne l'honneur douteux d'être également affligée du taux de chômage le plus élevé du monde occidental). Néanmoins, Tietmeyer avait indiqué noir sur blanc que l'Irlande n'appartenait pas au « noyau dur » — à ce groupe privilégié défini non d'un commun accord au sein du MEC, mais selon le bon plaisir du gouvernement allemand.

Entre deux maux

Pour les autorités irlandaises, il était dramatique d'avoir à comprendre que Tietmeyer raisonnait de cette manière-là. L'exclusion du premier cercle du MEC pouvait bien n'être que le prélude à l'exclusion de l'UME. L'Irlande s'était montrée prête à faire *n'importe quoi* pour entrer dans l'union monétaire au point de permettre à la ratification de Maastricht d'être mélangée au problème, gênant et générateur de divisions, de l'avortement. À Dublin, les dirigeants étaient disposés à prendre le risque d'une désintégration tant sociologique qu'économique de leur pays, dans le seul but d'obéir au Veau d'or des fonds structurels. À l'instar de l'un des plus célèbres enfants de l'Irlande, mais pour des motifs bien moins louables, ils s'écriaient : « Mettez la main à la poche ! Donnez-nous votre argent ! Je veux votre argent ! Tout de suite ! »

S'agissant des politiciens irlandais, leur influence sur la répartition des fonds structurels leur permettait de conserver fermement en main le levier du pouvoir dans un système politique irlandais resté très paroissial. Pour eux, l'UME et Maastricht consistaient surtout à maximiser les flots de richesses en provenance de Bruxelles (ou, plus exactement, des contribuables britanniques et allemands — détail omis par les panneaux de propagande communautaire qui ornent, au Portugal, chaque nouveau pont conduisant de nulle part à nulle part, en Grèce, chaque nouvelle installation destinée à l'irrigation de champs d'oliviers imaginaires, et, en Irlande, chaque nouveau « centre d'éducation et de formation » qui produirait des chômeurs hautement qualifiés). Le 9 novembre 1991, les ministres des Affaires étrangères d'Irlande, d'Espagne, du Portugal et de Grèce avaient assisté à une réunion secrète, au cours de laquelle Jacques Delors leur avait promis l'argent des autres, pour des montants fabuleux (6 milliards d'ECU pour la seule Irlande) s'ils s'engageaient à soutenir ses ambitions fédéralistes et corporativistes pendant la phase finale des négociations de Maastricht. Le gouvernement irlandais avait vendu l'âme de son pays à Delors.

Mais soudain, après le 22 novembre 1992, les choses parurent effrayantes aux apprentis sorciers irlandais : la Bundesbank, semblait-il, n'avait pas seulement l'intention d'exorciser le spectre de la dette publique italienne, elle voulait aussi éviter d'avoir à se charger du fardeau des misérables irlandais, espagnols, portugais et grecs dans une union monétaire large et ingérable. À contrecœur, les Irlandais décidèrent qu'il leur faudrait assumer seuls le coût d'une défense *unilatérale* de la parité de leur livre dans le MEC s'ils voulaient pouvoir affirmer que l'Irlande conservait son statut de membre à part entière de l'UME. Il fallait empêcher la Bundesbank de réduire à néant les engagements pris par le gouvernement allemand et par d'autres gouvernements, aussi bien que par le président de la Commission, dans le compromis de Maastricht.

Mais les autorités irlandaises savaient que des temps difficiles les attendaient, et que leurs difficultés seraient accrues par l'obligation d'abolir au 31 décembre 1992 ce qui subsistait des contrôles sur les mouvements de capitaux à court terme. Y renoncer aurait démontré, autant et peut-être plus qu'une dévaluation, que l'Irlande n'était pas digne de faire partie du « noyau dur ». Pourtant, la suppression des contrôles signifiait qu'il n'y aurait plus, dans l'économie irlandaise, aucun amortisseur entre les pressions à la baisse exercées sur le taux de change et les pressions à la hausse sur les taux à court terme. Alors que la population irlandaise s'était éprise, plus encore que sa voisine britannique, des joies de la propriété immobilière, et que les taux hypothécaires étaient déterminés — comme en Grande-Bretagne — par les taux à court terme du marché de l'argent, il ne serait plus possible de résister bien longtemps aux pressions qui joueraient contre la livre. Plus précisément, on n'y résisterait qu'aussi longtemps qu'on pourrait différer une nouvelle hausse des taux hypothécaires. Sinon, les réactions populaires seraient violentes. Pour reprendre la formule d'un responsable irlandais, recourant à l'une de ces subtilités de langage trop souvent méprisées en Grande-Bretagne comme des « irlandismes » typiques . « Le plus sûr moyen d'éviter qu'ils ne descendent dans la rue, c'est qu'ils ne soient pas à la rue. »

Parler franc

Après le 22 novembre la stratégie irlandaise consista à attendre que quelque chose se produise. Un assaut *généralisé* et réussi du marché contre l'ensemble des parités du MEC apparaissait comme la solution la plus probable aux embarras financiers du Micawber irlandais[12]. Si le franc français, en particulier, décrochait, l'Irlande sauvait sa mise : la livre irlandaise ne serait plus isolée, ni l'Irlande exclue de l'UME. Quelques jours à peine après le réalignement de novembre, les officiels irlandais réagirent avec une sombre satisfaction aux informations selon lesquelles le franc français, de nouveau, était bel et bien sous pression. À Bruxelles, lors d'une réunion, un haut responsable monétaire irlandais observa la mine inquiète de ses homologues français et leurs allées et venues, et sortit de la salle pour téléphoner à son bureau. Lorsqu'on lui dit que la Banque de France était contrainte à de grosses interventions, il répondit d'un seul mot : « Bien. » Puis il raccrocha et regagna la réunion d'un pas léger.

Ce qui poussait les marchés, en dépit des pertes subies le 24 septembre, à faire une deuxième tentative, c'était la malencontreuse « phrase Tietmeyer ». Le vice-président de la Bundesbank, semblait-il, était tombé sous le coup de la « loi des conséquences involontaires ». Il n'avait certainement pas eu l'intention de tirer le tapis sous les pieds du franc. À en croire certaines rumeurs[13]* à l'époque, Kohl avait dit à Tietmeyer qu'il ne succéderait pas à Schlesinger à la présidence de la Bundesbank s'il n'était pas capable de préserver la parité franc-Mark, de même que, dans le milieux des fonds de placement de New York, on le qualifiait volontiers de « représentant de la Banque de France au conseil de la Bundesbank ». Probablement croyait-il vraiment à ce qu'affirmait le communiqué franco-allemand du 23 septembre : les « fondamentaux » ne justifiaient pas un changement de parité. Si le gouvernement français se comportait comme l'avaient fait les Hollandais depuis si longtemps (et les Belges depuis 1990), en évitant totalement et absolument de se plaindre le moins du monde du niveau des taux d'intérêt dû à la politique de la Bundesbank, alors le système pouvait se maintenir. Mais, ainsi que l'avaient montré les événements des 24-25 septembre, le problème venait du fait que les marchés étaient convaincus que, quels que soient les « fondamentaux », ils pouvaient réaliser des profits en attaquant le *système*, si la Bundesbank ne lui apportait pas un soutien inconditionnel, sans réserve et illimité**. Nous savons déjà que ce

---

* Le *Financial Times* devait se faire l'écho de ces rumeurs le 16 août 1993.

** Cela ne signifie certainement pas que les pays qui bénéficieraient de « fondamentaux » théoriquement bons se trouveraient mieux dans une union monétaire dotée d'une monnaie unique. Cela veut dire au contraire qu'ils seraient

qui avait donné froid dans le dos aux spéculateurs pendant les moments cruciaux de septembre, c'était la peur d'une union monétaire franco-allemande immédiate ou, à tout le moins, d'un soutien absolu du franc par la Bundesbank. Mais le communiqué publié après le réalignement de novembre pouvait donner à penser que le « pacte amoureux » avait tourné à l'aigre. Si les Français, désormais, devaient réellement défendre le franc tout seuls, le marché pourrait tout emporter.

Toutefois, à la différence des fuites massives de capitaux constatées en septembre, la pression exercée sur le franc fin novembre prit la forme de sorties de capitaux modérées mais persistantes. Plusieurs facteurs expliquaient cette situation. D'abord, bien des gens s'étaient brûlé les doigts lors de la première attaque contre la devise française. Ensuite, les fonds de placement, suivant les avis de Soros, refusaient de foncer. Troisièmement, et sur un plan plus terre à terre, les courtiers, sur le marché interbancaire, étaient de plus en plus réticents, à l'approche de la fin de l'année, à prendre des positions : les marchés devenaient plus étroits, les risques pris en soutenant une position perdante incomparablement plus grands — pourquoi tenter exagérément la chance alors que les grosses primes annuelles étaient déjà attribuées ? Enfin, il y avait des cibles plus faciles que le franc, nous le verrons dans le chapitre suivant.

Un plaidoyer pro franco

En fait, la principale hémorragie de francs, dans les dernières semaines de 1992, provint des entreprises et des sociétés françaises qui, avant tout le monde, et notamment avant le gouvernement français qui s'en tenait à une prévision de croissance du PNB de 2,5 % pour 1993, avaient pu voir et ressentir la profondeur de la récession dans laquelle l'économie française avait glissé. Pour Trichet, cette récession était une pilule particulièrement amère. Un mois tout juste avant le réalignement de novembre, il avait fait paraître un bulletin de victoire, « Dix ans de désinflation compétitive en France[14] », à la gloire de la stratégie de franc fort appliquée depuis 1983. Ce document était un exemple de pensée économique

---

dans une situation meilleure — qu'ils souffriraient moins d'une instabilité des taux de change — s'ils faisaient flotter leurs monnaies.

extraordinairement médiocre — un mélange d'erreurs flagrantes de raisonnement élémentaire, d'hypocrisie et de présentation biaisée des expériences réalisées dans d'autres économies. Parmi les nombreux éloges que Trichet décernait à la « désinflation compétitive », il affirmait que cette stratégie avait permis à l'économie française de connaître une croissance plus rapide que celle des autres pays du G 7 et de la Communauté, qu'elle « récompensait la vertu » à l'intérieur d'un système de taux de change fixes mais ajustables, qu'elle avait conduit au niveau de taux d'intérêt le plus bas du système, et qu'elle était concomitante à un succès dans la maîtrise des finances publiques. À la vérité, cependant, la « désinflation compétitive » au sein du MEC n'était qu'un monstrueux rouleau compresseur qui imposait des taux d'intérêt réels (hors inflation) terriblement élevés aux pays à faible inflation (les pays « vertueux »), et les conduisait irrémédiablement à une explosion du déficit budgétaire.

L'élément fondamental de cette machine d'apocalypse n'était autre que l'élément fondamental du MEC lui-même : la conviction absolue des marchés que le Mark ne serait jamais dévalué à l'intérieur du système. Tout découlait de cette certitude-là : le rôle joué par le Mark comme point d'ancrage du système, l'impossibilité pour les taux nominaux d'autres monnaies du système de se situer notablement plus bas que les taux allemands et, en dernière analyse, l'incapacité du système à survivre aux attaques de la spéculation (même si, à la fin de 1992, les marchés n'avaient pas encore déterminé comment utiliser les doubles paris qui finiraient par détruire la marge de fluctuation étroite).

Il était inévitable qu'un pays, tel que la France, qui avait fixé le taux de la parité de sa monnaie avec le Mark lorsque son taux d'inflation était plus élevé que celui de l'Allemagne, souffre d'abord de pertes de compétitivité. Au fil du temps, la pression exercée sur l'économie ramenait l'inflation au même niveau que celui de l'Allemagne. Mais cela ne suffisait pas. Pour compenser l'érosion initiale de sa compétitivité, il fallait aussi que le taux d'inflation français tombe au-dessous du taux allemand, dans une proportion significative et pendant une longue période. Cependant, les taux d'intérêt allemands constituaient dans les faits un plancher pour les taux nominaux des autres pays du MEC, si bien qu'une inflation relativement faible en France impliquait que les taux d'intérêt français réels devaient se situer plus haut que les taux allemands. Pis encore, ceci se produisait à un moment où les taux réels allemands étaient maintenus à un niveau élevé par la Bundesbank pour contrer la poussée inflationniste induite par la réunification. Or les taux d'intérêt réels élevés que connaissait la France atteignaient la confiance des consommateurs et des entreprises — déjà bien mal en point à la suite de la montée du chômage due à l'impact des pertes originelles de compétitivité — et réduisaient la demande intérieure. La baisse de la demande intérieure impliquait à son tour que l'activité économique générale ne pourrait retrouver son essor que si les exportations nettes étaient stimulées par des gains de productivité. Mais, puisque le taux de change nominal était fixe, la position concurrentielle ne pouvait s'améliorer que par un surcroît de déflation relative. Et, en fin de compte, on ne pouvait y parvenir que par une récession — ce qui maintenait un faible degré de confiance — et, lorsqu'on y était parvenu, cela se traduisait par des taux d'intérêt réels plus élevés encore.

Dans les faits, la France — de même que les autres pays « vertueux » à faible inflation, tels l'Irlande et le Danemark* — était prise, à cause du MEC, dans l'équivalent du piège de liquidité de Keynes : les taux d'intérêt réels étaient poussés au-dessus de leur niveau d'équilibre, non pas parce qu'il existait, au niveau zéro, un plancher absolu aux taux d'intérêt nominaux, mais parce qu'il existait, dans le MEC, un plancher représenté par les taux allemands. L'Irlande, nous le verrons, devait bientôt y échapper, comme la Grande-Bretagne l'avait fait récemment, par la grâce de spéculateurs bienfaisants (mais pas nécessairement bienveillants). Mais la France et le Danemark n'avaient à leurs dispositions que le remède préconisé par Keynes lui-même : une expansion fiscale. La France succomba la première et, au moment où Trichet écrivait son article, une détérioration grave de la situation des finances publiques de la France se dessinait. Les événements prouvaient que Trichet se trompait lourdement, et sur toute la ligne.

Mais Trichet n'aimait pas que les événements ou quoi que ce

---

* L'article de Trichet était fort peu rigoureux dans ses allusions à ces deux pays embarqués sur le même dangereux bateau que la France. Il soutenait qu'en Irlande et au Danemark, la discipline imposée par les taux de change fixes avait permis aux programmes d'ajustement structurel d'éliminer l'inflation « sans aucune conséquence pour l'emploi ». Cependant, entre 1981 et 1991, période de l'effort d'ajustement budgétaire en Irlande, le taux de chômage avait grimpé de 11 à 23 %. Et pendant la phase d'ajustement au Danemark (1987-1992), le chômage était passé de 6 à 11 %. Au moment où Trichet écrivait, le chômage continuait de progresser dans ces deux pays.

soit d'autre viennent lui démontrer qu'il avait tort. Ses angoisses au sujet des complots « anglo-saxons » augmentaient : la science économique anglo-saxonne, tout autant que les marchés anglo-saxons, avait décidé de s'en prendre au franc. Et si Dini faisait preuve de scepticisme devant les capacités d'analyse des gestionnaires du système, Trichet doutait qu'ils aient, politiquement s'entend, une colonne vertébrale. Il se montrait de plus en plus critique devant ce qu'il croyait être de la couardise parmi ses pairs (ou, plutôt, ses « homologues ») des autres pays : s'ils manifestaient leur méfiance vis-à-vis du MEC et leur impuissance face aux prédateurs des marchés, comment pourrait-on empêcher la spéculation de renouveler ses attaques ?

Le désespoir de Trichet n'était que le reflet de l'échec de plus en plus flagrant de la stratégie à laquelle il s'était tenu depuis le début de septembre. Sa tentative de dédramatiser et de présenter comme un fait isolé la dévaluation de la lire avait fait long feu. Elle avait joué son rôle lors du « mercredi noir » et de l'assaut lancé contre le franc français qui avait suivi, assaut qui avait littéralement terrorisé les autorités françaises. Sa doctrine de la « désinflation compétitive » au sein du MEC s'était révélée inapplicable à la Grande-Bretagne, à l'Italie, à la Suède, et maintenant à l'Espagne et au Portugal. Alors que l'économie française glissait dans une récession profonde et qu'il était presque certain que le gouvernement changerait dans quelques mois, Paris serait-il le prochain apostat ? La Grande-Bretagne et l'Italie critiquaient ouvertement, de l'extérieur, le fonctionnement du MEC. Tout en restant dans le système, l'Espagne et le Portugal avaient anéanti le mythe du « toboggan ». L'Irlande se sentait solitaire et trahie, et il était peu probable qu'elle puisse longtemps survivre sans une dévaluation. Par son rejet des mécanismes de soutien mutuel, Tietmeyer avait tracé une frontière nette entre la réalité du MEC et le mensonge né à Maastricht du « tous ensemble dans l'amitié ». Le franc lui-même se trouvait de nouveau attaqué.

La seule consolation de Trichet, c'était que Kohl était bien décidé à maintenir la parité Mark-franc contre vents et marées et qu'il faudrait bien que Tietmeyer le soutienne. Pour sa part, Schlesinger ne pouvait pas ouvertement défier le Chancelier et abandonner le franc à son sort, pas plus qu'il ne lui était possible de mettre en œuvre la hausse des taux d'intérêt allemands qui aurait balayé le MEC. Mais Schlesinger jouait de longue main. Frustré par les événements du 24 septembre, il avait patiemment réuni, un par un, tous les éléments d'une stratégie qui lui permettrait, le moment venu, d'invoquer la « lettre Emminger » et de libérer la Bundesbank du fardeau des interventions requises par le MEC qu'il détestait tellement. Les appréhensions de Trichet, au fur et à mesure que novembre approchait de sa fin dans la tension et, pour lui, dans la dépression, étaient justifiées : Schlesinger s'apprêtait à jouer le coup suivant. Le professeur ascétique, qui n'était devenu président de la Bundesbank que par accident, était très généralement considéré comme étranger à la psychologie du marché et comme un ingénu en politique, mais il allait démontrer un sens profond de la stratégie et une habileté tactique contre lesquels aucun de ses adversaires, si florentins fussent-ils — pas plus Mitterrand que Kohl, certainement pas Trichet, pas même Tietmeyer —, ne pourrait l'emporter.

8

Guerre d'usure

Herrschaftwissenschaft

Les événements des 23-24 septembre avaient catastrophé Schlesinger. L'angoisse qui le hantait depuis que le SME avait été imposé en 1978 à la Bundesbank, à son corps défendant, s'était concrétisée. Les interventions de soutien au franc français, massives et sans limites, avaient balayé toute possibilité de stériliser certaines liquidités. La Bundesbank avait perdu le contrôle du marché de l'argent. Pendant ces deux jours de crise, elle avait mis en place, dans la réalité, un contrôle des changes occulte. Si cela s'était fait sans l'accord de Schlesinger, cela signifiait qu'il avait été abandonné par ses propres collègues. S'il avait donné son aval, cela voulait dire qu'il avait renoncé à ses propres principes. Le pire avait suivi, car, même après la crise, l'agrégat monétaire M 3 poursuivait son expansion, tandis que la Bundesbank se trouvait contrainte de réduire davantage encore les taux d'intérêt. En France, au contraire, l'offre monétaire et les taux d'intérêt avaient retrouvé leur tendance d'origine dès que les assauts de la spéculation avaient pu être repoussés. Dans le monde d'après la crise, *tout* l'impact des attaques spéculatives avait été supporté par la Buba, alors que la France était demeurée indemne. Bref, si la Bundesbank restait encore le point d'ancrage du système, elle avait cessé d'en être le leader. Désormais, elle était prisonnière de ce maintien de la parité que lui avaient imposée Mitterrand et Kohl. Et cette contrainte faisait plus qu'écorner les règles du SME : les interventions en vue du sauvetage du franc avaient été inframarginales et « volontaires », et les gigantesques crédits accordés à la

Banque de France, *ad hoc* et bilatéraux, accompagnés de modalités de remboursement jamais rendues publiques mais qui devaient presque certainement avoir été plus favorables à la France que ce que stipulaient formellement les règles du SME.

Que pouvait faire Schlesinger ? La loi sur la Bundesbank l'obligeait à soutenir la politique économique générale de son gouvernement, tout en assurant la sauvegarde de la valeur de la monnaie. Que la parité Mark-franc soit « intangible » relevait d'un impératif de politique étrangère bien plus que de politique économique, si bien que Schlesinger n'aurait eu aucune inquiétude d'ordre éthique ou constitutionnel s'il avait choisi de ne pas la défendre, mais, politiquement, la Bundesbank se serait trouvée dans l'impossibilité d'adopter une ligne d'action en totale contradiction avec l'élément central de la vision du monde d'un Chancelier encore tout-puissant. L'opinion publique allemande n'y était certainement pas encore prête. En tout état de cause, seul le gouvernement fédéral avait le droit de décider des changements de parité. Dans le cas de la crise de septembre, la Bundesbank n'avait pas même pu envisager un recours à la « lettre Emminger » : inframarginales et *ad hoc*, ses interventions n'avaient pas été, au pied de la lettre, *exigées* par les règles du MEC, si bien que la « lettre Emminger » qui prenait le pas sur ces règles n'avait pu être invoquée.

Pendant l'été, la Bundesbank, par deux fois, avait armé son canon — les taux de change —, dont les coups auraient fait du MEC un corps mutilé et sans vie. Mais, par deux fois, soumise à la pression intense et aux menaces de Bonn, elle avait dû faire marche arrière. Depuis lors, pour tenter de préserver sa crédibilité, la Bundesbank avait été obligée de justifier les réductions des taux d'intérêt auxquelles elle avait procédé en septembre et en octobre par les nécessités propres à l'économie allemande. Il devenait inconcevable, pour des raisons qui tenaient aux marchés, à la politique, et à l'image publique qu'elle devait conserver dans l'opinion, d'inverser la tendance à la baisse des taux. D'ailleurs, Kohl soumettait Schlesinger à une pression permanente pour continuer à les réduire, autant pour des motifs de politique intérieure que pour des motifs liés au taux de change du Mark.

La clé de la stratégie adoptée par Schlesinger pour riposter à l'enfermement dont il paraissait être la victime se trouvait dans le communiqué du 23 septembre, si on se donnait la peine de le relire à la lumière des événements de la fin novembre et du début décembre. Ce texte franco-allemand avait affirmé que les données fondamentales de l'économie ne justifiaient aucune modification de la parité Mark-franc. Pourtant, s'il en était bien ainsi, pourquoi les marchés avaient-ils si massivement parié sur une dévaluation du franc ? Du côté français, la réponse à cette question avait été claire : il existait un complot anglo-saxon, inspiré par des considérations politiques, en vue de faire éclater le MEC et d'empêcher la création d'une Union européenne qui pourrait s'attaquer aux bases d'un « libéralisme » non moins anglo-saxon. Cette vue-là s'exprimait de toutes parts ou presque : on la retrouvait chez Mitterrand, Bérégovoy, Sapin, Trichet, Delors, chez les responsables monétaires français de la Commission, et dans une presse française bruyamment anglophobe. Du côté allemand, Schlesinger, en dépit de sa réputation d'intellectuel reclus dans sa tour d'ivoire et sans contact avec les marchés, avait une conception du problème bien plus aiguë que celle, très terre à terre, de Tietmeyer. Ce dernier croyait, et il continue de croire, que si le MEC pouvait en quelque sorte retrouver la forme qui avait été la sienne entre 1983 et 1987, il n'inciterait plus la spéculation à attaquer. Pour retrouver cette incarnation primitive, il fallait que les pays membres accomplissent des efforts sérieux d'ajustement interne, soient prêts à des réalignements lorsque leur niveau de compétitivité s'affaiblissait, et suivent sans hésitation ni murmure le leadership de la Bundesbank. En échange, Tietmeyer s'efforcerait d'orienter les décisions du conseil dans la Bundesbank dans un sens acceptable pour les autres pays du MEC. C'est pourquoi Tietmeyer, qui avait été tellement contrarié lorsqu'il avait fait l'expérience du « paradoxe du MEC », avait volontiers donné sa bénédiction à la dévaluation de la peseta et de l'escudo, et pressé les Irlandais de réaligner leur monnaie. Aussi longtemps que les Français sauraient tenir leur langue en attendant que Kohl et Tietmeyer aient pu manigancer une baisse des taux allemands, le franc ne serait pas soumis à des attaques. Comme à tout autre responsable de la Bundesbank, il lui était interdit d'admettre publiquement que l'on pouvait s'attendre à la voir financer totalement le redressement des monnaies en difficulté (d'où la dernière phrase du communiqué du 23 septembre). Mais si les pays favorisés se comportaient dans le respect des règles telles qu'il les envisageait, le système pourrait survivre en tant que « noyau dur », et les devises qui y appartiendraient n'éprouveraient tout bonnement plus de difficultés.

Schlesinger interprétait les choses d'une manière beaucoup plus radicale. Au grand dam des Français, et de Trichet en particulier, il rendit ses idées publiques. Le 1er décembre, il s'attaqua violemment au MEC, qu'il décrivait comme une machine à enrichir les spéculateurs [1], à fabriquer des vagues d'instabilité successives sur les marchés des changes, ce qui conduirait, en l'absence de changements des parités, à des perturbations insupportables du contrôle de la monnaie en Allemagne. Ce qui présupposait, et ce que démontrait le renouvellement de la ponction sur les réserves de la France, que les « fondamentaux » ne comptaient guère dans le fonctionnement du MEC. Au lieu de cela, le système donnait à la spéculation le moyen de parier à coup sûr tant que le Mark était considéré comme le point d'ancrage du système, d'autant qu'aucun autre point d'ancrage n'était imaginable.

Ainsi que devaient le démontrer les événements de l'été suivant, l'analyse de Schlesinger était juste. Mais, à court terme, elle produisit des effets ambivalents. Elle exprimait certainement un manque de confiance absolu dans le MEC en tant que tel, mais, par elle-même, elle ne semblait pas devoir constituer le catalyseur d'une reprise d'une attaque tous azimuts lancée par les marchés contre le franc français. Depuis que le sterling et la lire étaient en dehors du système, et que les petits pays périphériques paraissaient abandonnés à leur sort depuis la « phrase de Tietmeyer », seul un soutien éventuel au franc, semblait-il, pourrait encore exiger des interventions massives. En le déplorant, Schlesinger paraissait confirmer que la France continuerait bien à bénéficier de l'appui, *ad hoc* et bilatéral, de l'Allemagne — appui auquel, malgré le MEC, les autres pays n'avaient pas accès.

La solitude d'Erin

Le plaisir d'abord ressenti par les autorités irlandaises devant les problèmes éprouvés par le franc français, à la fin novembre, s'affadit bien vite, dès qu'il fut devenu évident qu'une attaque généralisée de grand style contre le MEC ne serait pas lancée avant le Nouvel An au plus tôt. Certes, avec l'aide du contrôle des changes, ils pouvaient tenir jusque-là, mais chaque semaine qui passait augmentait le risque que les banques irlandaises (qui, en Irlande, assurent l'essentiel des prêts au logement) n'aient à relever le taux des prêts hypothécaires, ce qui signerait l'arrêt de mort de la parité. Mais les autorités de Dublin étaient décidées à ne pas abandonner : tant qu'il y a de la vie, il y a de l'espoir. La banque centrale d'Irlande tenait le marché de l'argent à la gorge. Elle suspendit son taux de facilité de financement à court terme, qui donnait d'habitude l'orientation haute du marché financier. Elle le remplaça par un taux à une semaine de 30 %, mais ne l'appliqua qu'aux emprunts marginaux des banques. Son but était de décourager la spéculation d'emprunter des livres irlandaises pour les revendre au comptant, tout en isolant le refinancement des banques du financement des prêts hypothécaires. La combinaison de ces mesures obtint les effets désirés, et il devint très difficile aux banques étrangères de trouver où que ce soit des livres irlandaises à emprunter. Mais la banque centrale d'Irlande savait qu'elle ne pourrait pas tenir très longtemps sur cette position-là. Aussitôt qu'un facteur quelconque, technique ou saisonnier, augmenterait les besoins en liquidités des banques irlandaises, elles répercuteraient le taux « marginal » de 30 % sur le financement des prêts hypothécaires.

Le seul espoir des Irlandais résidait donc dans un assaut contre d'autres monnaies du MEC, lorsque les marchés rouvriraient après la trêve des confiseurs. Le lien unissant le franc et le Mark constituait le noyau incontesté du MEC, et l'axe franco-allemand, à l'évidence, le centre de gravité de l'intégration européenne. Les Irlandais espéraient donc que les pressions qui s'exerçaient sur leur monnaie amèneraient, peut-être par l'intermédiaire de la couronne danoise, de nouvelles attaques contre le franc. Le risque de saper ainsi le système tout entier obligerait la Bundesbank à agir (ou obligerait Bonn à la contraindre à agir) en tant que garant de la grille des parités. Au pire, dans le cas où la Bundesbank n'interviendrait pas de manière suffisante, il y aurait un réalignement *général*, ce qui permettrait à la livre irlandaise d'être tranquillement dévaluée en compagnie du franc français.

Mais s'il fallait en venir à une dévaluation de la seule livre irlandaise, ce serait l'Irlande elle-même qui serait exclue du cercle magique de l'UME. Le pays serait considéré comme de l'ivraie, non comme du bon grain, et exilé dans les ténèbres extérieures. Dans les beaux quartiers, il y aurait des pleurs et des grincements de dents. Car, de même que les politiciens irlandais étaient persuadés que leurs carrières dépendaient des largesses de Bruxelles, le mythe fédérateur de l'élite irlandaise dans son ensemble — sauf quelques belles exceptions — exigeait que ses membres puissent continuer de tenir leur rôle sur la scène bruxelloise à égalité avec les vedettes. Malheureusement pour l'amour-propre de cette élite

— mais heureusement pour presque tout le reste de la population —, les motivations qu'elle attribuait à la Bundesbank et à Bonn et, par conséquent, à la dynamique qui sous-tendait le processus de Maastricht, allaient se révéler complètement erronées.

Dans les brouillards d'Écosse

Tout au long du mois de décembre, la livre irlandaise, la couronne danoise et le franc français restèrent sous pression, mais chacun s'attendait que l'assaut principal serait lancé le premier jour ouvrable de 1993. Sur le plan politique, ce mois-là s'était révélé plus significatif. Au sommet d'Édimbourg, on avait approuvé une déclaration (qui n'avait aucune valeur juridique, comme devait le souligner Helmut Kohl, avec sa brutalité coutumière, dans un article publié par le *Financial Times*[2] du 4 janvier 1993) autorisant le Danemark à ne pas appliquer les dispositions du traité de Maastricht qui répugnaient le plus à l'électorat danois : la monnaie unique, la citoyenneté de « l'union », la politique de l'immigration, et la politique de sécurité et de défense. Dans ces conditions, un second référendum danois aboutirait cette fois à la ratification. En outre, le gouvernement danois avait averti le corps électoral que, faute de ratification, le Danemark serait obligé de quitter la Communauté*, ce qui aurait des effets économiques désastreux pour le pays. Ces deux assertions étaient plus que sujettes à caution : un nouveau rejet du traité n'aurait certainement pas impliqué une obligation de rupture du lien communautaire, tandis qu'il est permis de penser qu'un départ de la Communauté n'aurait causé aucun tort à l'économie du pays. Mais la propagande — qui avait bénéficié de l'aide de certaines entreprises danoises proches des chrétiens-démocrates du Premier ministre Poul Schlüter — avait effrayé nombre de Danois et bien des investisseurs étrangers. C'est pourquoi la solution apparente de la crise élaborée à Édimbourg apporta quelque soulagement à la couronne danoise, qui décolla de son plancher.

Il est révélateur que le franc français, lui, n'ait *pas* bénéficié de cet éclaircissement des perspectives de ratification du traité de

* Un tel départ aurait évidemment ouvert une crise politique dans la Communauté, ce qui aurait placé en pleine lumière le rôle ambigu de la Cour européenne de Justice.

Maastricht. Au contraire, les informations en provenance d'Édimbourg contribuèrent à la poursuite de son affaiblissement. Que Kohl et Mitterrand aient réaffirmé leur confiance dans le processus prévu par Maastricht signifiait que les chances de voir s'instaurer rapidement une union monétaire franco-allemande en dehors du cadre du traité devenaient très réduites. Et comme les craintes, ou les espoirs, qu'une telle union inspirait aux marchés avaient joué un rôle essentiel pour dissuader les intervenants de pousser leurs attaques à fond, la devise française allait inévitablement être soumise à une nouvelle pression dès que les courtiers des marchés des changes auraient repris le travail après avoir célébré la fin d'une année marquée par des profits inhabituels.

Le lundi 4 janvier était le premier jour ouvrable de l'année 1993. Quelques minutes après l'ouverture des marchés des changes européens, des ordres de vente considérables avaient déjà fait tomber le franc à 3,42 Marks (le plancher se situant à 3,4305), niveau à partir duquel la Banque de France était intervenue massivement en septembre. Le schéma de la crise précédente se répéta sans attendre. Tôt le lendemain matin, la Banque de France ferma temporairement son guichet monétaire, et augmenta de 2 points, à 12 %, son taux officiel de financement d'urgence. À Paris, le taux au jour le jour monta à 13,5 %, tandis que le taux à trois mois frôlait les 12 %. Une fois de plus, les ministres des Finances et les banques centrales des deux pays publièrent un communiqué commun, qui indiquait que la Banque de France procédait à des interventions massives, tandis que la Bundesbank confirmait qu'elle-même intervenait en permanence et à l'intérieur de la marge (c'est-à-dire volontairement, puisque les règles du MEC ne prévoyaient d'interventions bilatérales obligatoires que lorsque les monnaies atteignaient les limites de fluctuation autorisées). En d'autres termes, le « pacte amoureux » existait toujours. Si le sommet d'Édimbourg avait mis fin aux espoirs, ou aux craintes, d'instauration d'une union monétaire franco-allemande formelle, il demeurait évident que Kohl exigeait de la Bundesbank qu'elle fasse tout ce qui était nécessaire pour soutenir le franc. Le mardi, la Bundesbank lança son premier appel d'offres de l'année, proposant un taux de prise en pension fixe de 6,70 %, alors que le taux de l'offre précédente avait été de 6,85 %. Le marché n'avait pas attaqué suffisamment tôt, *avant* la pause de Noël, et n'avait pas su tirer avantage du gel pour un mois du taux de prise en pension annoncé par la Bundesbank le 11 décembre. Le 5 décembre, à la clôture des marchés européens, l'attaque contre le franc français avait, selon toute apparence, échoué. Qu'avait donc bien pu penser alors la Bundesbank ?

Un horizon gagnant

Sous-jacent à la stratégie de Schlesinger, il y avait le fait, qu'il n'ignorait pas, que les autorités françaises étaient parvenues à maintenir le franc à l'intérieur de sa marge de fluctuation du MEC, mais à un prix élevé et de plus en plus insupportable. L'économie française entrait dans la récession la plus sévère de l'après-guerre ; le chômage atteignait 12 %. Beaucoup plus inquiétant, sous maints aspects, était que le taux de chômage des jeunes se situait au double de ce niveau, et qu'il était plus élevé encore dans les banlieues sinistrées à forte population nord-africaine. Pour tenter de compenser le resserrement monétaire imposé par le MEC, le gouvernement devait lâcher les rênes sur le plan budgétaire, détruisant ainsi — comme en Grande-Bretagne — le résultat de dix années de labeur pour retrouver des finances publiques saines après l'expérience du socialisme d'État.

Pour la France dans son ensemble, et pas seulement pour les socialistes, le maintien de la parité franc-Mark revêtait, politiquement, une double signification. Tout d'abord, les personnages centraux du pouvoir avaient investi une large part de leur capital de confiance dans ce qu'ils considéraient comme un symbole de virilité politique : ils préféraient imposer à la population française les rigueurs d'une déflation* plutôt que d'avoir à subir l'ignominie d'un aveu d'impuissance. Et ce désir de ne pas avoir à être perçus comme de malheureux eunuques était partagé aussi bien par les très hauts fonctionnaires que par les élus. Trichet, tout particulièrement, était prêt — ainsi que nous l'avons déjà vu et que nous le reverrons bientôt — à aller extraordinairement loin pour dissimuler l'impact véritable de sa politique de « désinflation compétitive ». Surtout, les fondements économiques mais aussi politiques de la stratégie adoptée après 1983 risquaient de voir leurs défauts révélés au grand jour si le franc venait à être dévalué. Avec le traité de Maastricht, l'objectif de mettre la main sur la Bundesbank était proche d'être atteint, puisque la France avait déjà commencé

* Vers cette époque-là, le mot « déflation » fut effectivement banni du vocabulaire économique français.

de resserrer son étreinte sur la Buba depuis septembre 1992. Mais si elle relâchait sa prise, sa proie pouvait lui être arrachée pour toujours. Dès lors, ce serait bien davantage que « l'Europe monétaire » qui serait à jamais perdue pour la classe dirigeante des fonctionnaires corporativistes, des industriels et des financiers : « l'Europe » elle-même — celle qui promettait le « corporativisme dans un seul continent », où les bureaucrates, les multinationales indigènes et les syndicats pourraient endiguer la marée de l'économie de marché anglo-saxonne — serait en danger de mort si les superstitions qui fondaient le MEC devaient céder le pas devant la rationalité économique.

Sur les marchés, les gestionnaires de capitaux flottants savaient tout cela. Certains, tel Soros, approuvaient même ce que la classe dirigeante française croyait être en train de faire. Pour la deuxième fois, la Bundesbank, instrument de l'axe Kohl-Mitterrand, avait été obligée de défendre le franc. Aussi longtemps que les socialistes resteraient au pouvoir à Paris, il y avait peu de chance, estimaient les grands intervenants, que le franc succombe à une attaque généralisée. Mais tout pourrait changer quand les socialistes, comme on s'y attendait, perdraient la majorité dans la seconde quinzaine de mars. Il devint assez vite apparent qu'une part notable des paris engagés contre le franc au début de l'année avaient pris la forme de positions à trois mois, qui devraient être dénouées après la formation d'un nouveau gouvernement : si les nouveaux dirigeants adoptaient une autre politique et faisaient flotter le franc, ils le feraient, à coup sûr, immédiatement. Certes, il y avait du pour et du contre dans ces anticipations, car, dans l'opposition, Alain Madelin était la seule personnalité « respectable » à défendre pareille politique. On pouvait penser qu'il deviendrait ministre des Finances, ou, à tout le moins, ministre de l'Industrie, et que son point de vue, par conséquent, aurait un certain poids. En outre, on croyait à tort qu'un gouvernement de droite serait plus sensible aux points de vue des petites et moyennes entreprises — qui souffraient tout particulièrement de la récession et du niveau élevé des taux d'intérêt réels qui les paralysaient — qu'à celui des grandes sociétés, nationalisées ou semi-étatiques, dirigées par des anciens de l'ENA ou par des créatures de la mafia socialiste*, ou par les deux à la fois.

* Nous verrons que les brahmanes venus des grandes écoles démontrèrent qu'ils étaient tout aussi capables de faire front commun contre les basses castes sous Balladur que sous Bérégovoy.

Pile je gagne, face tu perds

Naturellement, un franc flottant fin mars ne garantirait pas aux spéculateurs qu'ils pourraient réaliser un bénéfice. Si, comme l'affirmaient en Allemagne et en France gouvernements et banques centrales — et, en l'occurrence, certains journalistes et nombre d'analystes financiers —, le franc se trouvait fondamentalement en équilibre par rapport au Mark et n'était attaqué que parce que des Anglo-Saxons, pour des motifs politiques, s'en prenaient au MEC et à l'UME, une mise en flottement de la monnaie française ne conduirait à aucun changement de sa valeur sur les marchés. Mais beaucoup d'opérateurs croyaient qu'en France la situation de l'emploi était en fait tellement mauvaise qu'un flottement du franc devrait être accompagné d'une politique volontariste de réduction des taux d'intérêt français à court terme pour les amener au-dessous des taux allemands. Et cette politique-là, au moins au départ, se traduirait par une dépréciation du franc. C'est pourquoi, tout bien pesé, les opérateurs estimaient en général qu'il valait la peine de conserver des positions visant à tirer bénéfice d'une future dépréciation de la monnaie française.

Tout ceci explique pourquoi, en janvier, la Banque de France avait eu jusqu'alors peu de possibilités de reconstitution de ses réserves. Le rythme des rentrées de capitaux, tout bonnement, était bien inférieur à ce qu'il avait été en octobre : les opérateurs ne prenaient pas de nouvelles positions à la baisse du franc, mais conservaient celles qu'ils avaient déjà prises, et qui seraient dénouées fin mars. Pour les autorités françaises, le moment était très inconfortable : les bilans hebdomadaires de la Banque de France montraient à quel point la reconstitution de ses réserves était lente. À tort ou à raison, les marchés soupçonnaient qu'une part des rentrées de capitaux était aussitôt consacrée au remboursement des emprunts contractés auprès de la Bundesbank (il faut se souvenir que les termes exacts du « pacte amoureux » n'ont jamais été rendus publics). Dans une telle situation, caractérisée par la persistance de grosses positions à la baisse du franc, la nécessité de reconstituer les réserves se serait traduite par la poursuite de la douloureuse contrainte imposée par des taux d'intérêt élevés. Le salut ne pouvait venir que si la Bundesbank accélérait la cadence de réduction de ses propres taux. C'était là, précisément, ce dont Schlesinger semblait n'avoir aucunement l'intention, en dépit de l'état de plus en plus précaire de l'économie allemande, et des critiques qui s'élevaient avec de plus en plus de vigueur, à l'intérieur même de l'Allemagne, contre la prudence de la Bundesbank. Car Schlesinger avait aussi des motifs d'ordre intérieur pour conserver une politique monétaire rigoureuse : en janvier, l'inflation était remontée à 4,4 %. Lui-même allait prendre sa retraite en septembre, et il n'entendait pas, lui le grand prêtre de la stabilité des prix, laisser la réputation d'un président de la Bundesbank qui aurait été incapable de mener à bien la désinflation après le grand choc de la réunification. Schlesinger avait donc déclaré en janvier[3] que l'inflation ne dépasserait pas 3 % à la fin de l'année — prédiction que la plupart des observateurs jugeaient irréalisable. En tout état de cause, et quels qu'aient pu être, sur le plan intérieur, ses espoirs ou ses craintes, Schlesinger, dit-on à l'intérieur de la Buba, avait une autre très bonne raison de laisser béante la plaie des taux d'intérêt : il voulait faire pression sur la France, avec l'espérance qu'à la fin mars, l'hémorragie conduirait le nouveau gouvernement français à mettre le franc en flottement.

Les bons amis

De l'autre côté du Rhin, Trichet, à l'instar d'un boxeur qui tâche de cacher à son adversaire à quel point il est passé près du KO après une série de directs violents, faisait tout ce qui était en son pouvoir, non pour atténuer la douleur, car à cela il ne pouvait rien, mais pour la dissimuler. En riposte aux attaques de septembre contre le franc et face au risque que la masse populaire analphabète n'exige une politique indépendante à l'instar de la Grande-Bretagne, il avait publié son plaidoyer *pro domo* en faveur de la désinflation compétitive. Mais l'inflation française était déjà tombée à 2 % et allait probablement baisser encore. Nombre d'analystes français considéraient d'ailleurs que, si on corrigeait les chiffres officiels des artifices de statistiques, on constaterait que le niveau des prix était, en fait, *à la baisse*. Il n'était guère douteux que, puisque Schlesinger était bien décidé à faire rentrer dans son flacon le génie inflationniste, une poursuite de la désinflation compétitive conduirait à une déflation pure et simple, perspective aussi traumatisante que l'histoire du bloc or pour les Français que les deux épisodes d'hyperinflation pour les Allemands.

Trichet, on l'imagine volontiers, doit avoir été furieux de voir qu'un avertissement des dangers d'une déflation lui venait d'un côté où c'était particulièrement mal venu : de la Commission. Selon *Libération*[4], les services de la Commission avaient soumis au Comité monétaire, au titre de la procédure de « surveillance multilatérale » qui permet d'identifier les risques qui menacent la convergence des économies de la Communauté et d'en discuter, théoriquement, dans une atmosphère de franchise, un document qui mettait en cause la prolongation de la politique de franc fort étant donné la menace de déflation*. Outre qu'il s'agissait là d'une vue hérétique, la situation se compliquait du fait que l'opinion publique française tenait pour acquis que chaque mot émis par la Commission aurait certainement reçu l'imprimatur de Jacques Delors lui-même — ce qui devait être l'une des raisons de la défaite de Delors à propos du GATT et de son attitude très ambiguë au sujet de l'accord avec les États-Unis, qui, quelques semaines plus tôt, avait déjà poussé le négociateur commercial de la Communauté, Ray MacSharry, à s'en prendre ouvertement à Delors et, de dégoût, à rendre son portefeuille[6]. Pis encore, il apparaissait que la fuite qui avait abouti à la publication du document litigieux devait avoir son origine à la Banque de France. Trichet tenait le Trésor fermement sous sa coupe, mais la banque centrale — au moins pour le moment — abritait encore des dissidents.

Contorsions

À l'évidence, la riposte de Trichet au malaise grandissant provoqué par les conséquences du franc fort sur le chômage — et sur une possible déflation — était nettement à double tranchant, et n'avait sans doute été possible que parce que ses « patrons » socialistes lui avaient donné l'espoir qu'il conserverait son poste. La direction du Trésor, dans ses briefings à l'attention de la presse

---

* Deux semaines plus tard, des « experts monétaires » (probablement des Irlandais qui tablaient encore sur une dévaluation du franc) indiquèrent aux journalistes que « la Commission avait provoqué de vifs remous en présentant un rapport extrêmement détaillé sur les performances économiques de chacun des États membres ». Ils ajoutèrent que « le rapport », depuis lors enterré[5], avait non seulement mécontenté certains pays à cause de sa description peu flatteuse de leurs performances économiques, mais avait aussi causé une colère générale parce qu'il faisait très précisément allusion aux taux de change, sujet on ne peut plus délicat.

(et, sans aucun doute, dans les divers forums internationaux de débats économiques), commença de donner une importance grandissante à l'idée que, pour l'essentiel, le chômage, en France, était causé par les rigidités structurelles de l'économie en général et, en particulier, du marché du travail. C'est pourquoi, affirmait-on, la politique au niveau macroéconomique ou un assouplissement de la politique monétaire n'avait aucun effet sur le niveau de l'emploi. On pouvait voir dans cette analyse la condamnation de douze ans de pouvoir socialiste en France. Que le gouvernement ait accepté qu'elle soit rendue publique montrait à la fois son pessimisme en ce qui concernait ses perspectives électorales, et la priorité absolue que Mitterrand et Bérégovoy accordaient à la politique étrangère et à leur stratégie de maintien du lien franc-Mark.

Trichet pouvait recourir à toutes sortes de faux-fuyants et d'arguments spécieux pour échapper à une analyse critique des effets de la politique qu'il suivait. Il pouvait affirmer que le chômage n'avait rien à voir avec le franc fort. Mais il y avait d'autres problèmes, plus immédiats, qu'il n'était pas possible de ne pas lier aux mesures prises pour défendre le franc. La situation du système bancaire français, en particulier, devenait de plus en plus inquiétante. Les banques nationalisées avaient consenti des prêts douteux, dans le domaine de l'immobilier principalement mais non exclusivement. De même que quelque temps plus tôt en Grande-Bretagne, et même si c'était moins spectaculaire, les prix de la propriété foncière et immobilière étaient, au début de 1993, soumis à la pression de taux d'intérêt réels extraordinairement élevés, conséquence directe de la politique de franc fort. Cette « déflation de la valeur des actifs » paraissait destinée à se poursuivre, ce qui rendait plus douteuses encore certaines créances des banques. Et il était probable que le climat général de morosité se traduirait par un nombre toujours croissant de faillites et de défauts de remboursement si rien ne venait ramener l'optimisme.

Comme si cela ne suffisait pas, les autorités françaises étaient aussi confrontées à quelques-uns des problèmes avec lesquels le gouvernement irlandais devait lui aussi se débattre. Grâce au « pacte amoureux », les taux du marché français de l'argent n'avaient pas atteint les niveaux extravagants que l'Irlande venait de subir et qu'elle aurait bientôt à subir de nouveau. Mais la guerre d'usure qui se livrait sur les marchés des changes les maintenait bien au-dessus du taux de base bancaire, en dépit d'un relèvement d'un demi-point en décembre. On savait que les banques faisaient campagne pour être autorisées à relever leur taux de base de manière substantielle afin qu'il puisse mieux correspondre au coût de leur refinancement marginal. Mais une telle hausse aurait porté un coup sévère à la politique de franc fort. Trichet ne cessait de répéter que dans le système français, le financement bancaire à court terme avait relativement peu d'importance, car il voulait éviter que les marchés ne jugent que la France était tout aussi tenue par la contrainte des taux d'intérêt que la Grande-Bretagne l'avait été*. Au vrai, il existait des différences considérables dans les structures financières des deux pays. Par exemple en France, les industries nationalisées et les principales entreprises du secteur privé avaient accès au marché international des capitaux et à des sources internes de financement privilégié. Mais la grande masse des petites et moyennes entreprises (traditionnellement possédées et gérées par des hommes de droite) dépendaient largement des prêts bancaires. De nouvelles augmentations du coût de leur financement les contraindraient, presque certainement, à demander au gouvernement de droite issu des prochaines élections qu'il suive la voie tracée par la Grande-Bretagne.

Ainsi, du point de vue de Trichet, il fallait éviter à tout prix un relèvement des taux d'intérêt. Pourtant, l'agence de notation financière américaine Standard & Poors avait déjà averti qu'elle pourrait abaisser le *rating* des banques françaises. Selon des rumeurs qui circulaient sur les marchés, le Trésor avait donné instruction aux banques françaises de soutenir le marché des obligations. Si c'était vrai, et si la fin des espoirs de baisse des taux se traduisait par une tendance baissière sur les obligations, les banques, déjà fragilisées, subiraient un nouveau choc. Pour le franc fort, tout ce qui pourrait donner à penser à l'émergence d'une crise bancaire serait aussi dommageable que de l'agitation chez les chefs d'entreprise. Les autorités françaises eurent donc recours à un subterfuge. Pour commencer, ainsi que tout le monde le savait sur les marchés, il fut ordonné à

* En mars 1992, avant que ne commence la crise du MEC, André Icard, l'un des principaux économistes de la Banque de France, avait soumis à une revue universitaire américaine un article dans lequel il démontrait l'importance qu'avait, en fait, le financement à court terme pour l'industrie française[7]. Pour des raisons qui semblent n'avoir aucun rapport avec la lenteur habituelle de ce genre de publications, l'article resta dans les tiroirs pendant deux ans, et ne parut que bien après le dénouement de la crise du franc et la baisse subséquente des taux d'intérêt à court terme.

la Banque de France de donner un accès préférentiel à ses guichets de refinancement aux banques proprement françaises. Dans ce domaine, bien qu'ils aient été relevés pour défendre le franc, les taux de la Banque de France permettaient un refinancement moins cher que le marché interbancaire. Cette différenciation rendait la vie plus facile aux banques françaises qu'aux filiales françaises de banques étrangères. Il s'agissait là d'une violation flagrante des règles du Marché unique (naturellement, la Commission, gardien théorique de la réglementation communautaire, ne montra aucune envie d'enquêter sur ce qui se passait). Ensuite Trichet et son ministre, Michel Sapin, encouragèrent au moins une banque, le Crédit Lyonnais — le plus grand des fiefs socialistes dans le secteur bancaire et, comme par hasard, celui qui se trouvait dans la situation financière la plus scabreuse — à dissimuler dans ses bilans * l'étendue de ses créances douteuses.

La morosité, déjà mentionnée, préoccupait également Trichet. Ce pouvait être un argument pour démontrer que, quoi que lui-même ou la Bundesbank puissent dire, les « fondamentaux » de l'économie française étaient loin d'être brillants — la preuve que la table était mise, mais que les Français semblaient avoir perdu l'appétit. De fait, ils paraissaient de moins en moins disposés à entreprendre quoi que ce soit qui aurait impliqué des dépenses. Dans les familles, on craignait que les salariés ne perdent leur travail, et que les jeunes, diplômés ou non, n'aient même jamais de travail à perdre. Les chefs d'entreprise redoutaient d'en être dépossédés, d'autant qu'un accord au GATT se profilait. Trichet, qui appartenait par tempérament à la catégorie de ceux qui pensent que l'État a toujours raison, moquait la stupidité et le manque de courage de ses concitoyens. Ils n'avaient qu'à se remuer et à dépenser, dépenser, dépenser, et tout irait mieux, disait-il.

Il était vrai, incontestablement, que si les gens dépensaient davantage, que si l'économie, en conséquence, progressait, et que si les marchés révisaient leur jugement sur la possibilité de maintenir longtemps encore la politique de franc fort, les taux d'intérêt s'orienteraient à la baisse et l'on assisterait à l'apparition d'un cercle vertueux. Mais l'insistance mise par Trichet sur une sortie de la morosité par une expansion de la *demande* cadrait mal avec son idée selon laquelle c'étaient les déficiences de l'*offre* qui

---

* Ce fait a été révélé en juillet 1994 par la commission parlementaire enquêtant sur le Crédit Lyonnais [8].

étaient à l'origine des problèmes de l'économie française. En outre, s'il pouvait mettre en équation les éventualités souhaitables *si* l'état d'esprit ambiant se modifiait, il n'était pas en mesure de proposer une méthode pour faire évoluer cet état d'esprit sans un changement préalable de la politique qui avait rendu tout le monde si malheureux.

L'attitude de Trichet sur cette question est extrêmement révélatrice. Les Français, pensait-il, devaient adapter leurs humeurs à la politique édictée par l'État. L'idée qu'au contraire l'État pourrait devoir adapter sa politique aux humeurs des citoyens était anathème pour l'élite française : c'était antirépublicain ! « Entre l'État et le désordre libéral » — titre d'un article de *Libération* déplorant quelque temps plus tard l'accord du GATT —, il n'y avait qu'un seul choix possible. Le gouvernement exprimait la Volonté générale, et l'énarchie la mettait en œuvre. Les Français avaient certes le droit — si gênant que cela puisse être parfois* — de légitimer la Volonté générale par leurs votes. Mais dès que la Volonté générale avait été formulée, il était incohérent, illégitime et politiquement incorrect de la part des Français de la contrecarrer par leurs actions individuelles en tant qu'agents économiques.

Ainsi, Trichet se trouvait-il coincé dans un paradoxe : les Français, économiquement, se conduisaient comme des Anglo-Saxons au comportement anarchique en consommant moins que ce que la Volonté générale exigeait pour donner de la crédibilité à la politique du franc fort. Et cependant, les pousser à consommer serait, aux yeux de gens comme Jacques Delors, une capitulation devant l'impérialisme culturel supposé des États-Unis, dont la défaite était

* À peu près à cette époque, lors d'une réunion de hauts responsables monétaires internationaux, l'un des représentants de la France fit valoir avec regret que la nécessité de tenir des élections créait des difficultés au franc. L'un de ses homologues américains répliqua que pareil commentaire trahissait une attitude négative à l'égard de la démocratie. Les Français, interrogea-t-il, voulaient-ils en revenir à la monarchie ? Pendant que les représentants britanniques tâchaient de sourire, que les Canadiens procédaient à un examen de conscience, et que les Japonais affectaient de ne pas comprendre, il revint aux Suédois de défendre l'idée de monarchie constitutionnelle. Quand le même groupe se réunit de nouveau, ce représentant américain, qui avait laissé son micro ouvert, peut-être volontairement, après son intervention dans le débat, se tourna vers son voisin pour qualifier les représentants français de « connards ». Étant donné que c'était alors un Français qui parlait et que la plupart des présents suivaient son intervention dans leurs écouteurs, ce commentaire fut largement entendu. Cette fois, il n'y eut aucune gêne dans les sourires qui fleurirent autour de la table.

l'un des objectifs fondamentaux des États-Unis d'Europe que la politique de franc fort visait à conforter.

En bref, le malaise que Trichet avait éprouvé en décembre était loin de se dissiper avec le lent allongement des journées. En dépit du fait que la Bundesbank, au début de janvier, avait continué de soutenir le franc, il savait qu'il lui faudrait, de longs mois encore, veiller derrière son créneau. Si la spéculation repartait à l'assaut une troisième, puis une quatrième fois, pouvait-il être assuré que la Bundesbank demeurerait à ses côtés ?

À la petite cuillère

Nous reprendrons un peu plus tard l'histoire du franc français et de ses implications sur la stratégie de la Bundesbank. Mais auparavant, nous allons analyser l'impact de la survie du franc français après le Nouvel An sur la livre irlandaise. Puisque, une fois encore, c'était sans succès qu'ils avaient tenté de dévorer le franc, les marchés tournaient leurs yeux avides vers une proie plus petite et plus faible. Et la livre irlandaise était maintenant dans une faiblesse extrême, parce que les autorités de Dublin avaient dû, à la fin de 1992, abroger tout ce qu'il subsistait du contrôle des changes. C'était là une obligation imposée par la directive communautaire de 1988 sur les mouvements de capitaux. En théorie, l'Irlande aurait pu faire appel aux clauses « de sauvegarde » qui lui auraient permis de maintenir certaines formes de contrôle et même d'en imposer de nouvelles. Mais pour chacun des « partenaires » européens de l'Irlande qui espéraient trouver un prétexte pour l'exclure du noyau dur de l'UME, un tel recul sur la libéralisation des mouvements de capitaux aurait entraîné une condamnation de Dublin aussi sévère qu'une dévaluation de la livre. C'est pourquoi les autorités irlandaises choisirent de s'appuyer de plus en plus sur les petites combines d'une « gestion de la liquidité » confiée à la banque centrale d'Irlande, dans le but que la spéculation éprouve davantage de difficultés à emprunter des livres tout en évitant le relèvement du taux interbancaire à un mois dont dépendait, pour l'essentiel, le taux des prêts hypothécaires*. Mais

* Ces procédures avaient pour effet de segmenter les marchés financiers, ce qui était contraire à l'esprit du Marché unique. Mais, à la différence des moyens utilisés, ouvertement ou en secret, à l'automne précédent par la France, l'Allemagne, l'Espagne, le Portugal et par l'Irlande elle-même, les mesures de seg-

il était clair qu'on s'efforçait là de vider à la petite cuillère une baignoire qui se remplit : tôt ou tard, l'eau finirait par déborder. Durant la première semaine de janvier, la banque centrale fut contrainte de laisser le taux au jour le jour monter à 100 %. Si un taux pareil devait se prolonger, toute l'habileté du monde ne pourrait empêcher un fort relèvement du taux d'intérêt à un mois, puis du taux des prêts hypothécaires.

Le nouveau gouvernement constitué enfin le 12 janvier, plus de six semaines après les élections, résultait d'une coalition entre le Fianna Fail, précédemment au pouvoir, et le Labour Party. Chacun des deux avait de très forts motifs pour vouloir éviter une dévaluation. Et, naturellement, tous les groupes représentés au Dail (le Parlement irlandais) s'accrochaient à l'espoir que les « partenaires » européens de l'Irlande viendraient à sa rescousse, poussés par cette « solidarité » qui était si essentielle à la vision qu'avait l'establishment de Dublin d'un avenir européen dans un pays où couleraient à flots le lait de la fraude sur la Politique agricole commune et le miel des fonds structurels.

Cependant, il semblait impossible de résister aux pressions à la dévaluation. Les cris de douleur du secteur industriel se faisaient chaque jour plus perçants avec la poursuite de la glissade du sterling entamée en septembre, qui renchérissait les prix des produits irlandais.

Le nouveau gouvernement se décida pour un appel des plus pressants à la solidarité des Européens, c'est-à-dire de la Bundesbank. Après la rebuffade que Tietmeyer leur avait administrée dans la nuit du 21 au 22 novembre, les hauts fonctionnaires irlandais s'étaient attendus que leur gouvernement s'adresserait au niveau supérieur. Mais, de manière très caractéristique, tous les efforts du gouvernement de transition, à la fin novembre et en décembre, avaient été consacrés à maximiser les sommes d'argent que l'Irlande pourrait extorquer aux autres pays au titre du paquet Delors 2 de fonds structurels. Le gouvernement irlandais croyait que la Commission lui avait promis des montants particulièrement élevés. Quel ne fut pas son dépit de voir, à la fois, que les ministres

---

mentation adoptées par la banque centrale d'Irlande ne comportaient aucune discrimination fondée sur la nationalité ou la domiciliation, et, par conséquent, n'étaient pas en infraction avec la réglementation sur les mouvements de capitaux.

des Finances allemand*, britannique et hollandais s'opposaient au volume général des versements proposés par Delors, et que l'Espagne était bien déterminée à s'emparer d'une part plus grosse du gâteau, quelle que soit sa taille finale. Le gouvernement irlandais avait décidé, par conséquent, d'éviter de faire pression sur la Bundesbank et de prendre le risque connexe d'irriter le gouvernement de Bonn. À la mi-janvier, cependant, l'essentiel de l'argent qu'il espérait tomberait bien dans son escarcelle : le moment lui semblait propice pour jouer la carte du « bien commun » que le MEC était censé incarner.

Selon la presse irlandaise[9], cette « offensive diplomatique » débuta le 14 janvier, à l'occasion d'une réunion du Comité monétaire au cours de laquelle les représentants de l'Irlande demandèrent un soutien. Si une telle demande fut bien présentée, elle dut ne recevoir, de la part de Tietmeyer, que le plus glacial des accueils. Le communiqué du 21 novembre n'avait-il pas indiqué clairement que chaque pays devait défendre sa parité ? N'était-il pas évident que, si un pays avait appliqué une politique juste, il ne subirait pas d'attaques des marchés, mais que *si* de telles attaques se produisaient, il fallait y réagir par un réalignement du genre de celui que lui, Tietmeyer, avait demandé aux Irlandais en novembre ? Peut-être les Irlandais espéraient-ils que son embarras devant la contradiction flagrante entre la philosophie qu'il proclamait et l'exemple du franc français pousserait Tietmeyer à agir. Mais le « vieux renard de Westphalie » savait bien ce qu'il faisait lorsqu'il se décernait cette appellation : son éducation chez les jésuites lui avait enseigné la manière de régler les problèmes de mauvaise conscience, et ce n'étaient certainement pas les piqûres des moustiques irlandais qui pourraient transpercer son épaisse carapace**.

Schlesinger, pour sa part, pouvait contempler d'un œil détaché la crise de la livre irlandaise. Il félicita ostensiblement[11] les autori-

---

* Helmut Kohl (ce n'était pas la première fois) s'était laissé aller à un « euro-geste » sans réfléchir à ses conséquences financières, si bien que cela provoqua un conflit avec Waigel. Le 12 novembre, il avait donné son plein accord aux propositions de Delors et avait même suggéré d'accroître les versements qui seraient consentis à l'Irlande.

** L'un des membres de la délégation de l'Irlande au Comité monétaire déclara ensuite à la presse irlandaise : « Nous sommes comme des amis des beaux jours qui ont été jetés ensemble dans des flots déchaînés. Il n'y a aucune réelle coordination... mais une atmosphère de grand cynisme[10]. »

tés de Dublin d'avoir relevé à 100 % leur taux au jour le jour — félicitations qui auraient pu les porter à croire qu'elles étaient tenues pour de bons élèves, dignes des bonnes grâces et de la faveur de la Bundesbank. Mais les propos de Schlesinger prenaient tout leur sens si on les interprétait comme une critique voilée des Français qui se précipitaient à Francfort (via Bonn, bien entendu : l'indépendance de la Bundesbank n'allait pas encore assez loin pour qu'elle puisse refuser à Kohl et à Mitterrand ce qu'ils voulaient), au lieu de se débrouiller par eux-mêmes et d'encaisser le choc. Quant aux obligations formelles imposées par le MEC, Schlesinger pouvait faire valoir que la livre irlandaise était certes à son plancher, mais face au franc belge et au florin seulement, et non face au Mark, si bien que la Bundesbank n'était pas tenue à des interventions à la marge pour la soutenir. La Bundesbank garantirait-elle publiquement qu'elle procéderait à des interventions inframarginales ? Jamais !

Si bien que l'« offensive diplomatique » irlandaise n'eut jamais la moindre chance d'être viable. Mal conçue, elle était mort-née. En tout état de cause, l'engagement entêté du nouveau gouvernement à maintenir la parité semblait promettre quelques semaines de souffrance de plus et non un soulagement miséricordieux. Les marchés restèrent l'arme au pied dans l'attente de l'inévitable. Il y eut de nouveau une détente sur les taux au jour le jour, mais les taux à un mois et à trois mois continuèrent de refléter la certitude des marchés qu'on ne pourrait pas échapper à une nouvelle dévaluation, et de prouver, via la pression exercée sur les organismes attribuant les prêts hypothécaires, que les marchés avaient raison.

D'Inde et dindons

Le coup de grâce fut administré fin janvier. Mais il vint de là où on ne l'attendait pas : d'Inde. Le Premier ministre britannique, John Major, s'y était rendu accompagné d'hommes d'affaires, dans l'espoir de stimuler le commerce. Il semble avoir rencontré quelque succès dans son entreprise. Mais la meute des correspondants politiques britanniques qui suivaient John Major s'intéressaient moins aux contrats de vente de turbo-générateurs qu'aux gaffes du Premier ministre. Durant cette période, la cote de Major était vraiment à l'étiage. Encore sous le choc du mercredi noir, il n'avait remporté que par une faible majorité un vote aux Communes sur le principe d'une seconde lecture des textes de ratification de Maastricht ; il se traînait dans les sondages et se battait pour convaincre l'opinion publique que la reprise tant annoncée était bien une réalité, et les commentateurs de droite comme de gauche le tournaient en dérision. Bien peu d'observateurs croyaient qu'il pourrait survivre à l'automne.

Dans un tel contexte, le voyage en Inde s'apparentait à un désastre en matière de relations publiques : on reprochait à Major de quitter la Grande-Bretagne à un moment difficile. Les journaux adoraient faire la comparaison avec le « La crise ? Quelle crise ? » que Jim Callaghan était censé avoir prononcé à son retour des Caraïbes pendant « l'hiver de mécontentement » de 1979. Au cours du voyage en Inde*, la plupart des journalistes traitèrent Major avec ce qui ressemblait à du mépris. Les articles peu flatteurs qu'ils transmettaient à leurs médias respectifs eurent raison de sa patience. Le Premier ministre décida alors d'obtenir des manchettes en sa faveur, en passant outre à la prudence du chancelier de l'Échiquier et de la Banque d'Angleterre, afin de donner aux électeurs une occasion de réchauffer leur hiver. Il envoya un message à Londres, et, le 26 janvier, une baisse d'un point des taux de base britanniques prit les marchés par surprise.

Du point de vue économique, c'était là une décision sage. Mais Norman Lamont qui, non sans justification, tirait fierté du nouveau cadre de politique monétaire que le mercredi blanc lui avait permis de mettre en place, en fut, et cela se comprend, décontenancé. Il semble qu'il ait exprimé sa colère en termes dénués d'équivoque à l'homme auquel il servait de bouclier. Le destin de Lamont était désormais scellé. Quelques jours plus tard, on put entendre Kenneth Clarke, jusque-là le moins repenti des fanatiques du MEC au sein du cabinet, déclarer à la radio que le sterling ne devrait pas essayer de rentrer de nouveau dans le système avant la fin de l'actuelle législature, à la mi-1997. Ce changement d'optique résultait du fait que les taux d'intérêt britanniques se trouvaient maintenant tellement plus bas que les taux allemands que tout retour prématuré dans le MEC aurait exigé qu'ils soient *relevés*

---

* Durant le vol de retour, l'humeur des journalistes, déjà maussades et las, ne devait pas s'améliorer : le Premier ministre avait insisté pour venir discuter familièrement avec eux dans la queue du VC 10 vieillissant et étroit. Agenouillé dans le couloir à côté de l'une de ses victimes, il empêchait l'hôtesse de faire avancer le chariot chargé de boissons très attendues.

tout aussi prématurément. Clarke était suffisamment pragmatique pour comprendre qu'un tel relèvement, pour des motifs liés au MEC et au MEC seulement, serait politiquement suicidaire. Toutefois, les bons observateurs discernaient qu'il y avait un autre motif. Ils soupçonnaient Major de lui avoir promis que les clés du 11, Downing Street (la résidence du chancelier de l'Échiquier) seraient bientôt entre ses mains pourvu qu'il prenne le temps de donner des apaisements aux eurosceptiques : la première étape consistait obligatoirement à se désolidariser publiquement de l'idée d'un prochain retour dans le MEC, et à s'engager à ne plus céder à ses penchants connus si ce n'était en privé.

Le chancelier de l'Échiquier et la Banque d'Angleterre devaient se contenter de se plaindre officieusement auprès des journalistes. Mais une tempête très publique, traversant à la fois la Manche et la mer d'Irlande, allait éclater au-dessus de la tête de Major. La baisse surprise des taux d'intérêt britanniques avait provoqué un plongeon immédiat du sterling, qui chuta de sept pfennigs (presque 3 %) contre le Mark. Elle repoussa aussi vivement la livre irlandaise contre son plancher, tout en l'amenant au niveau jamais vu de 1,10 sterling. Pour le maintien de la parité de la livre irlandaise dans le MEC, c'était comme le baiser de la mort. À Dublin, les partis d'opposition exigèrent la convocation immédiate du Parlement. Les cris d'angoisse des exportateurs irlandais agirent comme du sang dans l'eau sur les requins du marché. On eût dit que toutes les banques du monde voulaient emprunter à terme des livres irlandaises pour les revendre au comptant. Les taux au jour le jour grimpèrent de nouveau à 100 %, tandis que les banques irlandaises avertissaient qu'un relèvement de 300 points de base des taux hypothécaires était imminent.

Désespérés, les responsables irlandais supplièrent Trichet[12], en sa qualité de président du Comité monétaire, d'intercéder en leur nom auprès de la Bundesbank (représentée par Tietmeyer, on peut le supposer). Dans la soirée du 28 janvier, Trichet, tentant d'assumer le rôle d'honnête courtier qu'on ne l'avait guère vu jouer en septembre ou en novembre, téléphona au ministère irlandais des Finances. Il émit l'idée d'une intervention concertée pour soutenir la livre irlandaise. La Bundesbank, dit-il, pourrait y donner son aval. Mais le gouverneur de la banque centrale d'Irlande, Maurice Doyle, alerté par le ministère des Finances, voulut en obtenir confirmation directe à Francfort. Il se trouve que ni Schlesinger ni Tietmeyer n'étaient en situation de lui répondre : Schlesinger prononçait une conférence* à Bruxelles, et on disait que Tietmeyer était « en congé ». Apparemment, leurs secrétariats respectifs étaient dans l'incapacité de les contacter. Ce retour à un mode de communication diplomatique digne d'un XIXe siècle moins agité, où les messages entre le gouvernement de Londres et le vice-roi des Indes mettaient un mois dans chaque sens, doit avoir été particulièrement agaçant pour Doyle : comment n'aurait-il pas souhaité revenir à une époque où les instructions de Major à son chancelier de l'Échiquier seraient encore en train de naviguer à bord d'un vapeur de la P & O dans le golfe du Bengale ! Toute plaisanterie mise à part, ce ne fut pas avant la matinée du vendredi 29 janvier que Doyle put enfin s'entretenir avec un responsable de la Bundesbank : on examinait l'idée d'une intervention concertée. Cette réponse paraissait indiquer qu'aucun secours ne serait accordé avant le week-end.

L'Église sonne le tocsin

Cependant, tandis que la Bundesbank restait dans sa tente sous les murailles de Troie, entrait alors dans la mêlée ce que l'Irlande pouvait offrir de plus approchant en matière de force politique puissante et n'ayant de comptes à rendre à personne : l'Église. Sapin avait menacé les spéculateurs de leur couper la tête. Nombre d'autres hommes politiques et de responsables des banques centrales avaient averti les marchés qu'ils allaient se brûler les doigts. Mais les églises irlandaises mettaient la barre plus haut encore : les spéculateurs risquaient de rôtir pour l'éternité dans les flammes de l'enfer. Un évêque catholique déclara : « Ces activités spéculatives portent atteinte à l'avenir du pays, et elles s'exercent aux dépens du bien commun. » Et d'ajouter : « On ne peut leur trouver d'excuses, car elles sont contraires aux principes chrétiens[13]. » L'évêque protestant de Meath fit chorus : « Il est d'une incroyable immoralité que des gens riches et des sociétés puissent gagner des millions en rançonnant une nation. Il est effrayant de voir ce qu'ils font des vies de tant de gens. »

Qu'est-ce qui avait poussé les clercs à intervenir dans le débat

* Les propos tenus ce soir-là à Bruxelles par Schlesinger revêtaient une signification très importante, comme nous le verrons un peu plus tard.

concernant la livre irlandaise ? Était-ce l'expression d'un dégoût bien compréhensible devant le triomphe de Mammon ? S'agissait-il de rappeler que le devoir de tout chrétien est de donner la priorité aux besoins et aux droits des pauvres ? N'en doutons pas, c'est bien ce que les évêques irlandais *croyaient* vouloir dire. Mais de tels propos véhiculaient surtout une bonne part de la confusion, du « politiquement correct », et du mysticisme d'un Nouvel Age irréligieux, qui caractérisent tant d'incursions de l'Église d'Angleterre dans le domaine politique — modernes échos de la religion séculière de la France jacobine*.

« Enrichissez-vous vite et ne vous souciez pas de qui souffre » a toujours été une maxime répugnante. Son expression la plus voyante apparaît dans l'attitude de la classe dirigeante irlandaise à l'égard de l'Europe. Beaucoup de ses membres, qui figurent parmi les catholiques les plus en vue du pays, figurent aussi parmi les bénéficiaires majeurs — financièrement politiquement, ou socialement — de l'obéissance de leur gouvernement au Veau d'or de Delors. Mais, en outre, le comportement de l'Église catholique d'Irlande, comme celui des Églises catholiques de nombreux pays du continent, était marqué par le désir de voir se reconstituer dans l'ombre un Saint Empire romain en « Europe ». De même que la classe dirigeante française n'a jamais pardonné aux Anglo-Saxons d'avoir libéré sa patrie de l'occupation nazie à laquelle avaient mené son incompétence et sa décadence, la tradition européenne des chrétiens-démocrates et des sociaux-chrétiens n'a jamais accordé son pardon aux forces du nationalisme et du libéralisme qui, pendant le XIXe siècle, paraissaient avoir définitivement libéré l'Église des chaînes que lui avaient imposé ses prétentions au pouvoir temporel**.

* Les mêmes valeurs morales perverties seraient exprimées publiquement le 20 février 1995, dans un article publié dans *Le Monde* par Jean Boissonnat, membre du Conseil de politique monétaire de la Banque de France, quelques semaines avant le premier tour de l'élection présidentielle. Boissonnat, inquiet à l'idée que la politique de franc fort, voie choisie par la Banque de France pour accéder à un pouvoir politique autonome, pourrait être menacée par une victoire de Chirac, affirmait que la monnaie constituait un problème d'ordre moral. Répondant dans le même journal le lendemain, Philippe Séguin écrivit que les assertions de Boissonnat étaient à faire se dresser les cheveux sur la tête.

** Ces tensions se combinent sous une forme particulièrement virulente, bien entendu, chez le socialiste chrétien qu'est Jacques Delors. Selon le goût de chacun, on s'amusera ou on frissonnera en apprenant qu'il y a quelques années, Delors reçut une lettre d'un catholique anglais, personnage bien connu dans le

L'Irlande à l'eau

Heureusement pour la population irlandaise, le gouvernement de Dublin, privé du soutien de la Bundesbank et bénéficiant seulement de l'appui moral que lui apportait la haine nourrie par les églises envers les spéculateurs, décida, ce vendredi-là, que le jeu n'en valait plus la chandelle. Mais pourquoi, étant donné que la Bundesbank semblait gagner du temps plutôt que rejeter de but en blanc les propositions de Trichet ? Un indice en fut fourni quelques semaines plus tard. De source officielle irlandaise, on indiqua alors à la presse que ce qu'aurait pu proposer, ou ne pas proposer, la Bundesbank aurait été « trop peu et trop tard[14] ». Le « trop tard » était parfaitement clair : après la baisse des taux d'intérêt britanniques et la glissade du sterling, la situation était proche de l'irrémédiable. On peut être davantage intrigué par le « trop peu » de ce couplet familier. Il donne à penser que si la Bundesbank avait paru s'engager sur la voie d'une intervention concertée, ce n'eût été qu'un exercice de relations publiques. Plus précisément, la Bundesbank n'aurait accepté d'intervenir qu'en tant que *représentant* de la banque centrale d'Irlande, en rachetant des livres irlandaises pour son compte, mais sans que soit associée à son action l'ouverture d'une ligne de crédit analogue à celle dont bénéficiait la Banque de France. Des rumeurs qui circuleraient sur les marchés la semaine suivante, à propos de la nature des interventions en

---

monde des relations publiques. Ce bon apôtre, ayant sans doute noté que Delors s'était attaché à promouvoir le « drapeau européen », d'un symbolisme incontestablement marial avec ses douze étoiles en cercle sur fond bleu, suggérait que la Communauté européenne soit consacrée à la Vierge Marie. Le membre du cabinet de Delors chargé des relations du président de la Commission avec l'Église catholique répondit que cette suggestion avait été reçue avec gratitude. Cependant, le président estimait qu'il n'était pas de son pouvoir d'y répondre par l'affirmative. Il va de soi que quiconque connaissant un tant soit peu Delors pourrait s'étonner que ce grand homme ait jamais considéré que quelque chose puisse dépasser les limites de son autorité. Soumettrait-il la question au Conseil européen, ou même à un référendum ? La réponse était apportée par la phrase suivante : le Président, écrivait son sous-ordre, transmettrait la suggestion au Saint Père. Et si le souverain pontife, « après avoir médité et prié », la jugeait convenable, Delors ferait tout son possible pour qu'elle entre dans les faits. On n'a plus jamais entendu parler de cette idée.

faveur de la couronne danoise, donnent quelque crédit à cette interprétation, mais n'allons pas trop vite. En tout état de cause, le gouvernement irlandais se résigna à l'inévitable*.

Une réunion du Comité monétaire fut convoquée pour le samedi 30 janvier. Ce qui n'empêcha pas certains responsables politiques de se livrer, comme d'habitude, à la diplomatie du haut-parleur. En Irlande, Ruari Quinn, le ministre travailliste de l'Emploi du nouveau cabinet de coalition, fulmina des imprécations contre la Grande-Bretagne : la réduction des taux d'intérêt britanniques le 26 janvier avait été, dit-il, « un bon indicateur de l'attitude générale de la Grande-Bretagne à l'égard de la Communauté [15] ». Au lendemain du week-end, Michel Sapin, grand prêtre de la Volonté générale, se montra plus brutal encore, et n'hésita pas à affirmer que la Grande-Bretagne « n'avait pas le droit d'essayer de résoudre [16] » ses propres problèmes économiques. L'origine de la fureur irlandaise et de la frénésie française était facile à deviner. Du point de vue de l'Irlande, il importait peu qu'une dévaluation doive en fin de compte améliorer les perspectives économiques du pays. Malgré toutes les tentatives pour éviter l'inévitable, la Némésis s'était imposée, dans ses atours les plus sinistres — ceux de l'attraction exercée par l'économie britannique : l'Irlande semblait vouée à ne jamais échapper à son orbite. La classe dirigeante irlandaise avait envisagé l'entrée dans le Marché commun (selon l'appellation trompeuse qu'employaient alors les hommes politiques irlandais et britanniques) et l'appartenance au MEC comme une déclaration d'indépendance économique par rapport à la Grande-Bretagne. Il était traumatisant d'être contraints de s'incliner devant des événements survenus en Grande-Bretagne. Pis encore, pour les marchés comme pour la Bundesbank, une dévaluation confirmait la vulnérabilité de la livre irlandaise à l'évolution du sterling, ce qui poussait à opposer un grand point d'interrogation au désir

* Que la dévaluation de la livre irlandaise soit inéluctable relevait de la certitude, par exemple, pour le programme économique du soir de CNN, qui venait de consacrer une chronique de cinq minutes à l'impact qu'elle aurait très certainement. Cela ne manqua pas d'attirer l'attention du Trésor français. Un autre programme d'information économique de CNN était parrainé par une banque française soumise à une très forte influence de l'État. On espérait sans nul doute que ce programme serait de plus en plus marqué par les commentaires d'analystes appartenant à des banques ou à des maisons de titres françaises, qui expliquaient solennellement, soir après soir, que le franc était une monnaie forte et que le MEC ne subirait jamais de défaite.

de l'Irlande d'être tenue pour l'un des membres du « noyau dur » de l'Europe.

Quant à Sapin, il dut sans doute voir rouge devant la baisse des taux en Grande-Bretagne et devant la glissade du sterling qui en avait résulté. Tout d'abord, l'amélioration de la compétitivité britannique qu'elles provoquaient aurait un effet négatif sur la croissance en France*, alors que Sapin persistait à affirmer — ce qui était de plus en plus ridicule, et qui faisait rire de plus en plus de gens — que le PNB français progresserait d'environ 2,5 % en 1993**. Ensuite, les industriels français pourraient en venir à exiger que l'on suive l'exemple britannique et que l'on adopte une stratégie dans laquelle les décisions de politique monétaire seraient prises en tenant compte de la bonne marche de l'économie intérieure plutôt que du tabou de la parité. Ils pourraient aussi demander pourquoi les entreprises françaises devraient encore être étranglées par les diktats monétaires de l'Allemagne, théoriquement la plus grande amie de la France, son alliée, son partenaire, et sa compagne dans l'aventure européenne, cependant que la perfide Albion pouvait forcer l'allure quand cela lui chantait. D'autant qu'à en croire Jacques Delors, la Grande-Bretagne, en choisissant de ne pas s'associer au volet social de Maastricht, allait devenir « un paradis pour les investissements étrangers[18] ». Enfin, la dévaluation de la livre irlandaise signifiait davantage de profits pour les spéculateurs, et de nouvelles anticipations de bénéfices pour les requins des marchés, qui pourraient bientôt faire cercle autour du franc français. La situation s'aggraverait encore si les Irlandais ne se conduisaient pas convenablement et, se sentant exclus du MEC, rendaient la vie difficile aux pays invités aux galas de la Bundesbank.

Pour le reste, le Comité monétaire eut sans doute peu à faire, sauf à déplorer ce fait gênant : c'était l'un des pays les plus « vertueux » de la Communauté — une inflation faible, une situation budgétaire qui avait connu une amélioration spectaculaire, une balance courante largement excédentaire — qui se trouvait forcé

---

* C'était là une idée fausse. Nous avons déjà évoqué, au chapitre 5, le débat sur les « dévaluations compétitives ».

** Dès septembre 1992 — bien que ce n'ait pas été rendu public à l'époque et, bien entendu, jamais indiqué officiellement —, le directeur de l'INSEE et le directeur de la prévision du ministère des Finances avaient tous deux averti Sapin et Trichet que le taux de croissance prévu était très exagérément optimiste[17].

de dévaluer. À l'évidence, il y avait là un problème. Si l'on accusait le chômage élevé d'être responsable des malheurs de la monnaie irlandaise, cela impliquait que les « fondamentaux » de Maastricht comptaient moins que la croissance intérieure, et que la stratégie de convergence, dans son ensemble, était dangereusement fourvoyée. Mettre l'accent sur la dépendance de la livre irlandaise vis-à-vis du sterling revenait à admettre que le MEC, du moins avec la participation de l'Irlande, n'était pas un havre de stabilité au milieu d'un océan déchaîné. Reconnaître que le système lui-même générait l'instabilité aurait été acceptable pour Schlesinger, mais pas pour Tietmeyer qui représentait la Bundesbank au Comité monétaire. Ç'aurait été également acceptable pour Lamberto Dini, le directeur général de la Banca d'Italia qui, en pénétrant dans l'immeuble du Borschette, avait souligné devant les journalistes que la réunion traiterait du cas de la livre irlandaise, et non pas de celui de la lire. (Quelques jours auparavant, Carlo Ciampi, le gouverneur de la Banca d'Italia et le patron de Dini, avait laissé entendre que le retour de la lire dans le système pourrait être envisagé, ce que Dini dut juger irréaliste et même peu souhaitable). Mais n'importe quelle critique du fonctionnement du système venant des Italiens — ou, en l'occurrence, des Britanniques — aurait été tenue par les délégués des autres pays comme un plaidoyer *pro domo*. Trichet, en particulier, était prêt à étouffer dans l'œuf toute ébauche de débat sur les « failles » dont avait parlé John Major.

Quelque réticence que le Comité ait — ou n'ait pas — manifestée en débattant de ces questions délicates, il y avait trois leçons d'importance à tirer de la dévaluation de la livre irlandaise (aucune, naturellement, ne serait retenue dans les deux rapports officiels que les grands prêtres du MEC établirent quelques mois plus tard).

L'enseignement le plus évident, c'était que le chômage constituait un facteur primordial. Sur la plupart des critères de compétitivité générale, l'Irlande occupait une position solide, et n'était touchée que marginalement par la glissade du sterling. Il existait de graves doutes sur le degré de confiance que l'on pouvait accorder aux chiffres précis, mais leur signification était claire. En tout état de cause, aussi bonne qu'ait pu apparaître la position de compétitivité, elle n'était à l'évidence pas assez bonne pour mener à une réduction du taux de chômage terriblement élevé que connaissait l'Irlande. La *moindre* aggravation de la capacité concurrentielle des entreprises irlandaises, minime fût-elle, aurait assombri encore les perspectives d'évolution du marché du travail, et menacé d'épuiser la patience dont l'opinion publique faisait preuve à l'égard du chômage.

En second lieu, il était démontré qu'il y avait *un peu* de vrai dans l'assertion de Lawson selon laquelle le fonctionnement du MEC était devenu plus complexe à cause de la marche vers l'UME. Les marchés n'avaient jamais douté de ce que Quinn devait répéter le matin même de la réunion du Comité monétaire : l'Irlande ne quitterait le MEC en aucune circonstance. Pourtant, cette conviction n'avait pas dissuadé la spéculation de s'attaquer à la livre irlandaise. Elle l'avait bien plutôt encouragée. Supposons en effet que la livre irlandaise se soit réellement trouvée au niveau adéquat, compte tenu des exigences économiques du pays et de ses choix politiques. Si, alors, le gouvernement irlandais avait été prêt à faire flotter la livre pour riposter à la pression des marchés, il n'y aurait pas eu de spéculation car les marchés n'auraient eu aucune raison de penser que la livre se déprécierait quand elle flotterait. Mais il était probable que la détermination du gouvernement de Dublin de demeurer dans le MEC à tout prix, pour des raisons déjà exposées, signifiait que s'il n'était plus possible de résister à la pression spéculative sur le taux de change (à cause de la tension des taux d'intérêt), la seule réponse possible était une dévaluation — et presque certainement une dévaluation d'envergure —, pour tenter de se débarrasser de la spéculation une bonne fois pour toutes. Ainsi donc, la volonté de rester dans le MEC donnait de bien meilleures chances aux marchés de réaliser un gros bénéfice à partir du moment où un facteur donné — tel que la baisse des taux britanniques — déclencherait la spéculation.

Mais l'assertion de Lawson ne reflétait pas la vérité tout entière, ni une vérité inaltérable. Les chapitres précédents ont mis clairement en lumière le fait que c'était précisément la marche vers l'UME qui, alors que les marchés s'attendaient d'évidence à d'importantes dépréciations à moyen terme des monnaies « périphériques », avait empêché toute une série de réalignements. En fait, compte tenu de la liberté croissante des mouvements de capitaux après 1988, le MEC n'aurait pu survivre sans l'idée, inculquée aux marchés par une propagande incessante dans presque tous les pays de la Communauté (et, par-dessus tout, par la propagande de la Commission), que l'union monétaire était inévitable, que le MEC constituait un « toboggan » sans heurt vers cette union monétaire, et que l'engagement politique en faveur de parités sans changement dans le MEC était définitif.

Smokings et chemises brunes

Toute analyse économique mise à part, la dévaluation de la livre irlandaise représenta un moment clé dans l'histoire de la Communauté européenne. Le lendemain même de la dévaluation, un lundi, se tint à la banque centrale d'Irlande une réception prévue de longue date. Le tout-Dublin s'y pressait en smoking. Vu les circonstances, nombre des hôtes devaient estimer que des brassards de deuil auraient été mieux adaptés. La plupart étaient assez âgés pour avoir remboursé leurs prêts hypothécaires, ou assez riches pour n'en avoir jamais eu besoin. Leurs fils et leurs filles pouvaient profiter du clientélisme endémique dans la vie politique irlandaise et n'auraient sans doute jamais à affronter le chômage ou à émigrer (même si, naturellement, une part notable de la jeunesse dorée de Dublin avait les yeux fixés sur les jobs lucratifs et — dans l'esprit des Irlandais — prestigieux, du cirque communautaire). Cette dévaluation qui allait bientôt remettre l'Irlande sur la voie facile de taux hypothécaires réduits, d'une reprise de la croissance économique, et — merveille des merveilles — d'une baisse du chômage, ne pouvait guère les mettre d'humeur joyeuse. L'establishment irlandais venait de subir une défaite majeure.

Le prétexte de la réception accentuait encore la nature de la défaite. Il s'agissait de célébrer le cinquantième anniversaire de la création de la Banque centrale d'Irlande, en 1943. Jusqu'à cette date, l'Irlande — en dépit de la neutralité qu'elle observa pendant les hostilités — faisait partie d'une union monétaire avec la Grande-Bretagne. Elle n'avait donc nul besoin d'une banque centrale de plein exercice. Dans le domaine monétaire, ses affaires — essentiellement l'émission des billets — étaient gérées par un organisme connu sous le nom de Commission de la monnaie qui, dans la réalité, agissait comme les « bureaux monétaires » que la Grande-Bretagne avait institués dans la plupart de ses petites colonies. Elle émettait les billets libellés en livres irlandaises (au pair avec la livre sterling) garantis, sur la base de un pour un, par ses créances sur la Banque d'Angleterre. Étant donné le poids écrasant de la Grande-Bretagne, à l'époque, dans le commerce de l'Irlande, et l'émigration, ample et libre, de travailleurs vers la grande île voisine, une union monétaire avec le sterling était probablement incontournable du point de vue de l'économie*. Malgré tout, le rôle — et le nom plus encore — de la Commission de la monnaie rappelait désagréablement à l'Irlande son ancien statut de colonie et sa prolongation en tant qu'apanage de l'économie britannique. Au début de 1943, le gouvernement de Dublin, qui avait vécu pendant trois ans sous la double menace d'une invasion allemande qui utiliserait l'Irlande comme marchepied en direction de la Grande-Bretagne et d'une mainmise anglaise afin d'y parer, pouvait enfin envisager un avenir un peu différent. L'issue de la guerre était encore incertaine, mais l'entrée des États-Unis dans le conflit et, plus particulièrement, l'agonie de la VIe armée de Hitler à Stalingrad signifiaient que l'indépendance politique de l'Irlande était désormais assurée. De même, il semblait certain que la situation de l'Europe après la guerre verrait un accroissement du rôle des Américains au détriment de celui des Britanniques. Le temps semblait venu, en ce qui concernait la monnaie, d'accomplir un geste symbolique et de donner à l'autorité monétaire irlandaise l'appellation, à défaut des fonctions, d'une banque centrale indépendante** (indépendante de la Banque d'Angleterre, s'entend, non du gouvernement irlandais).

Évidemment, l'évolution de la guerre qui avait permis au gouvernement irlandais sa déclaration (symbolique) d'indépendance monétaire avait des conséquences bien différentes à Berlin. Les plans d'une Communauté économique européenne *(sic)* dominée par l'Allemagne qui avaient été rédigés par le président de la Reichsbank (l'ancêtre de la Bundesbank) et par un certain nombre de banquiers, d'industriels et d'économistes éminents, avaient été mis de côté. Ce projet offre une ressemblance frappante avec la CEE du traité de Rome, modifié par l'Acte unique européen et par le traité de Maastricht, car il annonce les politiques agricole, industrielle et régionale, et les réseaux transeuropéens défendus par les eurocrates les plus fervents.

Dans un langage qui évoque par avance le point de vue, avec ses connotations racistes, des Européens « idéalistes » tels que

---

* Pour reprendre le jargon des économistes, il est probable que l'Irlande formait avec la Grande-Bretagne une zone monétaire optimale.

** Le Canada s'était fait à lui-même le cadeau de valeur douteuse d'une banque centrale en 1935. Les historiens spécialisés considèrent en général que cette décision avait certainement pour but de donner au Canada une identité nationale plus solide.

Delors, le *Herr Professor* nazi chargé de faire la synthèse des documents écrivait :

> L'Europe est bien davantage qu'une expression géographique. Sa fondation sera le reflet de sa puissance politique, et la prise de conscience de son existence politique. On a pu dire que « les frontières politiques de l'Europe coïncident avec les frontières d'un mode de vie, d'une civilisation ». À notre époque, le Führer lui-même a de nouveau insisté sur le fait qu'il n'existe pas de définition de l'Europe par la géographie, mais une définition par les peuples et par la culture [...]. La solidarité intellectuelle et politique, la communauté même d'espace vital seront les traits décisifs de l'Europe nouvelle. Une autre conclusion à tirer, c'est que le seul objectif possible d'une coopération économique doit être l'instauration de la Communauté économique européenne. En termes de politique économique, la conclusion décisive est que l'Europe n'est pas ce que l'on appellerait une grande région ou un marché dans une économie mondiale réduite où, en outre, les vieilles lois structurelles de l'économie mondiale anglo-saxonne s'appliqueraient. Au contraire, la Communauté économique européenne doit être dessinée conformément aux nouveaux critères politiques et, par conséquent, présenter un aspect complètement différent des structures économiques du passé[19].

Ce qu'il y avait de plus intéressant, pour ce qui nous concerne, c'était le document portant sur le futur « Système fiduciaire européen ». Développement d'une analyse faite en juillet 1940 par le ministère de l'Économie du Reich, il avait été rédigé par le Dr Bernhard Benning, directeur de la Reichs-Kredit-Gesellschaft*. Le trait essentiel de ce projet prévoyait que le Reichsmark deviendrait la monnaie de base de la « zone économique » allemande, et, parallèlement au dollar, l'une des deux monnaies de réserve du monde. « À l'intérieur du bloc monétaire allemand », on mettrait en place des taux de change fixes afin de « faciliter plus tard la mise en place d'une union monétaire et douanière ». Il y aurait

---

* Benning était célèbre pour avoir défendu le système de *gerasüschlose Finanzierung* (financement silencieux) de l'effort de guerre, qui consistait notamment à « pomper » les liquidités à court terme du système bancaire. En fin de compte, cela devait avoir des conséquences inflationnistes épouvantables. Après la guerre — et après avoir passé cinq années dans un camp soviétique —, Benning devint membre du directoire de la Bank deutscher Länder qui, en 1958, donna naissance à la Bundesbank, et resta membre du directoire de la Bundesbank jusqu'à sa retraite, en 1972. Lui succéda l'un des membres du personnel de la Bundesbank, un certain Helmut Schlesinger.

une Banque de l'Europe, mais, « pour des raisons politiques, il pourrait ne pas être souhaitable de porter atteinte à la sensibilité des pays membres en éliminant leurs monnaies ». Ainsi, au départ du moins, chaque pays conserverait sa monnaie, mais donnerait son accord à un système de parités fixes vis-à-vis du Reichsmark. En d'autres termes, il y aurait une zone Reichsmark à l'intérieur du *Grosswirtschaftsraum* allemand. Les membres de cette zone Reichsmark seraient l'Allemagne elle-même (y compris, naturellement, l'Autriche, la Bohême et la Moravie), les Pays-Bas, la Belgique (ainsi, on peut le supposer, que le Luxembourg, qui était en union monétaire avec la Belgique depuis 1926), le Danemark, la Norvège, la Suède, la Slovaquie, la Roumanie, la Bulgarie et la Hongrie. L'Italie et le Japon, les deux autres puissances de l'Axe, seraient chacun à la tête de leur propre *Grosswirtschaftsraum* (qui inclurait l'Espagne, la Grèce et la Turquie dans le cas de l'Italie). La Russie, dans l'esprit du pacte Ribbentrop-Molotov, dominerait, économiquement, la Finlande et les États baltes. La Grande-Bretagne disposerait, elle aussi, d'un *Grosswirtschaftsraum* non précisé (qui comprendrait sans doute ses colonies), tandis que les États-Unis étendraient leur domination à l'ensemble des Amériques. Il ne manquait à cet inventaire que la France, qui n'était pas comprise dans la zone monétaire allemande, et ne se voyait pas non plus accorder un *Grosswirtschaftsraum* autonome.

Cette digression historique prend tout son sens dans la mesure où elle replace clairement dans son contexte la situation économique de l'Europe au lendemain de la dévaluation de la livre irlandaise. Dans le groupe des monnaies de la Communauté, la drachme n'avait jamais fait partie du MEC. Dans les faits, la lire, le sterling, la peseta, l'escudo et maintenant la livre irlandaise en avaient été détachés. À l'extérieur de la Communauté, la Norvège et la Suède avaient été contraintes de renoncer à leur ancrage à cet ECU que l'on méprisait tant à Francfort. Mais ces deux pays-là avaient une tradition de changes fixes et, on pouvait le supposer, se tourneraient vers le Mark après leur période de flottement forcé. Les économies de l'Europe du Sud-Est se trouvaient en situation d'implosion après la chute du communisme, mais déjà la division de la Tchécoslovaquie en une République tchèque (les provinces de Bohême et de Moravie qui avaient été annexées au Reich en 1939) et une Slovaquie indépendantes leur promettait une future intégration au bloc monétaire allemand. Les autres membres de ce qui restait du « noyau dur » du MEC avaient tous été destinés, sauf la France, à devenir parties intégrantes du *Grosswirtschaftsraum* allemand. En d'autre termes, la perspective de voir naître une zone Mark dessinée d'après une idée du IIIe Reich semblait très concrète, bien plus concrète que celle d'une Union monétaire européenne à 12 (et plus tard à 16, à 20 ou à 24), dont chaque membre aurait à égalité voix délibérative au Conseil d'une BCE *.

Mais pour les défenseurs, quels qu'ils soient, d'une zone Mark, c'était la France qui posait problème. Mener une politique de franc fort signifiait certainement que les buts internes de la politique monétaire avaient été subordonnés aux objectifs de politique étrangère. Mais l'un de ceux-ci était précisément d'obtenir pour la France, à tout le moins, une position de coleadership dans la Communauté, de plain-pied avec l'Allemagne. Jamais il ne serait possible à un gouvernement français d'accepter ouvertement l'appartenance à une zone Mark, et personne en Allemagne (en tout cas personne à la Bundesbank, à l'exception peut-être de Tietmeyer) n'avait la moindre intention d'imposer l'appartenance à une zone Mark à une France réticente **. Ainsi donc, le MEC et

---

* Qu'il soit affirmé clairement ici qu'une idée n'est pas nécessairement mauvaise parce qu'elle trouve ses origines dans le IIIe Reich. En fait, nombre des idées défendues par Benning et par le ministère de l'Économie du Reich remontaient au moins à 1919. Les « zones des coprospérité » *(Grosswirtschaftsraümen)* dominées par les puissances de l'Axe ont été soumises à la plus abjecte des barbaries. Cela n'implique en aucune manière qu'une zone Mark dominée par l'Allemagne démocratique d'aujourd'hui connaîtrait, même de loin, des souffrances similaires. Dans l'histoire, les systèmes monétaires hégémoniques ont fonctionné assez bien, quand les pays dominés étaient suffisamment semblables, économiquement et culturellement, au pays dominateur. Les problèmes que soulèverait une zone Mark hégémonique regroupant les voisins immédiats de l'Allemagne ne se poseraient que si elle éprouvait la tentation d'exercer également sur eux une hégémonie politique. Une Union européenne ferait-elle naître en Allemagne la tentation irrépressible d'une hégémonie politique ? Et sur quels pays ? Nous examinerons ces questions importantes dans le chapitre 13.

** Le président de l'Institut monétaire européen, Alexandre Lamfalussy (naturalisé Belge, mais Hongrois de naissance), a récemment soulevé le même problème, au cours d'une conférence de presse tenue à Francfort pour présenter au public le premier rapport annuel de son institution. Il a affirmé qu'on pourrait très probablement créer une union monétaire des pays du « noyau dur » : les petits pays pourraient facilement regrouper leurs monnaies sous l'égide d'un grand voisin. Mais, a-t-il ajouté, il serait improbable que cela soit acceptable pour d'autres grands pays. Dans la mesure où la France est le seul grand pays qui ait jamais été considéré comme un membre éventuel du « noyau dur », Lamfalussy en venait clairement aux mêmes conclusions que les planificateurs monétaires du IIIe Reich, réalistes sur ce point sinon sur d'autres.

le « pacte amoureux » franco-allemand constituaient des obstacles majeurs à la mise en œuvre de cette optique monétaire particulière qui, on peut le soutenir, était celle de Schlesinger, mais ni celle de Kohl ni, probablement, celle de Tietmeyer. Comment donc Schlesinger pourrait-il parvenir à obtenir que le franc se détache du système sans courir le risque que, par exemple, la couronne danoise ou le franc belge n'en soient séparés les premiers ?

Une histoire belge

Dans la soirée du 28 janvier, Schlesinger, que les Irlandais ne parvenaient pas à contacter, se leva pour s'adresser à son auditoire de Bruxelles. Arborant sa mine habituelle d'innocence effarée et chagrinée face aux sophismes, il exprima la surprise que lui causaient certaines déclarations récentes laissant entendre qu'une forme particulière d'union monétaire accélérée pourrait être en préparation. Comment aurait-il pu en être ainsi ? Les règles définies par Maastricht étaient pourtant parfaitement claires. Et comment croire qu'une union de ce genre pourrait être possible « sans les pays du Benelux, par exemple » ? Pour le plus grand étonnement de la majorité de ses auditeurs, Schlesinger poursuivit en faisant valoir que le ratio énorme de la dette publique de la Belgique ne constituait pas un obstacle si gênant que cela à la participation de ce pays à une union monétaire.

Comment interpréter ces propos ? Ils avaient pour premier objectif de mettre fin aux spéculations intellectuelles sur l'instauration d'une union monétaire franco-allemande en dehors du cadre de Maastricht (c'est ce que dirait très exactement la manchette du *Financial Times* le lendemain matin)*. En soi, c'était important, puisque Sapin avait de nouveau fait allusion à des mesures rapides de renforcement de la coopération monétaire franco-allemande. À Bruxelles, selon la presse internationale, des diplomates et des responsables dont les noms n'étaient pas cités avaient également déclaré qu'il était inévitable qu'une forme ou une autre d'union monétaire franco-allemande soit rapidement établie. Peu avant la

* Nous avons vu, au chapitre 5, que Schlesinger avait obtenu une modification de la formulation du texte de la loi de ratification du traité de Maastricht, qui semblait exclure, de manière plus ou moins absolue, toute union monétaire en dehors du cadre du traité.

conférence de Schlesinger, un « haut responsable français des questions monétaires à Bruxelles » aurait affirmé qu'il était utile de parler d'une telle union, car cela contribuait à tenir les marchés en respect et, par conséquent, à alléger la pression à la hausse des taux d'intérêt français. Par conséquent, on peut estimer que l'un des motifs qu'avait le président de la Bundesbank de s'exprimer ainsi visait précisément à maintenir cette pression.

En tout état de cause, Schlesinger voulait également indiquer que la Belgique était « dedans ». Mais dans quoi ? Il eût été étrange que le président de la Bundesbank (l'institution avait donné son *nihil obstat* à Maastricht à condition qu'il fût porté remède à des ratios dette publique/PNB excessifs) soutînt que le ratio de la Belgique (125 % !) pût être compatible avec les règles de Maastricht. Peut-être voulait-il encourager la Belgique à poursuivre ses efforts de réduction du *déficit*, tout simplement parce qu'il était hors de portée pour ce pays de répondre au critère de la *dette*. Mais, plus probablement, il laissait entendre que la place de la Belgique était dans une zone Mark, non dans l'UME prévue par Maastricht. Là, c'était la Bundesbank, et non le Conseil européen, qui déciderait des critères d'appartenance. Et en 1941, le nom de la Belgique avait été écrit dans le grand livre des élus.

En privé, certains responsables de la Bundesbank avaient récemment anticipé les propos de Schlesinger. La Belgique, avaient-ils dit, était d'ores et déjà en union monétaire *de facto* avec l'Allemagne. Si bien que, si les circonstances l'exigeaient, la Bundesbank pourrait permettre à la Belgique de lui donner un caractère formel en transformant, dans les faits, la Banque nationale de Belgique en bureau d'émission. En bref, la Bundesbank verrait avec plaisir la Belgique agir exactement à l'inverse de ce que l'Irlande avait fait avec la Grande-Bretagne cinquante ans auparavant. Comment cela pourrait-il fonctionner ? Dans cette hypothèse, la Banque nationale de Belgique donnerait une garantie de convertibilité du franc belge en Marks à un taux absolument fixe, en s'obligeant (ou en y étant contrainte par la loi) à émettre des francs belges sur la base stricte de un pour un par rapport à ses réserves en Marks*. En d'autres termes, l'ensemble de la base

* Au sens strict, une telle union n'impliquerait pas — au moins dans un premier temps — qu'il y ait égalité entre le franc belge et le Mark (1 Mark = 1 franc belge), mais que la parité serait irrévocablement fixée au taux de 20,54 francs belges pour 1 Mark.

monétaire belge — le *passif* monétaire, qui regroupe essentiellement les billets en circulation et les dépôts du système bancaire auprès de la banque centrale — serait garanti par des *actifs* monétaires correspondants exclusivement composés de Marks. (Normalement, l'actif d'une banque centrale comprend ses réserves de change, qui peuvent être composées de devises variées, ainsi que ses avances à l'État, au système bancaire, et au secteur non bancaire intérieur.) Plus remarquable : les responsables de la Bundesbank, semble-t-il, étaient allés plus loin encore en indiquant que la Buba, si la Banque nationale de Belgique était transformée en bureau d'émission, lui fournirait, grâce à des *swaps*, assez de Marks pour garantir la base monétaire préexistante. Une opération de ce genre — à condition de stériliser les fonds pour empêcher un accroissement de la masse monétaire allemande — signifierait que la Bundesbank acceptait qu'une part de la base monétaire de l'Allemagne pût être garantie par des actifs en francs belges — très exactement ce qu'elle refuserait d'admettre pour le franc français, ainsi que les événements de juillet allaient le montrer avec une clarté aveuglante*.

Le lundi 1er février, suivant de peu la conférence de Schlesinger et la dévaluation de la livre irlandaise, de nouveaux extraits du document confidentiel rédigé par la Commission sur la surveillance multilatérale de la convergence, qui avait déjà fait l'objet d'une fuite dans la presse française, apparurent dans *Le Soir*, le plus fort tirage des journaux francophones de Belgique. À en croire *Le Soir*, le document, dont la Bundesbank avait pu prendre connaissance avant la conférence de Schlesinger, laissait entendre que l'immunité apparente du franc belge aux attaques lancées contre d'autres monnaies du MEC était difficile à expliquer par référence aux « fondamentaux » de Maastricht, étant donné qu'en matière de dette publique la situation de la Belgique était bien plus

---

* En fait, les réserves de change de la Banque nationale de Belgique dépassaient déjà, en janvier 1993, le total de la base monétaire. Une grande partie de ces réserves étaient déjà composées de Marks, et il lui eût été facile — sur le plan technique sinon sur le plan politique — de convertir le reste en Marks. Une telle opération se traduirait par une légère appréciation du Mark contre les autres devises précédemment détenues par la Banque nationale de Belgique. En dehors de la Belgique, les analystes des marchés financiers négligèrent le fait extraordinaire que les réserves de change dépassaient la base monétaire, mais, en Belgique même, où l'on était plus conscient de sa signification potentielle, cela provoqua quelques commentaires.

mauvaise que celle d'autres pays du « noyau dur » tels que la France et le Danemark, dont les monnaies avaient *pourtant* été soumises à d'intenses pressions de la spéculation. Selon *Le Soir*, le document indiquait que le franc belge tirait profit du fait que les marchés estimaient que si une « mini-union », une zone Mark en fait, se constituait, la Belgique en ferait partie. On peut supposer que la Bundesbank jouerait le rôle de saint Pierre devant les portes du paradis. Mais saint Pierre, en l'occurrence, serait un bon protestant, qui jugerait selon la Foi, telle qu'elle avait été concrétisée par la décision de la Belgique, en 1990, de s'accrocher au Mark dans le MEC, plutôt que selon les Œuvres en matière de réduction de la dette. Peut-être même saint Pierre serait-il calviniste, et compterait-il la Belgique au nombre des élus prédestinés à l'union monétaire éternelle. En termes plus bassement terrestres, le document avait sans doute voulu dire que les marchés ne s'attaquaient pas au franc belge, malgré des « fondamentaux » médiocres et une marge ultra-étroite de fluctuation (d'où l'absence virtuelle de double risque pour les spéculateurs), parce que l'on croyait que la Bundesbank lui apporterait toujours son soutien — et qu'elle agirait ainsi pour satisfaire à ses propres objectifs, et non, comme c'était le cas en ce qui concernait le franc français, parce que le gouvernement allemand lui ordonnait de le faire.

La Belgique aux Belges ?

Ces sujets, apparemment ésotériques, revêtaient une signification politique de première importance pour la Belgique, pour l'Allemagne, et pour tous les membres potentiels d'une « mini-union ». Mais, une fois encore, ce serait une erreur de croire que les intérêts de n'importe lequel des pays concernés étaient bien tranchés et ne prêtaient pas à controverse — y compris à l'intérieur même de ces pays. La fuite dont avait profité *Le Soir* en apportait la démonstration. Quel qu'en ait été le responsable, elle déclencha des réactions en chaîne qui attestaient de la nature extrêmement sensible des questions qu'elle soulevait. On caricaturerait à peine en disant que l'appartenance de la Belgique à une zone Mark officielle serait bien accueillie par la partie flamande du pays, mais que les Wallons s'y opposeraient. De 1865 à 1926, époque où les francophones occupaient en Belgique une position dominante du point de vue social, économique et politique, le franc belge avait appartenu, avec d'autres pays, à une union monétaire avec la France qui la dominait. Durant les années 30, elle avait fait partie, avec la France, du malheureux bloc or. Pendant la Seconde Guerre mondiale, les Allemands avaient joué sur la division linguistique du pays et favorisé les nationalistes flamands. Plus récemment, peu après la signature du traité de Maastricht, les politiciens nationalistes flamands avaient lancé une campagne de brochures de propagande particulièrement significatives. Elles dénonçaient, pour commencer, l'impact de la Communauté sur les communes de la périphérie néerlandophone de Bruxelles, qui étaient envahies d'« étrangers » (c'est-à-dire de non-Flamands), en particulier de fonctionnaires communautaires et de représentants des groupes de pression, et reproduisaient, apparemment en les approuvant, les cartes dressées naguère par les nazis pour diviser l'Europe selon des frontières ethniques et linguistiques. Pour bien des Flamands, ce symbolisme était clair : il devrait y avoir une purification linguistique de l'Europe « des régions ». Si l'appartenance à un *Grosswirtschaftsraum* allemand et à une zone Mark ouvrait la voie à un apartheid de ce genre à l'intérieur même de la Belgique, tant mieux. Mais, pour les Wallons, faire partie d'une zone Mark constituerait une confirmation insupportable du renversement, après la guerre, des rapports d'hégémonie entre les deux groupes. En 1990, la simple décision d'accrocher le franc belge au Mark avait déjà suscité des mécontentements en Wallonie.

En tout état de cause, après la publication de l'article du *Soir*, on assista à une multiplication de déclarations de personnalités de premier plan, toutes — coïncidence ou non — liées aux partis politiques néerlandophones, laissant entendre qu'une « mini-Europe » monétaire se préparait. Ces propos (tenus par le Premier ministre Jean-Luc Dehaene, par Alfons Verplaetse, le gouverneur de la Banque nationale de Belgique, et par le Commissaire belge Karel Van Miert[20]) succédaient de près à une série de sous-entendus par lesquels Sapin avait indiqué qu'un renforcement significatif de la coopération monétaire spécifiquement franco-allemande était imminent*. On peut donc penser que la fuite dans *Le Soir* était destinée à montrer que la Commission et les marchés considéraient que la Belgique appartenait au noyau dur tout autant que la

* « La coopération franco-allemande est très étroite. Elle s'approfondira dans les mois à venir. Vous en verrez, une fois de plus, des manifestations tangibles[21]. »

France (à en croire des sources belges, les responsables français, à ce moment-là, jouaient un jeu extrêmement grossier en criant à la Belgique : « Nos “fondamentaux” sont meilleurs que les vôtres ! », comme si les deux pays se disputaient les faveurs de Siegfried). Au milieu de la semaine, il semblait, pour la première fois depuis le début de la crise du MEC, que les marchés avaient besoin d'être rassurés sur ce point. Mais il nous faut maintenant, à l'instar des marchés, tourner notre attention vers la couronne danoise.

Verte colère

Dans sa conférence de Bruxelles, Schlesinger avait fait preuve d'amabilité à l'égard de la Belgique. Mais qu'en était-il des pays apparemment plus « vertueux », le Danemark et l'Irlande ? En ajoutant l'expression « par exemple » après avoir cité les pays du Benelux comme ceux qui ne seraient pas exclus d'une union monétaire, il avait usé d'une formule délibérément ambiguë, d'autant que cela se passait le soir même où les Irlandais tentaient fiévreusement de pousser la Bundesbank à soutenir la livre irlandaise. Même si l'on croit la fable selon laquelle Schlesinger n'en savait rien*, ce qu'il disait alors était tellement loin d'une reconnaissance franche du statut de l'Irlande comme membre à part entière du noyau dur que cela ressemblait plutôt au glas sonné pour l'enterrement de la parité de la monnaie irlandaise.

Dans les faits, la conférence de Schlesinger provoqua peu de réactions immédiates. Le franc français n'apparaissait pas en première ligne dans le collimateur des marchés — il se débattait dans le filet tendu par des taux d'intérêt paralysants, par des réserves qui s'épuisaient, et par un système bancaire chancelant, et on pouvait le laisser de côté pour le moment —, tandis que le sort de la livre était scellé et qu'il n'y avait pas lieu de s'intéresser à ce que Schlesinger n'en avait pas dit. Mais dès que le problème de la dévaluation de la livre irlandaise serait réglé, l'ambiguïté des propos de Schlesinger serait mise à l'épreuve.

Officieusement, les autorités irlandaises l'avaient dit clairement : « Si nous [c'est-à-dire la parité] devons lâcher, nous ne

* Quiconque est prêt à croire cette fable doit croire également que Schlesinger n'avait pas conscience de l'impact que ses propos du 15 septembre 1992 auraient sur le sterling.

lâcherons pas sans histoire. » Les porte-parole irlandais avaient également multiplié leur condamnation explicite des « pactes amoureux » au sein du MEC. Mais surtout, les autorités de Dublin démontrèrent, par leurs actions sur les marchés des changes après la dévaluation, qu'elles étaient prêtes à faire s'écrouler le château de cartes tout entier. Il était devenu très vite clair, dès le lundi suivant, que les marchés accueillaient favorablement la dévaluation de 10 %. Au lieu de maintenir leurs positions à la baisse dans l'attente d'une nouvelle dépréciation, les opérateurs prenaient leur bénéfice et rachetaient des livres irlandaises à leur nouvelle parité afin de rembourser leurs emprunts. En Irlande même, sur les marchés de l'argent, les tensions s'évanouirent instantanément, et la livre remonta à la limite supérieure de sa nouvelle marge de fluctuation. Cependant, les autorités irlandaises eurent soin de ne pas faire usage de la liberté de manœuvre dont elles disposaient à nouveau. Certes, elles laissèrent les taux d'intérêt du marché monétaire retomber à un niveau tel qu'un relèvement des taux hypothécaires n'était plus à redouter. Mais elles n'allèrent pas plus loin, afin de ne pas encourir l'opprobre, à la fois dans la psychologie irlandaise et dans les polémiques menées par les Français, d'avoir suivi l'exemple britannique. Mais le désir, ou du moins le souhait, de susciter des problèmes aux autres monnaies du MEC doit aussi avoir joué son rôle. Si une devise — la livre irlandaise en l'occurrence — se trouvait à son plafond, une autre, par définition, devait toucher son plancher. C'était le cas de la couronne danoise. Le mardi, la devise danoise était, à l'évidence, sous pression. Comme l'exigeaient les règles du MEC, les banques centrales d'Irlande et du Danemark intervinrent pour empêcher la couronne danoise de glisser au-dessous de son plancher face à la livre irlandaise. Les Danois en appelèrent aux Irlandais, afin qu'ils rachètent toutes les devises étrangères qui étaient à vendre sur leur marché et qu'ils réduisent encore leurs taux d'intérêt. Les Irlandais leur opposèrent un refus. Les marchés allaient maintenant régler son compte à la couronne danoise.

Les contes de Christophersen

Le mercredi matin, les symptômes de la crise de la couronne danoise devinrent de plus en plus évidents. Lorsqu'elle avait été mise sous pression durant le précédent accès de turbulence, c'étaient des non-résidents qu'étaient venues, pour l'essentiel, les ventes. Mais, cette fois-ci, les résidents danois se mettaient à vendre massivement leur monnaie en échange de Marks, ce qui repoussait la couronne à son plancher face au franc belge et au florin. Pour la Banque centrale du Danemark, cela indiquait que la crédibilité de la parité de sa devise avait été gravement mise à mal. Ce qui faisait maintenant la différence, c'était qu'il avait déjà fallu procéder à la dévaluation de la livre irlandaise, la première à toucher la monnaie d'un pays « vertueux » depuis que le MEC était entré dans une zone d'agitation.

À Bruxelles, à l'heure du déjeuner, Henning Christophersen vint compliquer encore les efforts qu'accomplissaient les banques centrales pour essayer de maintenir la couronne danoise à l'intérieur de sa marge de fluctuation. Ce jour-là, par pure coïncidence, il tenait une conférence de presse pour présenter les dernières prévisions économiques de la Commission. Inévitablement, on allait l'interroger sur son opinion au sujet de la dévaluation de la livre irlandaise et des difficultés du MEC. Très désireux, sans aucun doute, de montrer qu'il n'était pas sous la botte de Delors, dont la vision très critique du comportement de la Bundesbank était bien connue, Christophersen répondit en recourant à des expressions qui faisaient écho à la « phrase de Tietmeyer » du communiqué de novembre : les pays qui n'avaient pas remis de l'ordre dans leurs affaires ne devaient pas s'attendre à être renfloués par les banques centrales de ceux qui l'avaient fait. Il dressa la liste des pays qui, à son avis, se conduisaient comme il convenait : l'Allemagne, la France, les Pays-Bas et la Belgique[22]. Danois lui-même, Christophersen paraissait ainsi sortir de l'ambiguïté du « par exemple » de Schlesinger : le Danemark était « en dehors ».

Les agences d'information financière diffusèrent en urgence les propos de Christophersen. Et la couronne, déjà au-dessous de son plancher face au florin et au franc belge, recula davantage encore sur le marché de Londres. Cela ouvrait instantanément des possibilités d'arbitrages profitables : les opérateurs pouvaient souscrire des contrats d'achat de couronnes à Londres pour les vendre contre des Marks à Francfort, où la Bundesbank était contrainte par les règles du MEC à les racheter à leur cours plancher. C'est ce que fit la Buba, empêchant ainsi la couronne de tomber au-dessous de sa limite face au Mark. À 17 heures (heure du continent), les marchés européens fermèrent, et les interventions obligatoires cessèrent pour la journée. La Bundesbank annonça que ses interventions avaient bel et bien été obligatoires. En d'autres termes, elle avait appliqué la règle du jeu, rien de plus ; pour la couronne danoise, il n'y avait pas de « pacte amoureux ».

Dans la soirée du mercredi, Jacques de Larosière, le gouverneur de la Banque de France, décida (selon des sources officielles françaises) qu'il fallait monter une opération de défense multilatérale de la couronne danoise. Si celle-ci succombait aux attaques, les marchés pourraient croire que le MEC avait été irrémédiablement atteint, de sorte que le franc lui-même pourrait être submergé par un raz de marée de ventes. Le plan de Larosière consistait à surprendre les marchés par un tir de barrage d'interventions concertées dès qu'ils ouvriraient le lendemain matin. Toutes les banques centrales des pays dont les monnaies évoluaient dans la marge de fluctuation étroite seraient concernées. Le gouvernement danois donna bien volontiers son accord. Ce soir-là, le nouveau Premier ministre du Danemark, Poul Rasmussen, parut sur les écrans de télévision. Son parti, les sociaux-démocrates, avait pris position en faveur de Maastricht, même si la majorité de ses électeurs s'y opposaient. Une dévaluation forcée de la couronne aurait pu réduire à néant les chances du « oui » lors du second référendum. Rasmussen se montra intransigeant. Il affirma que la parité ne serait pas modifiée, mais que les spéculateurs allaient comprendre leur douleur.

La matinée du jeudi 4 février s'ouvrit effectivement sur un tir de barrage d'interventions concertées des banques centrales du Danemark, des Pays-Bas, de la Belgique, de la France et de l'Allemagne (il est à noter que la Banque centrale d'Irlande n'y participait pas). Simultanément, la Banque centrale du Danemark annonçait qu'elle relevait son taux d'escompte de 2 points (à 11,5 %). Toutes ensemble, ces mesures ramenèrent la couronne danoise dans sa marge de fluctuation autorisée. Mais, de manière significative, les interventions, y compris des interventions publiques de la Bundesbank, se poursuivirent. Que la Bundesbank en vienne à procéder à des interventions inframarginales constituait un signal important, mais la crise n'était pas encore terminée. Sur les marchés, certains analystes soupçonnaient la Buba de n'agir qu'en tant que représentant de la Banque centrale du Danemark, en exécutant pour son compte à Francfort ses ordres de vente de Marks et de rachat de couronnes. Mais l'institut d'émission danois aurait à financer ces opérations. S'il n'y avait pas de retour au Danemark des capitaux libellés en devises étrangères avant la fin de la journée, la banque centrale de Copenhague — à moins qu'elle ne puisse obtenir de nouveaux prêts auprès des autres banques centrales — devrait se résigner à *vendre* des couronnes danoises afin d'acquérir les devises étrangères dont elle aurait besoin pour rembourser ses homologues. Au milieu de la matinée, bien que la couronne évolue de nouveau à l'intérieur de sa marge de fluctuation, rien n'indiquait que les capitaux rentraient au Danemark.

La Bundesbank était maintenant confrontée à un dilemme : si elle ne faisait rien, la couronne devrait être dévaluée et, à coup sûr, le franc belge serait la devise contre laquelle les marchés donneraient ensuite l'assaut. Mais il était impensable pour la Buba d'étendre à la couronne le bénéfice du « pacte amoureux », comme l'avait indiqué sans ambages la « phrase de Tietmeyer ». La seule issue possible, semblait-il, résidait dans une réduction des taux d'intérêt allemands qui pourrait *peut-être* convaincre les marchés que la Bundesbank appuyait la couronne. À première vue, cela aurait l'inconvénient de faire croire que les décisions de la Bundesbank en matière de taux pouvaient être influencées par les tensions subies par le MEC et par des pressions politiques (toute la semaine, les cours des obligations allemandes s'étaient orientés à la hausse, car les marchés anticipaient que la Bundesbank pourrait avoir à céder aux demandes de baisse des taux formulées explicitement par Köhler[23] juste *après* — pour le plus grand chagrin de Dublin — la dévaluation de la livre irlandaise). Mais c'était préférable à l'autre solution : une dévaluation de la couronne, qui serait suivie par un assaut contre le seul franc belge, ou par une nouvelle attaque généralisée, y compris contre le franc français, ce qui conduirait Kohl et Schlesinger à une épreuve de force en vue de laquelle ce dernier n'avait pas encore suffisamment préparé le terrain. En outre, il serait toujours possible de présenter une réduction des taux comme répondant aux nécessités intérieures de l'Allemagne, dont la production industrielle faiblissait tandis que le chômage progressait notablement dans la partie ouest du pays.

Toutefois, certains facteurs d'ordre intérieur allaient à l'encontre d'une baisse des taux destinée à sauver la couronne. Quelques jours auparavant, le taux d'inflation de l'Allemagne avait grimpé à 4,4 %, une négociation salariale difficile était en cours, et on n'ignorait pas non plus que certains membres du conseil de la Bundesbank jugeaient dérisoires les efforts de Bonn pour parvenir à un soi-disant « pacte de solidarité » de restrictions budgétaires. Ainsi, aucune des conditions mises par la Bundesbank à un assouplissement de sa politique monétaire n'était remplie.

Circonstance aggravante, la Bundesbank subissait à nouveau une contre-attaque du gouvernement. Le 1er février, l'influent magazine de gauche *Der Spiegel*, l'un des rares organes d'opinion allemands à mettre en cause l'usage que la Buba faisait de son statut légal, avait publié une interview de Horst Köhler, secrétaire d'État au ministère des Finances, protégé et disciple de Tietmeyer son prédécesseur immédiat. Köhler, semble-t-il, avait déjà demandé à la Buba, fin 1991, de mettre un frein à ce qu'il percevait comme une ambition de devenir un « super-gouvernement ». Cette fois, il réagissait durement aux doutes de la Bundesbank quant au « pacte de solidarité » : l'indépendance de la Buba devrait impliquer « de la modestie et de la discipline » dans ses commentaires de la vie politique. La Bundesbank devait cesser de sous-entendre constamment qu'il y avait d'un côté ses experts, qui avaient toujours raison, et de l'autre les hommes politiques, qui avaient toujours tort, sinon « ce serait dangereux pour notre démocratie ». Köhler plaidait aussi en faveur de taux d'intérêt plus bas, et avertissait sans équivoque que l'indépendance de la Bundesbank n'était ni absolue ni irrévocable. Les économies européennes, disait-il, avaient des liens tellement étroits que l'Allemagne, dans ses décisions de politique économique, ne pouvait négliger la situation des autres pays : la Bundesbank ne pouvait pas échapper à cette réalité. De manière plus menaçante encore, Köhler affirmait qu'il n'était même pas besoin de changer la loi pour donner plus de clarté au devoir légal qu'avait la Buba de soutenir la politique économique générale du gouvernement, car si le texte législatif lui donnait mandat d'assurer la stabilité monétaire, il « ne stipulait pas qu'il y ait obligation de parvenir à la stabilité au prix d'une grave dépression* ».

Ayant pesé ce qu'ils croyaient savoir des divers facteurs internes et externes, la majorité des analystes du marché ne s'attendaient pas à une réduction des taux d'intérêt. Il fallait pourtant bien faire quelque chose.

Ce jeudi matin-là, à 9 heures, le conseil de la Bundesbank tenait son habituelle réunion bimensuelle à Francfort. Quand le service de presse de la Buba, avant qu'elle ne commence, avait annoncé qu'il n'y aurait pas de conférence de presse ensuite, les marchés avaient supposé qu'aucune décision d'importance ne serait prise. Soudain, à 9 h 15, on annonça qu'il y aurait *bien* une conférence de presse. La

* Köhler avait fait les mêmes remarques en décembre et en janvier[24].

réaction fut instantanée : le dollar monta face au Mark et la couronne danoise se redressa fortement. Plus important encore : la reprise ne se limitait pas à une simple inversion des cours dans un volume de transactions négligeable. Un retour massif de capitaux vers le Danemark commença, qui allait permettre à la banque centrale danoise d'honorer les obligations de remboursement qu'elle avait dû contracter, de l'avis des analystes, à la suite des interventions. Quarante-cinq minutes plus tard, les décisions du conseil furent publiées : le lombard, plafond des taux à court terme du marché monétaire, était réduit de 0,50 %, tandis que le taux d'escompte, qui formait le plancher des taux du marché et qui était, par conséquent, l'indicateur le plus important lorsque la tendance des taux s'orientait à la baisse, subissait une réduction de 0,25 %. Le dollar s'affaiblit alors légèrement face au Mark, car les opérateurs se conformaient à la vieille maxime : « Acheter selon la rumeur, et vendre au vu des faits. » Mais la couronne danoise poursuivit son net redressement, parce que les marchés étaient désormais convaincus que la baisse des taux allemands manifestait clairement que la Bundesbank avait décidé de jeter toute sa puissance dans la défense d'un noyau dur du MEC incluant le Danemark.

Retraites tactiques

La crise de la couronne était terminée. Mais en coulisse, la bataille en vue du droit de décider de la forme de la future « Europe monétaire » devenait plus intense. La réaction des commentateurs à la décision de la Bundesbank était quasi unanime : le conseil, et Schlesinger en particulier, avait dû céder aux pressions pour sauver le MEC. En Allemagne même, il y eut des critiques, le patronat redoutant que les syndicats ne soient moins enclins à accepter un accord d'augmentation modérée des salaires. Les taux d'intérêt allemands à long terme se tendirent légèrement, ce qui indiquait que les marchés s'interrogeaient sur la capacité de la Bundesbank à lutter vraiment contre l'inflation. Mais les réactions des Français, à Paris comme à Bruxelles, frôlaient l'extase. « C'est le signal que nous attendions [25] », affirma un porte-parole de Bérégovoy *. « Le super-

* Deux jours auparavant, au cours d'une interview à la radio, Bérégovoy, soumis à la pression des banques qui lui demandaient d'accepter un relèvement des taux de base, et à celle des entreprises, qui voulaient qu'il n'en fasse rien, avait pressé la Bundesbank de réduire ses taux. De son côté, la Banque de France

pétrolier [la Bundesbank] a changé de route[26] », renchérit un proche de Mitterrand. Delors alla plus loin encore, saluant la baisse des taux allemands comme « le signe très attendu que [la Bundesbank] a reconnu qu'elle a des responsabilités non seulement à l'égard de l'économie allemande, mais vis-à-vis du reste de la Communauté ». La décision de la Buba était « un signal politique de bon augure à un moment où on était en droit de s'interroger sur la stabilité à long terme du Système monétaire européen[27] ». En d'autres termes, la Bundesbank avait été contrainte d'agir en tant que « Banque de l'Europe », idée abominable aux yeux de la plupart des membres de son conseil*. La Buba avait accepté Maastricht de mauvaise grâce ; mais le traité, au moins pour les naïfs**, paraissait garantir qu'une éventuelle Banque centrale européenne aurait plus d'indépendance encore face aux pressions politiques et se verrait confier un mandat de lutte contre l'inflation plus précis que celui qu'avait reçu la Bundesbank. Que celle-ci en vienne à agir, en vertu d'instructions politiques provenant de l'étranger, comme « Banque de l'Europe », aurait démontré à l'évidence que Mitterrand avait eu raison le 3 septembre 1992.

Certains des responsables français parmi les plus enthousiastes, y compris ceux qui, occupant des postes élevés à la Commission, auraient dû théoriquement s'attacher à défendre Maastricht, en vinrent même à penser qu'ils poussaient une porte déjà ouverte sur une union monétaire franco-allemande *en dehors* du cadre du traité. Ignorant la conférence prononcée quelques jours plus tôt par Schlesinger, ils attisaient des rumeurs qu'ils avaient eux-mêmes inspirées. Le lendemain de la réunion du conseil de la Bundesbank, la presse cita un « haut responsable français de Bruxelles » qui prédisait un verrouillage prochain de la parité franc-Mark. Ce haut responsable, qui négligeait l'incompatibilité d'une telle mesure avec le traité de Maastricht comme avec le récent renforcement de la position juridique de la Bundesbank, reprenait l'analyse défendue en septembre par Mitterrand : alors que la Buba était

---

avait remis en vigueur ses facilités de refinancement suspendues au moment de l'attaque contre le franc durant le Nouvel An.

* Nous verrons au chapitre 12 que les propos publics de Tietmeyer s'inscrivaient parfaitement dans la ligne de la Bundesbank sur ce sujet ; mais une fois président, ses actions seraient en contradiction complète avec cette optique.

** Parmi lesquels la Cour constitutionnelle de Karlsruhe allait se ranger, dans le courant de 1993, en donnant sa bénédiction à la ratification du traité par l'Allemagne.

chargée des décisions « au jour le jour », c'étaient « les hommes politiques qui avaient le dernier mot[28] ».

Pareils commentaires trahissaient cette incompréhension totale de la réalité allemande qui devait sous-tendre les tactiques désastreuses adoptées par la France lors de la crise qui surviendrait en juillet, et qui, en fin de compte, ferait de « l'Europe monétaire » une impossibilité. Les Français, semblait-il, interprétaient les propos de Schlesinger comme un rappel de la nécessité d'associer les monnaies du Benelux à toute union monétaire extérieure au cadre de Maastricht. Ils ne comprenaient pas qu'au contraire, Schlesinger faisait allusion à une zone Mark, antithèse absolue d'un lien fixe entre le franc et le Mark tel qu'ils paraissaient l'envisager maintenant. Dans leur optique, une union monétaire conduirait la Bundesbank à se conformer aux décisions politiques de la France. Alors que dans une zone Mark, les décisions politiques de ses membres devraient se conformer à la volonté de la Bundesbank. Schlesinger savait bien que la France ne pourrait jamais accepter une zone Mark. Ses propos, si on se donnait la peine de les relire, avaient accordé la préférence à une telle zone plutôt qu'au MEC ou à l'union monétaire à douze prévue par Maastricht, et sous-entendaient qu'*aucune* forme d'union monétaire entre la France et l'Allemagne ne verrait jamais le jour.

Kohl, pour sa part, n'était pas en position d'encourager l'idée d'une union monétaire réduite. Moins de deux mois s'étaient écoulés depuis qu'à Édimbourg, il s'était laissé aller à exclure la mise en place d'une Europe à deux vitesses. Il s'était même montré disposé à joindre le geste à la parole en donnant son accord au paquet Delors 2 afin de garder à bord du navire l'Espagne et les autres pays de la « cohésion ». Il l'avait fait aux dépens du contribuable allemand — malgré les réticences profondes de Waigel et de la Bundesbank, et à un moment où l'Allemagne éprouvait de graves problèmes intérieurs de redistribution des revenus, résumés dans les efforts tentés par le gouvernement pour transférer, au cours de la négociation salariale, la distribution des revenus du travail au capital, et pour réduire, grâce au « pacte de solidarité », les allocations sociales et les indemnités de chômage. Le traité de Maastricht n'était pas encore formellement ratifié, bien qu'il ait été déjà voté par le Parlement. Accepter maintenant des idées françaises si contraires à la vision que l'on avait en Allemagne de la conception de l'union monétaire exprimée à Maastricht dresserait l'opinion publique et les politiciens contre *tout* renoncement à l'indépendance monétaire allemande. Ce qui, à son tour, redonnerait suffisamment d'énergie à la Cour constitutionnelle de Karlsruhe pour qu'elle déclare le traité de Maastricht contraire à la Constitution. Seule l'arrogance aveuglante des Français tels que Sapin, Trichet, Delors et leurs acolytes de la Commission, les empêchait de voir ce qui deviendrait douloureusement évident à la fin de juillet et qu'il faudrait leur démontrer encore dans l'avenir.

Schlesinger lui-même aurait eu de la peine à être plus clair que dans sa conférence de presse du 4 février : « Nous espérons que le jeu pénible que l'on appelle parfois la théorie des dominos, dans lequel les spéculateurs s'attaquent à une monnaie après l'autre, est finalement terminé[29]. » Ainsi qu'il n'avait pas cessé de le faire valoir durant les deux mois précédents, Schlesinger n'aimait pas le MEC. Mais il n'était pas encore en position de le balayer, et n'avait pas l'intention que le franc belge soit poussé à la baisse. Certes, il était désagréable d'avoir à tenir compte de données relevant du MEC, mais la réaction inquiète de l'industrie allemande pourrait servir d'arme à la Bundesbank à l'avenir. Et s'il était agaçant d'avoir à supporter les cocoricos entonnés à Paris et à Bruxelles, ils pourraient bien aussi conduire l'Allemand moyen à s'irriter davantage de l'attitude des Français*. L'heure de livrer la grande bataille n'avait pas encore sonné, mais, psychologiquement, le terrain était préparé.

Répercussion immédiate de la venue de la Bundesbank à la rescousse de la couronne danoise, les autorités irlandaises renoncèrent au comportement belliqueux qu'elles avaient adopté depuis quelques jours. Bertie Ahern salua l'opération avec le minimum de bonne grâce, non sans déplorer qu'une telle assistance, qui aurait permis d'éviter la dévaluation, n'ait pas été apportée à la livre irlandaise[30]. Le 5 février, la banque centrale d'Irlande entreprit de tirer le meilleur parti de ce qu'elle considérait comme une mauvaise action. Elle remit en vigueur son dispositif de prêt au marché monétaire, à un taux inférieur de 0,75 % à celui qui était pratiqué avant qu'elle ne le suspende en novembre. Il aurait été inutile de chercher à semer la zizanie dans la grille des parités depuis que la Bundesbank avait été forcée, apparemment, de garantir la couronne danoise. Ainsi, pour les autorités irlandaises,

---

* Ce fut en réaction aux événements du 4 février que le rédacteur en chef du *Handelsblatt* exprima très clairement les peurs éprouvées par de nombreux Allemands, dans un article longuement cité dans le dernier chapitre de ce livre.

les choses auraient difficilement pu être pires. La dévaluation avait constitué une défaite politique. La différence très contrastée du traitement accordé par la Bundesbank, d'un côté à la livre irlandaise, et de l'autre à la couronne danoise, semblait claire : l'Irlande n'appartenait pas à un noyau dur dont les frontières paraissaient devenir de plus en plus précises. Et aux yeux des marchés, la livre irlandaise conservait avec le sterling un lien bien plus fort qu'avec les devises du continent.

Du point de vue économique, naturellement, le bilan de la dévaluation se présentait sous un tout autre jour. En premier lieu, la livre commença bientôt à se redresser, car les marchés ne pouvaient plus ignorer la reprise de l'économie britannique déclenchée par le mercredi blanc (comme on commençait à l'appeler). De même que la glissade du sterling avait mis la livre irlandaise sous pression, son redressement induisit un mouvement à la hausse de la livre irlandaise, en fait jusqu'à la limite supérieure de sa nouvelle marge de fluctuation. Dans les quelques mois qui suivirent, la Banque centrale d'Irlande put ainsi réduire neuf fois de suite ses taux d'intérêt (certaines de ces réductions furent décidées afin de faire décoller la livre irlandaise de son plafond, allégeant ainsi, pour la forme, la pression qui s'exerçait sur le franc français, dans l'espoir que cela vaudrait à l'Irlande les bons points qui lui permettraient d'être rangée parmi les « bons Européens »). Les effets cumulés de ces réductions, combinés à la fin du climat de crise des changes, avec l'amélioration marquée de la compétitivité irlandaise, en particulier face à un sterling qui reprenait vigueur, et avec la reprise que connaissaient les principaux clients de l'Irlande (la Grande-Bretagne et les États-Unis), donnèrent une vigueur nouvelle à la confiance et à l'activité. La croissance reprit de plus belle, les propriétaires de logements échappèrent au choc de la saisie qui avait été infligé à tant de ménages britanniques durant le cauchemar de l'appartenance au MEC, et le chômage se mit à reculer. Et pourtant, au sein de l'establishment irlandais — le gouvernement, la fonction publique, la banque centrale, l'Église et, naturellement, la plupart des Irlandais embarqués à bord de l'eurotrain de plaisir —, nombreux étaient ceux qui auraient volontiers épargné à l'homme de la rue ces bienfaits sans mélange.

Raison d'État

Pendant que Paris, Bruxelles, Bonn, Francfort et même Dublin continuaient leur jeux de guerre monétaire camouflée en diplomatie, des événements d'apparence plus provinciale se déroulaient à Copenhague. Pourtant, ce qu'ils révélaient de la vraie nature du MEC et de l'UME revêtait une importance capitale. Le mercredi 3 février, le jour où la couronne danoise avait subi les pressions les plus fortes, les banques danoises avaient prêté des couronnes — immédiatement revendues au comptant — à quiconque était prêt à les emprunter au taux du marché influencé par les opérations de la Banque centrale du Danemark. En agissant ainsi, elles n'avaient violé aucune loi, aucun règlement, aucune directive, aucune convention ni aucun accord. Le Danemark avait aboli tout contrôle des changes plusieurs années auparavant, et menait une politique monétaire de marché de laquelle étaient exclus tout plafond de prêt ou toute directive de la banque centrale. Aussi bien l'absence de contrôle des changes que cette politique monétaire étaient non seulement applaudis par les tenants de l'orthodoxie, mais exigés par la législation communautaire ou requis par les organes de la Communauté. L'un des articles du traité de Maastricht (art. 3) et le protocole additionnel au traité sur les statuts de la future Banque centrale européenne (art. 2) stipulaient que la politique monétaire (et toutes les autres politiques du domaine économique) devait se conformer à ces principes. Ainsi donc, les actions des banques danoises étaient au-dessus de tout reproche.

Pourtant, le mercredi soir, le Premier ministre danois, à la télévision, avait promis aux « spéculateurs » qu'ils allaient souffrir. Le jeudi après-midi, la parité de la couronne n'était plus en danger. Nous avons vu que, le mercredi, les banques danoises avaient prêté des couronnes au taux à court terme du marché monétaire déterminé, dans les faits, par la banque centrale. Il leur faudrait, le vendredi, rétablir leur position de liquidité — ce qu'elles comptaient faire, comme d'habitude, en empruntant auprès de la banque centrale. Mais le vendredi matin, la Banque centrale du Danemark prit une décision stupéfiante. Elle se comportait en bourreau, « honorait » la promesse parfaitement inconstitutionnelle que le Premier ministre avait faite à la télévision, et infligeait aux banques, condamnées par elle pour financement de la spéculation, un châtiment infamant. À cette fin, elle organisa un resserrement de la liquidité sur le marché de l'argent et, au lieu d'offrir aux banques des fonds au jour le jour au taux normal, elle exigea d'elles qu'elles les lui empruntent pour une période extensive (dix-sept jours) au taux prohibitif de 40 %. Elle se comportait ainsi à l'opposé de tous les principes d'une société libre régie par la loi, et faisait preuve d'un esprit de vengeance totalitaire contre des banques qui n'avaient contrevenu à aucune législation et ne disposaient d'aucun recours légal ou administratif.

Où que ce soit, peu de gens ont de la sympathie pour les banques. Dans presque tous les pays, elles réalisent de gros profits lorsque la conjoncture est bonne, et comptent bien qu'elles seront renflouées grâce à l'argent public quand les temps deviennent durs. Elles bénéficient, dans beaucoup d'entre eux, d'un traitement fiscal scandaleusement avantageux. Et, dans certains, elles exercent, sans contrôle, un degré indu d'influence politique. Mais rien de tout cela ne permet d'accepter qu'une fois encore, de même que dans la France de la Révolution ou les dictatures totalitaires du XXe siècle, la Volonté générale puisse exiger que les règles démocratiques ou légales soient mises de côté afin d'éviter que les « classes » dont on prétend faire le bonheur ne soient tentées d'adopter des attitudes « antisociales ».

Apparemment, les décisions qu'elle avait prises causèrent à la Banque centrale du Danemark un certain embarras. Tout d'abord, elle tirait sur les lampistes : les « spéculateurs » qui avaient réellement vendu des couronnes le mercredi étaient, pour la plupart, des entreprises ou des ménages danois. On peut penser que l'avenir politique du Premier ministre n'aurait pas été très assuré s'il avait tenté de punir toutes ces entités individuelles. Par conséquent, il lui avait fallu désigner des boucs émissaires — en l'occurrence les banques qui avaient prêté les couronnes que d'autres avaient vendues. Ensuite, certaines banques danoises étaient à court de liquidités pour des raisons sans rapport avec ce qui s'était passé sur les marchés des changes le mercredi. Elles furent cependant « punies » comme les autres. En troisième lieu, la banque centrale, théoriquement indépendante, mettait à mal le système bancaire, agissant ainsi en pleine contradiction avec sa raison d'être, pour des motifs sans aucune ambiguïté politique — afin de prouver avec certitude que le Premier ministre n'avait pas l'air d'un tigre de papier.

Quand, quelque temps après, on exposa aux responsables de la Réserve fédérale américaine ce qu'avait manigancé la banque centrale danoise, il fallut longtemps pour les convaincre qu'on ne se moquait pas d'eux en leur racontant une mauvaise plaisanterie d'institut d'émission. Mais l'incident fournit aux responsables monétaires américains la confirmation définitive, à leurs yeux, que le fétichisme des taux de change propre aux Européens du continent était non seulement irrationnel — ce qu'ils avaient toujours pensé — mais encore relevait d'une psychose destructrice. Au vrai, les problèmes ici en jeu dépassaient de loin le MEC, et mettaient l'accent sur la conception « continentale » — par opposition à la conception « anglo-saxonne » — de l'État, de la Loi, et de l'Autorité incarnée dans le projet approuvé à Maastricht.

En Grande-Bretagne comme aux États-Unis, la fonction de banque centrale a évolué (en Grande-Bretagne) ou a été explicitement instituée (aux États-Unis) en vue d'assurer la stabilité du système financier. En d'autres termes, elle visait à procurer un « bien public », qui permettrait aux marchés privés d'opérer avec davantage de sécurité et d'efficacité*. Au contraire, en Europe continentale, les banques centrales ont une fonction bien plus politique, variable d'un pays à l'autre. En France, par exemple, le rôle de la banque centrale a été, de tradition, celui d'un agent de la Volonté générale, chargé de la mise en œuvre, dans le domaine de l'économie, des politiques discriminatoires et interventionnistes du gouvernement, en utilisant des moyens dont elle n'a pas à rendre compte devant le Parlement, et seulement de manière extrêmement ténue devant le corps électoral. En Allemagne, le cadre législatif régissant la Bundesbank a obéi à un double objectif : donner une forme légale à une supposée priorité de la stabilité des prix sur des choix politiques discutables, et réduire l'autorité du gouvernement central dans un système politique fédéral.

Sur la fonction de banque centrale comme dans d'autres domaines, le traité de Maastricht tente de réconcilier ces deux inconciliables. N'en doutons pas, là comme partout, la conception continentale triompherait si les dispositions du traité en matière monétaire entraient jamais en vigueur. La Banque centrale européenne serait un centre de pouvoir, et non pas une « aide au fonctionnement » des marchés privés. Ce pouvoir sera-t-il exercé par

* Les économistes entretiennent un débat animé sur la question de savoir si l'existence d'une banque centrale est nécessaire ou souhaitable pour que soient assurées la stabilité et l'efficacité des marchés financiers. Mais ce débat n'est qu'une annexe à l'opposition des conceptions de l'État qui est au centre du problème envisagé dans ce texte.

les hommes politiques, afin de châtrer l'Allemagne de sa domination monétaire, ou bien par des dirigeants de banques centrales, « rois philosophes » qui, autant que de besoin, passeront outre aux préférences électorales ? Ce débat constitue — ainsi que tout ce livre le démontre — l'objet d'intrigues, de controverses et de conflits. Mais il est incontestable qu'une Banque centrale européenne selon Maastricht serait une espèce d'animal bien différent des banques centrales avec lesquelles les marchés financiers anglo-saxons ont vécu en symbiose depuis la Première Guerre mondiale. C'est là un élément de toute première importance qu'il faudra prendre en considération lorsqu'il faudra estimer jusqu'à quel point une appartenance de la Grande-Bretagne à l'UME pourrait porter atteinte à la City de Londres. Nous reviendrons sur cette question dans ce livre.

Pour l'instant, ce qui compte, c'est que, dans l'optique de Maastricht, les banques centrales — tout comme les systèmes juridiques du continent — sont conçues, non pour protéger les individus contre l'exercice arbitraire d'un pouvoir de coercition, mais comme des instruments de mise en œuvre de ce pouvoir*. Les agissements de la Banque centrale du Danemark à l'encontre des marchés financiers le vendredi 5 février 1993 en constituent l'exemple le plus frappant.

* Wilhelm Nölling, alors membre du conseil de la Bundesbank, s'était montré parfaitement explicite lors d'une conférence qu'il avait donnée à Londres peu après la signature du traité de Maastricht : la participation de la Grande-Bretagne à l'UME prévue par Maastricht serait, avait-il dit, incompatible avec la Grande Charte.

9

Guerres de religion

Pour les autres monnaies de la grille du système, février et mars furent, en apparence, des mois relativement calmes. Mais le processus au bout duquel la logique économique et la nécessité politique convergeraient finalement pour détruire le MEC à l'ancienne continuait de suivre son chemin tortueux.

Dès l'adoption des changements de la structure constitutionnelle de la Belgique, puis la mise au point, après les marchandages habituels, d'un budget acceptable, la brève période de turbulence qu'avait connue le franc belge prit fin. Le franc français et la couronne danoise demeurèrent bloqués près de la limite inférieure de leur marge de fluctuation. Tant en France qu'au Danemark, les taux d'intérêt restaient terriblement élevés, particulièrement en termes réels. La situation financière du système bancaire français donnait de sérieuses raisons de s'inquiéter. Michel Sapin et Jean-Claude Trichet s'employèrent à dissimuler la gravité du problème. Pour la France comme pour le Danemark, la nature perverse de la composante économique du MEC apparaissait avec de plus en plus de clarté : la « vertu » acquise en parvenant au faible taux d'inflation exigé par la « désinflation compétitive » n'était pas « récompensée » — ainsi que l'affirmait pourtant Trichet — par des taux d'intérêt nominaux bas, puisque les taux allemands déterminaient leur plancher, mais « punie » par des taux d'intérêt réels élevés. Comme les marchés soupçonnaient que l'illogisme économique du système conduirait à un bouleversement, le cercle vicieux s'accéléra brusquement : les opérateurs se couvraient contre le risque d'une dévaluation, si bien que les taux d'intérêt nominaux devaient être en fin de compte relevés afin de maintenir la devise concernée dans la cage imposée par le MEC. L'Inquisition espagnole n'aurait guère pu imaginer torture plus cruelle : dès qu'il y avait présomption d'hérésie, les protestations d'innocence et même les preuves de non-culpabilité aboutissaient seulement à une intensification des souffrances du patient.

Faites ce que je dis et non ce que je fais

Pendant que les vrais croyants de France et du Danemark continuaient de souffrir, en tâchant d'étouffer leurs cris, le grand prêtre du culte jetait l'anathème sur ceux qui avaient récemment apostasié. Tietmeyer lança des avertissements à la Grande-Bretagne et à l'Italie[1]. Le 25 février, à Hambourg, il prononça une allocution d'un ton extraordinairement autoritaire et impérieux à l'égard de pays théoriquement indépendants, faisant ainsi écho à la bile crachée par Sapin le jour de la dévaluation de la livre irlandaise. Ses propos revêtaient une signification particulière : ils étaient en quelque sorte la préfiguration du rôle de dictateur monétaire de l'Europe tout entière que nous verrons Tietmeyer assumer dans toute sa majesté début août, avant même de succéder à Schlesinger à la présidence de la Bundesbank. Le 1er mars, Tietmeyer déclara que la Grande-Bretagne et l'Italie, même si elles n'étaient plus formellement soumises aux règles du MEC, ne devaient pas pour autant négliger leur politique de change. Naturellement, à la différence de Sapin, le vice-président de la Bundesbank devait faire en sorte que ses propos paraissent compatibles avec la doctrine du « chacun pour soi » incarnée dans la « phrase de Tietmeyer ». Il tint cependant à insister sur d'éventuelles mauvaises intentions, en pontifiant : « Il est de leur intérêt à long terme qu'elles [la Grande-Bretagne et l'Italie] ne s'autorisent pas à s'engager dans une voie douteuse et ne négligent, pour le meilleur ou pour le pire, l'évolution de leur taux de change. »

Tietmeyer avait certainement des motifs de s'inquiéter devant la politique britannique et italienne, mais pas par pure philanthropie. Il était peu probable qu'il ait voulu faire allusion aux répercussions que les mouvements du sterling avaient eues sur la livre irlandaise. En fait, l'exemple que donnait la politique monétaire britannique lui causait, à juste titre, des soucis. En premier lieu, il ne pouvait ignorer que la liberté qu'avait désormais la Grande-Bretagne de gérer seule ses affaires monétaires était considérée avec envie par les intellectuels « dissidents » français (nous y reviendrons dans le chapitre 11), ce qui expliquait, par ailleurs, les vitupérations anglophobes de Sapin. Ensuite, d'un point de vue plus immédiatement pratique, l'amélioration spectaculaire de la compétitivité de la Grande-Bretagne (comme celle de l'Espagne et de l'Italie) commençait à frapper l'industrie française. Que les industriels français se mettent à affirmer qu'ils ne pourraient plus supporter très longtemps la combinaison d'un taux de change favorable à la Grande-Bretagne et de taux d'intérêt trop élevés en France doit avoir provoqué l'inquiétude de Tietmeyer presque autant que celle de Trichet*.

Une niche plus confortable

Et, pourtant, ce qui se passait en Grande-Bretagne avait de quoi alarmer Tietmeyer davantage encore. Pour l'économie britannique, le 16 septembre avait été un mercredi blanc, mais, pour la réputation politique de John Major, un mercredi noir, et, du point de vue de la politique monétaire, un mercredi d'interrogations. Quitter le MEC avec créé un vide : le cadre de la politique monétaire avait tout bonnement disparu. Toutefois — l'expérience à l'intérieur du système l'avait démontré — le « rien » vaut quelquefois mieux que le « quelque chose ». Parmi ses semblables, seule la Bundesbank parvenait à faire passer une succession d'oracles obscurs et embrouillés pour l'expression d'une politique monétaire cohérente. Il fallait pourtant bien que les marchés, les entreprises, les travailleurs et les ménages (dans cet ordre, probablement) sachent, peu ou prou, quels seraient, dans la liberté angoissante de cet univers nouveau, les objectifs de la politique monétaire, et comment elle fonctionnerait.

La confusion régna pendant plusieurs semaines après ce fameux mercredi. Le sterling avait entamé sa glissade, mais la baisse des taux d'intérêt s'était fait attendre. Pour une fois, néanmoins, c'était un fort consensus populaire, auquel les dignitaires et les fonction-

---

* À cette occasion, Tietmeyer lança un cri d'alarme, pas le premier ni le dernier, devant les problèmes de compétitivité que l'appréciation du Mark causait à l'industrie allemande. Nous verrons plus loin que, devenu président de la Bundesbank, Tietmeyer accorderait une importance primordiale à la question de la compétitivité de l'Allemagne et à la nécessité connexe de garder la France « sur le même bateau ».

naires ne pouvaient s'opposer, qui dessinait les contraintes politiques. Du coup, la politique monétaire commença, de manière surprenante, à suivre enfin la voie du bon sens.

Fin octobre, les lignes directrices que devrait suivre la politique monétaire avec une monnaie en flottement avaient été tracées. Mieux encore, ainsi que le très calomnié chancelier de l'Échiquier Norman Lamont devait se donner la peine de l'expliquer sans ambages, il fallait que la politique économique britannique soit conçue, d'abord, dans le souci des intérêts de la Grande-Bretagne. D'où les inquiétudes de Sapin, de Trichet et de Tietmeyer, mais, aussi, quelques mois plus tard, la satisfaction discrète exprimée sur le Continent après le remplacement de Lamont par Kenneth Clarke, homme de « l'Europe d'abord ». Dans ce contexte, l'innovation la plus importante résidait dans la fixation d'une zone cible explicite pour le taux d'inflation. Le Canada et la Nouvelle-Zélande utilisaient déjà de telles zones cibles, qui seraient bientôt adoptées par la Suède et la Finlande, deux pays qui avaient dû, contraints et forcés, renoncer à l'ancrage de leurs monnaies à l'ECU.

Sur le plan des principes, la fixation d'une zone cible d'inflation par les autorités britanniques constituait un fait important et marquait qu'elles s'écartaient heureusement des partis pris déflationnistes des décideurs du continent. La zone cible était circonscrite entre une limite inférieure (1 %) et supérieure (4 %), si bien qu'au cas où le chômage se situerait à un niveau trop élevé — au-dessus du taux de chômage non accélérateur de l'inflation (le NAIRU : Non-Accelerating Inflation Rate of Unemployment) — l'inflation tomberait au-dessous de la limite inférieure, à moins que ne soit mise en place en temps utile une politique d'assouplissement monétaire. Avant le 16 septembre, tout le monde, à la Trésorerie et à la Banque d'Angleterre, savait (on l'admettrait ensuite sans finasser) que la pression déflationniste sur l'économie britannique était si forte que l'on aurait certainement assisté à une déflation pure et simple — une baisse réelle des prix — si le sterling avait continué de faire partie du MEC*. Ainsi, dans cette situation nouvelle où les intérêts britanniques passaient désormais les premiers, la fixation d'une zone cible d'inflation exigeait aussi, en toute cohérence, un assouplissement significatif de la politique monétaire.

* Reconnaître ce fait démentait les affirmations grossières du gouvernement, selon lesquelles l'économie britannique connaissait déjà une reprise durable *avant* le mercredi blanc.

Un phare à éteindre

Aux yeux de Tietmeyer, tout cela créait un précédent dangereux. Non pas pour les économies du continent, qui auraient tiré un énorme avantage d'un tel cadre si le MEC l'avait autorisé. La menace pesait sur le rôle de la Bundesbank et sur sa conception de la politique monétaire si jamais une Banque centrale européenne voyait le jour. Pour la Buba, le plus gros problème que posait le concept de zone cible explicite d'inflation se situait précisément dans le fait qu'elle était explicite. Le pouvoir discrétionnaire de la Bundesbank et son absence de responsabilité politique — atouts auxquels elle était le plus attachée — tenaient au caractère vague du mandat que lui assignait la loi, même si on l'interprétait en termes de maintien de la stabilité des prix, et au leadership qu'elle exerçait dans n'importe quel système de taux de change. L'expression « stabilité des prix » pouvait ainsi se voir attribuer toutes les significations qu'il plaisait à la Bundesbank de lui donner.

En de nombreuses occasions, les indications données par la Bundesbank avaient montré qu'elle entendait, *elle*, par « stabilité des prix », une inflation faible, comprise entre 1,5 et 2 % environ*. À se fonder sur ce seul critère, on pouvait estimer que la politique de la Bundesbank avait été tenue en échec. En effet, depuis qu'elle avait commencé d'interpréter sa mission en termes de lutte contre l'inflation voici quelque vingt-cinq ans, la hausse des prix ne s'était située à l'intérieur de cette fourchette que pendant *une seule* et unique année. Cependant, la Bundesbank avait évité d'être taxée d'incompétence en soulignant que la « stabilité des prix » devait être obtenue à moyen terme et sur le moyen terme (non précisé), et non année après année. Concrètement, le caractère vague de son mandat avait permis à la Buba de ne pas avoir à rendre compte d'une démarche inspirée souvent par des considérations politiques, voire politiciennes.

Que l'on tolère et même que l'on se félicite et même se félicite-t-on en Allemagne qu'une institution aussi importante soit dégagée de toute responsabilité, au sens démocratique de ce mot, constitue une question fondamentale à laquelle nous reviendrons dans le dernier chapitre de ce livre. De même, nous aurons à nous demander si le modèle qu'offre la Bundesbank peut ou doit survivre à la mise en

* C'est, par exemple, l'ordre de grandeur retenu par la Bundesbank dans les procédures de fixation des objectifs de masse monétaire.

place éventuelle d'une UME. Pour l'instant, seul nous importe le fait que l'adoption par la Grande-Bretagne d'une zone cible d'inflation représentait, potentiellement, un défi pour une autorité monétaire au pouvoir aussi indépendant, discrétionnaire, sans contrôle et, dans une certaine mesure, aussi arbitraire, que la Bundesbank.

Dans l'optique de la Buba, le choix britannique recelait trois tares impardonnables. Premièrement, l'objectif était précis et par conséquent relativement contraignant. Ensuite, il reposait sur une symétrie fondamentale, si bien qu'il pourrait y avoir des circonstances dans lesquelles l'autorité monétaire devrait relâcher les rênes. Mais surtout, la zone cible était déterminée par le gouvernement et non par la banque centrale, procédure dangereusement démocratique. Bref, en retenant ce cadre, la Grande-Bretagne avait peut-être déjà parcouru la moitié du chemin menant à l'adoption du modèle néo-zélandais, vanté par les économistes et par les spécialistes de la science politique, et abhorré par la Bundesbank. Ce modèle est fondé sur la conclusion d'un contrat entre le gouvernement et la banque centrale qui, sur une période de trois ans, s'engage à parvenir à un taux d'inflation situé à l'intérieur d'une fourchette fixée par l'exécutif. Pour ce faire, la banque centrale peut mettre en œuvre toutes les mesures de politique monétaire qu'elle juge adéquates, sans que le gouvernement s'en mêle. Si elle échoue, le gouverneur de l'institut d'émission est révoqué. Par conséquent, bien loin de pouvoir se comporter en grand feudataire presque indépendant, la banque centrale occupe une position similaire à celle d'une entreprise qui serait chargée, par contrat, de fournir par exemple du mobilier. Dans un tel cas, le gouvernement préciserait les spécifications voulues, on s'entendrait sur un prix, et une clause stipulerait que l'exécution du marché ferait l'objet d'un examen. L'entreprise pourrait organiser comme il lui plairait la production du mobilier (on dirait, dans le jargon d'usage, qu'elle disposerait d'une *indépendance fonctionnelle*), mais elle ne jouirait d'aucun pouvoir *politique* autonome.

La riposte de Tietmeyer à la menace britannique devait comprendre deux étapes. Tout d'abord, dans son intervention du mois de mars, il expliqua que le choix de Londres ne pouvait pas réussir, car il n'accordait pas assez d'importance au taux de change *. Ensuite,

* En fait, le taux de change joue bel et bien un rôle dans un système de fixation d'objectifs d'inflation, puisqu'il constitue l'un des facteurs, mais l'un des facteurs seulement, qui déterminent l'évolution future de la hausse des prix. Ainsi que la Bundesbank l'a toujours souligné, il deviendrait impossible de par-

deux ans durant, il affirma, dans une série de déclarations, que la politique monétaire ne peut, isolément, aboutir à un résultat donné en matière d'inflation, et que, par voie de conséquence, les autorités monétaires ne peuvent être tenues pour les auteurs ou pour les responsables d'un succès ou d'un échec dans ce domaine.

Malheureusement pour Tietmeyer, pour la Bundesbank et pour toute future BCE, cette dernière assertion est à double tranchant. Dans des circonstances normales, il est absolument faux que l'on ne puisse arriver à une fourchette d'inflation donnée par l'intermédiaire de la politique monétaire, au moins dans la mesure où une période de deux ans ou plus* est accordée pour atteindre l'objectif fixé. Ce que Tietmeyer envisageait, c'était l'éventualité d'une explosion des salaires ou d'une expansion fiscale. Certes, pendant un certain laps de temps, cela pourrait relancer l'inflation malgré l'absence d'assouplissement de la politique monétaire (c'est d'ailleurs ce qui s'était passé en Allemagne après la réunification). Cependant, si la politique monétaire était durcie de façon suffisamment sévère, on pourrait, dans ce cas-là, éviter une reprise de la hausse des prix. Naturellement, il y aurait un prix à paye : ce serait un resserrement de la politique monétaire pour faire face à la montée des revendications salariales ou à une expansion fiscale qui se traduirait (sauf hypothèse d'amélioration de l'offre et de retour de la confiance des investisseurs et des consommateurs) par de la récession et par la montée du chômage.

Dans de telles circonstances, il reviendrait au pouvoir politique de déterminer si le prix à payer en vaudrait la peine. Dans le modèle néo-zélandais, par exemple, le gouvernement conserve la possibilité, après approbation par le Parlement, d'ajuster ou de négliger les objectifs d'inflation retenus dans son contrat avec la

---

venir à la stabilité si l'accent était mis à l'excès sur le taux de change. D'autre part, dans certaines circonstances (chocs sur la demande, ou chocs sur les termes de l'échange, y compris les bouleversements des taux de change), il devient inadéquat de chercher à obtenir la stabilité des prix. Mais ce qui est ou n'est pas « adéquat » doit être décidé *seulement* par les gouvernements et non par les banques centrales.

* *Il y a bel et bien* des conjonctures dans lesquelles la politique monétaire, ou une politique monétaire menée par une banque centrale indépendante, ne peut garantir un maintien de la stabilité des prix. Notamment lorsqu'une banque centrale essaie sans succès d'imposer sa volonté à son gouvernement au sujet de la politique budgétaire, créant ainsi un risque d'annulation de la dette publique par le biais de l'inflation, problème que nous évoquerons plus tard et qui concerne douloureusement la Suède et l'Italie.

banque centrale si des événements imprévus risquent d'en rendre le coût politiquement insupportable. En Allemagne aussi, après la réunification, il avait fallu une décision politique pour trouver un équilibre entre le coût d'une inflation plus forte et le coût d'un resserrement de la politique monétaire en vue de l'empêcher. Inévitablement, on avait abouti à une cote mal taillée : l'inflation avait *bel et bien* progressé, mais moins vite que si la politique monétaire n'avait pas subi un durcissement. La politique monétaire avait *bien* été durcie, mais pas suffisamment pour prévenir complètement l'inflation. Nous avons vu au chapitre 3 que le processus politique au terme duquel ce compromis avait été trouvé avait été marqué par une extrême tension entre la Bundesbank et Bonn : la Buba, dont l'avis sur la réunification avait été négligé, prenait quelque peu sa revanche. La Bundesbank avait utilisé la menace d'un resserrement de la politique monétaire — et de la récession qui en serait la conséquence inévitable — pour tenter d'imposer au gouvernement *ses* idées sur les restrictions budgétaires (y compris sur l'équilibre entre les réductions de dépenses et les augmentations de taxes, et, même, entre les augmentations des différentes formes d'impôt), et, aux entreprises et aux syndicats, *sa* conception d'un accord salarial.

La Bundesbank n'est pas la seule à observer un comportement de ce genre. Dans le monde entier, les dirigeants des banques centrales ne remettent jamais en cause leurs propres choix de politique monétaire et ne critiquent que rarement ceux de leurs collègues — du moins en public. Mais tous fulminent souvent contre les péchés de la politique budgétaire ou des exigences salariales. En fait, pour que ces gens-là puissent profiter de manière satisfaisante d'un statut d'indépendance, il *faut* que les autres acteurs concernés se « conduisent mal » : cela donne aux dirigeants des instituts d'émission une excuse permanente pour leurs propres échecs, et leur permet d'exercer un pouvoir politique en menaçant les pécheurs de leurs foudres. Comme corollaire, il va de soi que, dans les pays affligés d'une banque centrale indépendante qui n'a de comptes à rendre qu'à elle-même, la « coordination » des diverses composantes de la politique économique ne peut être que conflictuelle*. Ces conflits-là mettent inévitablement l'économie à mal tant qu'ils n'ont pas trouvé de solution. Il n'y a que deux solutions possibles : ou bien le gouverne-

* Les économistes donnent le nom de « conflit de Stackelberg » à cette situation d'opposition entre l'autorité monétaire et le gouvernement.

ment assume la maîtrise de la politique monétaire, ou bien la banque centrale prend le contrôle effectif de la politique du gouvernement dans les autres domaines ou la soumet à une influence déterminante. Quelque choix qu'ait pu faire un pays donné, l'UME imposera un choix unique à *tous* les pays qui y participeront. Et cela augure mal de sa réussite.

À la sauce hollandaise

L'Italie avait déjà connu le même genre de conflit. Tout, cependant, avait empiré en 1991. Ce que tout le monde, certes, aurait pu prévoir, mais le moment était particulièrement malencontreux. Car dès la mi-1991, il était évident qu'il faudrait recourir à des mesures budgétaires rigoureuses et douloureuses si l'on voulait que la candidature de l'Italie à l'UME soit prise au sérieux par ses partenaires. Durant les années de croissance relative, les efforts d'ajustement s'étaient relâchés. Des recettes fiscales en expansion et des indemnités de chômage en baisse avaient permis une réduction du déficit aussi longtemps que la croissance persistait, mais, en fait, la tendance sous-jacente au déficit s'accentuait. Le retour à une croissance plus paresseuse en 1991 signifiait que le trou du budget s'enflait de manière inquiétante.

Dès ce moment, les Néerlandais, à qui il reviendrait d'élaborer un compromis à Maastricht, n'ignoraient pas que la détérioration de la situation budgétaire en Italie pourrait conduire l'Allemagne à opposer son veto aux plans d'union monétaire. Ils entreprirent donc de faire pression sur Rome pour qu'un « programme d'urgence » d'austérité budgétaire soit mis en place dans la Péninsule. Cette démarche, dit-on, provoqua la colère des Italiens. Ils y voyaient une tentative de bloquer l'entrée de l'Italie dans l'UME, dans cette Terre promise où leur déficit budgétaire disparaîtrait comme par magie, sans aucun effort de leur part, peut-être pris en charge par « l'Europe ». Après quelques épisodes de tensions, la tempête finit par se calmer. Au lieu de montrer l'Italie comme le seul pays divergent, on proposa des « programmes de convergence » destinés aux pays dont les performances économiques ne répondraient pas aux critères de convergence dont on discutait alors très en détail et sans fin. Mais la querelle avait convaincu le gouvernement à défaut des citoyens italiens que la perspective de l'UME ne pourrait lui éviter les affres de l'austérité budgétaire.

Or, la théorie économique — qui fait preuve d'un bon sens surprenant — indique que s'il faut en venir à augmenter les impôts et les taxes ou à réduire les transferts sociaux, les Italiens moyens auront moins d'argent dans leurs poches et par conséquent dépenseront moins*, ou que, si le gouvernement italien consacre moins de dépenses aux biens et aux services, la production et l'emploi vont reculer. Pour prévenir pareilles conséquences, il faudra que les Italiens consacrent une part plus grande de leur pouvoir d'achat diminué à acquérir des biens et des services italiens, plutôt qu'à acheter des biens et des services d'origine étrangère, et que les étrangers soient incités à se porter davantage acquéreurs de biens et de services italiens. Mais ce changement dans les attitudes de consommation ne pourra se produire que lorsque les biens et les services italiens seront devenus relativement moins chers que leurs équivalents étrangers. En d'autres termes, il faudra que la compétitivité s'améliore. Mais comme l'on partait, à la mi-1991, d'un niveau de compétitivité déjà médiocre, le problème était de grande ampleur.

Ainsi, au début de l'été 1991, pouvait-on prédire, avec une certitude absolue, qu'il faudrait dévaluer la lire. Comment se fait-il que les euro-vestales du Comité monétaire, que le Comité des gouverneurs, et que la Commission, aux échelons les plus élevés, soient demeurés aussi aveugles devant l'évidence ? Nous l'avons déjà constaté, la convergence, au sein des institutions communautaires, avait davantage progressé dans le refus de voir la réalité que dans l'évolution des résultats économiques des États membres. Dans cette manifestation d'euro-aveuglement, il n'y avait rien de surprenant. Bien entendu, hommes politiques et mandarins soutiendraient dans tous les cas qu'ils n'étaient nullement aveugles. En revanche, quiconque discernait les problèmes pendants était accusé de souffrir d'hallucinations, de cauchemars et de phantasmes, fruits de la sorcellerie ou bien des incantations maléfiques des Anglo-Saxons. Une fois encore, on eut recours à la MEConomie pour confondre les sceptiques. Une fois encore, on traîna à la barre l'Irlande et le Danemark — les deux pays dont Trichet travestissait tellement le bilan aux fins de défendre la désinflation

* On peut même penser que, si les Italiens sont en mesure de prévoir ce qui va se passer, ils pourront commencer de réduire leurs dépenses *avant même* que les restrictions budgétaires n'entrent réellement en vigueur. Mais la nécessité d'améliorer la compétitivité n'en demeurera pas moins.

compétitive — afin qu'ils soient les témoins vedettes de la défense des marchands d'orviétan économique. On affirmait * que ces deux pays apportaient la démonstration qu'un retour à la vertu fiscale, loin de déprimer l'économie, lui donnait au contraire un coup de fouet, même à court terme.

Deux essais en faveur de l'Irlande

Le Danemark, entre 1983 et 1986, et l'Irlande, entre 1987 et 1990, ont connu, affirmaient les défenseurs du MEC, une forte expansion immédiatement après avoir mis en œuvre des programmes de restrictions budgétaires. Une fois encore, pareille lecture de l'histoire économique, en attendant d'être déformée par Trichet un peu plus tard, se révélant extrêmement partielle et trompeuse. Il vaut la peine d'observer une pause dans notre récit pour examiner avec plus d'objectivité l'expérience du Danemark et de l'Irlande. Les leçons qui auraient *pu* en être tirées (notamment par Nigel Lawson quand il livrait bataille comme un obsédé pour contraindre Mrs Thatcher à l'entrée dans le MEC) auraient évité des difficultés économiques et de malheureuses situations politiques à l'Europe tout entière. Mais le fait que le Danemark et l'Irlande aient pu être tenus pour des exemples frappants des bénéfices apportés par les vertus du MEC en dit long sur la perversion de l'analyse économique telle que la pratiquent les euro-fanatiques.

À l'automne 1982, le Danemark avait dévalué sa couronne à l'intérieur du MEC, et avait retrouvé une forte position de compétitivité. Peu après, le gouvernement fut renversé. Les sociaux-démocrates, qui avaient occupé le pouvoir pendant l'essentiel du demi-siècle écoulé et qui avaient présidé à vingt-cinq ans de déficits de la balance courante, furent renvoyés dans l'opposition. L'inquiétude croissante de l'opinion devant l'endettement extérieur du pays et la progression régulière du ratio de la dette publique par rapport au PNB jouèrent un rôle important dans les

* Cette affirmation a été tout particulièrement le fait de deux économistes italiens, Franco Giavazzi et Marco Pagano qui, dans un article très remarqué sur l'Irlande et le Danemark, avaient forgé l'expression « contraction fiscale expansionniste ». À la mi-1991, Giavazzi devint directeur au Trésor italien, où il était responsable de l'analyse macro-économique.

malheurs de la social-démocratie. Le nouveau gouvernement conservateur s'engagea dans une stratégie complètement différente : une monnaie forte, la suppression de l'indexation des salaires, des réductions dans les dépenses gouvernementales et dans des transferts sociaux jusqu'alors d'une générosité excessive, et une approche en général plus favorable aux milieux d'affaires.

Ces changements produisirent un effet immédiat sur la confiance à l'égard de la couronne (l'effet sur le sterling avait été tout aussi immédiat après l'élection de Margaret Thatcher, et sur le Mark quand Kohl avait remplacé Schmidt : au début des années 80, les marchés aimaient bien les gouvernements conservateurs). Le Danemark bénéficia alors de fortes rentrées de capitaux, mais à cause de l'étroitesse de la marge de fluctuation du MEC, la couronne ne pouvait y réagir par une hausse. C'est pourquoi la masse monétaire s'enfla énormément, tandis que les taux d'intérêt, qui s'étaient situés à un niveau exceptionnellement élevé, retombèrent à toute vitesse. La combinaison d'une amélioration initiale de la compétitivité, de la chute des taux d'intérêt et du coup de fouet donné à la consommation et, plus particulièrement, au sentiment des entreprises, aboutit à une reprise remarquablement vigoureuse de l'économie danoise. Les mesures de restrictions budgétaires adoptées au début de 1983 furent en fait assez limitées, et les conséquences déprimantes qu'elles auraient pu avoir sur la production et sur l'emploi furent effacées par la progression de tout le reste. L'économie danoise était en pleine expansion, ce qui, bien davantage que les restrictions budgétaires, fit évoluer si rapidement les comptes publics que le gouvernement, en 1986, disposait en fait d'un excédent. En réalité, l'expansion suivait un rythme tellement rapide, avec des investissements en plein essor, que le chômage fut réduit de moitié et que les pressions inflationnistes commencèrent de se faire sentir, tandis que le déficit extérieur continuait, lui, de se creuser en dépit de la bonne santé des finances publiques. Les coûts du travail progressèrent très vite, atteignant 12 % d'augmentation en 1986.

À la fin de 1986, les investisseurs internationaux commencèrent de nourrir une certaine méfiance vis-à-vis de l'économie danoise. La couronne se dépréciait et les taux d'intérêt grimpaient en flèche. Confrontés à cet échec apparent du changement de stratégie opéré en 1982-1983 à apporter une amélioration de fond à la situation de l'économie de leur pays, les ménages et les entreprises sombrèrent soudain dans le pessimisme. Au début de 1987, tout était donc en place pour un renversement cyclique de la conjoncture. Mais le gouvernement danois, préoccupé par la perte de confiance des marchés dans la couronne, décida qu'il fallait une nouvelle dose de restrictions budgétaires : voyez, disait-on, les miracles que cela a produits en 1983 ! Cette fois pourtant, les mesures budgétaires jouèrent à plein et mirent à mal une part notable de l'économie danoise, opportunément ligotée par les contraintes imposées par le MEC et affaiblie par un manque de ressort généralisé. Inévitablement, la tendance des années 1983-1986 s'inversa. À cause de la fixité du taux de change, l'investissement et la production chutèrent. La balance commerciale s'améliora. Le taux d'inflation descendit au-dessous de celui des principaux partenaires commerciaux, tandis que le coût unitaire du travail recula effectivement (là, pas de miracle, mais le simple résultat d'une contraction accentuée du marché du travail).

La récession danoise se poursuivit sans relâche pendant six ans, malgré la reprise du commerce mondial en 1987, et en dépit de la réunification de l'Allemagne qui donna une poussée particulière aux exportations du Danemark. Le taux de chômage, retombé à 6 % en 1986, fut multiplié par deux pour atteindre 12 % à la fin de 1992. À la mi-1992, le faible taux d'inflation dû à ce chômage permettait de récupérer les pertes de compétitivité précédentes, cependant que les effets les plus douloureux de l'austérité budgétaire avaient été absorbés. Le MEC s'était traduit par un cycle de dix années d'accélération et de freinage, car il avait interdit un ajustement des conditions monétaires dans le but de régulariser la marche d'une économie frappée par une série de chocs affectant la demande et la confiance. Cependant, à l'été 1992, la vie économique danoise parut retrouver enfin l'équilibre, mais ce n'était que pour être atteinte par les sursauts des marchés des changes. Pour le Danemark, la dépréciation du sterling et des devises nordiques à la fin de 1992 fut particulièrement grave. L'amélioration de la compétitivité danoise se révélait illusoire. En effet, pour une part, elle ne correspondait qu'à la détérioration marquée de la position concurrentielle qui avait affecté des partenaires commerciaux importants du Danemark (la Grande-Bretagne et les pays scandinaves) à cause de leur malheureuse expérience de taux de change fixes. Cependant au lieu d'avoir, comme le Danemark, à souffrir de la récession pendant six ans, ils eurent la chance que les marchés aient balayé les ancrages de leurs parités, leur restituant ainsi leur compétitivité en un clin d'œil, mais, du même mouvement, réduisant à néant les perspectives de croissance du Danemark et déclenchant, sur les marchés, les ventes de couronnes dont nous avons parlé au chapitre précédent.

Il aurait fallu que les motifs de la marche chaotique de l'économie danoise et les leçons à en tirer fussent comprises et intégrées par les décideurs européens bien avant 1993. Ce ne fut pas le cas*.

L'expérience irlandaise, elle aussi, aurait dû être lue comme une condamnation de la MEConomie. L'Irlande, après avoir rejoint le MEC en 1979 pour des raisons politiques (en bénéficiant au passage, à titre d'amortisseur, de transferts de fonds dont le coût pesa d'une manière disproportionnée sur la Grande-Bretagne au travers de sa contribution au budget communautaire), connut d'abord une période favorable pendant les deux premières années et demie d'existence du système. Le sterling, en dehors du système, grimpait de nouveau à des hauteurs vertigineuses. L'Irlande baignait dans la chaude atmosphère d'approbation venue du continent, sa compétitivité protégée des ravages de l'inflation par la force du sterling. Mais le gouvernement du Fianna Fail décida de s'autoriser des largesses budgétaires de grande ampleur**. En 1981, le déficit du budget n'atteignait pas moins de 17 % du PNB, ce qui ne pouvait pas durer. De même qu'au Danemark une année plus tard, il y eut alors changement de gouvernement et de politique budgétaire. Mais au lieu de s'orienter vers une approche plus soucieuse du marché et davantage favorable aux milieux d'affaires, on augmenta brutalement la pression fiscale, ce qui eut un effet négatif sur la demande. L'ampleur de l'augmentation des impôts prit les ménages par surprise et les contraignit à réduire leurs dépenses.

---

* L'aveuglement ne frappait pas seulement les hommes politiques, mais aussi les économistes qui bénéficiaient des faveurs de l'euro-élite. Il n'est pas sans signification que Nils Thygesen ait été l'un des conseillers économiques de la Banque centrale du Danemark pendant que Christophersen détenait le portefeuille des Finances. Le pavé consacré par Thygesen et Gros au MEC et à l'UME, qui se présente pourtant comme un historique du système, ne fait pas allusion aux années d'instabilité subies par le Danemark depuis qu'il avait fait le choix d'une politique de monnaie forte au sein du MEC.

** En décidant d'abroger, en 1979, les taxes foncières locales, extrêmement impopulaires, le Premier ministre Jack Lynch en offrait l'exemple le plus flagrant. À la différence de Margaret Thatcher, qui devait également abolir leur équivalent britannique en 1990, Jack Lynch ne se donna pas la peine de les remplacer par quelque chose d'autre, pas plus qu'il ne fit la moindre tentative pour réduire les dépenses d'un montant équivalent, ou pour ralentir simplement leur rythme.

Pis encore, un budget d'austérité tout aussi rigoureux venait d'être présenté en Grande-Bretagne par Geoffrey Howe. Les taux d'intérêt britanniques, déterminés à Londres et non à Francfort, s'orientèrent à la baisse (non sans soubresauts temporaires à la hausse, lorsque les conditions intérieures l'exigeaient), tandis que le sterling entamait une glissade rapide.

Mais la pauvre Irlande était piégée par le MEC. Partant d'un niveau initial d'inflation élevé, non seulement elle ne pouvait améliorer sa compétitivité générale à l'intérieur du système sans dévaluer mais encore il lui fallait constater que l'ajustement du sterling mettait à mal sa position concurrentielle vis-à-vis de la Grande-Bretagne. Très rapidement, la livre irlandaise, au sein du MEC, devint une monnaie faible. Elle dut être réalignée à la baisse à plusieurs reprises entre 1981 et 1986, mais jamais d'un pourcentage suffisant pour compenser les faiblesses de l'économie, ni pour dissuader les marchés de guetter le prochain réalignement, ce qui exigeait des taux d'intérêt pénalisants. Durant toute la période 1981-1986, le gouvernement irlandais courut sans succès après une pause. Il entreprit des efforts répétés pour réduire le déficit budgétaire, mais en vain, puisque la stagnation de l'économie diminuait les recettes fiscales. Les taux d'intérêt restaient élevés et pourtant, en Irlande comme partout ailleurs, l'inflation reculait, particulièrement en 1985-1986 avec l'effondrement des prix du pétrole. C'est pourquoi le poids réel de la dette publique en croissance se fit plus lourd. On était entré dans un cercle vicieux, si bien qu'à la fin de 1986, la dette publique représentait 140 % du PNB, taux le plus élevé de tous les pays développés. Les investisseurs internationaux, redoutant une cessation de paiements, se lassaient de boucher les trous. Le gouvernement eut recours à des emprunts en devises étrangères d'un volume exceptionnel, afin d'éviter les taux d'intérêt très lourds pesant sur les emprunts en monnaie nationale. Malgré tout, le secteur privé et les banques sortaient leurs capitaux du pays avec une vitesse telle qu'en 1986, la masse monétaire diminua tandis que les taux d'intérêt atteignaient des niveaux records.

En Irlande, le découragement devenait palpable. Il semblait que deux routes s'ouvraient, l'une et l'autre faisant des victimes. La première menait à une cessation du remboursement de la dette, soit par un refus pur et simple de payer, soit, plus probablement, au travers d'une dévaluation massive et d'une poussée d'inflation qui effacerait l'essentiel de la valeur des créances. Cette route-là dévorerait l'épargne de tous les Irlandais — principalement, bien entendu, des Irlandais les plus riches — qui avaient investi en bons d'État ou dans les fonds nationaux. Au bout de l'autre route (mais pas bien loin, tout bien considéré), il y avait une hausse drastique de la pression fiscale, ou des réductions des dépenses, ou bien les deux à la fois. Confrontés à cette alternative déprimante, les ménages irlandais perdirent tout appétit de consommation, ce qui contribua à la stagnation de l'économie. Les hommes politiques ne cachaient plus leur désespoir, et les commentateurs écrivaient, ne plaisantant qu'à moitié, que les partis se battraient pour *perdre* les prochaines élections, car les responsabilités qu'auraient à assumer les vainqueurs seraient épouvantables.

Mais la chance n'avait pas abandonné les Irlandais. Elle allait jouer un rôle si crucial qu'il faudrait l'aveuglement le plus borné pour ne pas le reconnaître. Nous avons déjà vu que la livre irlandaise avait été dévaluée en août 1986, quelques mois avant que le sterling n'entame une ascension reflétant l'amélioration radicale des performances de la Grande-Bretagne et le retour de la confiance. Au même moment, Lawson continuait d'orienter les taux d'intérêt vers une baisse. Pour l'Irlande, il y avait là une conjoncture idéale : une compétitivité retrouvée, des marchés d'exportation en reprise, une diminution de la pression sur la livre irlandaise, et des taux d'intérêt britanniques en recul. Tout cela se traduisit par une baisse spectaculaire des taux d'intérêt irlandais.

Du point de vue politique, ce fut un ratage absolu. À la fin de 1986, le gouvernement du Fine Gael subit une défaite au Dail, à propos de détails du budget d'austérité. Les élections amenèrent au pouvoir un gouvernement Fianna Fail, dont la survie dépendait d'un député indépendant (lequel, dans le passé, avait d'ailleurs été accusé de trafic d'armes au profit de l'IRA). Les commentateurs estimèrent que, sur le plan de l'ajustement budgétaire, c'était là le pire résultat possible : il était de notoriété publique que les députés « indépendants » faisaient preuve de gourmandise lorsqu'ils exigeaient un traitement privilégié pour leur circonscription en échange de leur soutien au gouvernement. Mais en fait, la nouvelle composition du Parlement aboutit à un consensus écrasant en faveur de l'austérité : maintenant au pouvoir, le Fianna Fail devait affronter les réalités financières et n'avait d'autre choix que de présenter un budget qui, dans ses grandes lignes, reprenait celui qui avait mené le Fine Gael à sa chute. En outre, le Fine Gael, qui devait défendre sa réputation de parti un peu plus convenable que les autres, ne pouvait prendre le contre-pied de la position qu'il avait défendue quelques mois plus tôt, et se sentait tenu d'appuyer une stratégie de rigueur. Ce consensus revêtait une importance vitale, car il redonnait confiance au marché : politiquement, l'ajustement budgétaire pouvait être mis en œuvre, et il ne serait pas abandonné à mi-chemin. L'effort d'ajustement possédait une vraie crédibilité. À son tour, cette crédibilité, jointe à une conjoncture favorable, constituait un facteur supplémentaire pour la baisse des taux d'intérêt irlandais, et pour un retour de la confiance des Irlandais et des milieux internationaux.

Charbonnier maître chez lui

Pour quiconque avait examiné sérieusement les exemples de l'Irlande et du Danemark, il était évident, à la mi-1991, que l'Italie n'avait pas le moindre espoir d'échapper à une profonde récession induite par le sévère ajustement budgétaire, à moins que la lire ne subisse une dépréciation substantielle. La compétitivité était déjà médiocre, les États-Unis connaissaient une récession modérée, et en Europe, la croissance ralentissait visiblement, car la reprise due à la réunification de l'Allemagne s'essoufflait. En Italie même, la confiance dans l'économie ne revenait pas ; on ne croyait pas qu'un nouveau gouvernement appliquant de nouvelles idées avec des méthodes nouvelles puisse présider à une renaissance économique, et on n'espérait pas non plus qu'une autorité forte ou une majorité stable puisse donner quelque crédibilité à l'ajustement. C'était tout le contraire qui semblait vrai. La désintégration du vieux système politique avait déjà commencé, mais il paraissait probable qu'elle s'accompagnerait de la désintégration du pays. Dans le nord, les Ligues défendaient ouvertement et explicitement la thèse d'une partition de l'Italie, prônaient la grève des contribuables et la sécession. Dans ce climat de morosité politique, plus personne ne croyait que l'austérité ramènerait la confiance. Il n'était donc guère surprenant que de vagues notions de « l'Europe » exercent leur attrait en Italie : le pays était incapable de résoudre ses problèmes seul. Aussi bien le phénomène des Ligues que le désir, mal placé peut-être mais très répandu, d'être gouverné de Bruxelles plutôt que de Rome traduisaient un pessimisme généralisé * ; le bref optimisme qu'allait susci-

* Fabrizio Saccomani, l'un des plus hauts responsables de la Banca d'Italia, acteur influent des relations monétaires en Europe, et complice de Padoa-Schioppa, devait en faire état publiquement au cours d'une interview[2] dans laquelle il se félicitait que le MEC soit, dans les faits, un dispositif imposant ses

ter Forza Italia appartenait encore à un avenir indistinct et imprévisible.

Comment se fait-il alors que les problèmes de dette et de déficit, longuement débattus et analysés dans les médias italiens, n'aient pas, comme en Irlande en 1986-1987, provoqué un ralentissement de l'activité économique avant l'ajustement ? La réponse de loin la plus plausible, c'est que les Italiens étaient persuadés que la Communauté européenne les renflouerait d'une manière ou d'une autre. Les marchés internationaux eux-mêmes, au moment où l'euro-euphorie des années 1988-1991 menait à une convergence croissante des taux d'intérêt, partageaient dans une certaine mesure cette opinion. En Italie, les économistes officiels se livraient avec joie à des calculs destinés à démontrer que l'essentiel des problèmes de dette et de déficit disparaîtrait dès que le différentiel de taux d'intérêt, au détriment de l'Italie, serait effacé grâce à l'union monétaire*. Il n'était pas venu à l'idée de l'Italien moyen que son histoire d'amour avec « l'Europe » puisse ne pas être payée de retour, ni que, dès que l'affaire du compromis de Maastricht — tant vanté par Andreotti — serait réglée, l'Allemagne s'assurerait par tous les moyens que l'Italie serait tenue à l'écart de l'UME. En 1991, on ne faisait pas encore allusion à la notion d'une « Europe à deux vitesses » dans les milieux diplomatiques convenables. Mais, aussitôt qu'après Maastricht la Bundesbank lança sa campagne en faveur d'une union monétaire à ses conditions (en particulier, elle aurait une voix prééminente pour décider qui en ferait partie), l'erreur de jugement du gouvernement italien sauta aux yeux. Nous l'avons vu au chapitre 4, la dynamique instable de « la grande course de haies

---

contraintes à un système de gouvernement médiocre : « Nous avons considéré le MEC comme l'assise de notre [la Banca d'Italia] politique. L'élément central qui a conduit aux changements, c'était le désir du système politique et de l'opinion publique de voir se réaliser l'intégration de l'Europe. Ceci est le reflet du manque de confiance de notre opinion publique dans la qualité de nos leaders politiques. La Banca d'Italia a exploité cet état de fait. » L'ironie de l'histoire veut que cette interview, qui fleurait bon l'assurance du « leadership monétaire », ait été accordée le 16 juillet 1992, le jour même où, en décidant de relever son taux d'escompte, la Bundesbank tirait le tapis sous les pieds du MEC et de la Banca d'Italia dans la foulée.

* En fait, le différentiel n'aurait pas disparu complètement, même si la lire elle-même avait disparu : après la disparition des monnaies nationales, les investisseurs auraient continué d'exiger une prime de risque substantielle pour accepter de détenir des fonds d'État italiens libellés en ECU, plutôt que des fonds d'État allemands libellés de la même manière.

de Maastricht » tourna rapidement au détriment de l'Italie. La réalité cruelle du gigantesque ensemble de mesures d'austérité décidées par le gouvernement Amato en juin 1992, peu après le référendum qui mettait fin, sous de nombreux aspects, à la représentation proportionnelle, découragea complètement les consommateurs italiens. Le pays pouvait plonger son regard dans les abîmes d'une récession si profonde que l'État italien, et non plus seulement le système électoral, aurait menacé d'être balayé.

Que l'Italie ait été mise à la porte du MEC en septembre 1992 s'avéra politiquement salutaire et, économiquement, constitua une bouée de sauvetage. Cela démontrait crûment que les euro-aspirations de l'élite n'étaient qu'illusions, tandis que l'échec de la « stratégie européenne » accélérait l'élimination de deux partis vérolés par la corruption et minés par les scandales : la démocratie chrétienne et le Parti socialiste. Cela ouvrit également la voie à Forza Italia qui parut faire naître un optimisme, aussi bref et artificiel qu'il ait pu être, à propos de l'*Italie* elle-même. Sur le plan économique cela garantissait que la récession resterait modérée et brève, sans toutefois donner l'assurance que les problèmes budgétaires trouveraient une solution. Le nouveau système politique qui apparaîtrait bientôt aurait à prouver sa capacité à susciter un consensus sur l'ajustement budgétaire. En 1995, le jury n'a pas encore terminé ses délibérations, et l'éventualité d'un échec a conduit à un recul considérable de la lire. Mais si l'Italie n'avait pas été expulsée du MEC, et s'il n'y avait pas eu une dépréciation substantielle de la monnaie, il n'y aurait eu, en tout cas, aucune possibilité de réussir un ajustement. Une crise financière, une cessation de paiement, le renforcement des tendances sécessionnistes dans le Nord, l'entrée de l'Italie dans le chaos, et la montée éventuelle de la violence : tout cela serait devenu dangereusement proche et aurait placé les « partenaires » européens de l'Italie devant un choix dramatique. Seraient-ils restés à observer sans bouger un effondrement financier et politique ? Ou auraient-ils trouvé des moyens — probablement en contradiction absolue avec le traité de Maastricht — pour assumer le fardeau de la dette de l'Italie et, en contrepartie, pour exercer une influence directe, quasi coloniale, sur les décisions du pays en matière économique et budgétaire* ? L'une ou l'autre hypothèse auraient eu des

* Personne n'a jamais cru à la clause de « non-renflouement » du traité, du moins il semble que Jacques Delors n'y a jamais cru. En février 1995, après avoir quitté la présidence de la Commission, il déclara devant une commission

conséquences incalculables sur la légitimité politique et sur la stabilité économique et financière de l'Europe. La Bundesbank peut être satisfaite que son travail méticuleux, en août et au début de septembre 1992, ait au moins apporté une chance que ces scénarios de cauchemar puissent être évités. Les Italiens auraient dû s'en trouver plus satisfaits encore.

Malheureusement, à la Banca d'Italia tout le monde n'était pas enchanté. À tout le moins, l'éventualité d'un système politique démocratiquement plus crédible était apparue. De même qu'apparaissait la nécessité incontournable d'un changement de la situation monétaire afin d'amortir l'impact de la contraction budgétaire. Dans ce paysage politique et économique nouveau, la revendication implicite de la Banca d'Italia d'exercer, au niveau national, le leadership monétaire devenait de plus en plus sujette à caution. Via Nazionale, dans l'imposant siège de la banque gardé par un mélange typiquement méditerranéen de palmiers et de policiers armés de pistolets-mitrailleurs, il n'y a pas lieu de s'étonner que les sentiments hostiles à la Bundesbank, qui ne cessaient d'affleurer, soient devenus intenses.

Une victoire à la Pyrrhus ?

C'est pourquoi, en mars 1993, Tietmeyer méditait sombrement (ni pour la première ni pour la dernière fois) sur les conséquences du succès qu'avait remporté la Buba en bouleversant le MEC. Conjuguées, les modifications spectaculaires de la situation économique de la Grande-Bretagne et de l'Italie pourraient se révéler, de son point de vue, trop bien venues. La fixation explicite d'une zone cible pour l'inflation en Grande-Bretagne, la remise en question du « leadership monétaire » en Italie, et la chute des taux de change dans les deux pays, en réaction à la récession ou à la perspective d'une récession : tout cela constituait un défi potentiel au modèle du rôle, des prérogatives et des privilèges d'une banque centrale que chérissait la Bundesbank et peut-être à sa conception de la future BCE.

En Allemagne même, la Bundesbank était soumise à des tirs croisés. Les décisions du 4 février en matière de taux d'intérêt

---

du Parlement européen : « L'UME signifie, par exemple, que l'Union assumera les dettes des pays qui en feront partie[3]. »

étaient mal perçues par les partisans (nombreux en Allemagne, y compris à l'extérieur de la Bundesbank) de l'indépendance de la banque centrale aussi longtemps qu'il fallait entendre par là une indépendance *allemande*. À l'opposé, des critiques plus insistantes étaient émises par les syndicats, par les gouvernements des Länder, et même par certains des présidents des banques régionales qui siégeaient au conseil de la Bundesbank. Ceux-là redoutaient que la Buba n'aille trop loin et ne pratique une politique monétaire trop rigoureuse, dans ses tentatives d'imposer sa volonté aux planificateurs budgétaires du gouvernement et aux partenaires sociaux.

Cependant, lorsque Tietmeyer prononça son allocution, la ligne dure adoptée par la Bundesbank paraissait donner des résultats. Les accords salariaux commençaient de se conclure sur des augmentations beaucoup plus faibles que les deux années précédentes, tandis que la mise en œuvre d'un « pacte de solidarité » entre le gouvernement fédéral et les gouvernements des Länder sur le financement des transferts destinés à la partie orientale du pays et sur la réduction du déficit budgétaire paraissait en bonne voie. Mais le prix à payer était élevé. Si l'économie de l'ex-Allemagne de l'Est esquissait pour la première fois des signes de reprise après la chute cataclysmique qui avait suivi la réunification, la production industrielle, à l'Ouest, diminuait de presque 10 % par an et l'investissement accusait une forte baisse. Pis encore, des voix s'élevaient pour dénoncer des coûts de production trop hauts, des horaires de travail trop courts, une productivité stagnante et des méthodes de travail dépassées. Que Mercedes ait décidé de construire au Mexique, et non dans le Bade-Wurtemberg, les voitures destinées à l'exportation en Amérique du Nord, ou que BMW ait préféré produire aux États-Unis plutôt que de faire confiance aux ouvriers bavarois pour séduire les acheteurs de la NAFTA mettait les nerfs à vif. Pour tenter de rattraper les niveaux de productivité du Japon, des États-Unis, de la France et même, dans certains domaines, de la Grande-Bretagne, l'industrie allemande pratiquait des coupes claires dans les effectifs.

Le Mark était-il surévalué ? Fallait-il qu'il baisse fortement pour éviter que la récession ne s'achève en dépression ? George Soros le pensait, et il ne manqua pas de le dire publiquement. Tietmeyer, naturellement, affirmait hautement son désaccord et recourait comme d'habitude à sa lourde ironie, presque menaçante, pour railler les tenants d'un affaiblissement du Mark. Mais il y a tout lieu de croire que ses propos publics dissimulaient ses inquiétudes intimes.

Schlesinger n'appréciait rien autant qu'un Mark en hausse : l'économie devait s'adapter à la force du Mark, et non le Mark réagir à la faiblesse cyclique de l'économie. De toute façon, un Mark fort démontrait que l'Allemagne et la Bundesbank jouissaient de la faveur des dieux. Tietmeyer, plus proche des préoccupations du gouvernement et de la politique politicienne, était moins sûr que lui que l'économie allemande, dans la nouvelle situation créée par la réunification, pût supporter un taux de change excessif du Mark. Le climat social et politique demeurait tendu. Kohl était impopulaire. On notait des manifestations hideuses de nationalisme violent chez les jeunes sans emploi, notamment dans les nouveaux Länder de l'Est. Un Mark trop fort — même si ce n'était que face au sterling, à la lire et à la peseta — pouvait aggraver la récession et donner plus d'ampleur encore au mécontentement politique et social. Le mandat de Schlesinger ne s'achevant que dans sept mois, Tietmeyer peut fort bien avoir pensé que si le Mark donnait des signes de faiblesse dramatique pendant qu'il occupait encore la présidence de la Buba, le Bavarois partisan des méthodes dures pourrait faire ce qu'il avait toujours fait dans de telles circonstances : utiliser le prestige dont il jouissait en Allemagne pour contraindre le conseil à tirer des deux mains sur le frein monétaire. Cela plongerait le MEC dans le chaos et l'économie dans la dépression, et mettrait Kohl (et par conséquent l'indépendance de la Bundesbank) en grand danger. En réalité, Schlesinger allait bientôt démontrer qu'il était, en politique, un tacticien-né même s'il n'agit pas, alors, d'une manière qui puisse recueillir l'adhésion de Tietmeyer. Mais, en ce début de mars, il n'y a aucun doute que la répugnance de Tietmeyer vis-à-vis de la politique de change britannique et italienne provenait des graves réserves que lui inspiraient leurs répercussions éventuelles sur la position de la Bundesbank. Cinq mois plus tard, ses inquiétudes allaient se concrétiser et il renoncerait complètement à prendre des gants dans ses relations avec les autres membres du MEC. Mais c'est une histoire sur laquelle nous reviendrons.

Le miroir se brisa

Dans son allocution, Tietmeyer ne manqua pas d'adresser aussi quelques mots d'avertissement à l'Espagne et au Portugal : les mesures d'ajustement interne ne devaient pas être retardées, sinon de nouvelles divergences de coûts et de prix pourraient se cumuler. Toutefois, le vice-président de la Bundesbank ne se sentait pas le droit de reprocher leurs dévaluations aux deux pays de la péninsule Ibérique, même si la peseta, depuis le commencement de la crise du MEC, avait perdu davantage de sa valeur que le sterling, et presque autant que la lire. La différence, bien entendu, résidait dans le fait que ces dévaluations-là avaient été opérées au sein du MEC et, du moins en théorie, étaient le fruit d'une décision collective du Comité monétaire dont Tietmeyer était le membre le plus influent. Tout au plus laissait-il entendre que l'escudo et la peseta pourraient à nouveau se déprécier, quoique les deux monnaies se soient tenues la plupart du temps à la limite supérieure de leur marge de fluctuation depuis le réalignement de novembre 1992. Mais les problèmes commençaient d'apparaître aussi bien au Portugal qu'en Espagne. Au Portugal, les premiers symptômes, et les plus spectaculaires, revêtirent une forme qui (selon que l'on croie ou non que Tietmeyer voulait que ce pays soit tenu, ou pas, à l'écart d'une éventuelle union monétaire) pouvait le déranger profondément, ou lui donner des motifs de satisfaction tactique.

Antonio Borges, le sous-gouverneur de la Banque du Portugal, donna sa démission après une controverse avec son ministre des Finances, Jorge Braga de Macedo. Économiste rigoureux, Borges était partisan d'une politique monétaire d'austérité pour lutter contre l'inflation. Plus réaliste, Braga estimait que cette logique n'était pas encore acceptable dans un pays dont la structure politique et économique demeurait fragile après la torpeur des longues années de salazarisme, la sauvagerie des guerres coloniales, l'effondrement de l'empire d'outre-mer et les troubles d'une tentative de révolution marxiste.

Nous rencontrons ici un problème d'ordre général qui n'est pas dépourvu d'importance. La plupart des responsables de banques centrales sont intelligents, cultivés, courtois et affables. On est en droit d'imaginer qu'ils ont plus de classe et sont bien plus sympathiques que la moyenne des hommes politiques. Mais les hommes politiques doivent toujours, à un moment ou à un autre, faire face aux conséquences de leurs erreurs. Les dirigeants des banques centrales, eux, ne doivent de comptes à personne. De même, les hommes politiques doivent être prêts à conclure des compromis entre les multitudes de problèmes, d'intérêts, d'oppositions et de conflits qui relèvent de leur compétence — ou qu'ils ont choisi de créer. À l'inverse, les responsables de banques centrales indépendantes sont des fanatiques de l'idée fixe, attachés aux intérêts d'une seule catégorie de gens — les détenteurs de fonds d'État et d'obligations — qu'ils mettent au-dessus de tous les autres. Aussi admirables qu'ils puissent être en tant que personnes, les responsables des banques centrales du Continent recherchent de plus en plus, dans l'exercice de leurs fonctions, ce que Baldwin, parlant dans les années 30 des barons de la presse, dénonçait en des termes célèbres : « Le pouvoir sans la responsabilité, ce qui a été, à travers les âges, le privilège des courtisanes. »

Quoi qu'il en soit, dans les circonstances que traversait le Portugal au printemps de 1993, les marchés semblaient vouloir donner raison à Borges. Il apparaissait que la « crédibilité » de la politique monétaire portugaise avait été certainement mise à mal à la fois par la glissade de l'escudo à l'intérieur de sa marge de fluctuation et par la démission du sous-gouverneur. En dépit de la position adoptée par Braga, il fallut *relever* les taux d'intérêt portugais à court terme afin d'empêcher l'escudo de descendre au-dessous de son taux pivot, ce qui donna à penser qu'une nouvelle dévaluation ne tarderait pas. Néanmoins, aucune politique dénuée de crédibilité n'a jamais été crédible (c'est là une tautologie, mais d'une espèce que ceux qui prétendaient que le MEC donnait justement davantage de crédibilité avaient beaucoup de peine à admettre). Après la démission de Borges, le Portugal dut procéder à un relèvement des taux, non pas parce que s'engager, étape par étape, dans la voie d'un abandon de la lutte contre l'inflation par l'intermédiaire du MEC était une erreur, mais parce que les marchés anticipaient la prochaine révision à la baisse du taux de change. Cependant, si la direction adoptée au Portugal pour la politique de taux de change était claire*, pourquoi les autorités, après le départ de Borges, tentèrent-elles de tenir bon pendant un certain temps, au prix de taux d'intérêt élevés ?

---

* Ironiquement, l'escudo, pendant plus d'une année, ne cessa de se déprécier avec une quasi-régularité face au Mark. Le processus débuta peu après l'entrée du Portugal dans le MEC. Cela aurait dû signifier que la spéculation ne devait pas s'attendre à réaliser des profits. Ce fut durant les périodes de pause du processus de dépréciation que les marchés en vinrent à anticiper un changement discret du taux de change, avec toutes les chances de bénéfices que cela entraînerait.

La réponse, c'est que tout le monde s'attendait à une dévaluation de la peseta, ce qui, selon le schéma suivi en novembre, donnerait une bonne excuse publique à un réalignement de l'escudo. Revenons-en donc à ce qui se passait en Espagne.

Les sophismes ne suffisent pas

Sous bien des aspects, la situation de l'Espagne ressemblait de façon frappante à celle du Portugal. Ainsi que nous l'avons vu au chapitre 3, l'appartenance du pays au MEC s'était tout d'abord traduite par une diminution de la capacité des autorités à prévenir la surchauffe et à réduire l'inflation. De fait, la hausse des prix progressa légèrement après l'entrée dans le système. Ainsi, l'appréciation en termes réels de la peseta, en réaction à l'enthousiasme des ménages, des entreprises et des investisseurs étrangers devant les perspectives ouvertes à l'économie espagnole, eut-elle lieu pendant une poussée d'inflation, à la fois dans l'absolu et par rapport aux partenaires commerciaux de l'Espagne. Comme au Danemark, comme en Grande-Bretagne, comme au Portugal, une récession devait s'ensuivre. Il n'y avait pas d'échappatoire possible : dès que le cycle de la demande intérieure s'inversait, il n'y avait plus d'autre moyen qu'une déflation accentuée pour améliorer la compétitivité et — lentement, douloureusement, dans l'incertitude — recouvrer l'équilibre économique.

Pourtant, les autorités espagnoles, comme les autorités portugaises, britanniques ou danoises, se conduisirent pendant longtemps à l'instar de ceux qui restent persuadés que la Terre est plate et rejettent aussi bien les prévisions théoriques que les preuves expérimentales de la rotondité de notre planète. Il fallut l'inversion du cycle intérieur pour qu'elles réexaminent leur stratégie. Le chapitre 4 nous a montré que, lorsque l'économie avait connu une forte expansion, les tensions apparues dans le MEC avaient propulsé la peseta à la limite supérieure de sa marge de fluctuation, « en opposition » avec le sterling ou le franc français. L'Allemagne n'aurait jamais accepté une réévaluation de la peseta, même si l'Espagne en avait voulu*, tandis que la France et la Grande-Breta-

* Les partisans du MEC prétendent souvent que la seule liberté à laquelle un pays renonce lorsqu'il entre dans le système, c'est la liberté de dévaluer et, par conséquent, d'accepter un taux d'inflation élevé. Comme toujours avec le MEC, la réalité est très différente : la seule liberté perdue sans équivoque, c'est

gne n'auraient pas permis que leurs monnaies soient dévaluées. La France et la Grande-Bretagne (la première soutenue par l'Allemagne) n'auraient pas non plus envisagé de relever leurs taux d'intérêt, si bien qu'il ne restait plus d'autre possibilité que la réduction des taux espagnols. Bien que la Banco de España ait vu cette nécessité d'un mauvais œil, le gouvernement de Madrid, lui, ne vit pas de raison de n'y pas céder, et en était probablement assez satisfait. Mais lorsque l'Espagne entra dans l'inévitable récession et que les marchés se mirent à attaquer la peseta, les choses changèrent. La solution symétrique d'un *relèvement* des taux espagnols ne présentait certainement aucun attrait, alors que l'une des contraintes qui avaient caractérisé la situation précédente avait été maintenant levée — les autres pays n'étaient plus en position d'interdire un réalignement de la peseta, mais cette fois à la baisse.

Quoi qu'il en soit, les autorités espagnoles, après deux dévaluations, se trouvaient dans une position inconfortable à la fin de 1992. Tietmeyer les avertit que désormais elles ne devraient plus essayer d'utiliser le MEC comme un mécanisme de désinflation : la convergence était un préalable non seulement à toute union monétaire, mais aussi à l'admission de l'Espagne dans un MEC « pur et dur ». Deux semaines avant l'allocution de Tietmeyer, Jacques Delors, de son côté, avait mis en garde l'Espagne : son chômage massif (20 %) pouvait l'empêcher de parvenir à la convergence et, par conséquent, la tenir à l'écart de l'UME[4]. Alors, à quoi servait de rester dans le MEC ? À l'approche des élections générales, le principal parti d'opposition espagnol commença de poser cette question gênante. José-Maria Aznar, son leader, multiplia, sur la politique monétaire et la politique de change, des déclarations nettement équivoques en ce qui concernait le MEC.

Pendant ce temps-là, la dépression s'aggravait. Les marchés estimaient avec sagesse que, puisque l'Espagne avait jeté par-dessus bord les règles du MEC « pur et dur » — et les récupérer n'était pas possible —, la récession conduirait certainement les autorités à réduire les taux d'intérêt, même au prix d'une dépréciation de la peseta. Ces anticipations suffirent à affaiblir la monnaie

---

celle de réévaluer face au Mark. Il s'ensuit une montée des pressions inflationnistes qui rend les dévaluations (ou bien une récession pénible et stupide) inévitables.

qui, à la mi-janvier, décolla de son plafond et commença de glisser. Justifiant l'attente des marchés, les taux d'intérêt furent réduits de 50 points de base le 22 janvier, et de nouveau de 25 points de base le 12 février. Mais les taux à court terme demeurèrent fixés à 13 %, alors même que l'inflation reculait jusqu'à ne pas dépasser 4 % au début de 1993. Il était clair que le gouvernement désirait procéder à de nouvelles réductions, aussi substantielles, et les marchés continuèrent de vendre de la peseta. Le 21 février, il fallut que Felipe González apparaisse à la télévision pour prendre position contre une dévaluation et s'engager à maintenir la devise espagnole dans le MEC. Cela ne suffit pas à empêcher les taux au jour le jour du marché monétaire de grimper à 20 % le lendemain. Dopée par ces taux plus hauts, la peseta colla de nouveau à la limite supérieure de la marge de fluctuation, mais les marchés étaient toujours convaincus qu'un nouvel affaiblissement, plus permanent, était probable.

On pensait que des considérations électorales détermineraient le moment où la dévaluation serait décidée. González se trouvait en difficulté à l'intérieur de son propre parti. L'aile « traditionaliste » des socialistes, conduite par Alfonso Guerra, était mécontente de la politique d'austérité adoptée, sinon mise en œuvre, par le gouvernement. Selon la rumeur, elle exigeait, pour conserver son soutien à González, la tête du ministre des Finances Alfredo Solchaga. Mais à cette époque, les marchés considéraient encore Solchaga comme essentiel à la « crédibilité » du gouvernement*.

Que les socialistes perdent ou gagnent les élections, il semblait bien que l'Espagne devrait dévaluer. Les dévaluations de septembre et de novembre 1992 avaient au moins pu être présentées comme destinées à rétablir la compétitivité perdue à cause de l'appartenance au MEC ou pendant la période où la peseta avait suivi les mouvements du MEC. Mais une troisième dévaluation aurait maintenant tout l'air d'une de ces « dévaluations compétitives » stigmatisées par le gouvernement français, par Delors, et, maintenant, par Tietmeyer lui-même. Les « partenaires » de l'Espagne y consentiraient-ils ? Le gouverneur de la Banco de España, Angel Rojo, semblait bien avoir répondu à cette question par la négative le 24 février, en déclarant qu'une baisse des taux d'intérêt condui-

* Quand Solchaga quitta finalement le gouvernement, il apparut que la situation budgétaire avait subi une sérieuse détérioration. Mais l'ampleur des dégâts ne fut connue par les marchés qu'après les élections.

rait l'Espagne à quitter le MEC. Il n'ignorait pas, naturellement, que si son pays était contraint d'abandonner le système, cela porterait un coup terrible aux socialistes ; ce serait le signe, comme en Italie, de l'échec de la stratégie « européenne » du pays. La menace suffit à calmer les marchés : ils comprenaient que González ferait n'importe quoi pour que la peseta reste dans le MEC au moins jusqu'aux élections, alors même qu'une défaite des socialistes paraissait maintenant probable. Mais la reprise des attaques contre la devise espagnole n'était que suspendue. Comme en France, chacun attendait le verdict des urnes.

10

Dans le désordre

Les élections françaises allaient marquer l'entrée dans une phase nouvelle, primordiale, de la crise du MEC, d'une manière totalement inattendue cependant. Le dénouement final allait révéler, de façon aveuglante, à quel point les relations monétaires, à l'intérieur de la Communauté, étaient marquées par des ressentiments intenses. Mais, à Bâle comme à Bruxelles, les mandarins de la monnaie s'échinaient à démontrer que tout marchait à merveille. Ils allaient dire bientôt publiquement que les incursions de John Major dans la géologie monétaire démontraient qu'il n'était qu'un amateur ignorant : dans le MEC, il n'y avait pas de lignes de fracture. Les deux rapports commandés au sommet de Birmingham, l'un au Comité monétaire, l'autre au Comité des gouverneurs des banques centrales, seraient publiés peu après le scrutin français. Il nous faut d'ores et déjà réfléchir sur le contenu de ces textes si nous voulons comprendre son importance, ou son manque d'importance, pour la série d'événements que ces élections allaient déclencher.

L'union est un combat

Tietmeyer, comme de coutume, s'était montré le plus prolixe des participants au débat. À peine avait-il prononcé son allocution du 25 février qu'il mit à profit un voyage au Chili, où il devait prendre la parole devant la Commission économique des Nations unies pour l'Amérique latine, pour marteler son point de vue[1]. La première partie de son long discours (plus de 6 000 mots) était consacrée à une analyse du contexte politique et économique de l'intégration monétaire européenne, d'un genre qu'on attendrait plus d'un ministre des Affaires étrangères ou d'un chef de gouvernement que d'un dirigeant de banque centrale. D'une manière particulièrement frappante, il affirmait que si le traité de Maastricht n'était pas ratifié — l'incertitude régnait encore au moment où il parlait —, certains États concluraient seuls un traité de substitution. Il s'agissait là, comme dans les phantasmes funèbres de Leon Brittan[2], d'une menace adressée aux électeurs danois et au Parlement britannique, et non d'un pronostic solide. Cette menace, d'ailleurs, accréditait l'idée que, si le vice-président de la Bundesbank soumettait pour avis ses discours à qui que soit, c'était plus probablement au Chancelier de la République fédérale qu'au président de la Buba. Le second thème majeur de la partie politique du discours de Tietmeyer, c'était l'affirmation qu'une union monétaire européenne impliquait nécessairement une union politique : avertissement déguisé, à destination des Français, qu'il ne saurait y avoir d'union monétaire avant une révision du traité.

Abordant ensuite la crise du MEC, Tietmeyer devait énoncer de nouveau un certain nombre de ses axiomes permanents : c'étaient les divergences cumulées des coûts et des prix en Italie, en Grande-Bretagne et en Espagne qui avaient constitué les véritables causes des tensions dans le système. En outre, les défis que la situation résultant de la réunification de l'Allemagne avait lancés à sa politique monétaire avaient eu pour conséquence que « la plupart des pays avaient dû adapter leur propre politique monétaire à ce cours nouveau, s'ils ne voulaient pas mettre en danger la parité de leurs monnaies respectives avec le Mark* ». Mais les mouvements des taux de change survenus depuis septembre et « la mise en flottement provisoire de la lire et de la livre sterling » avaient permis d'éliminer les divergences de coûts et de prix et de redonner au MEC une assise plus stable. Quant aux difficultés résultant de la « surcharge » de la politique monétaire allemande, il n'y avait pas lieu de s'en inquiéter outre mesure aussi longtemps que la Bundesbank continuait d'accorder la priorité à la stabilité

* Il est intéressant de noter à quel point Tietmeyer et Schlesinger pouvaient recourir à des termes presque identiques pour exprimer des vues totalement opposées. Schlesinger avait déclaré auparavant[3] que les autres pays ne devaient suivre les mouvements des taux d'intérêt allemands que s'ils avaient l'intention ferme de lier le taux de change de leur monnaie au Mark.

des prix. En fin de compte, les turbulences qui avaient agité le MEC avaient eu un effet très sain : « L'illusion, souvent nourrie ces dernières années, que les pays du SME sont déjà *de facto* en union monétaire, s'est évanouie dans l'éther*. »

Le discours de Tietmeyer reprenait ses positions habituelles : le MEC pouvait fonctionner si chacun appliquait les règles, si l'on n'utilisait pas le système comme un outil pour lutter contre l'inflation, et si personne ne se plaignait trop ouvertement de la politique menée par la Bundesbank. Quelques jours auparavant, à Milan, l'homme qui présidait aux destinées de la Buba avait répété son point de vue, décidément très différent, sur le SME. Dans la seule phrase de son propos où il manifesta une convergence d'idées avec son adjoint, Schlesinger regretta que certains « puissent nourrir l'illusion » que le SME était déjà « une union monétaire *de facto* ». Schlesinger s'était alors lancé dans une vigoureuse attaque contre sa bête noire : le mécanisme des interventions au sein du MEC. Les interventions, avait-il dit, constituent « le talon d'Achille de tout système de parités fixes[5] », et le MEC deviendrait « un cul-de-sac inflationniste » si la politique monétaire allemande était seulement conçue en vue d'assurer la stabilité des taux de change. En fait, avait ajouté Schlesinger, « le SME exige encore l'acceptation d'ajustements des parités au moment opportun, chaque fois que nécessaire ». Puisque le sterling et la lire étaient sortis du MEC, et que l'Espagne et le Portugal avaient déjà dévalué leurs monnaies suffisamment pour s'attirer la désapprobation implicite de Tietmeyer, on n'avait guère besoin de se demander à qui s'adressaient les piques de Schlesinger. Il ne visait que le « pacte amoureux » conclu avec la France, cet arrangement qui menaçait la stabilité monétaire de l'Allemagne, et tout le monde le savait. De tous les conflits, dont une série de discours et de briefings à l'attention de la presse devaient témoigner en mars, aucun n'avait plus de sel que celui qui opposait le président de la Bundesbank à son vice-président.

* Cette « illusion » avait été défendue par Tietmeyer lui-même face à la campagne en faveur de réalignements menée par Schlesinger en 1989-1990. Le 25 mai 1992, Tietmeyer déclarait encore : « Il nous faut reconnaître que le SME évolue en un système *de facto* de parités fixes avec ses avantages et ses contraintes[4]. »

Un malentendu tacite

Les autorités françaises elles-mêmes sombrèrent dans un silence inaccoutumé durant la période où elles manœuvraient pour modeler l'avenir du MEC. Trichet avait pour principal souci de ne pas faire de vagues. Par conséquent, s'il continuait de soutenir qu'il était de la responsabilité de tous les pays de donner la priorité au « bien commun », il interprétait assez évidemment ce « bien commun » comme l'obligation, pour l'Allemagne, d'adapter ses politiques aux besoins de la France, et, pour les autres pays, de s'abstenir, en matière de taux de change, d'évolutions qui nuiraient à sa compétitivité.

Sur un point cependant, la position de la France ne pouvait être mise sous le boisseau ; elle était pourtant inacceptable pour la Bundesbank. La détermination du gouvernement français d'éviter, contre vents et marées, une dévaluation du franc démontrait qu'il considérait le MEC comme un régime de parités fixes, comme cette union monétaire *de facto* que condamnaient maintenant comme une illusion dangereuse aussi bien Tietmeyer que Schlesinger. Pour la Bundesbank, on ne pouvait s'engager sur la voie de l'union monétaire que *si* les conditions stipulées par le traité de Maastricht étaient remplies et *si* l'on était parvenu au degré d'union politique exigé pour la création d'une « communauté solidaire ». Schlesinger pensait peut-être que cela signifiait « jamais », préférant une zone Mark répondant probablement au schéma proposé en 1941 par le ministère de l'Économie du Reich. Pour Tietmeyer, le problème, c'était qu'une union monétaire *de facto* impliquerait une union politique *de facto*. Mais cette union *de facto* existerait avec une structure politique inchangée. Elle serait, par le fait même, totalement inacceptable pour l'opinion publique et pour les milieux politiques allemands. Kohl pouvait soutenir le franc tant que cela n'entraînait pas un coût politique trop élevé — pour la réalisation de ses objectifs européens, ou du point de vue de son opinion publique. Défendre le franc n'avait d'autre but que de permettre le bon déroulement d'un processus dont l'élan conduirait au type d'union politique recherché : une union dont la structure institutionnelle consacrerait la domination de la Communauté par l'Allemagne, et lui donnerait ainsi la possibilité, grâce au leadership exercé sur l'Europe occidentale, d'atteindre ses objectifs en Europe centrale et orientale. Céder maintenant à la France sur l'existence d'une union monétaire *de facto* bouleverserait complètement la dynamique d'intégration. Cela permettrait à la France d'éluder les changements institutionnels à la fois voulus par Kohl et exigés par l'opinion publique allemande à titre de réciprocité pour l'abandon de la souveraineté monétaire de l'Allemagne.

Le « pacte amoureux » n'exprimait pas, de la part de l'Allemagne, un débordement de pur amour pour la France, et moins encore, de la part de Tietmeyer, une vive tendresse pour des personnages tels que Trichet, Sapin et Mitterrand. Tietmeyer pouvait se faire l'avocat du « pacte » et le défendre devant le conseil de la Bundesbank tant qu'il contribuait à maintenir la France sur les rails menant à une union politique du type voulu par l'Allemagne, mais pas si les Français tentaient le banco en le présentant comme un *substitut* à ce modèle-là d'union politique. Il était dans la nature des choses que Tietmeyer ne soit pas en position d'expliquer clairement cela aux Français qui, par voie de conséquence, surestimaient énormément leur marge de négociation face à la Bundesbank. Nous en découvrirons les résultats au chapitre 11.

Conciliation des contraires

Si différentes et irréconciliables étaient les vues entre les membres du SME que les rapports[6] des deux comités devraient s'en tenir à des banalités pour pouvoir un jour être rendus publics. Lorsqu'ils furent finalement diffusés, à la suite d'une discussion de l'Ecofin informel du 22 mai, ils apparurent plus bêtes encore que tout ce à quoi on s'attendait. Le MEC avait déjà suscité tant de malheurs qu'on pouvait trouver cependant quelque consolation dans le fait que les deux rapports le concernant permettaient au moins de se payer une pinte de bon sang. La principale affirmation du rapport du Comité des gouverneurs consistait à dire que tout allait merveilleusement bien — ainsi que son président, Wim Duisenberg, de la Nederlandsche Bank, l'avait laissé entendre, un mois plus tôt, à la presse impatiente. « Nous avons scruté le système à la loupe, avait-il dit. Et nous avons été dans l'impossibilité d'y découvrir la moindre *ligne de fracture*[7]. » Peut-être ne devrait-on pas s'étonner que Duisenberg n'ait pas été en mesure de détecter les mouvements de mauvais augure des plaques tectoniques s'il n'avait disposé que d'une loupe pour tout instrument de sismologue. En tout état de cause, il n'était nul besoin de changer les règles, il fallait plutôt s'y conformer plus strictement que par le passé.

À l'évidence, le Comité monétaire, pour sa part, avait éprouvé des difficultés à déterminer ce que le système était exactement*. Dans le chapitre intitulé (sans rire) « La vigueur du consensus sur la politique du MEC », son rapport offrait au lecteur une phrase aussi barbare sur le plan du vocabulaire qu'obscure du point de vue de la science économique : « Le MEC constitue un mécanisme de taux de change fixes mais ajustables qui requiert des ajustements périodiques en réponse à des évolutions divergentes, mais le système ne doit en aucun cas dériver vers un mécanisme d'ajustement glissant des parités ("Crawling peg") ». L'emploi de l'italique démontrait que le Comité n'avait même pas la conviction qu'un système d'ancrage rampant pouvait être ce que le MEC, lui, *n'était pas*. Les auteurs s'étant peut-être sentis encouragés par cette audacieuse exploration de la logique régressive, le rapport s'attaquait avec panache au défi posé par la construction d'une *reductio ad absurdum*. Il était réaffirmé que la stabilité des prix constituait le déterminant fondamental de la stabilité dans le MEC, ce qui impliquait la nécessité d'ajustements des politiques, chaque fois que nécessaire, en fonction des difficultés macroéconomiques ou des chocs subis par les économies. Ce que le rapport ne voulait pas admettre, c'était que ces « ajustements des politiques », nécessaires au maintien d'une stabilité des prix indispensable pour *éviter* les ajustements des parités (ici, le lecteur peut s'arrêter pour reprendre sa respiration) dans le système de « taux de change fixes mais ajustables », comprendraient nécessairement, aussi, des ajustements des taux de change.

Après avoir si courageusement défié la logique, le rapport s'at-

* Tout ceci augure mal de l'avenir du traité de Maastricht. Les règles formelles du SME, telles qu'elles ont été rédigées en 1979 et modifiées en 1983 et 1987, sont formulées dans un langage incontestablement abscons, mais néanmoins compréhensible pour les initiés. Personne au monde ne comprend ce que le traité de Maastricht est supposé signifier. Pas même, ou peut-être faudrait-il dire « moins que quiconque », le responsable du service juridique de la Commission[8] qui, déposant devant la Cour constitutionnelle de Karlsruhe, donna une interprétation des conditions d'entrée dans la Phase Trois en totale contradiction avec toutes les déclarations passées et futures de la Commission sur ce sujet. En partie à cause de cette déposition, la Cour a concocté sa propre version de la signification du traité, ce qui a immédiatement suscité chez les juristes allemands un torrent d'interprétations contradictoires... et ainsi de suite.

tachait ensuite à démolir les arguments de tous les défenseurs déçus du système. Malgré dix années d'une rhétorique selon laquelle le fait d'avoir « les mains liées » par la contrainte du MEC permettait théoriquement d'imposer une discipline salariale aux partenaires sociaux et renforçait la crédibilité de la politique monétaire, le Comité monétaire en venait à conclure que « l'option monnaie forte » souffrait de « limitations en tant que stratégie anti-inflationniste » et ne pouvait constituer « un substitut à la nécessité d'ajustements adéquats d'autres politiques, ni à celle de la modération des coûts intérieurs ». Ainsi, personne ne savait *ce que* le système était, et personne non plus ne savait *à quoi* il servait. Il n'était pas destiné, on l'admettait maintenant, à générer la stabilité des prix ou la convergence des inflations. Alors, était-il encore une « zone de stabilité monétaire » dans un environnement monétaire instable au niveau mondial ? Apparemment non, puisque les deux rapports concluaient que les monnaies bénéficiant de « fondamentaux sains » pouvaient être victimes des attaques de la spéculation, avec tous leurs effets négatifs sur la stabilité monétaire, « par suite d'évolutions ou d'événements externes ».

Pourquoi ne pas être passé aux aveux et reconnaître que le MEC n'était qu'un instrument politique destiné à propulser la Communauté sur les rails menant à l'union politique ? Duisenberg préférait confier son regret qu'il y ait eu opposition entre les objectifs monétaires des responsables des banques centrales et les considérations politiques des gouvernements : les données de politique politicienne pesant sur les réalignements avaient empêché un ajustement rapide des taux de change, déclara-t-il. Contaminé à l'évidence par l'épidémie d'autocontradiction qui avait frappé le Comité monétaire, il ajoutait que « quand les banques centrales sont indépendantes, elles peuvent prendre leurs décisions concernant les taux d'intérêt en fonction de motifs touchant seulement à la parité » et éviter ainsi les ajustement des taux de change ! En vérité, alors que les responsables des banques centrales ne voulaient pas que les *gouvernements* défendent leur parité pour des raisons politiques, certains, parmi lesquels de futurs gouverneurs, étaient prêts, dans le but d'obtenir pour eux-mêmes un pouvoir de plus en plus autonome, à mettre à profit l'attrait des hommes politiques pour des taux de change fixes.

Des contes de fées

Une vision commune du système en termes de principes économiques approuvés par tous et de résultats économiques recherchés unanimement se révéla tout bonnement impossible parce que nombre des gestionnaires et des partisans du système manifestaient un manque total d'intérêt pour les performances économiques*. Sous cet angle, les règles du système étaient bien plus importantes que ses résultats, car leur élaboration et leur formulation déterminaient la répartition du pouvoir entre les pays de la Communauté, à l'intérieur de ces pays et peut-être même sur ces pays. Aussi, les deux comités avaient-ils dû se contenter d'écrire du verbiage sur les visées économiques du système. S'il s'agissait d'enfantillages, pourquoi ne pas suspendre l'application des lois de la logique, ainsi que dans tous les bons contes de fées ? Les adultes, eux, savaient s'intéresser à autre chose. Mais « pas devant les enfants » : si les rapports des comités avaient l'air d'être l'aboutissement d'une lutte de pouvoir acharnée, l'illusion risquait de s'évanouir. Les luttes de pouvoir se jouaient à propos des règles du système, si bien qu'il était naturel que les deux comités, tout à fait disposés à écrire des sornettes sur les *buts* du système, n'aient pu tenter de les définir ou de les clarifier. Les rapports affirmaient d'une même voix qu'il fallait mieux respecter les dites règles et non les changer. Les batailles — nombre d'entre elles avaient été portées auparavant à la connaissance du public — au sujet de la symétrie ou de l'asymétrie, des interventions obligatoires, ou des procédures de décision pour les réalignements, ne trouvaient aucun écho dans ce qui était publié des délibérations des comités. Chacune des phrases qui aurait pu concerner ces problèmes était le résultat d'innombrables heures passées à les priver de tout contenu et à ne laisser qu'une coquille vide.

Ce qui ressemblait le plus à une proposition significative dans les deux rapports se limitait à une recommandation formulée par

* Il est très éclairant de constater que Peter Ludlow, « fédéraliste et fonctionnaliste » par excellence, ait pu écrire les 300 pages, très bien informées et fruits de recherches difficiles, sur *The Making of the European Monetary System*, « La Genèse de l'Europe monétaire » sans s'interroger une seule fois sur les résultats économiques que le système devrait théoriquement permettre d'atteindre. Ludlow, comme les hommes politiques et les mandarins dont les manigances, les complots, les alliances et les trahisons forment le sujet de sa chronique, ne s'intéresse dans son livre qu'à une seule question : qui a gagné ?

le Comité monétaire, qui souhaitait une révision régulière des parités sur la base d'un ensemble d'indicateurs. Mais il était évident que les membres du Comité n'avaient pas même pu s'entendre sur la manière d'utiliser ces indicateurs, pas plus que sur ce qu'il faudrait faire si l'on arrivait à une appréciation négative d'une parité donnée.

Il est *possible* de proposer une définition raisonnable de ce que doit être un taux de change adéquat, mais elle n'est pas de celles que les membres des deux comités auraient appréciées. Un taux de change est adéquat si la déviation qu'il implique vis-à-vis de l'équilibre intérieur (c'est-à-dire entre l'inflation et la récession) est politiquement acceptable, compte tenu de la nécessité de l'équilibre budgétaire et des perspectives de la demande intérieure. Cette définition-ci donne la bonne réponse en toutes circonstances, en mettant les indicateurs de compétitivité et de balance des paiements, parmi d'autres, dans leur vrai contexte. Ainsi, pour prendre un exemple, la livre sterling était trop faible en 1988. La demande intérieure était tellement forte qu'accrocher la livre au Mark devait aboutir à davantage d'inflation que ce qui était politiquement désiré. Pour maintenir l'équilibre intérieur souhaité, il aurait fallu que le niveau de compétitivité soit plus bas et le déficit de la balance courante plus ample. En 1992, par contraste, la demande intérieure était tellement faible — et il aurait fallu qu'elle tombe plus bas encore dès qu'un resserrement budgétaire incontournable aurait eu lieu — que la parité du sterling au sein du MEC portait en germe une déflation pure et simple dans des conditions économiques d'une gravité insupportable. Pour en revenir à un degré acceptable d'équilibre intérieur, il fallait que la compétitivité s'améliore, et que le déficit de la balance courante se réduise et laisse place à un excédent.

L'application de cette définition à la France est plus intéressante encore. *Étant donné* que la demande intérieure était déprimée, en 1992-1993, à la suite d'une perte de confiance des Français, la compétitivité n'était plus assez forte et l'excédent de la balance courante pas assez important pour prévenir la récession et le risque de déflation : une dépréciation du franc aurait été nécessaire si, politiquement, la récession était devenue trop douloureuse. Cependant, *sans* les contraintes imposées par le MEC, on n'aurait pas assisté à l'apparition de la morosité provoquée par des taux d'intérêt pénalisants et par l'impression d'impuissance donnée par le gouvernement, particulièrement troublante pour des esprits français. Ainsi, s'il avait évolué hors de la marge étroite de fluctuation du MEC, le franc, en 1993, aurait été candidat à une appréciation face au Mark. L'application de la définition permet donc de réconcilier les arguments contradictoires avancés par les analystes du marché à propos de la vigueur des « fondamentaux » français. Mais elle implique aussi que la contrainte du MEC, *en elle-même*, générait une pression à la baisse sur le franc. Une fois encore, la doctrine de la « désinflation compétitive » dans le MEC énoncée par Trichet marchait sur la tête.

Quoi qu'il en soit, rien ne laisse à penser que Trichet ait pu le moins du monde bien comprendre cette application. Nous devons regarder ailleurs pour expliquer pourquoi les deux comités choisirent de rejeter par omission l'approche par l'équilibre intérieur. Une explication des plus plausibles réside dans le fait que les responsables des banques centrales du continent étaient horrifiés par les conséquences qu'il fallait en tirer. Elle impliquait, en effet, que la politique monétaire devait être la servante de l'économie et non pas sa maîtresse, visant à maintenir l'inflation (et par conséquent la production et l'emploi) dans une fourchette déterminée par les gouvernements (et donc, en dernière analyse, par les électeurs), et soumise aux forces des « esprits animaux » et d'une politique budgétaire échappant au contrôle des banques centrales. Le recours à l'équilibre intérieur pour évaluer le niveau du taux de change était le corollaire du ciblage de l'inflation : méthode qui constitue la menace la plus grande — parce que la plus rationnelle et la mieux fondée — jamais imaginée contre les pouvoirs, les privilèges et les immunités des banques centrales. Les banques centrales du noyau dur nourrissent à son encontre autant de peur et de haine que les syndicats britanniques envers Norman Tebbit au début des années 80.

En somme, les rapports des deux comités laissaient le MEC aussi désorganisé et chaotique que les chefs de gouvernement, sous le choc, l'avaient trouvé quand ils leur avaient confié leur mandat à Birmingham, l'automne précédent. À défaut d'autres résultats, ces deux textes apportaient les preuves indiscutables qu'aussi intelligents et politiquement informés que puissent être les responsables des banques centrales et des directions du Trésor, ils deviennent, en tant qu'entité collective, des demeurés bredouillants : cela doit avoir encouragé les marchés à lancer d'autres attaques. Parfois, les opérateurs se montraient étrangement effrayés par ce qu'ils attribuaient de ruse, de supériorité intellectuelle et de capacité d'action collective aux « autorités ». Ces deux rapports creux ont certainement eu une influence, dans la mesure où ils ont conduit les marchés à une nouvelle évaluation des forces et des faiblesses de leurs adversaires officiels, mais lorsqu'ils furent soumis à la réunion informelle de l'Ecofin, et ensuite rendus publics, les opérateurs ne s'intéressaient pas à eux. Les événements qui se déroulaient en France avaient disposé les pièces sur l'échiquier du MEC en vue de la partie décisive. Les événements qui se déroulaient en Espagne avaient indiqué de quelle manière les tensions insupportables engendrées par le MEC devraient trouver leur solution. C'est vers ces événements que nous allons maintenant porter notre attention.

11

Le triomphe de Schlesinger

Une prison pas dorée

Aux élections législatives de mars 1993, les socialistes subirent un revers de grande ampleur : de nombreux membres du gouvernement Bérégovoy avaient perdu leur siège de député, tandis que les partis de droite avaient remporté les quatre cinquièmes des circonscriptions. À l'intérieur même de la droite, le RPR gaulliste, dirigé par Jacques Chirac, distançait l'UDF, fortement pro-européenne, conduite par Valéry Giscard d'Estaing. Mais dans la vie politique française, c'est la présidence de la République qui est le but ultime de toute ambition, et Chirac était un homme très ambitieux. En 1988, il avait déjà été candidat à l'élection présidentielle alors qu'il occupait encore les fonctions de Premier ministre du premier gouvernement de cohabitation. Même si son challenger avait été quelqu'un de moins rusé et de moins égocentrique que Mitterrand, c'était jouer là avec des dés pipés. Mais avec un personnage aussi florentin siégeant à l'Élysée, toutes les manœuvres de Chirac se trouvaient, à chaque fois, déjouées. En fin de compte, il perdit l'élection par l'écart de voix le plus important que l'on ait vu sous la Ve République entre un candidat de droite et un candidat de gauche. Dans la foulée, Mitterrand prononça la dissolution du Parlement et de nouvelles élections législatives ramenèrent au pouvoir un gouvernement socialiste. Cinq ans plus tard, Jacques Chirac était bien décidé à ne pas répéter l'expérience. En 1995, Mitterrand, âgé, ne serait plus son adversaire. Il paraissait probable que Jacques Delors, après avoir établi à Bruxelles les fondations d'un super-État européen, voudrait s'installer à l'Élysée pour s'assurer que la « construction européenne » se ferait à l'avantage de la France et du corporatisme. Delors disposerait de l'atout majeur d'avoir été à l'écart de la vie politique française — du moins en apparence — pendant la période préélectorale. Si Chirac, de son côté, redevenait Premier ministre, il serait de nouveau en première ligne, de nouveau engagé avec Mitterrand dans une guerre impossible à gagner, alors que Delors, lui, serait largement protégé de toute attaque.

Pour sa part, Mitterrand avait annoncé en 1988 qu'il consacrerait son second mandat à « l'Europe ». À la fin de mars 1993, il fit savoir qu'il ne choisirait pas comme Premier ministre une personnalité qui ne se serait pas engagée en faveur du franc fort et du « couple » franco-allemand. En théorie, la droite aurait pu refuser l'investiture à l'homme choisi par le président, mais entrer en conflit avec lui sur ce sujet particulier aurait divisé la majorité*. Peut-être même Mitterrand y aurait-il trouvé l'occasion de provoquer de nouvelles élections législatives. Cependant, un gouvernement de droite privé de la liberté de décider d'une politique monétaire plus rationnelle serait bel et bien ligoté. Si Chirac se tenait à l'écart du pouvoir, il serait en mesure, en 1995, de faire campagne en se présentant comme le candidat du changement, sans définir précisément le sens de ce mot**. Il fut ainsi très satisfait de voir désigner pour Matignon son ami politique et son allié, celui qui avait été son ministre des Finances entre 1986 et 1988 : Edouard Balladur.

Balladur lui-même n'avait soutenu Maastricht que de mauvaise grâce, quoiqu'il ait été le premier, en janvier 1988, à avancer l'idée d'une « Banque centrale européenne ». L'organisme dont il proposait la création visait d'abord à obtenir un partage symétrique de la charge de l'ajustement monétaire grâce à un marchandage politique franco-allemand. Ce qui était assez différent de l'institution indépendante, théoriquement d'essence européenne mais, en pratique, dominée par l'Allemagne, que tant de Français croyaient dis-

* Giscard, par exemple, avait accusé d'appartenir au « parti de l'étranger » quiconque remettait en cause le franc fort, accusation que Chirac avait lancée contre lui en 1978, pour avoir accepté, alors qu'il était président de la République, l'élection du Parlement européen au suffrage universel.

** D'un point de vue strictement personnel, la stratégie de Jacques Chirac serait couronnée de succès, au prix d'un nouvel affaiblissement fondamental de l'économie française et de la société civile et politique de la France pendant les deux années de poursuite du mitterrandisme par Balladur.

cerner dans le traité de Maastricht*. Dans l'immédiat, et sur le fond, il n'y avait que peu de différences entre les implications des deux conceptions. Car l'orthodoxie intellectuelle et la nécessité politique exigeaient toutes deux la poursuite de la politique de franc fort**

La stratégie adoptée par le gouvernement Balladur condamnait la France à une nouvelle dégradation des finances publiques, à s'éloigner davantage encore des politiques favorables au marché, et à un nouveau recul dans la marche vers la convergence des cultures économiques que l'union monétaire — et par conséquent politique — exigerait. Elle transformait les élections en farce : à partir du moment où Mitterrand avait annoncé qu'il ne nommerait Premier ministre qu'un homme considérant l'union monétaire comme le Saint-Graal, la politique économique était ligotée. Les distorsions que la contrainte du MEC imposait à l'économie française signifiaient plus encore de chômage. Et si la progression du chômage ne pouvait être endiguée, cela signifiait une défaite des gaullistes à l'élection présidentielle de 1995 aussi sûrement que cela avait conduit les socialistes à perdre les législatives.

---

* Réagissant pour une part aux pressions en faveur d'une plus grande « symétrie » décrétée selon des critères politiques, incarné par le plan Balladur de 1988, certains membres du directoire de la Bundesbank (mais certainement pas tous) acceptèrent l'idée d'une BCE dans le style de Maastricht. Les craintes exprimées avec fermeté par certains responsables de la Bundesbank après Maastricht étaient bien moins dues, en apparence, au rôle et à la nature de la BCE qu'à ce qu'ils estimaient être une primauté des dates « irréversibles » d'entrée en vigueur de la monnaie unique sur la convergence économique, et au déséquilibre entre l'intégration monétaire et l'intégration politique.

** Au cours des deux dernières années, plusieurs essais, écrits par des auteurs d'opinions politiques très diverses mais convergents en ce qui concerne leurs conclusions essentielles, ont tenté d'expliquer quelles déficiences dans la culture politique et intellectuelle de la France l'ont conduite à tomber dans le piège du franc fort. Parmi les ouvrages particulièrement dignes d'attention, on retiendra : *The Death of Politics* (Londres, 1994), par John Laughland, un spécialiste de la science politique, thatchérien et britannique, qui travaille à l'Institut d'études politiques de Paris ; *Deux ministres trop tranquilles* (Paris, 1995), par Philippe Bauchard, journaliste expérimenté et très bien informé ; « La tragédie du franc fort » (in *La Revue des Deux Mondes*, septembre 1993) et « La tragédie du franc fort : suite » (in *La Revue des Deux Mondes*, mars 1994), deux articles signés par Galilée, pseudonyme collectif d'économistes français d'orientation visiblement libérale ; *Le Débat interdit* (Paris, 1995), par Jean-Paul Fitoussi, universitaire français de gauche bien connu dans les milieux politiques de son pays.

Au commencement était l'ENA

C'est pourquoi la poursuite de la politique de franc fort après les élections de 1993 avait bien peu de rapport avec une évaluation rationnelle de ses mérites et de ses inconvénients. La défense de la parité franc-Mark était devenue un véritable dogme : on coupait la tête à ceux qui n'étaient pas prêts à lui jurer obéissance. Les tenants de l'hérésie devaient se taire, ou se dissimuler. En septembre 1993, *La Revue des Deux Mondes* publia, sous le titre « La tragédie du franc fort », une analyse du chaos engendré par cette politique et un plaidoyer en faveur d'une « politique à l'anglaise ». On croit très généralement qu'il était l'œuvre d'un groupe de dissidents appartenant à la Banque de France. Ils avaient choisi le pseudonyme collectif de Galilée, proclamant ainsi leur certitude que la Terre tourne autour du Soleil, et avouant aussi qu'ayant vu les instruments de torture, ils avaient choisi de se réfugier dans l'anonymat.

L'article ironisait sur le thème de « l'exception culturelle » que développaient alors les autorités afin de justifier leurs efforts — finalement couronnés de succès — pour exclure les « biens culturels » du GATT, et préparer le terrain à Jacques Toubon qui voulait, comiquement, défendre la langue de Voltaire contre l'emprise de la langue de Shakespeare. Il se peut que prôner un tel individualisme culturel et linguistique ne soit pas cohérent avec l'euroracisme d'un Jacques Delors, mais c'est en pleine cohérence avec ce qui sous-tend la politique de franc fort : des slogans en guise d'analyse.

Pour Galilée, la véritable exception culturelle de la France résidait dans son incapacité à comprendre l'économie. L'article dénonçait sans pitié l'analphabétisme économique de l'énarchie et de ses grands prêtres, de Trichet en particulier. Nous savons qu'un grand nombre de ses homologues étrangers manifestaient beaucoup de scepticisme au sujet de la capacité de Trichet à participer à un débat économique, mais Galilée voyait des lacunes similaires chez les énarques dans leur ensemble.

Peut-être est-il insuffisant d'accuser seulement l'énarchie d'incompétence. Un haut fonctionnaire français (qui n'est pas énarque lui-même et occupe maintenant des fonctions hors de France) a appartenu récemment au jury chargé du classement de sortie des élèves (un mot révélateur) de l'ENA. Il regrettait de constater que, s'il avait été un employeur, il n'aurait pu engager plus de deux éléments de la promotion de cette année-là. Mais au moins, n'était-ce pas un grand honneur que d'avoir été appelé à faire partie de ce jury ? Pas vraiment, répondit-il. Classer les énarques à leur sortie de l'école n'est pas important : ils ont *tous* été fabriqués sur le même moule. Ce qui est prestigieux, c'est de siéger dans le jury qui a réellement de l'importance : celui qui décide qui sera invité à *rejoindre* la caste, qui pourra s'engager sur la voie royale qui mène à un portefeuille ministériel, à une direction dans un ministère, à une ambassade, ou à un poste de président-directeur général d'une société nationalisée, d'une banque ou d'une grande entreprise.

Ce qui est le plus inquiétant chez beaucoup d'énarques, ce n'est pas qu'ils ne comprennent pas l'économie, c'est que cette incompréhension les laisse impavides. Pour eux, l'économie n'est pas seulement un sujet inventé et développé *par* les Anglo-Saxons, elle constitue un sujet qui convient seulement *aux* Anglo-Saxons et à leurs sociétés libérales, démocratiques et décadentes. Les serviteurs de l'État n'ont que faire de l'économie : à sa place, ils disposent du pouvoir.

Une fois, lors d'une rencontre de hauts responsables, Trichet s'attacha à défendre la politique du franc fort face à des critiques d'Amérique du Nord leur disant qu'ils ne comprenaient rien à « l'Europe ». L'un de ses interlocuteurs lui répliqua qu'il ne comprenait peut-être rien à « l'Europe », mais qu'il comprenait du moins l'économie. Trichet ne daigna même pas enchaîner. Qui aurait raisonnablement pu croire que le franc fort avait quoi que ce soit à voir avec l'économie ? Il s'agissait bel et bien de pouvoir. Un énarque croit que le pouvoir finit toujours par l'emporter sur l'économie. En un sens, et pour un temps, l'énarque a raison : peu importe que les Français moyens souffrent du chômage et de l'insécurité, que les fondements de la République, pour complaire à l'Allemagne, soient corrompus par la création d'une banque centrale indépendante, que l'indépendance même de la nation soit trahie par la marche vers une fédération européenne, puisque l'empire des énarques dans les ministères, à la Banque de France et à Bruxelles, ne fait que croître et embellir.

Si les énarques ne comprenaient rien aux marchés, les marchés, eux, ne comprenaient pas les énarques. Les opérateurs avaient pensé que, si le gouvernement socialiste n'avait aucune raison d'abandonner la parité franc-Mark alors que la défaite électorale était quasi certaine, le gouvernement qui allait lui succéder aurait toutes les possibilités d'adopter enfin une optique plus rationnelle. Mais quand Balladur eut affirmé son attachement à la primauté du franc fort, il leur fallut réviser leur point de vue : les positions à la baisse du franc ne furent pas reconduites. Ayant perdu une occasion en or de tuer la vache sacrée (la parité franc-Mark à 3,35), Balladur se ridiculiserait et porterait un coup sévère à ses ambitions présidentielles s'il devait faire volte-face quelques mois plus tard. Pour les marchés, cela, du moins, était évident. Ils doutaient fort que le Premier ministre pût tenir sa promesse de stabiliser le chômage avant la fin de l'année, mais ils étaient disposés à parier qu'il faudrait avoir dûment constaté que cette promesse n'avait pas été tenue avant que la politique de change ne puisse être modifiée.

Il n'aurait donc pas été rentable de conserver des positions à la baisse du franc, et de payer pour cela des intérêts élevés. À partir du début avril, les capitaux regagnèrent la France, à un rythme suffisamment rapide pour qu'il fût possible d'échapper au dilemme précédent : la reconstitution des réserves et la baisse des taux d'intérêt devaient-elles avoir la priorité sur le renforcement du franc ? Cette fois, on pouvait tout faire en même temps.

Politique d'abord

À la mi-avril, Schlesinger fut amené à déclarer[2] que la France était désormais en bien meilleure position pour réduire son différentiel de taux d'intérêt avec l'Allemagne. Une telle réduction, souligna-t-il, n'exigeait pas que la Bundesbank agisse la première : le facteur le plus important, c'était ce que le nouveau gouvernement avait annoncé au sujet de *sa propre* politique.

Schlesinger s'attaquait à trois objectifs à la fois. Tout d'abord, il était important de couper court à ce qu'Alain Juppé, ministre des Affaires étrangères, avait affirmé à la veille des élections : la France pourrait, en quelque sorte, acheter une réduction des taux allemands si elle appuyait l'Allemagne dans sa revendication d'un siège de membre permanent du Conseil de sécurité[3]. Même si le tarif proposé par Juppé était moins défavorable à la Bundesbank que l'échange UME — réunification sur lequel Mitterrand et Kohl s'étaient entendus trois ans auparavant, Schlesinger était las que l'on veuille utiliser les taux d'intérêt au service d'objectifs de politique étrangère, en tout cas au service des objectifs de politique étrangère du *gouvernement* de Bonn.

Ensuite, Schlesinger tenait à donner sa bénédiction à un Balladur souhaitant créer une banque centrale indépendante en France. Sur ce point, Schlesinger peut avoir commis la même erreur de jugement que les marchés sur les motivations de la classe dirigeante française. Imprégné de la tradition de la Bundesbank, il a dû croire qu'une Banque de France désormais « indépendante » ferait passer la stabilité des prix, peut-être atteinte par la fixation d'objectifs de masse monétaire, avant l'impératif politique du maintien de la parité franc-Mark. À tout le moins, soutiendrait-elle la Bundesbank dans sa mission, à savoir qu'une BCE, si le pire des scénarios se réalisait, puisse résister aux tentative d'ingérence des gouvernements.

Enfin, Schlesinger pourrait ainsi réfuter les accusations de soumission à la France qui ne manqueraient pas de s'élever en Allemagne si la Bundesbank se mettait à accélérer le rythme de réduction des taux d'intérêt. Car le président de la Buba lui-même, semble-t-il, commençait à douter de la capacité d'autorégulation de l'économie allemande. Tout au long de mars et d'avril, les industriels n'avaient cessé d'avertir, avec de plus en plus de force, qu'en Allemagne, la récession pourrait tourner à l'effondrement. Alors qu'au début de l'année, Schlesinger écartait encore toute perspective d'un recul significatif du PNB en 1993, le ministère de l'Économie prévoyait, dès avril, une chute de 2 % de la production dans la partie ouest du pays. Selon des sources internes à la Bundesbank, même le Pr Otmar Issing, membre du directoire responsable des études économiques de la Bundesbank, considéré en général comme un faucon, demandait maintenant à Schlesinger de réduire les taux*.

Début mai, dans une interview accordée à l'*International Herald Tribune*[4], Schlesinger alla jusqu'à dire que l'ampleur des problèmes rencontrés par l'Allemagne après la réunification était telle qu'elle exigeait de « nouvelles réponses ». Il stupéfia nombre

---

* En principe, Issing, comme Schlesinger, ne disposait que d'une seule voix au conseil de la Bundesbank. Mais, sauf dans des circonstances tout à fait exceptionnelles, les membres du directoire, par tradition, ne votent pas, lors des réunions du conseil, contre l'opinion du président.

d'observateurs en affirmant que ceux que l'on avait traités de faucons dans le passé pourraient bien devenir des colombes. Les actes ont plus de poids que les paroles et, en avril et en mai, la Bundesbank prit les marchés par surprise, plus d'une fois, par le pourcentage ou par le moment de ses réductions de taux.

Il n'est pas très difficile de deviner que Schlesinger, notant le flot des capitaux qui rentraient en France, le renforcement des réserves de la Banque de France et la diminution accélérée du différentiel entre les taux du marché de l'argent en France et en Allemagne (à la mi-mai, ce différentiel disparut) estimait qu'il y avait, à court terme, peu de chance de faire sortir le franc du MEC. À la fin de l'année, la progression du chômage pourrait exercer une telle pression sur Balladur qu'il assouplirait la politique monétaire. Mais avant la fin de l'année, Schlesinger, pour sa part, aurait pris sa retraite et serait remplacé par Tietmeyer, dont les objectifs n'étaient pas du tout les mêmes que les siens. En attendant, il ne servait pas à grand-chose de maintenir les taux à un niveau élevé alors que l'Allemagne affrontait une profonde récession.

Cet argument-là était d'autant plus fort que l'Allemagne tiendrait dans dix-huit mois ses propres élections générales. Traditionnellement, on utilisait la politique monétaire pour influencer les électeurs en faveur de la formation politique dont les partisans avaient la majorité au conseil de la Bundesbank*. En 1993, c'était

---

* Le gouvernement fédéral nomme les huit membres du directoire, tandis que les gouvernements des Länder nomment les présidents des banques centrales régionales — dont les fonctions sont probablement celles qui sont les plus recherchées en Allemagne, parce qu'elles combinent pouvoir, prestige, traitement très élevés et absence presque totale de travail. Ensemble, les membres du directoire et les présidents des banques de Land composent le conseil de la Bundesbank. À partir de 1990, les partisans de la CDU-CSU y ont disposé d'une nette majorité. Qu'il y ait eu une claire motivation politique dans le cycle des réductions et des relèvements des taux d'intérêt de la Bundesbank a été démontré récemment par un économiste allemand très respecté, Roland Vaubel[5], qui n'a rien d'un homme de gauche. Sa démonstration indique que, en Allemagne, il y a un cycle politique en matière de politique monétaire, avec des assouplissements décidés en temps opportun pour soutenir le gouvernement dont les partisans sont en majorité au conseil de la Buba. La seule fois où la Bundesbank a imposé une politique de rigueur pendant la période cruciale précédant les élections remonte à 1975, alors que la majorité des membres du conseil penchaient pour la CDU-CSU tandis que le gouvernement au pouvoir était dirigé par un chancelier appartenant au SPD. Le gouvernement survécut cependant.

la CDU-CSU. S'il était possible de déclencher une reprise économique suffisamment tôt pour augmenter ses chances en octobre 1994, il fallait donc, étant donné les délais de réaction de la machine économique à la politique monétaire, mettre en œuvre de rapides réductions des taux à partir du printemps 1993. C'était exactement ce qui se passait.

Tout ceci signifiait que, du point de vue du gouvernement français, tout allait aussi bien que possible. Les marchés avaient renoncé à leurs positions à la baisse du franc. La récession que subissait l'Allemagne paraissait plus grave que celle que connaissait la France. Les économistes, les analystes financiers et les hommes d'affaires allemands se demandaient de plus en plus s'il serait possible de supporter longtemps encore un Mark aussi fort, notamment face au dollar et au yen, mais aussi au sterling, à la lire et à la peseta. La Bundesbank en était venue à adopter une ligne directrice moins rigoureuse. Les autorités françaises mirent à profit cette conjoncture pour réduire, à plusieurs reprises, leurs taux d'intérêt, si bien qu'à la mi-mai le différentiel avec les taux d'intérêt allemands à court terme était devenu nul avant de devenir légèrement négatif. En fait, tous les pays dont les monnaies appartenaient à la marge de fluctuation étroite, à l'exception du Danemark, se trouvaient dans cette situation-là à la mi-mai, tandis que les devises du MEC n'accusaient entre elles qu'un écart de 1 %. Tout paraissait calme. Peut-être Duisenberg avait-il raison, et n'y avait-il pas de lignes de fracture dans le système.

Une riche idée

Le mercredi 13 mai, une réunion de routine du Comité monétaire se tenait à Bruxelles. Au bout d'une heure, semble-t-il, le représentant de l'Espagne fut appelé hors de la salle. Lorsqu'il revint, il se dirigea vers le président, Jean-Claude Trichet, et lui chuchota à l'oreille. Ce dernier doit avoir levé les yeux au ciel. Job lui-même avait-il traversé pareille épreuve ? Trichet venait tout juste d'apprendre que la Banco de España, qui avait vainement tenté dans la matinée de s'opposer aux ventes massives de pesetas, était sur le point de suspendre ses interventions obligatoires. Certains opérateurs, agissant de la manière que les hommes politiques trouvent si gênante pour leur calendrier, s'étaient mis un peu plus tôt à anticiper la dévaluation que chacun pronostiquait pour les jours qui suivraient les élections, et commençaient, par avance, à s'en protéger. Les autorités espagnoles n'avaient guère vu d'utilité à une hausse des taux d'intérêt : cela n'aurait fait qu'exciter les marchés. En tout cas, dès que le mouvement débuta, il s'enfla comme boule de neige. Il apparaît que les responsables de Madrid décidèrent, le 12 mai, de profiter de la réunion du Comité monétaire prévue le lendemain pour demander un réalignement, qui serait annoncé après la clôture. Mais les marchés, eux aussi, savaient qu'une réunion devait se tenir. Il n'était pas difficile de deviner les intentions des autorités*. Et, tôt le matin, la Banco de España fut soumise à une marée de ventes de pesetas impossible à endiguer.

Dès que Trichet eut appris les mauvaises nouvelles en provenance de Madrid, le Comité siégea en instance de réalignement. Cette procédure n'avait pas de précédent. Mais les Espagnols étaient bien décidés à ne pas perdre de gros montants financiers — et à ne pas encourir la désapprobation de la Bundesbank, qui aurait pu être obligée d'intervenir — en assurant la défense de la peseta pendant quelques heures encore, dans le seul but de se conformer aux bonnes règles : pas question d'imiter John Major ni ses pitoyables tentatives pour souligner sa rectitude le 16 septembre 1992. Les membres du Comité n'étaient certainement pas d'humeur à jacasser entre eux pendant quelques jours, en attendant que leur rapport blanchissant le MEC fût publié. Ils accordèrent rapidement la dévaluation demandée et donnèrent leur bénédiction au Portugal pour qu'il suive le mouvement. La compétitivité de la France, naturellement, en serait affectée, mais avec le franc apparemment en position confortable dans le MEC, laisser entendre que la dévaluation des monnaies ibériques (un fait accompli, à l'évidence) représentait un événement assez important pour que l'on essaie de s'y opposer aurait seulement conduit à déstabiliser les marchés. Cependant, selon des rumeurs dont la presse fit état après la réunion, Tietmeyer aurait déclaré en privé aux Espagnols qu'il faudrait, cette fois, que cette dévaluation soit la dernière : s'ils revenaient jamais devant le Comité dans de semblables circonstances, ils devraient quitter le MEC. On ne sait d'où venaient

* Deux mois plus tard, alors que le franc et la couronne danoise faisaient face à un afflux de ventes, cette expérience amena Trichet à annuler une autre réunion, elle aussi prévue de longue date, du Comité.

ces rumeurs ni si elles étaient fondées. On imagine cependant aisément que la Banco de España aurait pu y trouver quelque avantage. À la différence des dévaluations de septembre et de novembre 1992, celle du 13 mai, vue sous l'angle de l'économie espagnole, n'était pas justifiée. La croissance allait très probablement reprendre sous l'effet des gains de compétitivité déjà obtenus. Il n'y avait pas de dispositif anti-inflationniste évident, puisqu'il avait fallu renoncer au postulat de non-réalignement. La Banco de España aurait souhaité mettre en œuvre de telles mesures, mais le MEC, qui incitait les marchés à des paniques conduisant à la dévaluation, l'en empêchait. Felipe González refusait avec obstination d'envisager un retrait du système. Si les marchés étaient amenés à croire qu'il n'y aurait *pas* de nouvelle dévaluation, mais que la peseta serait mise en flottement, cela éviterait la réapparition de pressions spéculatives : les ventes de la spéculation pourraient provoquer, à la demande de la Bundesbank, un retrait du système. En d'autres termes, on ne pourrait plus parier à coup sûr, et ceux qui vendraient de la peseta courraient le risque qu'elle ne se mette, au contraire, à *monter*.

La Banco de España peut fort bien avoir été encouragée par ce qui s'était passé le 13 mai, après la suspension des interventions mais avant l'annonce de la dévaluation. Alors que les marchés se trouvaient dans l'incertitude la plus complète au sujet de ce qui allait advenir, la peseta était restée remarquablement stable et n'était pas sortie de sa marge de fluctuation. De même, une fois les rumeurs concernant l'attitude de la Bundesbank connues sur les marchés, la peseta conserva sa stabilité dans les semaines qui suivirent, confondant ceux qui prédisaient que les pressions à la baisse referaient immédiatement leur apparition. Bref, la leçon à tirer de la dévaluation de la devise espagnole, c'était que le MEC était déstabilisateur, ainsi que Schlesinger l'affirmait depuis un certain temps. Dans les trois mois à venir, cette leçon allait être apprise par beaucoup, pas avant toutefois que de nouvelles pressions sur le franc n'aient provoqué un affrontement violent entre la France et l'Allemagne.

Le poids de la rancune

Pourtant, à la fin de mai, certains commençaient à douter de la crédibilité de la Bundesbank et de la solidité du Mark, et à formuler publiquement leurs interrogations, d'une manière qui ne pouvait qu'irriter Schlesinger. Le 5 avril déjà, peu après que le gouvernement Balladur eut fait connaître son intention de donner à la Banque de France un statut d'« indépendance », le gouverneur Jacques de Larosière avait fait allusion à un renforcement du rôle du franc dans le MEC : « Il me semble qu'il y a place pour une coopération franco-allemande étroite, qui dépasserait la simple gestion des crises monétaires. Des données fondamentales saines placent le franc en bonne position pour partager avec le Mark le rôle de point d'ancrage du SME[6]. » Les « données fondamentales saines » dont Larosière tirait vanité étaient l'excédent de la balance commerciale de la France (ce qui a, peut-être, toujours été le plus important des indicateurs pour les Français colbertistes) et une inflation faible. Tous deux, naturellement, résultaient de la désinflation compétitive. Ils reflétaient aussi la morosité des Français et la dépression de l'économie française. Dans le monde idéal de Larosière et de Trichet, ils étaient les signes d'une vigueur potentielle, non les symptômes d'une maladie de langueur. Cette nouvelle preuve de l'analphabétisme économique des gérants de la politique économique française ne constituait pas l'aspect le plus significatif des propos du gouverneur. Ce serait bien plutôt son retour au thème de l'ancrage partagé avec l'Allemagne qui rencontrerait le plus d'écho.

Chaque fois que l'hégémonie du Mark avait été menacée, il y avait eu des réactions violentes de la part de la Bundesbank, ou à l'intérieur de la Bundesbank. En 1981, la faiblesse du Mark avait permis à Schlesinger, alors vice-président de la Buba, d'imposer une hausse des taux d'une ampleur sans précédent, et de faire ainsi d'une pierre deux coups. En effet, le Mark avait retrouvé immédiatement son leadership, alors que la position politique d'Helmut Schmidt était devenue si difficile que, l'année suivante, ses partenaires du FDP trouvèrent un prétexte pour le remplacer par Helmut Kohl. En 1981, Schmidt était devenu politiquement impuissant : il n'avait fallu que quatre mots à la Buba, « *Wir wollen das nicht* », pour réduire à néant la contre-attaque, menée par les Français et par la Commission, en vue de réduire la position de la monnaie la plus forte dans le système. À l'automne 1987, quand les accords du Louvre et les accords de Bâle-Nyborg avaient menacé de nouveau de réduire l'emprise de la Bundesbank, l'autorité de Schlesinger, encore une fois, avait persuadé le conseil de relever les taux d'intérêt, dynamitant ainsi Wall Street et les accords du Louvre du même mouvement. En 1989, la Buba avait salué la publication du rapport Delors par une hausse de ses taux.

En 1990, l'accès de faiblesse du Mark après la défaite essuyée par la Bundesbank sur la réunification avait donné l'occasion à Trichet de forger son axiome : « L'ancre du système, c'est le système lui-même. » Pour la Bundesbank, cet apophtegme n'était pas seulement un discours en l'air, c'était aussi un discours puant. La puanteur devait coller à Pöhl jusqu'à sa démission, en mai 1991, qui permettrait à Schlesinger de faire enfin souffler sur Francfort l'air pur de ses montagnes bavaroises bien-aimées : il releva les taux d'intérêt. En décembre 1991, la Bundesbank désavoua le traité de Maastricht en relevant ses taux à la première réunion de son conseil qui suivit le Conseil européen. En mai 1992, le franc français passa brièvement au-dessus du Mark, et l'on commença même à Bâle, au Comité des gouverneurs, à évoquer un « ancrage commun » du système : dès juin, la Bundesbank mit à profit la victoire du « non » au référendum danois pour relever ses taux une nouvelle fois, obligeant les Français à la suivre, montrant ainsi qui était le patron, et déclenchant une vague de turbulences sur les marchés des changes. En juillet 1992, John Major, toujours en pleine inconscience, démontra son habileté — qui apparaîtrait un peu plus tard dans toute sa splendeur avec la campagne *Back to basics* (« Retour aux valeurs essentielles ») — à pousser tout le monde à lui tomber dessus, en affirmant que le sterling serait bientôt le leader du MEC. Deux mois après, des commentaires émis par Jochimsen et par Schlesinger lui-même suffirent à expulser la livre du système. Le 3 septembre 1992, Mitterrand remit en cause l'indépendance de la future BCE. Deux jours après, la difficile réunion de l'Ecofin à Bath conduisit la Bundesbank à proposer un réalignement général, et Schlesinger rédigea sa lettre ordonnant que la BCE soit, dans son essence, la Bundesbank, toute la Bundesbank, rien que la Bundesbank.

Et voilà qu'en cette fin de printemps 1993, les esprits malins prônant « l'ancrage commun » battaient de nouveau la campagne. On notait parmi eux la présence de George Soros, grand praticien devant l'Éternel de cette « économie de casino » que la Bundesbank haïssait tellement, et défenseur d'une union de l'Europe. Le 9 juin le *Times* avait publié une longue lettre ouverte de Soros. Il y déplorait le comportement dominateur de la Bundesbank, dans lequel il voyait « le défaut du système », et critiquait la Buba pour n'avoir pas réduit ses taux d'intérêt assez tôt. Il prévoyait que le Mark allait reculer face à toutes les grandes devises, en particulier face au franc français, que les cours des obligations françaises monteraient (c'est-à-dire que les taux d'intérêt français à long terme baisseraient) davantage que ceux des obligations allemandes, mais que même les cours des obligations allemandes monteraient quand la Bundesbank, inévitablement, s'inclinerait devant l'inexorable, déjà prévu par les marchés, et capitulerait. Soros prédisait que cette capitulation (un mot chargé de résonances historiques, tant en France qu'en Allemagne) n'interviendrait pas tant que Schlesinger garderait la barre, mais il rappelait que le président de la Buba prendrait sa retraite dans quelques mois. Très ouvertement, Soros indiquait qu'il avait lui-même « joint le geste à la parole », énonçant les arguments qui fondaient les positions qu'il avait prises sur le marché.

Selon des sources bien placées à Francfort, l'article de Soros produisit sur Schlesinger l'effet d'une décharge électrique. Chacun des arguments qu'il contenait était totalement contraire à la philosophie de la Bundesbank, ou, du moins, à celle de son président. Il dépeignait le Mark comme étant, potentiellement en tout cas, la monnaie la plus faible du monde, et le comportement de la Bundesbank comme stupide et tyrannique. Le rôle de point d'ancrage qu'elle jouait dans le SME s'apparentait à celui d'une tumeur maligne, et il fallait la remplacer par une Banque centrale européenne. En fin de compte, la Bundesbank devrait bien céder aux pressions du marché, et les réductions « obligées » des taux à court terme provoqueraient des réductions des taux à long terme. Schlesinger ne pouvait empêcher l'inévitable, mais seulement le retarder de quelques mois, jusqu'à ce que Tietmeyer prenne ses fonctions de président.

Schlesinger, cependant, n'avait rien d'un fataliste. Il avait la certitude inébranlable que sa stratégie était la bonne, et une volonté indomptable de vaincre. L'article de Soros le mettait en face d'une menace mortelle, mais il lui offrait aussi une occasion en or. La menace était évidente : les marchés allaient bousculer la Bundesbank. L'occasion en or découlait précisément du fait qu'une menace venant d'un tel ennemi — le « casino » anglo-saxon — pouvait, si elle se conjuguait avec une menace de l'autre adversaire — le gouvernement français jacobin — transformer à son avantage la situation politique à court terme de la Bundesbank. Ainsi la Buba, au lieu de passer pour l'auteur d'une récession interne inutile, pourrait de nouveau être tenue en Allemagne pour un phare des vertus allemandes de ténacité et de discipline, pour le défenseur de la *Kultur* contre la décadence de la « civilisation » *. Pour cela, il faudrait que les marchés attaquent de nouveau le franc : dans ce cas, les marchés *et* les Français exigeraient de la Bundesbank une baisse des taux.

Schlesinger devait s'employer de son côté à réfuter les arguments d'ordre intérieur — un Mark surévalué et une récession qui s'aggravait — en faveur d'une réduction des taux. Il s'agissait là d'un point fondamental si la Buba voulait pouvoir s'assurer suffisamment de soutiens dans l'opinion publique pour se mettre en mesure de résister aux très fortes pressions que Kohl ne manquerait pas d'exercer sur elle en cas de nouvelle crise du franc. Aussi, à partir du début de juin, les responsables de la Bundesbank et ses porte-parole (mais pas Tietmeyer, on peut le noter) se mirent à « dire du bien » de l'économie allemande, et du Mark du même coup, en affirmant que la production allait progresser vivement durant le second semestre. Dans d'autres pays, ce genre de campagne n'avait que rarement, voire jamais, remporté de succès. Mais le mythe de la Bundesbank demeurait si puissant que, pour un temps, le pessimisme des Allemands sur l'avenir économique du pays recula un peu, assez pour que l'homme de la rue en vienne à se soucier davantage de la défense du statut de la Buba que d'une réduction d'un demi-point des taux d'intérêt à court terme.

Mais Schlesinger avait également besoin que le gouvernement français donne des signes de faiblesse. À première vue, cela ne serait pas facile alors que la Banque de France et avec elle d'autres banques centrales du continent étaient apparemment en situation de fixer leurs taux d'intérêt sans plus se soucier de la Bundesbank. En fait, au fur et à mesure que juin s'avançait, les taux de tous les pays de la marge de fluctuation étroite, à l'exception du Danemark, étaient tombés au-dessous des taux allemands ; il semblait même que les Danois allaient suivre le mouvement.

---

* Dans les années 20, la bataille entre « occidentaux », partisans de la « civilisation », et « orientaux », défenseurs de la *Kultur*, fut l'une des plus féroces de celles qui finirent par miner de l'intérieur la République de Weimar.

Entre la chair de poule et les cocoricos

La direction du Trésor et la Banque de France se trouvaient dans une situation embarrassante. Le 21 juin, celle-ci avait procédé à une nouvelle réduction de ses taux directeurs, la dernière en date d'une série entamée depuis la défaite électorale des socialistes. Ils se situaient maintenant nettement au-dessous des taux allemands correspondants. Le marché, à en juger par les commentaires des analystes et par les cours des options sur taux, anticipait la poursuite de ce mouvement de baisse, ce qui créerait une franche différence entre taux allemands et taux français. Il était certain que l'économie française avait bien besoin de taux moins élevés : les chiffres les plus récents indiquaient une chute de 5,2 % de la production industrielle, et, si la défaite des socialistes avait réjoui les marchés financiers, elle n'avait pas suffi à dissiper la morosité des entreprises et des consommateurs français.

Pourtant, Edmond Alphandéry, le ministre des Finances, Trichet, Larosière et leurs acolytes hésitaient. Réduire à nouveau les taux d'intérêt, indépendamment de ce que faisait la Bundesbank, passerait pour une candidature au rôle de point d'ancrage. Cela pouvait-il réussir alors que les taux français à long terme, ainsi que le soulignait Issing, se situaient encore, marginalement, au-dessus des taux allemands ? D'une manière générale, les autorités françaises parlaient et agissaient comme si les taux à court terme et les taux à long terme appartenaient à deux univers complètement séparés, sans aucun rapport entre eux. En tâchant de faire taire les clameurs des industriels qui réclamaient des taux d'intérêt plus bas que ceux de l'Allemagne, ils avaient cherché à nier à la fois l'importance des taux à court terme (d'où le retard apporté à la publication de l'article d'André Icard) et la possibilité qu'une réduction de ces derniers puisse déboucher sur une réduction des taux à long terme. Mais si, grâce à une réduction franche, on parvenait à arracher à la Bundesbank l'ancrage du MEC, les taux à long terme baisseraient et tomberaient au-dessous des taux allemands. Le franc pourrait même monter, et non reculer, face au Mark, ce qui prouverait que Soros avait vu juste.

Mais il y avait des risques. Que se passerait-il si les marchés ne renonçaient pas à faire acte d'allégeance à la Bundesbank, mais voyaient au contraire, dans une réduction des taux français, une preuve de faiblesse, une propension à laisser le franc chuter ? Quoi que Soros ait pu dire, le franc n'en était pas moins, en compagnie de la couronne danoise, la monnaie la plus faible du MEC. Et qu'en serait-il si une nouvelle réduction provoquait une dernière riposte furieuse de Schlesinger, et un affrontement ouvert entre le Bavarois têtu et des Français hésitants ? Raymond Barre, Premier ministre de Giscard au moment de la création du MEC, et personnage politique toujours respecté sinon populaire, avertissait que la France était déjà « allée trop vite et trop loin[7] » en réduisant ses taux aussi souvent depuis les élections : « On avait pris des risques avec les Allemands. » Il était nécessaire, ajoutait-il, de naviguer « entre le Charybde d'une rigueur excessive et le Scylla d'un laxisme qui deviendrait incontrôlable ».

Comme souvent, Trichet eut, semble-t-il, le dernier mot*. En privé, il se gaussait de la structure du conseil de la Bundesbank : « Il est absurde que la ligne de la Bundesbank soit fixée par les représentants des Länder allemands, qui ne s'occupent que de leurs petits soucis locaux, et ne tiennent compte ni des intérêts bien plus grands de l'Europe, ni d'un Chancelier chrétien-démocrate qui est, sans aucun doute, bien plus ouvert à une certaine forme de socialisme que François Mitterrand. » Ce qui revenait à déplorer que Tietmeyer, si proche du Chancelier, ne puisse pas toujours l'emporter au sein d'un conseil de la Bundesbank où il devait affronter non seulement Schlesinger, mais aussi les présidents des banques centrales régionales, dont la plupart étaient nommés par des gouvernements de Land conduits par le SPD et avaient tendance à accorder leur sympathie au SPD. La vraie route vers le socialisme, paraissait affirmer Trichet, passait par la vision qu'avait Kohl de l'union européenne, et non par l'allégeance à la social-démocratie allemande.

Pour compléter le tableau, un très haut responsable français qui avait vu de près Trichet et Tietmeyer pendant la crise du MEC affirmait que le directeur du Trésor était « fasciné » par le vice-président de la Bundesbank. « Tenu en esclavage » serait peut-être l'expression la plus appropriée. Pour toutes sortes de raisons, Tietmeyer s'inquiétait de la perspective de réductions fortes et unilatérales des taux français (nous avons déjà fait allusion à certaines, et nous envisagerons plus à fond le point de vue de Tietmeyer

* Philippe Bauchard écrit : « Au nom de l'Europe et d'une Europe ouverte, les défenseurs du franc fort vont se battre autour de la direction du Trésor pour convaincre Balladur, espérant toujours que la baisse des taux allemands entraînera une baisse corrélative des taux français[8]. »

un peu plus tard). Tietmeyer mit très fermement Trichet en garde contre la poursuite d'une telle politique par le gouvernement français. Selon le même haut responsable français, Trichet obtempéra. Tietmeyer disait à Trichet, du moins peut-on le supposer, qu'un « ancrage commun », sous une forme ou sous une autre, était envisageable, à condition que les Français n'en parlent jamais en public, car Schlesinger et l'opinion publique allemande finiraient par prendre le mors aux dents, avec des conséquences incalculables, s'ils voyaient le coq gaulois pousser des cocoricos. Attendez donc quelques mois, ajoutait sans doute Tietmeyer, et je ferai votre affaire.

En tout état de cause, l'élite de la classe dirigeante française était persuadée que les marchés réagiraient négativement à de nouvelles réductions des taux français, car ils y verraient la preuve que la France était prête à laisser le franc chuter. Pendant presque tout le mois de juin, les taux français à court terme continuèrent de se situer juste au-dessous des taux allemands. Tietmeyer devait être sur des charbons ardents. Si cette situation persistait, il pourrait gagner sur les deux tableaux : l'Allemagne continuerait d'être perçue comme le point d'ancrage du système tandis que la France pourrait tenir le coup sans avoir à essuyer une nouvelle vague de spéculation. Mais si les Français ne parvenaient pas à cacher aux marchés qu'ils souffraient, Schlesinger ne manquerait pas de les achever.

Les Français souffraient *vraiment*, c'était évident. Balladur s'apprêtait déjà à sa première volte-face. Après avoir pris des mesures de contraction fiscale (y compris une hausse, très impopulaire, des cotisations sociales), il prépara en juin un plan d'accroissement des dépenses publiques et des subventions et lança un emprunt (l'emprunt Balladur) pour ramener de l'argent dans les caisses de l'État avant les privatisations prévues (on avait promis aux souscripteurs des conditions privilégiées pour l'achat des actions des sociétés privatisées quand les opérations auraient lieu). L'emprunt produisit un gros montant — 110 milliards de francs, soit plus de 1 % du PNB — qui allait être bientôt dépensé sans être pour autant inclus dans les calculs du déficit budgétaire.

Mais il semblait bien que ce retour à l'expansion fiscale à la Keynes ne suffirait pas. Balladur était (il est toujours) colbertiste ; c'est un homme de droite continental typique, qui croit au contrôle et à la régulation par l'État. Il différait des socialistes seulement dans la mesure où les bénéficiaires de sa politique n'étaient pas les classes sociales ou les individus que la gauche avait favorisés. C'est un socialiste[9], il est vrai, qui a pu dire avec justesse que Balladur souhaitait que la France revienne à l'époque de Louis-Philippe, où une façade de libéralisme cachait la réalité du dirigisme.

Le dirigisme de Balladur s'exerçait grâce à l'influence personnelle des membres du gouvernement sur un réseau de financiers et de dirigeants d'entreprises. Pendant tout le début de l'été, il organisa une série de rencontres avec les grosses légumes de l'industrie et de la finance françaises[10]. Le message qu'il recueillait était toujours le même : « Nous ne pouvons plus attendre qu'une reprise aux États-Unis entraîne une reprise en Europe. Nous ne pouvons pas faire face à la concurrence des pays à monnaie dépréciée comme la Grande-Bretagne, l'Italie, l'Espagne et les États scandinaves alors que nous subissons, nous, le poids de taux d'intérêt réels à 5 % ; les entreprises britanniques ne paient que 1,5 %, et les entreprises allemandes 3,5 % seulement. Avec notre taux d'inflation, il nous faut des taux nominaux à court terme à 3 % comme aux États-Unis et au Japon. Sans parler du fait que les négociations du GATT vont nous rendre les choses plus difficiles encore ; on ne peut pas avoir, à la fois, le GATT et le franc fort ! »

Cette dernière menace était prise particulièrement au sérieux par Balladur. Par réaction colbertiste instinctive, il préférait le franc fort au libre-échange. Mais les Allemands voulaient que le GATT réussisse. Se fâcher avec eux sur les questions commerciales pourrait affoler les marchés que le « pacte amoureux » impressionnait encore. Pour corser le tout, le nouveau ministre des Affaires étrangères, le gaulliste Alain Juppé, s'entendait moins bien avec les Allemands — malgré ses propos préélectoraux sur le siège permanent au Conseil de sécurité — que Roland Dumas, son prédécesseur socialiste. La question bosniaque était susceptible de creuser le fossé. Tout comme les commentaires de l'ambassadeur de France à Bonn, qui avait reproché en termes vifs à l'Allemagne ses contacts avec Boris Eltsine : le complexe de Rapallo sévissait de nouveau !

À la mi-juin, Balladur avait subi un autre choc, en l'occurrence de Philippe Séguin, l'ultra-gaulliste à la fois courtois et combatif qui avait mené la campagne contre Maastricht et était devenu président de l'Assemblée nationale. Le 16 juin, Séguin se livra à une violente attaque contre l'incapacité du gouvernement français

— et de tous les autres — à endiguer le fléau du chômage. Dans une phrase délibérément provocatrice, il dénonça la « Munich social » que constituait la politique économique française. Le gouvernement, sous-entendait-il, recherchait l'apaisement avec l'Allemagne sur deux fronts à la fois : le GATT et le franc fort. Il était facile de déduire des propos de Séguin que la combinaison des deux aboutirait, dans le domaine économique, à des résultats semblables aux conséquences politiques désastreuses de 1938*. Balladur demanda sur-le-champ à Chirac, en tant que président du RPR, de désavouer Séguin. Chirac refusa.

Certains de ces problèmes étaient connus des marchés financiers, mais personne n'était prêt à en faire l'analyse dans les revues spécialisées, ni à prendre des positions à la baisse du franc : la main de fer du gouvernement français aurait pu frapper, tout comme le gouvernement italien, semble-t-il, avait « puni » Goldman Sachs l'année précédente ou comme la banque du Danemark avait « administré une fessée » aux banques danoises en janvier. Les analystes qui exprimaient trop ouvertement leur point de vue risquaient la révocation**. C'était particulièrement vrai s'ils étaient français. On vit une fois Trichet vouer aux gémonies un analyste qui avait critiqué le franc fort : c'était un *Français*, travaillant dans une banque *française*. Trichet semblait sous-entendre que les gens en poste à Londres étaient particulièrement conduits à pareils errements. Tietmeyer en fut suffisamment irrité pour demander si, quand un analyste français faisait le travail pour lequel il était payé, cela pouvait vraiment être tenu pour l'équivalent d'une trahison. Mais, dans ce domaine du moins, c'était l'avis de Trichet qui comptait et non celui de Tietmeyer.

---

* L'idée fixe, irrationnelle et superstitieuse, des énarques de Paris et de Bruxelles, et de leurs équivalents dans d'autres pays européens, selon laquelle des marchés non régulés exigent des taux de change fixes, a été examinée au chapitre 6.

** Ce n'étaient pas seulement les analystes de rang relativement peu élevé qui avaient de bonnes raisons de redouter des représailles s'ils disaient publiquement ce qu'il ne fallait pas dire. Galilée écrivait : « Un certain nombre de gens exerçant des responsabilités au plus haut niveau dans le monde financier en France ne cachaient pas, en privé, qu'ils se prononçaient pour la rupture du lien franc-Mark. Mais ils n'osaient pas faire état de leurs opinions en public, de crainte des réactions de la Banque de France ou du Trésor. Il n'était que trop vrai que les autorités disposaient de moyens de pression très efficaces sur les institutions financières, et même sur ceux qui dirigeaient des organismes d'État[11]. »

Il faudrait cependant quelque chose de plus pour que Schlesinger parvienne à triompher : le gouvernement français lui-même devrait avouer ouvertement qu'il ne pouvait plus supporter le niveau actuel des taux allemands. En l'occurrence, l'aveu fut plus spectaculaire que l'on ne s'y serait attendu. On peut très raisonnablement penser que Schlesinger ne devait pas croire à la chance dont il bénéficiait. Mais il en tira le meilleur parti.

La grande gaffe

Depuis 1988, des rencontres bilatérales franco-allemandes réunissaient deux fois par an les ministres des Finances, accompagnés de hauts fonctionnaires, et les gouverneurs des deux banques centrales. Edmond Alphandéry, le successeur de Sapin, était un ancien professeur d'économie. À la différence de Schlesinger, il allait démontrer qu'en politique il n'était réellement qu'un ingénu, qui ne comprenait pas plus la psychologie des marchés que celle de la Bundesbank. C'était son tour d'accueillir la réunion, qui devait se tenir à Paris, le 25 juin. La veille, le 24 à midi, Alphandéry était interviewé par une radio française[12]. En quelques secondes, le destin du MEC fut scellé. Alphandéry donnait l'impression de dire qu'il avait convoqué Waigel et Schlesinger à Paris le lendemain pour leur déclarer que les taux d'intérêt allemands revêtaient une importance qui s'étendait bien au-delà des frontières de l'Allemagne. Il y avait en France des millions de chômeurs, et l'espoir d'une baisse du chômage résidait dans une réduction des taux allemands. La « gaffe Alphandéry », ainsi qu'on l'appela immédiatement, n'aurait pu être plus calamiteuse. À la Commission, un responsable des questions monétaires était en train de suivre, sur les écrans des agences, les informations financières lorsque les propos d'Alphandéry firent l'objet d'une dépêche. Pour lui, la signification de ce qui s'inscrivait en urgence sur les écrans était évidente. Son commentaire résuma le tout d'une manière admirablement lapidaire : « Alors, c'est bien foutu, le système. »

Qu'avait donc fait Alphandéry pour que les bouches béent dans une expression de surprise horrifiée ? Il était devenu L'HOMME QUI A DIT LA VÉRITÉ SUR LE MEC. Par erreur, il avait révélé ce qui était sacrément évident, alors que, depuis le début, le MEC reposait sur une volonté déterminée d'*éviter* de révéler ce qui était sacrément évident. Plus précisément, Alphandéry avait démoli en un clin d'œil les arguments défendus par Trichet. Il admettait qu'il y avait un lien entre le chômage et le niveau des taux d'intérêt à court terme, proposition que Trichet et ses séides moquaient comme une sornette caractéristique de l'économie à l'anglo-saxonne. Il indiquait ainsi aux marchés que l'Allemagne continuait à dominer le système : il n'y avait plus de marge pour une réduction des taux français, à moins que la Bundesbank ne réduise *d'abord* les siens. Ensuite, et c'était peut-être plus grave, il donnait l'impression de donner des ordres et des consignes à la Bundesbank — institution dont l'image publique lui interdisait, quelle que soit par ailleurs la réalité, de sembler recevoir des ordres du gouvernement allemand, moins encore du gouvernement français.

En quelques minutes, la ligne téléphonique reliant Francfort à Paris doit avoir été à la limite de la fusion parce que Schlesinger, rouge de fureur, exigeait que ce Français présomptueux soit immédiatement remis à sa place. Il y eut d'abord un moment de confusion. Le bureau de presse de la Bundesbank se refusait à tout commentaire, tandis que ses homologues du ministère des Finances à Bonn, apparemment endormis, confirmaient que Waigel et Schlesinger se rendraient bien à Paris le lendemain. Vers le milieu de l'après-midi, le cabinet de Waigel diffusa néanmoins un communiqué indiquant que la réunion prévue n'était qu'une rencontre de routine, et qu'elle était reportée à une date non précisée, parce que le ministre allemand des Finances était « trop occupé » (il était de notoriété publique que, selon les critères bavarois, Waigel buvait peu : « trop fatigué » n'aurait pas paru une excuse plausible). Il n'était absolument pas question, ajoutait le communiqué, d'une décision commune sur les taux d'intérêt.

Peut-être Schlesinger était-il en colère, mais il avait aussi toutes les raisons de jubiler. La faiblesse économique de la France avait été mise sous les yeux des marchés, et son agressivité politique démontrée à l'opinion publique allemande. En revanche, la position de Schlesinger était renforcée au-delà de toutes les espérances. Il avait maintenant l'assurance que l'opinion le soutiendrait en cas de conflit avec Kohl sur la défense du franc. Et, sans le moindre doute possible, il y aurait *maintenant* de nouvelles attaques contre le franc. Si les marchés croyaient encore que la France pouvait vivre avec le MEC, l'honnêteté irréfléchie et malavisée d'Alphandéry et la réaction violente de Bonn avaient mis fin à leurs illusions et engendré le soupçon que le « pacte amoureux » avait mal tourné.

À Paris, on s'employa à limiter les dégâts. Le cabinet d'Alphandéry souligna tardivement que la réunion bilatérale avait été prévue depuis longtemps : ni la réunion ni son report n'étaient de grande importance. Il n'avait jamais été question de convoquer Waigel et Schlesinger. On citait Alphandéry expliquant au téléphone à Waigel[13] qu'après tout, la coopération économique franco-allemande marchait si bien et la situation du MEC était si satisfaisante qu'il n'y aurait guère eu de sujets de discussion. Mais, ajoutait Alphandéry, d'un ton protecteur qui devait sans doute achever de rendre Schlesinger plus furieux encore, la France continuait d'être prête à soutenir le Mark tout autant que, dans le passé, l'Allemagne avait apporté son soutien au franc. De toute façon aucune « interprétation » des propos d'Alphandéry et de la réaction allemande n'aurait pu conduire le génie à regagner son flacon.

Quelques jours après « la gaffe », on put assister à une scène extraordinaire. Trichet et Tietmeyer devaient tous deux participer à l'une de ces multiples réunions internationales de responsables financiers et monétaires, qui aident les compagnies aériennes du continent, protégées et régulées, à poursuivre leur activité. Trichet arriva dans la salle de conférences avant Tietmeyer. Lorsque le vice-président de la Bundesbank entra, elle était presque pleine. Les autres participants furent alors admis à observer une expérience qui révélait, jusqu'à en devenir presque gênante, l'état des relations monétaires franco-allemandes. Dès que Trichet vit Tietmeyer, il se précipita vers lui en beuglant « Cher Hans », puis, dans l'intention évidente de donner une expression concrète à la célèbre phrase « deux cœurs battant à l'unisson* », il le prit dans ses bras. Tietmeyer se raidit de tout son corps épais de Westphalien, les bras ballants. Trichet, stupéfait, fixait le visage décomposé de Tietmeyer, et continua de le serrer si longtemps et de si près que les assistants se mirent à compter les secondes. Ni l'un ni l'autre ne disaient mot, pas plus que qui que ce soit d'autre dans la salle. La tension montait : Trichet relâcherait-il son étreinte ? Ou bien Tietmeyer devrait-il se libérer par la force ? Et puis la porte s'ouvrit pour l'arrivée d'un retardataire. Il s'arrêta net en voyant le tableau étrange qui s'offrait à lui, ce qui donna aux spectateurs, soulagés, la possibilité de rire. La tension se dissipa, Trichet et Tietmeyer eurent un sourire embarrassé, et les bras du

---

* Cette formule avait été employée par Sapin pour saluer la coopération franco-allemande dans le soutien au franc en septembre 1992.

Français lâchèrent l'Allemand. Mais aucun des témoins de cette scène ne pouvait douter de son sens. Le principe du Droit divin avait été rétabli. Trichet, courtisan monétaire, demandait publiquement à son souverain d'accorder son pardon à une tentative de rébellion de la France.

Bien peu de gens, cependant, avaient pu voir la scène, et bien peu de gens comprirent tout de suite la signification de « la gaffe ». Le lendemain de la malheureuse interview d'Alphandéry, le comte Otto von Lamsdorff[14], leader du FDP jusqu'au moment où il fut, temporairement, victime d'agissements financiers douteux mais toujours, dans une Allemagne assez tolérante pour ce genre de chose, une personnalité politique de premier plan, nota que la série de réductions de leurs taux d'intérêt par les banques centrales « suiveuses » au cours de la semaine démontrait clairement que le Mark n'était plus le point d'ancrage indiscuté du système. Durant les premiers jours de la semaine suivante, le Mark resta faible face à presque toutes les monnaies. L'offensive de propagande lancée par la Bundesbank n'avait pas produit d'effets en dehors de l'Allemagne. Les marchés redoutaient qu'une politique monétaire trop rigoureuse n'affaiblisse l'économie allemande, n'aggrave les difficultés d'ajustement budgétaire et, peut-être, au bout du compte, ne conduise à un assouplissement beaucoup plus important et à une inflation pire.

Au début de la semaine suivante, Schlesinger fit valoir que la concurrence pour le rôle de point d'ancrage était saine, mais que la Bundesbank conservait les références les plus impressionnantes[15]. Et puis, le jeudi suivant la « gaffe Alphandéry », la Buba surprit les marchés en annonçant une baisse de 50 points de base de son taux d'escompte (les plus importants des deux taux directeurs lorsque la tendance était orientée à la baisse, car il constituait le plancher du « couloir » des taux du marché monétaire). Le Mark se redressa : les marchés estimaient que cette démarche offrait une réponse rationnelle aux difficultés de l'économie allemande.

Mais *pourquoi* la Bundesbank procéda-t-elle tout à trac à une baisse d'une telle ampleur ? On ne saurait apporter à cette question une réponse assurée. Chacun des 16 membres (à ce moment-là) du conseil de la Buba avait sans doute ses propres préjugés, objectifs, arguments et certitudes. Et certains ont dû voter contre le changement. Mais la réduction du taux d'escompte se révéla d'une importance primordiale sous deux aspects. Premièrement, elle ramena le taux d'escompte bien au-dessous du taux de prise en pension, celui qui exerçait une influence majeure sur la position des taux du marché de l'argent à l'intérieur du « couloir » (la veille de la réduction du taux d'escompte, le taux de prise en pension avait baissé d'un seul point — probablement une erreur technique). Ce qui signifiait que, pendant les semaines ou les mois à venir, il n'y aurait plus d'argument « technique » en faveur d'une nouvelle baisse du taux d'escompte. La Bundesbank ne cessait de répéter que le taux de prise en pension était le plus important en matière de gestion monétaire à court terme. S'il y avait assez de marge à l'intérieur du « couloir » pour que le taux de prise en pension évolue librement, toute modification du taux d'escompte aurait été interprétée comme l'annonce d'un changement de politique provoqué par la pression de l'étranger. Aussi, on peut considérer que la réduction étonnamment ample du taux d'escompte du 12 juillet visait en quelque sorte à préparer le terrain, afin que la Bundesbank puisse résister aux pressions politiques quand la « gaffe Alphandéry » provoquerait enfin la fuite devant le franc français que Schlesinger savait inévitable. En second lieu, l'ampleur de la réduction du taux d'escompte en faisait à nouveau le plus bas des taux « officiels » à l'intérieur du MEC. C'était un défi lancé à la France : mettez donc vos actes en accord avec vos paroles si vous voulez vraiment devenir le point d'ancrage.

La France botta en touche : tout de suite après l'annonce de la décision de la Bundesbank, la Banque de France fit savoir à son tour qu'elle abaisserait le lendemain son propre taux d'escompte mais de 25 points de base seulement, ce qui l'amènerait au même niveau que celui de la Buba, mais pas au-dessous. Dans les faits, les Français reconnaissaient que la Bundesbank restait le point d'ancrage. La réaction immédiate de la Banque de France montre que la décision avait été préparée à l'avance par le gouvernement français, probablement informé par Tietmeyer de ce qu'il fallait faire. Si Alphandéry n'avait pas donné son interview la semaine précédente, la baisse du taux d'escompte de la Buba et la réaction française auraient probablement maintenu le calme dans le MEC. Tietmeyer, en particulier, aurait pu rester détendu. Mais, après la « gaffe Alphandéry », les événements du 1er juillet vinrent rappeler aux marchés que le franc était vulnérable.

Sa vulnérabilité avait déjà été remise au premier plan le 28 juin par un petit article d'Anatole Kaletsky, enfoui à la dernière page du *Times*. Kaletsky insistait sur les tensions latentes dans les relations franco-allemandes, aussi bien au niveau monétaire qu'au niveau politique, sur la grogne et sur les lamentations des grands patrons des entreprises françaises, et sur la promesse d'une réduction des taux français à court terme à 4 % à la fin de l'année que Balladur leur aurait faite, ce qui paraissait maintenant impossible à moins d'une modification de la parité franc-Mark. Sur les marchés financiers, quelques-uns des stratèges les plus doués ne manquèrent pas d'en prendre bonne note par-devers eux. « Nous savions tout cela, dit l'un d'eux. Mais personne n'osait le dire, de peur d'être accusé de complot anglo-saxon. Nous espérons tous prendre notre part du gâteau des privatisations françaises, et nous ne voulons pas irriter le gouvernement. Il est important que Kaletsky ait mis tout cela en pleine lumière. »

En surfusion

Les événements commencèrent alors à se précipiter avec une rapidité de mauvais augure. L'impact de la « gaffe Alphandéry » et la timidité de la réaction de la Banque de France à la baisse du taux d'escompte de la Bundesbank se traduisirent sur les marchés dès la semaine suivante. Pour le plus grand étonnement des autorités de Paris, les taux monétaires français s'orientèrent à la hausse, non à la baisse, tandis que le franc se mettait à s'affaiblir face au Mark. Schlesinger avait repris le volant, et il filait à toute vitesse vers la collision cataclysmique finale.

Le mardi 6 juillet, les mouvements inquiétants du marché s'accélérèrent encore. Le différentiel négatif entre les taux d'intérêt français et allemands à court terme tomba de 50 à 18 points de base. Puis, le jeudi, l'INSEE publia de mauvaises nouvelles pour l'économie française, estimant que le PNB marchand reculerait de 1,2 % en 1993. Ce qui entraînerait une forte poussée du chômage et démentirait les promesses de Balladur. La réaction rationnelle aurait dû consister en de nouvelles réductions des taux d'intérêt, mais les marchés savaient maintenant que, depuis que la Banque de France avait renouvelé son hommage-lige à son suzerain de Francfort, les réductions nécessaires des taux ne pourraient être décidées que si la France abandonnait la marge étroite de fluctuation du MEC.

Afin de se prémunir contre pareille perspective, les opérateurs se mirent à emprunter des francs (poussant ainsi les taux à court terme à la hausse) pour les revendre (ce qui poussait le franc à la baisse). Selon les banques qui accomplissaient de telles opérations pour le compte de leurs clients, il était évident qu'il ne s'agissait nullement d'un complot anglo-saxon. Tout au contraire, les principaux vendeurs de francs étaient des entreprises françaises et allemandes dont les départements de trésorerie avaient accumulé des obligations libellées en francs français, dans l'espoir de la poursuite de la baisse des taux d'intérêt et, par conséquent, de gains en capital sur ces obligations. Il est intéressant de noter que ces détenteurs ne vendaient pas leurs obligations. Ils s'en servaient comme couverture, en empruntant des francs à court terme auprès des banques contre la garantie présentée par ces actifs-là, soit pour revendre immédiatement les francs, soit pour prendre des options à la baisse du franc ou des options à la hausse des obligations libellées en Marks. Cette stratégie était simple, mais elle scellait le destin du MEC. Les investisseurs ne voulaient pas vendre leurs obligations libellées en francs, parce qu'ils savaient que la situation économique exigeait de nouvelles réductions des taux à court terme, ce qui était favorable aux détenteurs de ces valeurs. Mais il fallait envisager trois scénarios différents pour une telle baisse. Dans le premier, les pressions politiques exercées par la France obligeraient la Bundesbank à diminuer ses taux, ce qui conduirait à une réduction des taux dans l'ensemble du MEC. Le deuxième scénario verrait la France prendre elle-même la direction d'un mouvement de baisse des taux dans le MEC. Mais la « gaffe Alphandéry » et le rétablissement du leadership de la Bundesbank rendaient ces deux scénarios improbables. Il ne restait donc que le troisième : l'abandon du franc fort. C'était dans le but de se protéger contre cette éventualité de plus en plus vraisemblable que les investisseurs avaient entamé leurs opérations de couverture sur leurs obligations en francs. Le jeudi soir, le franc avait vivement reculé. De 3,365 contre le Mark avant la « gaffe », il se rapprochait de 3,40, pour la première fois depuis que les positions à la baisse avaient été dénouées au début d'avril. Le différentiel de taux à court terme avec l'Allemagne était redevenu positif, de 20 points de base : la semaine suivant la baisse du taux d'escompte de la Bundesbank, les taux du marché de l'argent, en France, avaient *progressé* de 40 points de base.

Dès la semaine suivante, le MEC présenta tous les signes d'une entrée en agonie : l'effondrement était imminent. L'un des symptômes les plus nets résidait dans la progression de toutes les monnaies refuges : le dollar (à son plus haut niveau depuis vingt-deux mois, à 1,73 Mark), le sterling (qui regagna 2,5 pfennigs dans la deuxième semaine de juillet pour monter à 2,572 Marks alors qu'il était tombé à 2,30 Marks en février) et le yen. Au sein du MEC, en revanche, toutes les monnaies s'affaiblissaient face au Mark, à l'exception du florin (que les marchés considéraient comme une annexe du Mark) et de la livre irlandaise (protégée par ses liens avec le sterling).

Il semblait que les marchés avaient fini par tirer la leçon de leurs échecs passés à tirer profit des possibilités de bénéfices, identifiées par Schlesinger, qu'offrait le fonctionnement du MEC. Le franc ne tiendrait le coup que si la Bundesbank, soumise à des pressions politiques, réduisait ses taux ; mais si elle agissait ainsi, les devises du MEC, en bloc, reculeraient face aux monnaies des pays dont les bonnes performances économiques signifiaient qu'ils n'avaient pas besoin de réductions de leurs propres taux. Par conséquent, la stratégie évidente (qui démentait la théorie du « complot anglo-saxon ») consistait à emprunter des francs (ou d'autres devises faibles du MEC, telle que la couronne danoise) et à les revendre contre des monnaies refuges. Si la Bundesbank réduisait ses taux, toutes les devises du MEC s'orienteraient à la baisse, ce qui permettrait de tirer bénéfice des achats de dollar ou de sterling. Si la Bundesbank ne réduisait pas ses taux, le franc (et la couronne danoise) baisserait face à toutes les autres monnaies, pas seulement face au Mark, mais aussi face au dollar et au sterling. Ces opérations avaient pour effet de pousser à la hausse les taux d'intérêt français à court terme (puisque les opérateurs empruntaient des francs pour les revendre) et de pousser à la baisse les cours du franc face au Mark.

Le 16 juillet (une année, exactement, après le fatal relèvement du taux d'escompte de la Bundesbank), les autorités françaises firent jouer le « pacte amoureux » : il fut annoncé publiquement que la Bundesbank procédait à des interventions intermarginales, et que la Banque de France intervenait elle aussi. Le franc n'en fut pas moins repoussé très près de son plancher face au Mark, et plus près encore de son plancher face au florin qui, comme d'habitude, occupait sa position d'avant-garde du Mark dans la partie supérieure de la marge de fluctuation. Le vendredi suivant, les taux français à trois mois se trouvaient à 46 points de base plus hauts que les taux allemands correspondants. Ils avaient progressé d'un plein point de pourcentage en une semaine, pour atteindre maintenant 7,88 %, niveau susceptible de provoquer une mutinerie des industriels français au désespoir. Cette hausse des taux conduisit Mitterrand à s'exprimer en public sur les problèmes monétaires pour la première fois depuis plusieurs mois[16]. Ses propos, inspirés peut-être par son irritation devant l'attitude de l'Allemagne sur la Bosnie, sur l'Europe orientale et sur le GATT, avaient de quoi surprendre : il fallait, dit-il, trouver le point d'équilibre exact entre la nécessité de maintenir le lien franc-Mark, et la nécessité de stimuler d'une façon ou d'une autre la demande intérieure en France (mais, au milieu de la semaine suivante, ramené à la raison, on peut le présumer, par Helmut Kohl, il répéterait que le maintien du lien du franc avec le Mark constituait une priorité absolue).

La couronne danoise se portait plus mal encore. Le taux de chômage du Danemark avait dépassé 12 % et continuait de monter. On savait que le gouvernement conduit par les sociaux-démocrates estimait que la dégradation de l'emploi devenait intolérable. Il en résulta, inévitablement, d'intenses pressions à la baisse de la couronne dès que le MEC commença de craquer aux entournures. Pis encore, la couronne danoise, qui s'était redressée pendant le printemps, se mettait à reculer de nouveau, ce qui pesait sur la compétitivité de l'économie danoise. À plusieurs reprises dans la deuxième semaine de juillet, la couronne tomba à son plancher face au florin. La Nederlandsche Bank dut intervenir plusieurs fois. La Banque centrale du Danemark releva son taux de prise en pension de 120 points de base et raréfia les liquidités, avec pour conséquence que, à la fin de la semaine, les taux danois à trois mois atteignaient 9,89 %, niveau paralysant pour une économie dont la production, selon les chiffres les plus récents, accusait un vif recul.

Désormais, les investisseurs en venaient à parier que la Bundesbank devrait réduire ses taux pour sauver le MEC. Dans cette attente, ils accumulèrent des obligations et des actions allemandes, ce qui fit baisser de 15 points de base les taux à long terme durant la deuxième semaine de juillet, et donna un coup de fouet à l'indice des valeurs allemandes. Les taux français à long terme eux-mêmes s'orientèrent à la baisse, malgré la hausse des taux courts, et l'indice de la Bourse de Paris grimpa de 2,5 % en une semaine : cette réaction rappelait l'euphorie du Stock Market de Londres lorsque les taux de base avaient été fixés à 15 % le 16 septembre 1992. Pour le MEC, à l'évidence, les jeux étaient faits.

De nouveau, le vendredi 17 juillet, la couronne danoise tomba à son plancher. Comme le 4 février, elle bénéficia d'interventions concertées des banques centrales d'Allemagne, de France, des Pays-Bas, d'Espagne et du Danemark. Cette fois, les Irlandais participèrent à cette action de soutien, dans le double espoir de profiter de la situation pour rétablir leur réputation de bons Européens et d'éviter d'être entraînés hors du MEC (par le haut, et non plus par le bas) par la vigueur du sterling. Au milieu de l'après-midi, la Nederlandsche Bank réduisit ses taux monétaires de 10 points de base, pour tenter d'empêcher que l'écart entre le florin — la devise qui se trouvait au sommet de la marge de fluctuation — et la couronne danoise ne dépasse pas 2,25 %. Quand la nouvelle fut rendue publique, il se produisit l'un des épisodes les plus significatifs et les plus révélateurs de toute la crise. Avant la réduction des taux néerlandais, la livre irlandaise s'était trouvée, derrière le florin, en deuxième position dans le système. Au moment même où le florin connaissait un bref accès de faiblesse, la livre irlandaise le remplaça en haut de la marge. En quelques minutes, les ordres d'achat poussèrent la livre irlandaise au-delà de son plafond face à la couronne danoise. L'exemple des Pays-Bas conduisait les opérateurs à parier que les Irlandais réduiraient, eux aussi, leur taux, ce qui ferait monter les cours des bons d'État irlandais à court terme. On se rua sur eux. Une fois la Banque centrale d'Irlande revenue de sa surprise, elle fournit au marché toutes les livres irlandaises (et même davantage) qu'il désirait, ce qui ramena la livre à l'intérieur de la marge. Mais le message avait été reçu 5 sur 5 : en décembre, Schlesinger avait eu parfaitement raison lorsqu'il avait dénoncé, dans le MEC, une machine à enrichir les spéculateurs. Le bref afflux de capitaux en Irlande le 17 juillet donnait au président de la Bundesbank la dernière preuve qu'il lui fallait : le maintien du MEC conduirait à la destruction de *toute* autorité monétaire dans la zone couverte par le système. Le MEC et son point d'ancrage, où qu'il soit situé, ne pouvaient pas être maintenus simultanément, ainsi que Kohl lui-même devrait bien le comprendre.

Pendant le week-end des 18-19 juillet, des rumeurs de dévaluation de la couronne danoise se mirent à circuler. Mais, le lundi 20 juillet, la Banque centrale du Danemark réagit en offrant au marché des liquidités au taux de 20 %, poussant les taux au jour le jour à un niveau qui rendait les opérations spéculatives terriblement coûteuses. Pendant deux jours, on laissa la couronne relativement tranquille, quoique très proche de son plancher.

Le mercredi 21 juillet, la Bundesbank fit connaître le résultat de son appel d'offres hebdomadaire : le taux avait reculé de 13 points de base, ce qui le mettait encore à 40 points de base au-dessus du taux d'escompte. Alors qu'une seule réunion du conseil était encore prévue, pour le jeudi de la semaine suivante, avant l'interruption des vacances, tout semblait prouver que seule une crise politique pourrait provoquer une réduction du taux d'escompte suffisamment à temps pour sauver le MEC. Pour ajouter encore aux malheurs des devises qui souffraient, on annonça peu après les chiffres de l'évolution de la masse monétaire allemande pour juin : M 3, théoriquement l'objectif prioritaire de la Bundesbank, avait augmenté à un taux annuel de 7,1 %, ce qui la situait bien au-delà de la zone visée. Après les interventions de la semaine précédente, les chiffres de juillet seraient pires encore. Apparemment, tout cela ne donnait à la Bundesbank que peu de justifications pour de nouvelles réductions de ses taux, mais représentait un bon motif pour qu'elle puisse se plaindre des effets sur la masse monétaire de toute nouvelle intervention à laquelle elle devrait procéder*.

Les marchés prirent peur et vendirent les monnaies faibles. Ils achetaient directement des Marks, plutôt que des dollars ou du sterling, car les opérateurs estimaient de plus en plus que la Bundesbank ne renflouerait pas le MEC une fois encore. Dans le système, les tensions se généralisaient, atteignant non seulement le franc et la couronne, mais aussi le franc belge, la peseta et l'escudo. La Banque nationale de Belgique fut contrainte de relever ses taux directeurs, et, à la fin de la semaine, les taux belges à trois mois avaient progressé, par rapport à la semaine précédente, d'un plein point de pourcentage, ce qui menaçait de créer un cercle vicieux car les marchés calculaient les répercussions que cela ne manquerait pas d'avoir sur le service de l'énorme dette publique belge. Le jeudi, la valeur de l'escudo baissa de 3 % et les deux devises ibériques plongèrent profondément dans la moitié inférieure de leur marge de fluctuation.

En France, on ramena en première ligne les canons qui avaient été utilisés en septembre 1992 et en janvier 1993 pour impressionner les marchés. La Banque de France ferma son guichet des prises

---

* Pendant le restant de 1993, la progression de M 3 s'accéléra davantage encore. Cela ne devait pas empêcher, ainsi que nous le verrons, le rythme des réductions des taux d'intérêt de s'accélérer lui aussi à partir d'octobre. Mais à ce moment-là, Schlesinger avait quitté ses fonctions à la tête de la Buba.

en pension de cinq à dix jours, principale source de refinancement pour les banques, et le remplaça par un guichet spécial de financement au jour le jour afin de réduire les emprunts spéculatifs. Le taux auquel la Banque de France prêtait au marché monétaire passa de 7,25 % à 10 %. À la fin de la semaine, les taux à trois mois approchaient les 10 %, les taux à un mois 12 %.

Un mois constituait la période clé : dans une semaine se tiendrait la réunion du conseil de la Bundesbank qui pourrait sauver le MEC. Si le salut ne venait pas alors, l'interruption des vacances signifierait qu'il n'y aurait pas d'espoir avant un mois. Pourtant, la hausse des taux français n'empêchait pas les ventes de francs. Compte tenu des six jours qui s'écouleraient avant le conseil de la Buba, il aurait fallu que les taux atteignent plusieurs centaines de pour cent pour annuler le risque d'une forte dépréciation du franc. Les mesures prises par la Banque de France n'étaient guère que des gestes destinés à montrer « sa bonne volonté ». Seule la Bundesbank pouvait sauver le lien franc-Mark. Mais à Francfort, on avait enfin compris la nature du jeu auquel on était forcé de jouer. Plus exactement, Schlesinger l'avait compris depuis longtemps ; désormais, les membres les plus crédules du conseil avaient été conduits à le comprendre aussi. Quant à Tietmeyer (il faudrait avoir été bien naïf pour taxer de crédulité le vice-président de la Buba), il se sentit sans doute très mal à l'aise lorsque la Bundesbank, qui n'avait cessé de lutter férocement pour freiner la modernisation des marchés financiers allemands, fut appelée à la rescousse pour renflouer le franc français, parce que la Banque de France ne parvenait pas à contrôler les marchés « à l'anglo-saxonne » de Paris.

Coup de grâce

À la fin de la semaine du 19 au 23 juillet, la conviction que le MEC était entré dans la phase finale de son agonie devint palpable. Même la publication, désormais rituelle, d'un communiqué commun franco-allemand justifiant le maintien de la parité franc-Mark avait perdu son pouvoir de calmer les marchés. Les diplomates, les fonctionnaires, les commentateurs et les opérateurs : tous avaient l'impression que, d'une manière ou d'une autre, ce communiqué-là était « moins convaincant » que ceux qui avaient été publiés en juin et en septembre 1992. On se plongea dans les archives pour comparer les trois textes, mot après mot. Les formulations, en fait, étaient les mêmes, mais leur capacité d'intimidation des marchés, presque surnaturelle, s'était désormais évanouie.

Le vendredi soir, le MEC respirait encore — mais tout juste. Chacun savait, cependant, qu'il pouvait bien n'avoir plus qu'une semaine à vivre. Tout dépendait du résultat de la réunion du conseil de la Bundesbank prévue pour le jeudi 29 juillet.

Pendant le week-end, les interrogations au sujet des intentions réelles de la Bundesbank tournèrent à la frénésie. Les rumeurs fleurissaient de tous côtés. Kohl aurait menacé de modifier la loi sur la Bundesbank si la Buba ne sauvait pas le MEC. Schlesinger aurait menacé de démissionner si Kohl ne cessait pas de faire pression sur lui. Alphandéry, Juppé, Balladur et Mitterrand n'auraient pas cessé de courtiser Kohl, Tietmeyer aurait envisagé de conduire une rébellion au sein du conseil de la Bundesbank*. Toutefois, l'information selon laquelle la Bundesbank aurait joint téléphoniquement les principaux intervenants sur les marchés pour leur demander quelle ampleur — une ampleur de plus en plus grande au fur et à mesure que le week-end s'avançait — devrait revêtir une réduction de son taux d'escompte pour garder le MEC en vie paraît bien avoir été fondée sur des faits réels. Le vendredi matin, on disait sur les marchés qu'il suffirait d'une baisse d'un demi-point. Les journaux du samedi estimaient qu'il faudrait que le taux d'escompte soit réduit de 0,75 % pour que l'édifice soit sauvegardé. Mais, le dimanche, il apparut que seul un point de réduction produirait les effets attendus. Pour quiconque connaissait un peu l'optique de la Bundesbank, ces informations constituaient l'ultime preuve que le MEC allait s'effondrer. Schlesinger n'avait-il pas indiqué très clairement, en avril, que, quoi qu'il puisse arriver, la Bundesbank ne permettrait pas aux marchés de déterminer la politique monétaire de l'Allemagne ? Et cependant, à la fin du week-end, la plupart des commentateurs étaient parvenus à se convaincre que la Buba finirait par s'incliner devant les pressions exercées par Kohl et réduirait d'un point son taux d'escompte.

---

* On a obtenu peu de détails sur le déroulement de la réunion, mais on croit en général que Tietmeyer se prononça et vota dans ce sens-là. Dans sa récente biographie de Jacques Delors, Charles Grant, de l'*Economist*, affirme sans ambages que Tietmeyer vota bel et bien en faveur d'une réduction du taux d'escompte.

Ces anticipations irréalistes se reflétèrent sur les marchés dès la reprise des transactions, le lundi 26 juillet. À Paris et à Francfort, la tendance de la Bourse était très ferme, tandis que toutes les monnaies refuges, le dollar, le yen et le franc suisse, montaient face au Mark. La lire elle-même était à la hausse. Plusieurs des monnaies du MEC restaient proches de leur plancher, et les taux d'intérêt à court terme avaient atteint des niveaux qui ne pourraient pas durer. Mais, le lundi comme le mardi, les marchés des changes restèrent relativement calmes. Toutefois, le franc belge s'affaiblit et sortit de la marge des +/– 0,3 % que les autorités avaient adoptées depuis l'établissement d'un lien *de facto* avec le Mark. Les taux monétaires belges, déjà relevés le vendredi précédent, firent l'objet d'un nouveau relèvement, ce qui calma quelque peu les marchés — de manière très provisoire. Le mercredi, le Danemark et l'Espagne publièrent des chiffres indiquant une nouvelle détérioration de la situation de l'emploi, déjà dramatique : 12 % de chômage au Danemark, et 22 %, pas moins, en Espagne. Mais la peseta et la couronne bénéficièrent du court répit, de même que les autres monnaies du MEC, que leur offrit la baisse du taux d'appel d'offres de la Bundesbank : le taux de prise en pension recula de 20 points de base. Une fois de plus, cependant, ce recul ne peut, au mieux, être interprété que comme avoir été destiné à montrer que la Bundesbank voulait qu'on pense qu'elle agissait normalement, raisonnablement, et conformément aux nécessités de la situation de l'Allemagne. Mais une réduction du taux d'escompte représentait une tout autre affaire.

La hache tomba le lendemain. Pendant que les membres du conseil de la Bundesbank s'assemblaient à Francfort pour leur réunion bimensuelle régulière, les opérateurs, les responsables officiels et les hommes politiques attendaient dans l'angoisse. On racontait partout que Kohl avait donné ordre à la Buba de réduire son taux d'escompte. Tout le monde pensait que Tietmeyer défendrait la cause d'une réduction des taux[17]. Dans la matinée, alors qu'aucune nouvelle n'arrivait de Francfort, la tension monta encore d'un cran. À 14 heures (heure du Continent), les courtiers de New York s'installèrent plus tôt que d'habitude devant leurs écrans afin d'être les premiers à vendre des Marks et à acheter des dollars dans les premières secondes de folie qui suivraient l'annonce espérée d'une baisse du taux d'escompte allemand. Et puis, quelques minutes après 14 heures, les écrans clignotèrent et les signaux sonores se mirent à couiner : la réunion du conseil était finie. Le lombard, sans grande signification quand les taux s'orientaient à la baisse, était réduit d'un demi-point de pourcentage. Mais le taux d'escompte, d'une importance plus que primordiale, demeurait inchangé. Il n'était pas réduit d'un point, ni de trois quarts de point, ni d'un demi-point : rien. Un instant, devant les écrans, les opérateurs, rejoints ce jour-là par des foules de responsables, restèrent figés, ne parvenant pas en croire leurs yeux. Et puis, sans attendre que le porte-parole de la Buba commente et explique la décision, ils se mirent, frénétiquement, à vendre des francs français, des francs belges, des couronnes danoises, des pesetas et des escudos. Ce fut le franc français qui souffrit le plus de la panique. Il tomba immédiatement à son plancher face au Mark, malgré le volume massif des interventions de la Banque de France. Par téléphone, l'un des membres de son cabinet informa le président de la Commission, Jacques Delors, qui séjournait dans sa résidence secondaire. Delors en fut ébahi. Juste après Maastricht, n'avait-il pas déclaré, dans une interview au *Spiegel* : « J'aime les Allemands sans réserve[18] » ? Là, il endossa soudain à nouveau son habit de 1983, et de cracher, en fureur : « Pourquoi nous ont-ils déclaré la guerre ? »

Les yeux dans les yeux

Le vendredi, les capitaux continuaient de fuir la France à une vitesse terrifiante. Juste avant midi, les écrans de Reuters annoncèrent que la Banque de France avait cessé d'intervenir : le franc descendit nettement au-dessous de son plancher face au Mark, mais sans plonger de façon spectaculaire. Les marchés étaient dans l'incertitude. Qu'était-il donc en train de se passer ? Ce qu'il semble, c'est que Balladur, Alphandéry, Trichet et Larosière avaient eux-mêmes hésité sur la réaction à apporter à la rebuffade infligée par la Bundesbank. La Banque de France ne pouvait rien faire d'autre que de continuer à intervenir massivement en faisant jouer le « pacte amoureux » et à emprunter sans compter auprès de la Buba. Une suspension temporaire des interventions pouvait mettre le franc en hibernation pendant un bref laps de temps, mais il descendrait à son plancher face au Mark si rien n'était annoncé dans les heures qui suivraient. La Bundesbank devrait alors intervenir à la marge et conformément aux règles du MEC, qu'elle violerait purement et simplement si elle s'abstenait de le faire.

Apparemment, Trichet espérait encore que le « cher Hans » pourrait tirer les marrons du feu, et amener la Bundesbank à reconsidérer ce que Delors tenait pour un acte de belligérance. S'il faut en croire Philippe Bauchard, qui paraît surnaturellement bien informé, « Jean-Claude Trichet hésite. Il croit encore dans la vertu allemande et dans la fidélité aux engagements pris. Il estime que les Allemands ne peuvent en rester là, qu'il faudra bientôt envisager une baisse concertée des taux français et allemands[19] ». Si Tietmeyer ne parvenait pas à sauver les meubles, la balle n'en demeurerait pas moins dans le camp de la Bundesbank : Schlesinger pouvait invoquer la « lettre Emminger » et refuser de procéder aux interventions obligatoires.

En tout état de cause, les Français se décidèrent pour le risque d'un conflit les yeux dans les yeux avec la Buba. La Banque de France reprendrait ses interventions, et elle contraindrait la Bundesbank à en faire autant[20]. Après tout, Trichet avait peut-être raison. Le « cher Hans » parviendrait à extorquer une réduction du taux d'escompte à ses collègues, ou bien Kohl les y obligerait. Schlesinger pourrait bien invoquer la « lettre Emminger ». Dans le premier cas, la France aurait gagné. Dans le second, elle pourrait traîner la Bundesbank sur le banc d'infamie et l'accuser d'avoir violé les règles du MEC.

Avec la reprise de ses interventions, la Banque de France racheta 150 milliards de francs dans la seule journée du vendredi — deux fois ce que la Banque d'Angleterre avait déversé sur le marché des changes le mercredi noir. La Bundesbank, pour sa part, se conforma à toutes ses obligations et intervint à la marge. Parmi les autres monnaies du MEC, la couronne danoise tomba à son plus bas. La peseta, remarquablement stable depuis la dévaluation du 13 mai, avait été, elle aussi, aspirée dans le maelström et perdit 3 % de sa valeur entre le 26 et le 30 juillet. La Banco de España avait été vivement impressionnée par la tenue de sa monnaie pendant la suspension des interventions, le 13 mai, et par la stabilité dont elle avait fait preuve pendant les six semaines de quasi-flottement. Elle était tout à fait prête, semblait-il, à voir la peseta flotter. Le gouvernement espagnol s'inquiétait de la montée de la tension entre la France et la Bundesbank. Il pensait que, si Kohl décidait de mettre l'axe franco-allemand au-dessus de tout, il y aurait un risque que ne soit instaurée immédiatement une union monétaire franco-allemande, qui serait étendue au reste du « noyau dur » mais dont l'Espagne serait tenue à l'écart. Il fallait donc que les autres pays puissent faire entendre leurs voix. Si l'on en arrivait à un flottement généralisé décidé en commun, ou que l'on s'entendait sur un retrait de l'Allemagne d'un MEC qui aurait survécu, cela vaudrait mieux qu'une union franco-allemande, ou qu'un effondrement du système dans des conditions d'amertume, d'hostilité et de récriminations qui mettraient en danger tout l'avenir de l'UME. Le gouvernement de Madrid aurait bien voulu pouvoir demander la convocation du Comité monétaire à Bruxelles pour le lendemain, le samedi 31 juillet, mais n'osait pas suggérer que la Communauté se mêle de la querelle privée France-Allemagne.

En fin de compte, Waigel se laissa convaincre par la Bundesbank de demander que le Comité se réunisse[21]. Mais il y eut une ultime tentative en vue de trouver une solution bilatérale. Ce soir-là, Waigel et Schlesinger s'envolèrent pour Paris où ils affrontèrent personnellement Larosière et Alphandéry[22]. Mais cela n'avait plus rien de commun avec la rencontre prévue pour le 25 juin et annulée. Les deux Bavarois, sur le plan technique comme sur le plan politique, étaient en position de force. Toutes les prévisions et tous les avertissements que Schlesinger avait lancés au sujet du MEC se trouvaient maintenant clairement justifiés aux yeux de tous, du moins en Allemagne. Que se passerait-il si la Buba faisait volte-face et décidait une baisse des taux ? La crédibilité et l'indépendance supposée de la Bundesbank seraient perdues irrémédiablement. Le Mark reculerait face aux monnaies refuges. Les spéculateurs qui avaient vendu des francs pour se mettre en position sur ces monnaies-là prendraient leur bénéfice. Le MEC n'aurait plus de point d'ancrage, à moins que la Bundesbank et la Banque de France ne deviennent, en quelque sorte, une autorité unique gérant une monnaie unique, mais cette hypothèse était exclue par les dispositions de la Constitution allemande comme par le traité de Maastricht. Ainsi donc, le maintien du système dans sa forme actuelle signifierait que les marchés décideraient désormais des taux d'intérêt et de la politique monétaire en Europe. Déjà vainqueurs une fois, qu'est-ce qui les empêcherait d'attaquer encore et encore ? Les Français apprécieraient certainement encore moins un tel état de chose que les Allemands.

Mais les Français étaient inflexibles ; ou bien la Bundesbank remplissait ses obligations, ou bien le Mark devrait quitter le système. La rencontre s'acheva dans une mauvaise humeur réciproque.

Blague à part

Le lendemain, les regards du monde se fixèrent sur l'immeuble du Borschette, à Bruxelles. Pendant la matinée, les cafés, les bars et les friteries de la minable place Jourdan, proche du quartier d'immigrés de la Chaussée de Wavre, se remplirent de journalistes et d'équipes de radio et de télévision. Depuis le jeudi après-midi, la crise avait fait, en Europe, les gros titres de tous les journaux et de tous les bulletins d'information. Les médias américains eux-mêmes, normalement enfermés, pour leur plus grand bonheur peut-on raisonnablement penser, dans une ignorance totale des questions monétaires européennes, montraient un soupçon d'attention pour ce grand cirque.

Quand les membres du Comité commencèrent d'arriver à la réunion, qui devait s'ouvrir à 14 heures, ils n'étaient peut-être pas aussi crispés et silencieux qu'avant l'annonce d'un verdict de mort, mais l'âpreté de l'affrontement entre la France et la Bundesbank et l'ampleur des questions qui allaient être discutées leur donnaient certainement conscience de l'importance historique de la séance. Probablement, jamais autant de choses n'avaient été en jeu dans une réunion du Comité monétaire. Il était clair, cependant, que la décision finale reviendrait aux ministres des Finances et aux gouverneurs. Mais la séance du Comité constituait déjà un préliminaire d'une importance cruciale, où chaque combattant — il n'y avait pas d'autre mot pour parler d'eux — pourrait discerner les forces et les faiblesses de l'autre, tenter de faire retomber le blâme sur l'adversaire et de bâtir une alliance pour parvenir à ses propres objectifs, le tout enveloppé, comme de coutume, dans la rhétorique usée du « bien commun ».

Dès l'ouverture de la discussion, il devint clair qu'elle serait dominée par la confrontation des deux pays qui avaient été les pères fondateurs du SME. Les Allemands donnèrent le coup d'envoi, quand Gerd Haller, le secrétaire d'État au ministère des Finances, prit la parole[23]. Haller, amène et pondéré, mais coriace, bien différent de son prédécesseur Köhler qui avait tendance à s'énerver, proposa un élargissement des marges de fluctuation du MEC à 6 % pour tous ses membres (c'était une idée qui était dans l'air depuis quelque temps : l'économiste en chef de l'OCDE, Kumiharu Shigara, en avait fait la suggestion à l'automne précédent, la Bundesbank elle-même l'envisageait depuis le début de 1993)*.

Les représentants de la France, Ariane Obolensky, de la direction du Trésor, et Hervé Hannoun, rejetèrent cette idée de but en blanc, et lancèrent aussitôt un défi à leurs principaux antagonistes. La Bundesbank, dirent-ils, devait respecter à la lettre les obligations que lui imposaient les règles du MEC. Il fallait que, le lundi matin, elle annonce aux marchés qu'elle réduisait ses taux, qu'elle interviendrait en rachetant des francs *sans aucune limite*, et — outrage ultime — qu'elle les rachèterait purement et simplement, et les ferait figurer dans ses bilans, au lieu de se borner à prêter des Marks à la Banque de France dans le cadre de la FTCT. Trichet, qui présidait, s'efforça de résumer les positions opposées. Lorsqu'il en vint aux exigences de la France, il parla de trois demandes. À la surprise générale, semble-t-il, Tietmeyer l'interrompit aussitôt, d'un ton qu'on peut seulement qualifier de glacial et de furieux. « N'avez-vous pas oublié une quatrième demande ? » gronda-t-il à l'attention de Trichet. Le président du Comité parut perplexe, comme tous ceux qui étaient assis autour de la table. Tietmeyer proposa d'expliciter sa question, proposition que nul n'avait envie ou n'osait rejeter. « La quatrième demande, monsieur le Président, c'est que l'Allemagne renonce immédiatement à sa souveraineté monétaire », acheva le vice-président de la Buba.

Tietmeyer avait raison : ce que les Français demandaient, c'était que la Bundesbank devienne une annexe de la Banque de France. Si elle avait fait ce qui lui était demandé, toute la couverture du Mark aurait été composée de francs français des plus suspects.

Mais la Buba ne permettrait pas à un tel danger de se concrétiser. Kohl pouvait bien avoir menacé de modifier la loi sur la Bundesbank si elle ne cédait pas et ne venait pas au secours des Français. Mais tout le monde, à Francfort, savait bien que c'était là une menace en l'air. Schlesinger avait géré les événements et la politique de la Bundesbank avec tant d'habileté que Kohl n'aurait jamais pu faire passer la modification devant le Parlement allemand. Admettre seulement, ouvertement, qu'il pouvait l'envisager aurait été un suicide politique et électoral. Le Chancelier avait pu jeter de la poudre aux yeux — au peuple allemand ou à

---

* Dans son rapport annuel pour 1993 (publié en avril 1994), la Bundesbank devait confirmer qu'elle avait défendu l'idée d'un élargissement de la marge de fluctuation durant le premier semestre 1993.

l'énarchie française — au sujet du traité de Maastricht, il n'y avait aucun moyen d'escamoter ce qu'aurait signifié un assaut tous azimuts contre la Bundesbank destiné à apaiser Mitterrand, Balladur et leurs énarques.

Tietmeyer a dû bouillir devant la stupidité et la brutalité de l'attaque française. Si seulement ces idiots avaient pu faire ce qu'il leur avait dit et garder le silence pendant les deux mois précédents, les choses auraient pu être bien différentes. Maintenant, confronté à l'arrogance insupportable de l'ultimatum des Français, qu'ils avaient lancé dans une position d'extrême faiblesse, il n'avait plus d'autre issue que de riposter dans les termes les plus durs. Il savait qu'il aurait été lynché à son retour en Allemagne s'il avait livré la Bundesbank, humiliée et pieds et poings liés, aux mains de l'ennemi.

Le représentant du Portugal décida de tirer les conséquences de l'opposition irréconciliable des positions française et allemande (à ce point, Waigel, sinon Kohl lui-même, avait décidé que, politiquement, il n'avait d'autre choix que de faire front commun avec la Bundesbank) en termes particulièrement nets. Poussées jusqu'à leur conclusion logique, dit-il, elles impliquaient qu'on l'on devait aboutir soit à un flottement généralisé, soit à une union monétaire franco-allemande immédiate. Haller, à ce qu'il semble, en perdit son flegme coutumier : il espérait, répondit-il en crachant presque ses paroles, que ce commentaire n'était qu'une bonne plaisanterie.

Le reste de l'après-midi se passa en joutes vaines*. Les motifs du blocage étaient clairs. Aucune négociation n'était possible, ou, du moins, Français et Allemands ne négocieraient pas en présence des autres participants. On en vint, c'était inévitable, à demander aux ministres des Finances et aux gouverneurs de se réunir le lendemain. La séance formelle prit fin. Les participants se séparèrent, mais il était évident que Français et Allemands tiendraient un conclave secret dans la soirée.

Sérieux et grave

Le lendemain matin, les bulletins des radios, partout, furent dominés par des spéculations sur les résultats de la séance du Comité monétaire et sur les perspectives de la réunion des minis-

* En tout cas, les récits de la réunion n'eurent rien d'autre à dire.

tres des Finances et des gouverneurs, partout sauf, bien entendu, dans le pays qui les accueillait. Car, en Belgique, les affaires monétaires étaient éclipsées par le choc provoqué par la mort inopinée du roi Baudouin, décédé alors qu'il se trouvait en vacances en Espagne. Baudouin était l'unique symbole concret de la Belgique en tant que nation. C'était un grand homme, et un homme bon. Il jouait un rôle constitutionnel important : son autorité morale et la confiance que lui accordaient tous les partis et les groupes linguistiques lui avaient permis d'éviter que les crises politiques récurrentes que connaissait la Belgique ne deviennent des crises nationales. L'intensité de sa foi catholique et, plus encore, le caractère exemplaire d'une vie chrétienne — son souci des opprimés et des marginaux, des prostituées, des drogués, des immigrants et des réfugiés — avaient été comme des phares dans le paysage moral plat et bourgeois du royaume. Depuis de nombreuses années, la classe politique belge s'était agitée au sujet de ce qu'il adviendrait quand Baudouin disparaîtrait de la scène. Le roi et son épouse d'origine espagnole, la reine Fabiola, étaient restés sans enfants, croix qu'ils portaient avec beaucoup de force d'âme. On ne nourrissait guère d'enthousiasme pour l'héritier présomptif, le prince Albert, frère cadet de Baudouin. Autrefois play-boy, il paraissait ne rien posséder du sérieux de son aîné. Bien peu de gens croyaient qu'il puisse jamais régner avec succès. On supposait, en général, que le fils aîné d'Albert, Philippe, devrait être préparé à monter sur le trône à la place de son père. Après tout, Baudouin était encore relativement jeune, et on avait tout le temps...

C'est pourquoi la mort brutale du roi fut considérée en Belgique comme une catastrophe nationale. Elle suscita immédiatement des angoisses pour la cohésion du pays. Cette atmosphère de choc et de crainte devait marquer de deux manières différentes le mélodrame monétaire qui se jouait au Borschette. D'une part, d'un point de vue purement pratique, le Premier ministre belge, Jean-Luc Dehaene, devait se rendre en Espagne afin d'accompagner le dernier voyage du roi. Une réunion extraordinaire du gouvernement était convoquée pour 20 heures ce dimanche, horaire prévu pour le retour de Dehaene. Elle devait permettre de décider si l'on demanderait au prince Albert de renoncer à ses droits au trône en faveur de son fils Philippe. Par conséquent, on ne pouvait attendre aucune conclusion définitive de la séance des ministres des Finances et des gouverneurs avant les petites heures, car les représentants belges, comme la plupart des autres, devraient presque certainement consulter le chef de leur gouvernement, et peut-être le gouvernement tout entier, avant que la lourde décision de quitter le MEC ne puisse être prise. Ensuite, les craintes d'une aggravation de la tension entre Flamands et Wallons pèseraient sur les négociateurs belges, toujours sensibles aux connotations de politique intérieure de certaines alliances monétaires. On verrait bientôt l'importance de ce facteur-là.

La réunion des ministres et des gouverneurs, convoquée pour l'après-midi, fut précédée par une nouvelle séance du Comité monétaire. Les conversations bilatérales du samedi soir avaient été certainement fructueuses, car Trichet, à en croire les récits publiés par la presse, fut en mesure de soumettre à ses collègues un schéma, apparemment proposé conjointement par les Français et par les Allemands, selon lequel l'Allemagne quitterait le MEC de manière temporaire, jusqu'à ce que les problèmes nés de la réunification aient été résolus. Peter Jay, le commentateur économique de la BBC télévision, devait appliquer à cette idée un qualificatif inoubliable : « Le système solaire sans le Soleil. » Mais les économistes qui avaient écrit *La Tragédie du franc fort* n'avaient pas choisi par hasard leur pseudonyme collectif de Galilée. Car pour les énarques, Balladur en tête, c'était le Soleil qui tournait autour de la Terre. Seuls des hérétiques pouvaient soutenir le contraire. Un système solaire sans soleil constituait donc un phénomène parfaitement concevable. Par contre, un système solaire privé de la Terre — le franc français en l'occurrence — aurait été en contradiction avec les lois de la physique économique. C'était là une vision dont les Français étaient parvenus depuis longtemps à se convaincre. Ils seraient très douloureusement surpris de découvrir combien l'église du MEC abritait d'hérétiques.

Trichet était disposé à accepter avec bonne grâce que le florin soit plongé en compagnie du Mark dans les ténèbres extérieures[24]. Mais, à peine le plan avait-il été présenté aux autres pays, que les représentants du Luxembourg déclarèrent que si les Pays-Bas quittaient le système en même temps que l'Allemagne, ils en feraient autant. Si cela devait signifier la rupture du lien de leur monnaie avec le franc belge, tant pis. Cela avait déjà failli se produire en 1982, au moment de la dernière dévaluation du franc belge. Depuis plusieurs mois, les responsables luxembourgeois s'étaient répandus en commentaires acides sur les déficiences de l'économie belge, sur ses problèmes de dette publique, et sur un système de sécurité sociale généreux à l'excès qui engendrait toutes sortes d'abus. Les Belges n'avaient pas été en reste, et s'étaient sans cesse plaints des pertes de recettes fiscales que leur valaient les célèbres « dentistes belges » (pour ne rien dire des avocats, des architectes, des hommes d'affaires, des commerçants, des garagistes, des conducteurs de trains, des marchands d'armes, des trafiquants de drogue et peut-être surtout des politiciens belges) qui déposaient leur épargne dans un grand-duché où la fiscalité était douce et où l'on ne posait pas de questions. Après 1982, le Luxembourg avait adopté une législation contraignant les banques à conserver des positions équilibrées en francs belges et en francs luxembourgeois afin qu'elles ne risquent pas d'être gravement atteintes en cas de rupture brusquée de l'union monétaire belgo-luxembourgeoise. L'Institut monétaire luxembourgeois s'était, lui aussi, préparé à devenir une banque centrale de plein exercice. Mais à quoi cela aurait-il servi dans le cadre de l'union monétaire ? Il était évident qu'au Luxembourg, un certain nombre de personnalités influentes n'attendaient qu'un prétexte pour changer de cheval au milieu de la course (toute métaphore mise à part) et pour enfourcher une monture plus susceptible de remporter la timbale. Les souvenirs laissés par la guerre étaient trop forts encore pour que les générations les plus âgées puissent accepter un ancrage du franc luxembourgeois au Mark. Mais on disposait, comme substitut à la devise allemande, du florin, qui avait l'avantage d'être la monnaie du troisième membre du Benelux. Et, alors que les Luxembourgeois s'étaient récemment répandus en commentaires acerbes au sujet de la Belgique, ils s'étaient montrés tout sucre et tout miel en compagnie de leurs homologues néerlandais.

Une rupture de l'union avec le Luxembourg causerait des problèmes à la Belgique. Les Luxembourgeois affirmaient en effet que l'excédent de la balance des paiements belge, tellement mis en exergue (en fait l'excédent de l'Union économique belgo-luxembourgeoise), leur était dû, grâce aux activités du secteur bancaire surdimensionné du grand-duché, et que, par conséquent, l'essentiel des réserves de changes de l'UEBL leur appartenait. Si on en venait à calculer séparément la balance des paiements proprement belge, le résultat serait bien moins flatteur. Et si les Belges continuaient à déposer leurs avoirs au Luxembourg, cela constituerait des euro-francs belges potentiellement volatils.

Ainsi donc la Belgique avait de bonnes raisons d'éviter de rompre avec le Luxembourg. Elle avait des raisons plus fortes encore pour ne pas vouloir être exclue d'un arrangement réunissant l'Allemagne, les Pays-Bas et le Luxembourg. Depuis que le franc belge avait été officieusement lié au Mark, on avait proclamé que le « franc belge fort » serait le ticket d'entrée dans la soi-disant terre promise de l'UME, dans laquelle les citoyens d'outre-Quiévrain n'auraient plus à s'inquiéter de la vénalité de gouvernements changeant sans cesse sans évoluer jamais et où les contribuables allemands, et non plus belges, se chargeraient du fardeau de la dette himalayenne du pays. Mais si les Wallons avaient pu avaler un ancrage au Mark en tant que seule voie vers l'UME, ils auraient franchement toussé devant une entrée de la Belgique dans une zone Mark officielle dont la France n'aurait pas fait partie.

Quel autre choix s'offrait donc à la Belgique ? Ce furent les Espagnols qui le formulèrent de manière explicite, peut-être pour semer délibérément la zizanie : la Belgique pourrait, tout bien pesé, participer à une nouvelle Union latine en compagnie de la France, de l'Espagne, du Portugal, et, éventuellement, d'une Italie tentée de faire son retour au bercail si les méchants Allemands ne lui barraient plus le chemin. Il semble qu'à la seule mention des mots « Union latine », les représentants de la Belgique éclatèrent : les 60 % de Flamands du pays n'accepteraient jamais ce qui pourrait ressembler à un retour aux années 1865-1926, période où les francophones bénéficiaient d'une position d'hégémonie dans le pays et ne manquaient pas de l'exploiter.

Le pavé lancé dans la mare par les Espagnols fit des vagues tout au long de la réunion. Les Belges pouvaient, certes, faire la grimace devant la perspective d'avoir à quitter le MEC et de suivre les Allemands, les Néerlandais et les Luxembourgeois (ainsi, on s'en aperçut bien vite, que les Danois). Mais ils auraient été plus malheureux encore de demeurer avec le reste de la troupe. Qu'il y ait eu ou non des lignes de fracture dans le MEC, les Belges savaient parfaitement que leur pays resterait perché très inconfortablement là où il n'avait pas cessé d'être depuis un millénaire et demi : sur le point de collision de la plaque de l'Europe germanique et de la plaque de l'Europe latine. Ils avaient toujours été d'ardents fédéralistes. S'ils n'avaient été ni le père ni la mère du SME (Giscard et Schmidt pouvaient débattre entre eux de qui avait été quoi), ils s'étaient comportés comme la plus attentive des matrones. Ils ne voulaient pas avoir à choisir entre la France et l'Allemagne. Ils expliquèrent donc à contrecœur que s'ils étaient contraints de faire un choix, ils suivraient leurs voisins du nord et de l'est, conformément à la tendance récente de l'Histoire de la Belgique. Mais ils examineraient d'abord toutes les hypothèses qui leur éviteraient de se trouver dans la nécessité de trancher dans ce sens-là.

Les Espagnols avaient eu, naturellement, tous les motifs pour mettre les pieds dans le plat. Ils savaient déjà, et le révéleraient dans quelques semaines, que Solchaga et ses séides, récemment encore les chouchous des marchés financiers internationaux, avaient permis et camouflé une détérioration de grande ampleur des finances publiques de l'Espagne, qui empêcherait presque certainement leur pays de participer à l'UME en 1997. Dans l'atmosphère surréaliste engendrée par Maastricht, les autorités espagnoles avaient décidé que l'obscur objet de leur désir ne serait plus la « convergence », mais bien plutôt la compétitivité de l'économie espagnole. Nous examinerons plus tard les implications de ce changement de politique qui inévitablement tourna au fiasco. L'important pour l'instant c'était que l'Espagne, du moins ses responsables le croyaient-ils, n'avait aucun intérêt à permettre à un « noyau dur » de former une union monétaire dont elle serait exclue. Avancer l'idée d'une nouvelle Union latine relevait d'une impudence calculée. Son véritable but était d'assurer la survie de « l'Europe monétaire » au sens formel — du style « tous dans le même bateau » —, tout en s'assurant que personne ne serait en mesure de se conformer en 1997 aux critères de Maastricht. Si le MEC était amené à se dissoudre, tout le monde, par définition, serait dans l'impossibilité de justifier d'une appartenance sans difficulté, deux années durant, à la marge de fluctuation du MEC avant toute décision au sujet de la Phase 3. Les Espagnols doivent avoir cru qu'un élargissement de la marge produirait les mêmes effets, car le traité stipulait deux années d'appartenance à la marge « normale » : nul n'ignorait, quand le traité avait été conclu, que « normale » signifiait « marge de fluctuation étroite » (+/– 2,25 %).

À ce stade, les Français pouvaient voir leur système solaire se réduire à un ensemble dans lequel les satellites du franc français, dont les orbites seraient à coup sûr irrégulières, se limiteraient à la peseta, à l'escudo et peut-être à la livre irlandaise. Dans le système rival, le florin, le franc belgo-luxembourgeois et la couronne danoise tourneraient en orbite autour du Mark. Si l'on en arrivait là, les réunions du week-end auraient ressuscité le « serpent » dominé par l'Allemagne dont Giscard, en 1978, avait voulu la destruction grâce à la création du SME. Du point de vue de la France, n'importe quoi, y compris un retour au flottement, était préférable. Au moins, dans le cadre d'un flottement ou d'un quasi-flottement, le franc français conserverait quelque chance de rester assez près du Mark, et la France pourrait espérer continuer — ou recommencer — d'exercer en coulisse son influence sur la politique de l'Allemagne.

Lorsque la réunion du Comité monétaire prit fin, il était clair qu'il n'existait aucun compromis possible, au sein du MEC tel qu'il avait fonctionné jusque-là, entre les objectifs divergents des différents pays. Un degré bien plus grand de flexibilité des taux de change constituait le seul résultat auquel pourrait peut-être aboutir la réunion des ministres des Finances et des gouverneurs.

Tietmeyer le législateur

Que cela signifierait-il du point de vue de la conduite des politiques monétaires ? Tietmeyer s'inquiétait. On ne pouvait exclure que certains pays du MEC — l'Espagne, peut-être, ou bien le Portugal, la Belgique, même, et surtout la France — n'en viennent à considérer la fin évidente de ce qui était censé être une coopération dans le domaine de la politique monétaire comme une bonne raison de passer à une approche plus axée sur les nécessités intérieures, à l'anglaise. Ils pourraient réduire leurs taux d'intérêt dans une proportion spectaculaire et les amener bien au-dessous des taux allemands. Leurs monnaies, au moins au départ, se déprécieraient face au Mark. Cela, pour Tietmeyer, comporterait toutes sortes de dangers. Comment y réagirait Schlesinger ? Proposerait-il au conseil de la Bundesbank une réduction parallèle des taux allemands ? Certainement pas. Une telle réduction aurait signifié que l'Allemagne était contrainte de suivre les politiques monétaires des autres pays, ce que Schlesinger n'accepterait jamais*. Elle aurait également impliqué que les paris des marchés étaient gagnants, ce à quoi Schlesinger n'était pas non plus prêt à consen-

* La situation aurait été différente si les autres monnaies avaient été dévaluées à l'intérieur du MEC. Dans ce cas — Schlesinger l'avait clairement indiqué en septembre 1992 —, la Bundesbank aurait été disposée à réduire ses taux, ce qui aurait permis aux autres pays de suivre le mouvement.

tir. Le Mark se trouverait donc dans une position de surévaluation dangereuse. Tietmeyer n'oubliait pas que, quelques semaines auparavant, les marchés en étaient venus à tenir le Mark pour la plus surévaluée de toutes les grandes devises. Depuis, le sentiment s'était complètement inversé, par suite de la crise du MEC et de la réaffirmation du leadership (ou du rôle hégémonique) de l'Allemagne. Le Mark, pendant quelques semaines encore, pourrait être soutenu par cette inversion de perception. Mais, à n'en pas douter, une forte appréciation du Mark due à l'introduction de davantage de flexibilité dans les relations de change intereuropéennes ne pourrait durer longtemps. Tietmeyer lui-même, lorsqu'il accéderait dans deux mois à la présidence de la Bundesbank, pourrait se trouver confronté à ce qui ressemblerait fâcheusement à une crise du Mark. Selon des sources internes à la Buba, c'était là l'argument que Tietmeyer avait déjà utilisé lors de la réunion du conseil de la Bundesbank, le 29 juillet, pour prôner une réduction des taux suffisamment importante qui désamorcerait les tensions dont souffrait le MEC.

Il n'en reste pas moins que les inquiétudes de Tietmeyer allaient bien au-delà. C'était lui, personnellement, qui avait été chargé d'assurer le succès des ambitions monétaires européennes de Kohl. L'effondrement du MEC pourrait remettre en cause ces ambitions. Il lui revenait donc de trouver un moyen de limiter la casse. Il devait également s'inquiéter non seulement d'un sauvetage du MEC, mais aussi de la sauvegarde du rôle de la Bundesbank et de toute BCE future. En mars déjà, à lire entre les lignes le discours qu'il avait prononcé au Chili, il manifestait la plus vive inquiétude devant la politique de ciblage de l'inflation adoptée par la Grande-Bretagne. Si les autres pays du MEC se mettaient eux aussi à mener des politiques monétaires tournées vers les besoins réels de leurs économies et non en fonction de la vision sous-jacente au MEC, certains pourraient commencer à se fixer des zones cibles pour l'inflation, ce qui était la voie la plus sûre pour accroître la responsabilité politique des autorités monétaires et pour diminuer la puissance politique des banques centrales indépendantes*.

---

* Peut-être faut-il rappeler ici ce qu'est un « conflit de Stackelberg ». Il oppose une banque centrale indépendante à un gouvernement qui menace d'annuler la dette publique grâce à l'inflation. Dans ce cas, même la fixation d'un objectif explicite d'inflation est insuffisante pour réduire le pouvoir autonome de la banque centrale. En de telles circonstances, seule la réaffirmation du contrôle que le gouvernement exerce sur la politique monétaire peut lui permet-

Tietmeyer adressa donc une mise en garde solennelle aux autres membres du MEC : n'imaginez pas, leur déclara-t-il en substance, que vous aurez le droit de mettre à profit la dissolution du MEC, l'élargissement de la marge de fluctuation, ou tout autre assouplissement des contraintes du système auquel pourrait aboutir la réunion des ministres et des gouverneurs. En particulier, ne vous avisez pas de procéder à des réductions des taux d'intérêt jusqu'à des niveaux bien inférieurs à ceux d'avant la crise.

Personne, à ce qu'il semble, ne répliqua à Tietmeyer qui, à l'évidence, se posait en dictateur monétaire de l'Europe. C'était là un rôle auquel Schlesinger n'avait jamais aspiré : si des pays tels que la France, qui, du point de vue de sa structure économique, ne s'intégrait pas naturellement à une zone Mark *, choisissaient néanmoins de se lier à la monnaie allemande, c'était leur affaire. Schlesinger n'avait pas l'intention de leur dire quoi faire de leurs taux d'intérêt aussi longtemps qu'ils n'avaient pas la prétention de déterminer les taux allemands. Tout au contraire, Tietmeyer s'était toujours montré bien plus directif vis-à-vis des autres pays. Pour lui, quelle qu'en soit la forme, la contrainte exercée par le MEC constituait une référence obligée. La politique de taux d'intérêt des autres pays devait être conçue en fonction de cette contrainte. Mais il savait qu'il ne pouvait imposer sa volonté par la seule force de sa personnalité. Le 1er août ou ultérieurement, il semble avoir donné l'assurance que, lorsqu'il aurait succédé à Schlesinger, il conduirait la politique de la Bundesbank d'une manière qui prendrait en compte les besoins des autres pays **. Plus particulièrement, la Bundesbank devait s'attacher à amadouer la France, puisque les postulants au statut de membres de la zone Mark feraient, dans tous les cas, ce qu'on leur dirait de faire, que l'Irlande appartenait clairement, désormais, à un bloc sterling, et que l'Espagne et le Portugal avaient des taux d'intérêt fixés largement au-dessus du niveau des taux allemands.

Ce fut ainsi que Tietmeyer parvint à combiner son personnage

---

tre de procéder aux choix politiques indispensables pour éviter à l'économie des dommages plus graves.

* Ainsi que l'avait expliqué Otmar Issing, le « substrat économique » pour l'appartenance à une zone Mark serait plus solide si l'on pouvait considérer que les pays concernés avaient aussi de fortes affinités « culturelles » ou historiques avec l'Allemagne, et ne risquaient pas de contester son leadership monétaire.

** Philippe Bauchard parle d'une « assez vague promesse[25] » faite par Tietmeyer aux Français.

d'« homme fort de la réunion », qui avait rejeté sans autre forme de procès les exigences inacceptables des Français, avec le maintien de sa réputation de « représentant de la Banque de France au conseil de la Bundesbank ». Tietmeyer était bien le seigneur de tout son domaine, mais il ne pouvait y exercer une dictature absolue : ses vassaux, des commissaires régionaux, obéiraient à ses ordres mais encourraient eux-mêmes le risque d'une révolte si les oukases du sommet rendaient l'existence trop insupportable à leurs manants. Il n'était pas de l'intérêt de Tietmeyer que la conduite de la politique économique de la France tombe dans les mains de gens comme Chirac ou comme Séguin : ceux-là pourraient bien ne pas accepter sa domination, mais gouverner en mettant les intérêts français au premier plan.

Tietmeyer ayant légiféré le 1er août, et ses collègues et pairs théoriques lui ayant, apparemment, donné leur veule consentement en ne disant mot, il restait, aux ministres et aux gouverneurs, bien peu à faire, sauf à décider de l'habillage précis, et de ses connotations politiques, de ce qui ressemblait effectivement à la fin du MEC en tant que contrainte formelle sur la politique monétaire.

Contre la montre

La réunion des ministres des Finances et des gouverneurs commença dans une atmosphère où chacun était résigné — et certains enthousiastes — à la perspective d'une forme quelconque de mise en flottement généralisé. De tous les pays concernés, seuls ceux qui pouvaient « s'abstenir » de participer à la Phase Trois (le Danemark et la Grande-Bretagne) se montraient réticents à se joindre au consensus. Plus exactement, le Danemark et Kenneth Clarke se montraient réticents à s'y joindre. Il se trouva que le rôle joué par Clarke fut important, mais il semble qu'il y avait là davantage un effet de ses préférences que de son attachement aux intérêts britanniques.

Le cas du Danemark se présentait de façon différente. Le pays venait de subir, à cause des taux de changes fixes, dix ans d'instabilité économique, y compris la récession et la montée du chômage qui avaient marqué les six dernières années. Pourtant, à Copenhague, les maîtres du jeu s'accrochaient à l'idée qu'ils ne devaient pas mener leur politique monétaire en fonction des intérêts danois. Ils choisissaient de ne pas regarder vers la Nouvelle-Zélande, pays aussi petit mais désormais bien plus ouvert que le Danemark, qui avait adopté avec le succès que l'on sait un système de fixation d'objectifs d'inflation, ce qui exigeait une renonciation pleine et entière aux parités fixes.

Mais il n'était pas évident que l'opinion publique danoise, toujours inquiète devant une domination de l'Allemagne, puisse tolérer l'établissement d'un lien entre la couronne et le Mark analogue à celui qui existait entre le florin et le Mark, même si les représentants du Danemark au Comité monétaire avaient été prêts à l'envisager au cas où le Mark quitterait le MEC. En tout état de cause, il était clair que les Français ne l'accepteraient pas. La classe politique danoise avait donc besoin du maintien, même formel, d'un MEC qui ne serait plus qu'une coquille vide pour maintenir leur refus de l'indépendance en matière de politique monétaire.

Il n'y a pas lieu de s'étonner, par conséquent, que, selon les récits parus dans la presse, le Danois Henning Christophersen, qui représentait la Commission à cette réunion*, se soit prononcé fermement contre une dissolution complète du MEC. Mais, à la surprise de la plupart des participants, ce fut Kenneth Clarke qui se précipita pour lui apporter son soutien. Jusqu'alors, semble-t-il, le Chancelier de l'Échiquier n'avait pas joué de rôle actif. À en croire la presse, il avait passé le vol Londres-Bruxelles à discuter avec Eddie George, qui venait d'être nommé gouverneur de la Banque d'Angleterre, de problèmes réellement primordiaux — des dispositions probablement inadéquates prévues pour nourrir les participants de la réunion à laquelle ils se rendaient. Sans aucun doute, ces propos sans conséquence leur évitèrent-ils tout désaccord au sujet du MEC. George venait tout juste de redécouvrir publiquement le peu de sympathie que le mécanisme lui inspirait, tandis que les exigences de la politique politicienne n'avaient posé que le plus ténu des voiles sur l'ardent désir qu'avait Clarke de voir la Grande-Bretagne y appartenir de nouveau.

On rapporte qu'arrivé au Borschette, Clarke n'avait rien dit du tout pendant la première et courte séance de la réunion des ministres des Finances et des gouverneurs. Pendant les longues heures

* Delors était cloué en Bourgogne par une sciatique. Apparemment, il rageait toujours contre la nation que, peu auparavant, il « aimait sans la moindre réserve » : interviewé par la télévision française alors que la réunion était en cours, il exigea que l'Allemagne quitte le MEC, car c'était le pays qui avait provoqué tous les problèmes.

d'attente qui suivirent, dans le vestibule ou dans les salles réservées aux délégations, en attendant que le gouvernement belge ait fini de régler la succession du roi Baudouin, les autres ministres se rassemblèrent par petits groupes, intriguant entre eux, ou téléphonant à leurs capitales afin d'intriguer avec — ou contre — leurs gouvernements. Clarke, apparemment, n'avait pas besoin de discuter ni de prendre conseil. Il était tellement convaincu que la direction de tout ce que pouvait vouloir Bruxelles était la bonne qu'il n'avait même pas pris la peine de lire le traité de Maastricht avant de l'entonner dans les gorges des députés aux Communes (il devait plus tard acquiescer à la grâce plénière accordée rétrospectivement aux agissements illégaux de l'Italie dans le domaine de la Politique agricole commune, afin de ne pas épargner aux contribuables britanniques d'avoir à cracher davantage encore au bassinet des bureaucrates de Bruxelles des sommes qu'ils pourraient gaspiller en leur nom).

Il est évident que Clarke savait par avance ce qu'il allait faire. Après le plaidoyer de Christophersen, le ministre britannique fit sensation en demandant à ceux qui pensaient qu'un flottement généralisé représentait la meilleure solution de se déclarer franchement. Personne ne broncha. Les Espagnols, qui voulaient vraiment d'un flottement, redoutaient d'être ouvertement pris pour des euronaufrageurs, et préféraient de loin passer pour des agents provocateurs. Pour leur part, Waigel et Schlesinger savaient qu'ils ne devaient pas pousser trop loin leur avantage en provoquant Kohl à l'excès. Selon des diplomates, Kohl appelait sans arrêt le Borschette au téléphone, beuglant à Waigel qu'il fallait « à tout prix » éviter un flottement généralisé. Tout démontre que le ministre allemand des Finances était prêt à faire fi des souhaits de son Chancelier, mais seulement s'il pouvait apparaître comme un homme qui s'était rallié au consensus, et non comme celui qui serait, aux yeux de tous, le principal artisan d'un flottement. Quant à Schlesinger, il aurait ce qu'il voulait par-dessus tout — que la Bundesbank soit réellement libérée des obligations que lui imposait le MEC —, avec un élargissement considérable de la marge de fluctuation. La dissolution complète du système aurait été parfaite, mais il ne pouvait pas, lui non plus, être celui qui en ferait la suggestion : chacun ne manquerait pas, alors, d'affirmer qu'au cours des dernières semaines, la tactique adoptée par la Bundesbank n'avait visé qu'à la destruction délibérée du MEC et, avec lui, de l'UME.

Un autre facteur allait entrer en jeu. Le marché des changes de Tokyo s'ouvrirait, le lundi matin, à 2 heures (heure de Bruxelles). Il était impératif qu'une décision, n'importe laquelle, sorte du Borschette avant que les marchés ne décident par eux-mêmes. Les règles du MEC n'obligeaient pas formellement la Bundesbank à intervenir à Tokyo pour soutenir le franc. Et dans les circonstances présentes, le « pacte amoureux » ayant cédé la place à une querelle acharnée, il était évident qu'elle ne le ferait pas de son plein gré. Mais si le franc et d'autres devises reculaient vivement à Tokyo, jusqu'à 3,50 ou plus encore face au Mark, comme cela pourrait bien advenir si les marchés interprétaient l'absence de décision comme la preuve d'un conflit irréparable, les banques commerciales pourraient, de leur côté, à 9 heures du matin, présenter aux guichets de la Bundesbank et de la Banque de France d'énormes montants en francs et exiger des Marks au taux plancher du MEC de 3,4305. Ce qui conduirait au chaos et raviverait l'affrontement entre la France et la Bundesbank.

Le chœur des anges

En tout état de cause, il apparut, après les propos de Christophersen et de Clarke, qu'on tombait d'accord que des limites plus ou moins formelles, mais non contraignantes, aux mouvements des monnaies devaient être maintenues. Dix pour cent paraissait être un bon chiffre rond pour la nouvelle marge de fluctuation élargie — qui s'appliquerait à toutes les devises du MEC. Mais les courtiers, les économistes et les analystes s'étaient rendus, au cœur de la nuit, à leurs postes dans les salles des marchés de la City de Londres. Et quand, selon une rumeur émanant du Borschette, on crut que la marge serait portée à 10 %, les analystes affirmèrent qu'elle serait dépassée en quelques minutes et qu'il ne faudrait rien de moins qu'un quasi-flottement pour rétablir le calme.

Il est surprenant de constater que le Borschette ne possède aucun écran des agences d'information financière, mais on peut présumer que ceux qui les scrutaient dans les banques centrales, dans les directions du Trésor ou à la Commission, ne cessaient pas de faxer ou de téléphoner les nouvelles en provenance de Tokyo — où, sur le marché désormais ouvert, le franc était tombé à 3,47 face au Mark — et des analystes de Londres. Quoi qu'il en fût, quelques minutes à peine après que ces réactions eurent été connues, la réunion des ministres des Finances prit fin, et un communiqué fut publié. La marge de fluctuation du MEC était « temporairement » élargie à +/– 15 %, et la situation serait revue à la fin de l'année. Les taux pivots des monnaies participant au système demeuraient inchangés. D'autre part, le texte réaffirmait l'attachement de tous les pays aux critères de convergence de Maastricht.

On tint, de tous côtés, des conférences de presse, où rien ne fut dévoilé des affrontements, des intrigues, des subterfuges et de la confusion des deux jours précédents. Au contraire, on vendit effrontément à un monde incrédule l'arrangement qu'on avait échafaudé au cours des dernières minutes de la réunion, dans une atmosphère de quasi-panique, alors qu'on ne pouvait s'entendre sur une solution. Des turbulences dues à la spéculation, affirmait-on, avaient suscité des difficultés au fonctionnement harmonieux du MEC. Les ministres des Finances et les gouverneurs avaient donc décidé, au terme d'un processus approfondi de coopération amicale, de réduire la pression spéculative en élargissant la marge de fluctuation, ce qui avait pour effet de réintroduire dans le système le risque à double sens (concept dont bien peu des ministres avaient entendu parler une demi-heure auparavant). En bref, les héroïques ministres avaient battu les marchés malveillants sur leur propre terrain.

Ainsi que nous le verrons plus tard, l'élargissement de la marge de fluctuation réintroduisait bien un risque à double sens, et nombre des opérateurs ne purent réaliser les bénéfices qu'ils avaient espérés. Mais la ligne retenue par les ministres soulève un certain nombre de questions gênantes (dont aucune malheureusement ne fut posée pendant les conférences de presse, où les journalistes parurent tout aussi épuisés que les ministres). Et, surtout, la décision ne donnait-elle pas raison à l'assertion de John Major, qui discernait, aussi contradictoire que cela puisse paraître, des lignes de fracture dans le système, et ne montrait-elle pas que les rapports du Comité monétaire et du Comité des gouverneurs n'avaient été que de la bouillie pour les chats ? Si la décision comblait les lignes de fracture, pourquoi ni la Grande-Bretagne ni l'Italie ne rejoignaient-elles le système ? S'il fallait élargir la marge de fluctuation pour éviter des dysfonctionnements qui, par nature, n'étaient dus qu'à la spéculation et n'avaient aucun rapport avec les « fondamentaux », comment l'élargissement pourrait-il n'être que temporaire ? De plus, qu'en était-il désormais du critère d'entrée dans la

Phase Trois lié à la « marge normale de fluctuation » ? Il aurait été naturellement impossible aux ministres de répondre à ces questions d'une manière convaincante ; on reste d'autant plus déçu qu'elles n'aient pas été posées.

Les visages des principaux protagonistes, on peut le dire, correspondaient au déroulement de la réunion avec bien plus d'authenticité que leurs paroles. Alphandéry paraissait hébété. On raconte que, pendant les fréquentes interruptions de séance, au cours des dix dernières heures, alors qu'un Clarke en bras de chemise et ses pareils croquaient à belles dents un sandwich après l'autre, expédiant le tout à l'aide d'un verre de vin rouge, et alourdissaient une atmosphère déjà pesante en tirant sur de gros cigares, le ministre français des Finances errait comme s'il avait un boulet au pied, réfléchissant peut-être à la terrible erreur qui avait déclenché toute la crise*.

Le maintien des trois Allemands qui prirent part à la conférence de presse était révélateur (il semble n'avoir pas changé tout au long des réunions). Tietmeyer était sombre et plissait son large front. Waigel se montrait enjoué, plein de gaieté et apparemment sans soucis. Schlesinger avait été transfiguré. Lorsqu'il traversa la foule des journalistes pour rejoindre l'estrade, il semblait flotter (ce qui était parfaitement approprié à la circonstance) plutôt que marcher. Un sourire de béatitude éclairait ses lèvres. Une chaude lumière éclairait ses traits de bon grand-père. Il rayonnait presque.

On pouvait facilement comprendre l'humeur sombre de Tietmeyer. Sa stratégie avait échoué, et Kohl serait fort mécontent de lui. Pour limiter les dégâts, il avait adressé sa mise en garde solennelle aux autres pays, mais cela suffirait-il à les maintenir dans l'obéissance ? Dans le meilleur des cas, lorsqu'il occuperait, en octobre, le siège de Schlesinger, son crédit serait déjà hypothéqué : parviendrait-il à convaincre le conseil de la Buba de changer d'avis et de lui accorder la réduction des taux qu'il avait sans doute promise aux Français et aux autres ? La mine souriante et

* Le lendemain, après une réunion des ministres français et allemand des Finances (celle qui avait été annulée le 25 juin à cause de « la gaffe »), Alphandéry tentait encore de faire bonne figure[26]. Ses propos, cependant, produisaient un effet aussi comique que ses efforts en vue de limiter les dégâts la fois précédente. « Je veux, dit-il, mettre fin à toutes les rumeurs qui courent au sujet d'une soi-disant détérioration des relations franco-allemandes. Je puis témoigner que, durant toute cette période de tension sur les marchés, le couple franco-allemand a fait, une fois encore, la démonstration de sa solidité. »

joyeuse de Waigel n'avait guère besoin d'explications. Il était prêt à affronter son Chancelier. L'élargissement à 15 % de la marge de fluctuation avait fourni à certains des autres pays une bonne formule pour sauver la face. Waigel n'avait été que trop heureux de l'accepter, mais il n'en avait pas demandé tant. Il savait qu'il partagerait la gloire de Schlesinger dans les réactions de la presse allemande aux résultats du week-end*. Il appartenait au camp des anges (et, au sens propre, il était assis à côté d'un homme qui, à cet instant précis, ressemblait de très près à un archange, quoiqu'il n'en eût ni les ailes ni la harpe). Avoir pu administrer à Kohl une bonne leçon sans courir le risque, au moins à court terme, que le pointilleux Chancelier ne puisse lui rendre la pareille aurait suffi à amener un sourire sur la bouche de tout ministre qui avait le privilège douteux d'appartenir au gouvernement de l'impérieux « Bismarck en cardigan ».

Pour Schlesinger, c'était l'heure de la justification de tout, le moment où il savait enfin qu'il pourrait prendre sa retraite après avoir débarrassé la Bundesbank du boulet que Schmidt lui avait, si vilainement et avec tant de déloyauté, accroché au pied. Schlesinger était celui que l'on félicitait — ou à qui l'on reprochait — de l'insurrection monétaire de 1981 qui avait tant contribué à la chute de Schmidt en 1982. Ayant renvoyé Frankenstein aux oubliettes onze ans auparavant, Schlesinger sentait qu'il y avait expédié aussi la monstrueuse créature de Frankenstein : le MEC. Depuis bien longtemps, il avait compris un fait stratégique fondamental : le MEC et le point d'ancrage du MEC ne pouvaient pas survivre simultanément. C'était donc au MEC, et non au rôle de leadership de la Bundesbank, qu'il fallait mettre fin. Il avait jaugé à la perfection les tactiques à employer et préservé au mieux sa liberté de manœuvre malgré la double contrainte que faisaient peser la récession en Allemagne et l'attachement presque démoniaque de Kohl pour le franc. Il avait magnifiquement compris et manipulé l'opinion publique allemande : cela n'avait rien de surprenant, car il en paraissait bien plus proche que n'importe quelle autre personnalité de son pays. Et il avait su utiliser la moindre erreur, le moindre signe de faiblesse de ses adversaires.

---

* Comme si souvent, c'est le quotidien à grand tirage *Bild* qui saisit le mieux l'atmosphère du moment, en titrant à la une le 3 août : « *Hurra, die Mark bleibt* » (« Hourra, on garde notre Mark »).

Il avait gagné. Mais, pour recourir à une autre métaphore issue du fantastique, avait-il plongé sa lance en plein cœur du système, ou bien le monstre sortirait-il à nouveau de son cercueil lorsque tomberait le prochain crépuscule ?

TROISIÈME PARTIE

12

Fausse aurore ?

L'espoir fait vivre

Quelques jours après l'élargissement de la marge de fluctuation du MEC, la Commission de Bruxelles devait se réunir pour une séance extraordinaire dans tous les sens de ce mot. Il était presque sans précédent que les Commissaires soient convoqués à Bruxelles, en plein mois d'août, par leur président. Il sembla même, à un certain moment, que le quorum ne serait pas atteint. Delors était prêt non seulement à interrompre l'ennui de ses vacances, mais à supporter aussi l'inconfort d'un long voyage en voiture alors qu'il souffrait encore terriblement de sa sciatique. Mais plusieurs de ses collègues étaient d'un avis bien différent et firent preuve de la plus extrême mauvaise volonté pour abandonner leurs plages ou leurs montagnes. Peut-être prenaient-ils Christophersen au mot ? Le vendredi précédent, pendant que la tempête faisait rage sur les marchés financiers, le Danois, d'ordinaire si réservé, avait informé la planète qu'il n'y avait pas la moindre crise, et que « tout le monde pouvait s'en aller à la plage ». Si on n'avait pas assisté à la moindre crise, pourquoi diable fallait-il venir maintenant à Bruxelles et affecter de croire qu'il y avait quelque chose que la Commission puisse faire ? Les Commissaires allemands avaient un motif supplémentaire pour ignorer la convocation lancée par Delors. Le bouillant Français avait en effet publiquement attribué la responsabilité de la crise à l'Allemagne, qu'il affirmait naguère « aimer sans la moindre réserve ». Peter Schmidhuber et Martin Bangemann n'entendaient pas oublier (ils n'avaient jamais donné à penser qu'ils y étaient disposés) qu'ils étaient allemands d'abord, européens ensuite.

En fin de compte, les pressions exercées par celui qu'on appelait l'« Exocet de Delors », son chef de cabinet Pascal Lamy, permirent de rassembler à Bruxelles le nombre requis de Commissaires, mais pas les deux Allemands. Théoriquement, la réunion devait débattre de la manière dont il fallait que la Commission réagisse à l'effondrement du MEC. À en croire certains diplomates, Delors avait eu l'intention de déclarer qu'après la destruction du mécanisme par l'égoïsme de l'Allemagne, les autres pays devaient réduire immédiatement leurs taux d'intérêt. Cela aurait abouti à la création d'un nouveau bloc monétaire informel regroupé autour de la France. Mais, selon les mêmes sources, Christophersen put le retenir d'agir ainsi.

Le jeu que jouait Christophersen est facile à comprendre. C'était lui qui avait proposé, en compagnie de Kenneth Clarke, le maintien de la « coquille » du MEC. Le Danemark, fanatiquement attaché au concept des parités fixes, aurait été mis dans une position extrêmement inconfortable si les États membres autres que l'Allemagne avaient fait ce que le président de la Commission brûlait de leur dire de faire. Delors a mauvais caractère, et pendant quelques jours, au début d'août, la colère qu'il éprouvait vis-à-vis de l'Allemagne fut, apparemment, si violente qu'il en vint même à favoriser l'adoption par la France et par les autres pays de la « politique à l'anglaise » dénoncée, autrefois, comme anticommunautaire.

La réunion de la Commission ne fut qu'un pétard mouillé. Une fois sa fureur retombée, Delors donna son accord à la publication d'un communiqué d'une banalité totale rédigé par le cabinet de Christophersen. Même si l'on ne s'était pas trouvé en août, en pleine période des vacances, ce texte n'aurait pu retenir l'attention de qui que ce soit. La Commission, pour ce qui concernait le MEC, était hors jeu, et, dans les deux années qui suivraient, elle s'attacherait désormais à bricoler sur les soi-disant « critères de convergence » retenus pour l'entrée dans l'UME. Tietmeyer était l'homme qui comptait, et il avait fait connaître son point de vue en proférant, incontestablement, des menaces*.

Les autres banques centrales du continent obéirent à ses consignes**. Dans les semaines qui suivirent l'effondrement du système

* Tietmeyer devait rendre publiques ses mises en garde dans un discours prononcé peu après son accession à la présidence de la Bundesbank[1].

** Un an plus tard, Tietmeyer ne cachait pas la satisfaction toujours sans mélange que lui inspiraient les résultats de son diktat : « Jusqu'à présent, aucun des pays membres du MEC n'a abusé de la marge de manœuvre plus grande

à l'ancienne, on assista à des mouvements significatifs, sans être pourtant spectaculaires, des taux de change. Le franc français, par exemple, recula au début de l'automne jusqu'à 3,55 face au Mark, ce qui représentait une baisse de 5 % par rapport à son taux pivot. En ce qui concerne la couronne danoise, le recul correspondant fut de 7 % (c'était beaucoup pour une économie de petite taille comme celle du Danemark) et de 5,5 % pour le franc belge. L'important, en tout état de cause, c'est qu'aucune des banques centrales des pays de ces monnaies-là ne tenta de mener une « politique à l'anglaise » en abaissant ses taux au-dessous des taux allemands. Leur motif le plus puissant pour s'abstenir de procéder ainsi résidait dans leur volonté de ne pas irriter Tietmeyer. Mais elles avaient d'autres raisons : après tous les efforts qu'ils avaient déployés pour essayer de conserver le MEC en vie, les hommes politiques, les bureaucrates et les responsables de banques centrales auraient mal supporté de perdre la face en reconnaissant la rationalité des politiques monétaires nationales indépendantes. Quelques-uns ont peut-être aussi cru à la justesse des imprécations anti-économiques déversées rituellement sur ceux qui se livraient à de soi-disant « dévaluations compétitives ». Il s'en trouva peut-être même un ou deux pour s'être couvertis aux sornettes néo-fonctionnalistes selon lesquelles un progrès « monétaire » était nécessaire pour éviter des reculs dans le fonctionnement du Marché unique. Tous étaient bien décidés à ne pas laisser les « spéculateurs » réaliser des bénéfices : on refuserait donc de procéder à des réductions immédiates des taux d'intérêt pour les ramener aux niveaux plus raisonnables adoptés par les États-Unis et par la Grande-Bretagne, parce que les autorités crevaient de dépit. C'est pourquoi les « maîtres du monde » monétaires du continent s'unirent, pendant une brève période, dans une même haine à l'encontre des marchés financiers qui s'étaient rendus coupables du crime de lèse-majesté. Mais il ne fallut pas longtemps pour que les manigances, les traquenards et les trahisons reprennent.

Les contrecoups qu'eut à subir la Belgique sont, dans une certaine mesure, ceux qui soulèvent le plus d'interrogations, car ce

---

dont ils disposent en matière de politique monétaire pour se lancer dans une politique monétaire expansionniste. Afin d'éviter toute dépréciation par rapport au Mark, qui est toujours le point d'ancrage du système, les autorités des monnaies qui participent au système ont continué largement d'aligner leurs politiques sur celle de la Bundesbank[2]. »

sont eux qui jettent la lumière la plus crue sur l'évolution de la situation monétaire de l'Europe dans les semaines et les mois qui suivirent l'effondrement du MEC. Quelques jours à peine après l'élargissement de la marge de fluctuation, des informations de presse provenant du Luxembourg citaient déjà des « sources très officielles[3] » qui prévoyaient (ou qui souhaitaient ?) que la Belgique tenterait bientôt d'obtenir pour le franc belge un arrangement avec le Mark analogue à celui dont avait bénéficié le florin. En d'autres termes, on en viendrait à créer de nouveau un mini-serpent qui comprendrait le Mark, le florin, et les francs belge et luxembourgeois. Mais politiquement, c'était absolument impossible. Il ne se serait agi de rien moins que d'un rejet du compromis désespéré que les ministres des Finances et les gouverneurs avaient fini par conclure aux petites heures, dans la nuit du 2 août. La France aurait été tout bonnement tenue à l'écart. S'il est probable que Schlesinger eût accueilli très favorablement un arrangement de ce genre, Tietmeyer, lui, en eût été horrifié. Surtout, les Français se seraient sentis trahis et Kohl y aurait sur-le-champ mis son veto. Veto que Schlesinger n'aurait eu aucune possibilité de contester, en l'absence de toute menace des opérateurs sur le contrôle des marchés de l'argent exercé par la Bundesbank. Alors, pourquoi avoir lancé pareille idée ? L'explication la plus séduisante, c'est que, voyant qu'elle ne se concrétisait pas, les marchés croiraient que la Bundesbank avait opposé un refus à la Belgique, ce qui leur indiquerait que Francfort n'avais pas pris le franc belge sous son aile protectrice. Il pourrait en résulter l'apparition de pressions sur le franc belge suffisamment fortes pour contraindre à une dévaluation, ce qui donnerait enfin au Luxembourg le prétexte espéré pour rompre le lien de son franc avec le franc belge et pour le rattacher au Mark ou plutôt au florin, substitut psychologiquement plus acceptable.

Il est de fait que le franc belge devait subir un affaiblissement significatif après l'élargissement de la marge, puisqu'il recula de 5,5 % par rapport à son taux pivot. À la mi-août, 14 éminents économistes belges — tous Flamands — publièrent leur « manifeste de Louvain[4] », préconisant l'abandon de tout lien du franc belge avec le Mark et l'adoption d'une politique monétaire indépendante et purement nationale. Tietmeyer dénonça aussitôt les prétentions des « lions de Louvain », ainsi qu'il les appelait avec mépris. Quant aux autorités belges, elles se conformèrent aux consignes que le vice-président de la Buba leur avait données, comme à tout le monde, le 31 juillet. Loin d'essayer de ramener ses taux au-dessous des taux allemands, la Banque nationale de Belgique en vint à les relever, afin de « défendre » sa monnaie.

Au départ, les marchés redoutèrent qu'une politique monétaire irrationnelle n'affaiblît l'économie belge, n'accrût le coût du service de la gigantesque dette publique et ne finît par conduire à son annulation. Pour une fois, les marchés et les énarques étaient sur la même longueur d'onde. À ce moment-là, Trichet était plongé dans une expectative anxieuse : certains responsables politiques contestaient sa nomination prochaine à la tête de la Banque de France, car ils considéraient, à juste titre, que les récents événements constituaient une défaite pour la France. Ils lui en imputaient la responsabilité, davantage encore après l'article paru dans le *Financial Times* relatant la dure rebuffade que lui avait infligée Tietmeyer. Alors que Trichet observait un silence prudent, d'autres responsables de la direction du Trésor et de la Banque de France soulignaient, en privé, que la politique belge était « suicidaire ». Ils savaient parfaitement qu'il aurait été politiquement et économiquement dangereux pour eux d'agir de la même manière, d'autant que le « pacte amoureux » n'était plus en vigueur.

Mais s'il devait opter pour une politique à l'anglaise, le gouvernement de Bruxelles redoutait d'indiquer ainsi aux marchés qu'il considérait désormais que la Belgique n'appartenait plus à la zone Mark. Les opérateurs ne croiraient alors plus que la Belgique était placée sous la protection de la Bundesbank et qu'en dernière analyse, l'Allemagne garantissait sa dette. Dans de telles circonstances, les marchés pourraient considérer que, le problème de la dette publique devenant insoluble, le franc belge tomberait aussi bas que la lire, ce qui causerait de lourdes pertes à tous les bourgeois belges, détenteurs de bons d'État et d'obligations, dont tous les gouvernements au pouvoir pendant la décennie écoulée avaient eu à cœur de protéger les intérêts. Ces mêmes gouvernements — tout comme l'actuel — avaient préféré faire de la Belgique « le paradis du rentier, mais l'enfer de l'entrepreneur ». Pour parvenir à conserver une telle ligne d'action, si préjudiciable à l'économie et à la société belges, il fallait bien entreprendre quelque chose afin de stabiliser le franc belge. Deux choix seulement paraissaient possibles. Le premier — qui avait, semble-t-il, la faveur du gouverneur de la Banque nationale de Belgique, Alfons Verplaetse — aurait consisté à lier plus étroitement encore la Belgique à l'Allemagne sur le plan monétaire. Le second, plus acceptable pour l'opinion francophone, revenait à recréer un MEC véritable, qui tiendrait compte cependant davantage des besoins des pays « satellites ».

C'est dans le but d'appuyer cette seconde hypothèse qu'un groupe de hauts fonctionnaires et d'universitaires, rassemblés autour du ministre des Finances Philippe Maystadt (un francophone), proposa un plan ; apparemment, ce plan possédait beaucoup de points communs avec la proposition, qui n'avait pas connu un sort heureux, soumise par la Commission à la fin de 1990. Ce plan attribuait un rôle essentiel à l'Institut monétaire européen (IME) qui devait voir le jour le 1er janvier 1994, non sans que ne se soient élevées de vives polémiques sur les fonctions qu'il remplirait. Maystadt présidait l'Ecofin durant le second semestre de 1993. Il était soucieux de faire de la présidence belge un succès, en obtenant un accord qui donnerait un rôle substantiel au premier-né de Maastricht[5].

Ce qu'il advint finalement de ce plan est assez embrouillé. De source proche de Maystadt, on affirme que, lorsque la Bundesbank fut sondée discrètement, elle eut une réaction « plus chaleureuse que de coutume ». Mais Schlesinger occupait encore la présidence de la Buba. Il aurait certainement rejeté de but en blanc un schéma de ce genre*. Il est plus probable que les Belges n'avaient pris contact qu'avec celui qui devait lui succéder en octobre, et qui, disait-on, éprouvait quelque appréhension devant les conséquences du triomphe de Schlesinger. Pourtant, Tietmeyer avait auparavant rejeté avec dédain toutes les propositions de solution « de symétrie » aux problèmes du MEC. Il peut simplement avoir mené les Belges en bateau pour les dissuader, soit d'abandonner le lien *de facto* du franc belge avec le Mark (ce que demandait le « manifeste de Louvain »), soit de demander à la Bundesbank un arrangement bilatéral du type de celui dont on parlait au Luxembourg. Mais on ne peut exclure, ce qui serait plus curieux, que Tietmeyer ait vu dans le plan Maysatdt le point de départ d'une route qui mènerait à un MEC plus resserré, qui serait toujours dominé par la Bundesbank mais où les besoins des autres États membres, la France en particulier, seraient mieux pris en considération.

Cependant, dans l'entourage de Maystadt, on souligne que ce furent les Italiens, et non la Bundesbank, qui firent capoter le pro-

---

* Apparemment, le ministère des Finances allemand avait envisagé un schéma analogue au début de 1993, mais Schlesinger, semble-t-il, n'avait pas fait mystère de son opposition.

jet. Si c'est vrai, c'est tout aussi révélateur de l'attitude de Maystadt que de celle de l'Italie. Pendant longtemps, l'Italie avait été la seule des États membres de la Communauté à prôner un mode de fonctionnement explicitement symétrique du MEC. Si elle en vint, au début de l'automne 1993, à rejeter une proposition qui, pourtant, allait exactement dans le sens qu'elle souhaitait, c'est que les problèmes de dette auxquels elle était confrontée ne lui auraient pas permis de tenir quelque *engagement* que ce soit sur son taux de change. Avoir été exclue du MEC à l'ancienne, asymétrique, avait constitué un coup sévère pour les euro-ambitions de l'Italie, dont elle avait pu attribuer la responsabilité à la grande méchante Bundesbank. Mais entrer dans un MEC nouveau dessiné selon les lignes que les Italiens avaient toujours trouvées les plus séduisantes, sans pouvoir, ensuite, satisfaire à ses exigences, eût été bien pire : il valait donc mieux continuer à médire du MEC en coulisse. Quant à Maystadt, qu'il ait demandé l'approbation de son plan tant à la Bundesbank qu'aux Italiens trahissait son malaise devant la perspective ouverte par la création éventuelle d'une union monétaire, reposant sur un « noyau dur » qui serait inévitablement dominé par l'Allemagne, à laquelle les responsables gouvernementaux flamands et les dirigeants de la Banque nationale de Belgique ne trouvaient que trop d'attraits.

Quel qu'ait pu être le déroulement réel de ces consultations, il ne sortit rien du plan Maystadt. En octobre, Tietmeyer, ayant ceint sa couronne de président de la Bundesbank, se mit à prononcer une série de discours minimisant le rôle de l'IME et écrasant de son mépris les « schémas élaborés à Bruxelles ». Aujourd'hui, lorsque l'on se réfère à « Bruxelles » de manière péjorative, c'est presque toujours (en dehors des banquets officiels) la Commission qui est ainsi visée. Il n'y a pourtant pas la moindre preuve que la Commission (ce qui reflétait ses contradictions internes) ait fait autre chose que de conserver, au sujet du MEC, un profil très bas.

Selon toute probabilité, les allusions malveillantes et typiquement obscures de Tietmeyer s'appliquaient autant à la capitale de la Belgique qu'à la « capitale de l'Europe ». À ce moment-là, le franc belge avait, en quelque sorte, retrouvé le regard brillant de ceux qui ont souffert de consomption, car la crainte de voir le royaume éclater en deux entités linguistiques séparées ne s'était pas matérialisée. Le nouveau roi, malgré tous les doutes qui avaient pu être exprimés auparavant sur son caractère et sur ses capacités, était visiblement en train d'acquérir la stature d'un symbole de l'unité belge. La fédéralisation avait jusqu'alors permis d'éviter, sur le financement de la sécurité sociale et sur le service de la dette, les affrontements qui auraient sonné le glas de cette unité. La fraction pro-allemande du gouvernement, ce qui était plus important encore, tenait dorénavant le haut du pavé sans être contestée, et les marchés, de nouveau, s'étaient convaincus que la Belgique se soumettait à la suzeraineté du Mark. Surtout, il semblait que, pour le franc français, le pire fût passé — provisoirement du moins. Tietmeyer n'avait donc plus besoin d'accueillir avec « une chaleur inhabituelle » les ouvertures de Maystadt. Il lui fallait maintenant accomplir ses propres tours de prestidigitation intellectuelle, et même le plus habile des illusionnistes éprouve des difficultés à réaliser deux performances spectaculaires à la fois.

Personne d'autre que Tietmeyer, avec son extraordinaire habitude de faire passer le noir pour du blanc dans sa présentation politicienne du MEC, n'aurait osé entreprendre la tâche qu'il s'était assignée : conférer à la Bundesbank un rôle de « banque centrale de l'Europe », tout en dénonçant publiquement l'absurdité d'une telle optique. L'objet de ses diatribes était l'idée, avancée par le département de recherches économiques (qui devint plus tard l'IME) du Comité des gouverneurs[6], qu'un MEC asymétrique, sous la houlette de la Bundesbank, pourrait fonctionner à la satisfaction de tous à condition que la Buba adopte des objectifs pour la masse monétaire du système tout entier et non plus pour la seule Allemagne[7]*. Cette idée-là était anathème pour la plupart des membres du conseil de la Bundesbank comme pour l'opinion publique allemande. La Bundesbank aurait été amenée à prendre la responsabilité de la politique monétaire, non seulement *dans* la zone couverte par le système (il n'y avait là rien de nouveau), mais aussi *pour* l'ensemble de cette zone. Une telle responsabilité aurait été contraire à la loi allemande sur la Bundesbank et au compromis de Maastricht sur la Phase Deux. Et pourtant, pour conserver son leadership, la Bundesbank devrait se comporter en « banque centrale de l'Europe ». Il fallait bien que Tietmeyer remplît ses promesses au sujet de la baisse des taux d'intérêt.

---

* À la différence des concepts avancés par la Commission Maystadt, cette proposition aurait conservé à la Bundesbank son rôle de leadership. Elle exigeait, par ailleurs, que le phénomène de substitution d'une monnaie à l'autre prenne beaucoup d'ampleur. Les deux plans reposaient, à tort, sur l'idée que des parités fixes entre les membres du système projeté lui assureraient un fonctionnement optimal.

Une bulle qui coince

Il s'y employa dès qu'il devint président, dans les limites que lui imposait la majorité de son conseil.

Trois obstacles s'élevaient sur la voie d'une réduction rapide des taux. La masse monétaire allemande se situait déjà au-dessus de sa zone cible et sa progression continuait de s'accélérer. Tietmeyer attachait peu de crédit à l'évolution de la masse monétaire en tant qu'indicateur économique. Mais son ciblage offrait à la Buba une bonne marge pour mener ses manœuvres sans avoir de comptes à rendre, qu'elles soient inspirées par des considérations économiques ou bien politiques. Le deuxième problème était qu'une forte réduction des taux amènerait à poser une question évidente : si Tietmeyer avait raison de diminuer fortement les taux en octobre, pourquoi donc Schlesinger s'y était-il refusé deux mois plus tôt ? La réponse, tout aussi évidente, pourrait bien être que l'ancien président de la Buba ne s'était pas soucié d'un éclatement du MEC — à moins qu'il n'en ait été un chaud partisan. Aussi exaspéré que Tietmeyer ait pu l'être par son prédécesseur*, il ne pouvait prendre le risque d'en offrir la preuve aux détracteurs européens de la Buba.

En dernier lieu, quoi qu'il puisse advenir de la masse monétaire, une forte réduction des taux allemands déclencherait une glissade du Mark et de ses satellites par rapport au dollar et aux monnaies n'appartenant pas au MEC. C'eût été exactement ce que voulait la France et ce que les hauts fonctionnaires français chargés des affaires monétaires à la Commission préconisaient (de même que le gouvernement espagnol). En agissant ainsi, Tietmeyer s'exposerait à l'accusation de « dévaluation compétitive » vis-à-vis des États-Unis. Pareille accusation aurait été une absurdité**, mais elle était de celles que Tietmeyer n'avait pas craint de lancer et lancerait encore contre la Grande-Bretagne, l'Italie et l'Espagne. Adapter son raisonnement aux circonstances n'eurait rien eu pour lui déplaire, mais pas plus d'un tour de passe-passe à la fois ! D'autre

* Très peu de temps avant de prendre sa retraite, Schlesinger devait déclarer à d'autres responsables de banques centrales que « dans la vie professionnelle, on n'a pas de relations plus difficiles qu'avec son prédécesseur et avec son successeur ».

** Cf. chapitre 6.

part, une forte baisse des taux d'intérêt et une brusque dépréciation du Mark face au dollar pourraient bien donner un coup d'arrêt au mouvement de réduction des taux d'intérêt à long terme, en donnant plus de de poids aux anticipations d'inflation des marchés de bons et d'obligations. Implicitement, tel serait le but d'une réduction des taux à court terme : éviter que la déflation due au chômage ne progresse davantage qu'il ne le fallait ou qu'on le souhaitait. Pareille stratégie aurait pu être parfaitement cohérente avec le maintien, ou même l'amélioration, de la crédibilité de la politique monétaire si elle avait comporté la fixation d'objectifs d'inflation explicites. Mais cela, Tietmeyer le redoutait autant que les vampires redoutent les crucifix : rien ne mettait mieux en valeur les limites de la politique monétaire, ni n'obligeait plus une banque centrale à rendre des comptes.

Étant donné ces buts et ces objectifs, la méthode choisie ne pouvait consister qu'en une réduction progressive, étape par étape, des taux d'intérêt, chaque diminution étant justifiée par l'évolution des indicateurs de « crédibilité » par rapport aux marchés — l'évolution du taux de change face au dollar, et le mouvement des taux à long terme allemands —, tout en indiquant clairement aux pays liés au Mark que la tendance était à la baisse.

Ce programme, mené à bien grâce à une série de réductions du taux de prise en pension depuis octobre jusqu'à début décembre, offrait des conditions idéales à la formation d'une bulle sur les marchés européens des valeurs à taux fixes. Les prix des bons et obligations américains avaient commencé de baisser lentement en octobre, car les marchés s'étaient enfin convaincus de la réalité de la forte reprise que connaissaient les États-Unis. Mais la perspective de réductions des taux européens à court terme faisant tache d'huile, elle induisit, en Europe, les marchés des bons et obligations à pratiquer des cours sans cesse plus extravagants. Ces prix (et les baisses des taux à long terme) pouvaient être considérés par la Bundesbank comme les preuves de la « crédibilité* » de sa politique. Puis, brusquement, au début décembre, le mouvement de réduction progressive du taux de prise en pension prit fin. Il ne reprendrait pas avant le début mars. Pourquoi ?

Une fois encore, la politique joua un rôle essentiel. Certains des

* Tietmeyer alla jusqu'à affirmer explicitement que c'était seulement grâce à une politique de réduction progressive, et non « à marche forcée », des taux d'intérêt que l'on pouvait éviter la formation de telles « bulles ».

membres les plus « durs » du conseil de la Bundesbank flairaient la victoire dans la bataille — que nul, bien entendu, ne les avait autorisés à livrer, quel que soit, par ailleurs, le mérite de leur cause — qu'ils menaient pour mettre à la raison les syndicats, auxquels la réunification avait donné plus de participation au pouvoir. Ceux-là voulaient maintenir la pression sur les négociations salariales qui venaient de commencer. D'autres membres du conseil, proches du SPD, étaient mécontents d'une politique visant pour une part, pouvaient-ils croire, à donner à Kohl davantage de chances d'être réélu. En janvier et février 1994, les porte-parole du SPD lancèrent des attaques contre ce qu'ils qualifiaient d'abus d'indépendance de la part de la Bundesbank[8]. Ils choisirent tout particulièrement Tietmeyer pour cible : on lui reprochait d'être trop proche de Kohl pour que sa puissance soit supportable. Le SPD laissait entendre que, s'il revenait au pouvoir, il ne manquerait pas de rappeler à la Bundesbank qu'elle avait le devoir, aux termes de la loi, de soutenir la politique économique générale du gouvernement — y compris celle d'un gouvernement SPD, s'il devait y en avoir un.

On rapporte que certains membres du directoire ont confirmé, en privé, que Tietmeyer avait, à cette époque-là, perdu la majorité au conseil. Aucun président de la Bundesbank, naturellement, ne l'aurait jamais admis de lui-même, pas plus qu'il n'en aurait avoué les raisons. Il lui fallait donc trouver une justification, au moins apparente, au gel des réductions des taux. Il s'en présenta une, à point nommé : le raffermissement du dollar avec la reprise de l'économie américaine. C'était précisément ce que la France et l'Espagne, et probablement Tietmeyer lui-même, voulaient. Mais sans autre raison claire, Tietmeyer se mit à souligner que la « stabilité » du Mark face au dollar constituait le facteur clé qui conditionnait la politique de taux d'intérêt de la Bundesbank. Et le doute s'introduisit dans l'esprit des opérateurs du marché des bons et obligations. Depuis décembre, en Allemagne du moins, l'homme de la rue en était arrivé à la conclusion que les taux à long terme étaient tombés à un niveau si bas qu'ils ne pourraient plus que remonter. Tout le monde, à l'exception des professionnels, entreprit de vendre bons et obligations et de souscrire à des prêts à long terme et à taux fixe auprès des banques. Les professionnels, et d'abord les banques allemandes, continuaient pour leur part d'espérer que de nouveaux bénéfices les attendaient sur le marché. Ils étaient prêts à racheter tous les bons et obligations que les non-professionnels vendaient. En décembre 1993 et en janvier 1994, les cours de ces valeurs restèrent dans un calme précaire, qui reflétait l'équilibre entre ceux qui craignaient une baisse et ceux qui anticipaient une hausse.

Mais la bulle finit par éclater au début de février 1994. La Fed releva légèrement les taux américains à court terme. Cette décision avait été très généralement anticipée, étant donné la vigueur de l'économie américaine, mais les prix des bons et obligations américains n'en reculèrent pas moins de nouveau. Les bons et obligations européens firent de même, car les marchés croyaient, sur la base de ce que Tietmeyer avait déclaré au sujet du taux de change Mark-dollar, que leurs estimations précédentes sur la poursuite de la baisse des taux d'intérêt allemands à court terme méritaient d'être revues. Les jeux étaient faits.

En temps normal, la déconfiture des « professionnels du marché des bons et obligations » aurait suscité à la Bundesbank une joie sans mélange. En l'occurrence, cependant, quelques soucis venaient ternir sa *Schadenfreude* : les banques allemandes avaient figuré parmi les plus gros acheteurs et devaient maintenant faire face à de lourdes pertes. Les chiffres de la masse monétaire allemande pour janvier furent publiés à peu près au même moment. Ils indiquaient un taux d'accroissement annuel de plus de 20 %. C'était le résultat de la propension de tous les secteurs non bancaires, au tournant de l'année, à emprunter à long terme et à opérer des dépôts à court terme, que les banques — pariant encore sur la baisse des taux à court et à long terme — n'avaient été que trop heureuses de satisfaire.

Les choses bougeaient aussi dans l'économie allemande. Les États-Unis étaient en pleine reprise. Les « pays émergents » d'Asie et d'Amérique latine l'étaient aussi. Leur demande de produits importés, en particulier de biens de consommation durables, apportait une manne comme tombée du ciel aux géants de l'économie d'une Allemagne sevrée de commandes. Outre cela, l'éclatement de la bulle signifiait que les entreprises et les ménages allemands avaient gagné, et gagné gros, sur le dos des banques. S'étant précipités pour obtenir des crédits à long terme à des taux qui, ils en étaient sûrs, leur offraient une chance qui ne se représenterait pas deux fois (aux alentours du Nouvel An, ils s'étaient situés, à cause de la « bulle », à un point bas de 5,5 %, ce qui ne pourrait certainement pas durer), ils faisaient maintenant usage des prêts qui leur avaient été consentis.

Le regain de confiance des entreprises *et* des consommateurs se fit sentir à partir du mois de février. Les facteurs économiques ci-dessus mentionnés jouaient leur rôle, mais la vie politique jouait également le sien. Confrontée à une nette avance du SPD dans les sondages, la coalition dirigée par Kohl mit la pédale douce sur la rhétorique des « sacrifices nécessaires » qui avait tenu tant de place dans les discours ministériels au cours des dix-huit mois précédents. L'austérité budgétaire fut mise entre parenthèses pendant la durée de la campagne électorale. Les grandes entreprises allemandes, et les trois grandes banques qui vivaient en étroite osmose avec elles, commencèrent à manifester un optimisme stimulant*. En réalité, elles firent bien mieux que cela, en accroissant le rythme de la production exceptionnellement tôt par rapport au cycle des commandes**. Ce retournement de la conjoncture permit au gouvernement de mettre en exergue la reprise préélectorale sans avoir à la susciter à travers une expansion fiscale à la Keynes, du type de celles qui étaient mises en œuvre en France et au Danemark.

Il n'y a que la crédibilité qui sauve

Au début du printemps, tout donnait donc à penser que le gel des réductions de taux de la Bundesbank allait se poursuivre : le rythme de progression de la masse monétaire rendait ridicule l'objectif qui était visé. Quoique l'inflation ait ralenti, elle se situait encore considérablement au-dessus de ce que la Bundesbank considérait, du moins officiellement, comme acceptable, et commençait de devenir inquiétante. Les taux d'intérêt à long terme étaient repartis à la hausse (ce qui aurait dû indiquer, selon le dogme adopté par la Bundesbank à la fin de 1993, que la baisse des taux à court terme était déjà allée trop loin). La plupart des opérateurs estimaient que le dollar allait monter face au Mark. Et, selon les milieux d'affaires, le pire de la récession allemande était passé.

Pourtant, à la mi-mars, la Bundesbank baissa à nouveau son

* L'une des propositions du SPD qui inquiétait le plus le complexe « bancaro-industriel » allemand comportait notamment une réduction du pouvoir des grandes banques et la limitation de leur implication dans l'industrie.

** Ainsi qu'on put le discerner ensuite, l'essentiel de la progression du PIB allemand au premier semestre 1994 provenait de la modification du comportement de l'industrie en matière de reconstitution des stocks.

taux de prise en pension. Pourquoi ? L'un des membres du directoire de la Buba fit savoir aux autres pays du « noyau dur » du MEC que Tietmeyer bénéficiait, de nouveau, de la majorité au sein du conseil. Il est difficile de savoir quels membres du conseil avaient changé d'avis, et pour quelle raison — de toutes les banques centrales, la Bundesbank est la plus secrète et ne publie jamais les procès-verbaux des réunions de son conseil, ni les résultats des votes auxquels il procède, précisément parce qu'il s'agit d'une institution politique et politisée au plus haut point. Le fait que Gerd Haller affirmait avec confiance aux bureaucrates des autres pays que le taux d'escompte se situerait à 4,5 % en octobre, au moment des élections, nous fournit un indice : cela sous-entend que ce furent les « durs » du conseil, opposés aux syndicats, et qui en étaient venus à la conclusion qu'il leur fallait se contenter de ce qu'ils avaient déjà obtenu, qui modifièrent leur position. L'autre option aurait consisté à prendre le risque de voir les élections porter au pouvoir un gouvernement SPD qui mettrait sur pied, ainsi qu'il en avait agité la menace pendant la campagne, un cadre national de planification dans lequel la Bundesbank devrait bien prêter attention au gouvernement et aux syndicats au lieu de leur dire tout bonnement ce qu'ils avaient à faire.

D'autre part, Trichet appelait Tietmeyer à l'aide : la Banque de France, qui avait tout récemment accédé à l'indépendance, était soumise à de fortes pressions à l'intérieur même de la France. Sa tentative d'instaurer un cadre monétaire n'était rien de plus, ainsi que nous allons le voir, qu'un camouflage du fait qu'elle suivait la Bundesbank comme son ombre en matière de taux d'intérêt. Alors qu'à ce stade, la reprise française reposait presque totalement sur les incitations fiscales décidées par le gouvernement pour favoriser le logement et l'industrie automobile, la grogne provoquée par la servilité de Trichet à l'égard de Tietmeyer prenait de l'ampleur. Le gouverneur de la Banque de France avait bien besoin que le président de la Buba tienne enfin ses promesses.

Le problème le plus important auquel la Bundesbank était confrontée, dans la conjoncture nouvelle, résidait dans l'énorme dépassement de l'objectif de masse monétaire constaté dans les premiers mois de 1994. Ce dépassement, affirmait-on à Francfort, provenait d'une « impasse pour la liquidité[9] » qui s'était créée parce que les ménages et les entreprises allemands se montraient réticents à acheter bons et obligations : les taux d'intérêt offerts sur les dépôts bancaires à court terme, qui constituaient le gros de la masse monétaire, étaient trop tentants. Réduire les taux à court terme constituerait donc un encouragement à transformer les dépôts en bons et en obligations, et, par conséquent, à une réduction de la masse monétaire. Une telle argumentation contredisait complètement la théorie sous-jacente aux procédures de fixation des objectifs de masse monétaire de la Bundesbank. Sous sa forme la plus élémentaire, cette théorie affirmait qu'un *relèvement* des taux d'intérêt à court terme augmentait le coût de l'argent non investi et, par conséquent, *réduisait* le volume de la demande de liquidités émanant du système bancaire. Dans la nouvelle théorie de la Bundesbank, la queue ne se contentait pas d'agiter son chien : le chien, simultanément, courait après sa queue.

Sous les eaux calmes de la mare archéo-monétariste* de la Bundesbank, les anticipations du marché bouillonnaient dans les profondeurs**. Il est incontestable que le gonflement de l'offre monétaire avait été créé par la Bundesbank — mais seulement parce que les banques allemandes avaient participé à la bulle du marché des bons et obligations, alors que le secteur non bancaire n'y avait pas pris part. Les banques pensaient que les cours allaient monter, le secteur non bancaire ne le croyait pas. Alors, comment la Bundesbank aurait-elle pu rester « crédible » si deux des éléments de son empire en étaient venus à des anticipations diamétralement opposées ? Comment avait-on pu arriver à de telles divergences ? La réponse, comme tout le reste de ce dont ce livre

* Milton Friedman, le père du monétarisme d'après-guerre, refuserait de reconnaître que la Bundesbank soit monétariste, ne serait-ce qu'en principe : la Buba n'a jamais essayé de contrôler l'offre monétaire. Au lieu de cela, elle a essayé d'orienter l'offre monétaire en lui fixant un prix (les taux d'intérêt à court terme). Une banque centrale qui contrôlerait l'offre monétaire, par l'intermédiaire d'un contrôle des réserves des banques, laisserait les taux d'intérêt évoluer à la hausse ou à la baisse en fonction de l'évolution de la demande monétaire par rapport à un niveau d'offre prédéterminé.

** L'argumentation de la Bundesbank rappelait en fait Keynes, personnage haï à Francfort, en ceci qu'elle impliquait que l'offre monétaire n'était gonflée que par la spéculation, et non par les transactions, et avait, par conséquent, perdu sa signification en tant qu'objectif de politique. Ce qui ne manqua pas de provoquer un inconfort intellectuel considérable, mis glorieusement en lumière le 1er juin : trois membres du conseil de la Bundesbank, prenant la parole dans trois villes allemandes différentes, prononcèrent des déclarations totalement contradictoires, et naturellement impénétrables, sur l'utilité des objectifs monétaires et sur la relation entre l'offre monétaire et les taux d'intérêt[10].

parle, réside dans la distorsion du raisonnement économique par la lutte pour un pouvoir libre de tout contrôle démocratique.

Tietmeyer, lui, n'était victime d'aucune paranoïa vis-à-vis des marchés ou des « Anglo-Saxons » et, à la différence de Trichet, il se montrait en général plus favorable aux solutions inspirées par le marché qu'à celles des technocrates. Mais il était — il est toujours — bien décidé à ne pas accepter que l'on tente de rogner les ailes politiques de la Bundesbank, c'est-à-dire que sa liberté d'action soit restreinte tant par une dépendance à l'égard des marchés que par une dépendance formelle à l'égard des gouvernements (se cacher derrière un masque d'impartialité pour donner un coup de main à Kohl relevait, bien entendu, d'une tout autre affaire).

Le problème auquel la Bundesbank était confrontée se poserait avec plus d'acuité encore à une Banque centrale européenne, et il vaut la peine de l'examiner de près. Traditionnellement, on a reconnu à la Bundesbank beaucoup de « crédibilité », ainsi que l'on dit dans les discussions d'experts, entre responsables des banques centrales et sur les marchés. Fondamentalement, cela signifie que les marchés croient fermement que les autorités monétaires sont capables d'assurer, comme elles l'ont promis, une inflation faible et stable. La Bundesbank estime que son indépendance vis-à-vis du pouvoir politique a été le facteur majeur qui lui a permis d'acquérir et de conserver cette « crédibilité ». Elle découle plus probablement du rejet de l'idée même d'inflation qui s'est enraciné dans la conscience du peuple allemand à la suite des deux épisodes d'hyper-inflation qu'il a subis durant ce siècle (ce rejet ne pourrait pas être transposé aux autres pays à moins de les soumettre, eux aussi, aux ravages de l'hyper-inflation, mais on ne voit guère quel monétaro-psychiatre proposerait une thérapie de ce genre).

En tout état de cause, la « crédibilité » implique que les marchés s'attendent à voir les autorités monétaires diriger l'évolution des taux d'intérêt (le principal outil de politique monétaire de toute banque centrale) en cohérence avec le degré souhaité de stabilité des prix dans des conditions d'équilibre économique raisonnable. D'où il découle, puisque les taux d'intérêt à long terme résultent essentiellement d'un lissage des anticipations sur les taux à court terme, que la courbe des rendements — la différence entre les taux à court terme en vigueur *à un moment donné* et les taux à long terme — indique dans quelle direction les taux à court terme doivent s'orienter et à quelle vitesse, si l'on veut conserver la « crédibilité* ». Malheureusement, tel n'est pas le point de vue de la Bundesbank, car cela reviendrait à considérer les opérateurs du marché des bons et obligations comme des « veilleurs » qui surveillent en permanence le développement non seulement de la politique budgétaire, mais aussi de la politique monétaire. Si les décisions prises par ces « veilleurs » se traduisent par des mouvements des taux à long terme, il apparaît alors qu'ils dictent aux autorités monétaires l'orientation future des taux à court terme. En fait, ils ne font que prévoir, à partir des informations dont ils disposent, comment des autorités monétaires crédibles vont agir pour atteindre les objectifs qu'elles ont annoncés. Néanmoins, il semble que la Bundesbank estime que la « crédibilité », entendue dans cette acception-là, constitue une menace pour son « indépendance » et pour sa liberté de se livrer à ses manœuvres politiques sans le moindre contrôle, dans la mesure où elle est liée, du moins dans les anticipations des marchés, à une série d'actions prédéterminées. Elle doit ainsi faire face à un étrange paradoxe : son « indépendance » (vis-à-vis du pouvoir politique) est présentée comme un préalable à sa « crédibilité », mais cette même « crédibilité » lui enlève toute indépendance par rapport aux marchés.

Voilà *pourquoi* la Bundesbank est si opposée au développement de marchés financiers sur le modèle de Londres et de New York ; voilà *pourquoi* elle qualifie avec mépris Wall Street et la City de « casinos », et voilà *pourquoi* Tietmeyer déverse ses sarcasmes sur les « professionnels du marché des valeurs ». Un autre membre du directoire de la Buba, Gerd Haüsler, a déclaré récemment que la concurrence qui fait rage sur les marchés financiers a donné naissance aux « guetteurs de banques centrales », et que les instituts d'émission sont considérés comme des brigands lorsque les marchés sont pris au dépourvu par leurs actions et, par conséquent,

* En schématisant quelque peu, on peut dire qu'une banque centrale doit baisser ou relever fortement les taux à court terme dès qu'elle repère un dysfonctionnement de l'économie, et qu'elle fait ainsi monter ou descendre la courbe des rendements. Elle ne doit agir sur les taux à court terme d'une manière progressive et programmée que lorsque l'économie revient ensuite peu à peu à l'état d'équilibre qui prévalait avant le dysfonctionnement, ce qui aplatit la courbe des rendements. Au début de 1994, la courbe des rendements était déjà plate. Si la Bundesbank avait été crédible, les marchés n'auraient pas anticipé de nouvelles réductions progressives des taux à court terme. Qu'ils en soient venus à pareilles anticipations, ce que démontraient les marchés des « futurs », indique que la Bundesbank avait perdu sa crédibilité.

essuient des pertes[11]. En fait, l'apparition des « guetteurs de banques centrales » signifie que les marchés ne savent plus à quelles règles les banques centrales se conforment lorsqu'elles prennent leurs décisions, et qu'il leur faut donc essayer de les déduire à partir de leurs actions et, ce qui est peut-être plus important encore, de leurs affirmations. Si les banques centrales étaient pleinement « crédibles », on pourrait remplacer leurs organes de direction par des ordinateurs. Ainsi donc, de même que nous avons vu qu'une banque centrale indépendante *exige* que les pouvoirs publics et les agents du secteur privé se conduisent « mal » pour justifier son indépendance, nous voyons aussi que ces banques doivent, délibérément, esquiver toute crédibilité réelle si elles veulent conserver la liberté d'action qu'elles paraissent placer au-dessus de tout.

Sa volonté de *ne pas* céder à ce que les indicateurs économiques lui suggéraient de faire (réduire les taux d'intérêt à court terme fortement et rapidement) à l'automne 1993 a constitué, toute considération sur le MEC mise à part, une contrainte majeure pour la Bundesbank. Elle a contribué à l'éclosion de la « bulle » du marché des bons et obligations que les porte-parole de la Buba, à commencer par Tietmeyer, affirmaient religieusement vouloir éviter*. Lorsque la bulle finit par éclater au début de 1994, comme il était inévitable, l'hypocrisie des banques centrales du continent, menées par la Bundesbank et par la Banque de France, en attribua immédiatement la responsabilité aux « spéculateurs ». À la vérité, la bulle était l'œuvre des banques centrales du continent, et les fonds d'investissements de couverture étaient les grands perdants. Ils avaient été, dans les faits, forcés de quitter le marché et de laisser agir les opérateurs « techniques ». C'était la raison majeure

* Les économistes professionnels ne manqueront pas de noter que j'utilise le mot « bulle » dans un sens très général. Il serait ici plus exact de parler d'une bulle endogène, dans la mesure où les marchés attribuaient à la Bundesbank, à partir de ses actions et de ses affirmations, une ligne de pensée, dans le domaine de la fixation des taux d'intérêt à court terme, qui n'était pas cohérente avec l'équilibre du marché financier. À un moment ou à un autre, cette ligne de pensée devrait être modifiée, mais le moment précis du changement dépendait des courants politiques variables qui traversaient le conseil de la Bundesbank. Les opérateurs croyaient sans doute qu'ils pourraient se dégager à temps quand le changement de ligne de pensée commencerait de se faire jour. En d'autres termes, ils étaient victimes de ce que l'on appelle une « illusion de liquidité » et, lorsque vint enfin le temps où il leur aurait fallu se dégager, la chute des cours fut exacerbée par des problèmes d'insuffisance de la liquidité.

de la hausse des taux d'intérêt à long terme durant le reste de l'année 1994, qui devait mettre à mal la crédibilité des banques centrales. À l'évidence, dans le but de « montrer aux marchés qui était le vrai patron », le conseil de la Bundesbank était disposé à laisser Tietmeyer mener sa stratégie géopolitique, fût-ce au prix de l'instabilité du marché financier et des atteintes portées à la « crédibilité » de la Buba*.

Cet épisode nous apprend beaucoup sur ce qui se passerait dans l'UME. Durant l'essentiel de son histoire, la Bundesbank n'avait pas eu affaire à un marché financier mondial intégré, dérégulé et totalement nouveau. Elle s'était battue pour que le système bancaire allemand, caractérisé par un réseau dense de petites banques de dépôts, conserve son caractère essentiellement provincial, et pour que la place de Francfort demeure dominée par les trois grandes banques « universelles » (la Deutsche Bank, la Dresdner Bank et la Commerz Bank) sur lesquelles elle pouvait exercer sa « persuasion morale ». Quand l'une des banques de Cologne, la Herstatt Bank, connut de graves difficultés en 1974, à la suite de transactions menées par un cadre de niveau peu élevé qui n'en avait pas le droit, puis d'opérations spéculatives de plus en plus dangereuses dans le but de compenser ses pertes, la Bundesbank était tellement animée par le désir de « punir » les spéculateurs qu'elle s'abstint d'agir en tant que « prêteur en dernier ressort » à l'égard du marché interbancaire international, qui était relativement nouveau. Cela provoqua une réaction en chaîne qui aboutit à une suspension temporaire du système des paiements entre banques aux États-Unis et à un risque sérieux de problèmes bancaires à l'échelle

* Les responsables des banques centrales tentèrent de cacher leur embarras devant les événements survenus sur le marché des bons et obligations en reprochant aux déficits publics de créer une « pénurie d'épargne » mondiale. Il est vrai que les déficits étaient beaucoup trop importants dans nombre de pays des « marchés émergents ». Mais rien ne prouve que l'effondrement du marché des bons et obligations de 1994 ait trouvé son origine dans une inquiétude généralisée devant la situation des finances publiques au sens large — les cas de pays à dette excessive comme la Suède et l'Italie devant être mis à part. À l'inverse, la forte reprise de ce marché en 1995, qui a commencé aux États-Unis, n'a rien eu à voir avec un regain d'optimisme au sujet des finances publiques — il n'y en a pas eu (Tietmeyer est allé jusqu'à attribuer la faiblesse du dollar durant cette période à l'échec de l'amendement exigeant l'équilibre du budget soumis au Congrès, et à ignorer le fait que les taux à long terme *reculaient* rapidement).

mondiale*. Néanmoins, la Buba n'avait pu empêcher la croissance d'un marché interbancaire planétaire.

Et l'apparition de ce marché la menace davantage encore. Les investisseurs internationaux ne se sont intéressés de façon significative au marché allemand des capitaux que depuis quelques années seulement, et c'est là une expérience que la Buba n'a pas appréciée. C'est pourquoi elle voit certains avantages à une BCE fonctionnant à Francfort et selon son propre modèle. La BCE, en effet, serait en mesure d'intensifier son emprise sur les marchés financiers européens, en particulier si la Grande-Bretagne devenait membre de l'UME**, et elle pourrait étendre à toute l'Europe le caractère relativement arriéré, sur le plan des techniques financières, de la place de Francfort, ce qui lui permettrait de taper à loisir sur les doigts des opérateurs. Une BCE fonctionnant à l'imitation de la Bundesbank protégerait aussi les banques allemandes « universelles » de la concurrence des banques étrangères. La Bundesbank veut conserver en Allemagne des ratios de réserves obligatoires, car ils constituent, en compagnie de la facilité d'escompte, l'un des traits essentiels de la relation de protecteur à protégé grâce à laquelle elle peut user de son pouvoir de « persuasion morale ». Mais dans certains autres centres bancaires importants, en particulier en Grande-Bretagne et au Luxembourg, ces ratios ne sont pas exigés, ce qui expose les banques allemandes, ou du moins leurs succursales nationales, à la concurrence pour obtenir des dépôts. Ainsi, la Bundesbank est bien décidée à ce que la BCE, si elle existe un jour, soit dominée par l'Allemagne et qu'elle impose ces ratios dans toute l'Europe. Haüsler, redoutant et prévoyant tout à la fois que la Grande-Bretagne ne décide fina-

* La comparaison de son comportement dans l'affaire Herstatt avec celui de la Banque d'Angleterre au moment de l'effondrement de la Barings, en 1995, n'est pas à l'avantage de la Bundesbank. La « Vieille Dame » a refusé de renflouer la direction et les actionnaires de la Barings, mais elle a fourni à la place de Londres toutes les liquidités nécessaires pour éviter que le système bancaire tout entier ne soit mis en danger.

** Le 9 mars 1995, Tietmeyer, interviewé par la BBC télévision, a exprimé sa préférence pour une participation de la Grande-Bretagne à l'UME[12]. Pour une part, il tentait de minimiser l'importance de la conception allemande de l'Union européenne formée autour du « noyau dur » qui était préjudiciable à Balladur dans la course à la présidence de la République. Mais surtout, il démontrait ainsi qu'il redoutait que le pouvoir d'une BCE ne soit sapé par la persistance à Londres de marchés financiers libres et dérégulés.

lement de se tenir en dehors de l'UME, a même suggéré que ces ratios soient imposés *au monde entier*[13].

Les technocrates français voient dans « l'Europe » le moyen de préserver leur pouvoir face à un marché libre mondial, dans lequel c'est le jeu de la concurrence, et non les oukases de l'État, qui décide de ce qui sera produit, où, et par qui. Pour cela, ils sont disposés à donner l'apparence d'abandonner un certain degré de la souveraineté nationale de la France, car ils ont la certitude que leur savoir-faire et leur absence de scrupule leur permettront de conférer, en échange, une souveraineté *internationale* à leur pays (les succès qu'ils ont récemment remportés en obtenant que le Crédit Lyonnais, Bull et Air France puissent être renfloués, et que le Marché unique ne s'étende pas à l'électricité, donnent à penser que cette vision n'est pas dépourvue de fondement). De la même manière, la Bundesbank, dirigée par Tietmeyer, pourrait bien être prête, en fin de compte, à donner l'impression de faire le sacrifice de son autonomie nationale en matière de politique monétaire en consentant à la création d'une BCE, afin de protéger les prérogatives des banques centrales des empiétements des marchés *financiers* globaux « anglo-saxons » — *à condition* que la BCE soit conçue de telle sorte qu'elle agisse exactement comme la Buba.

Tietmeyer est persuadé qu'il pourra modeler la BCE dans le sens qu'il souhaite, c'est-à-dire en faire un clone de la Bundesbank — pourvu qu'il puisse continuer à bénéficier du soutien de Trichet. Du point de vue de sa philosophie, de ses procédures de fonctionnement et des instruments dont elle disposera, elle sera également, dans les faits, vassale de la Buba (avec des résultats qui, nous le démontrerons dans le dernier chapitre, seraient, hélas, une tout autre affaire). Mais il est presque certain qu'il a tort de croire qu'elle pourrait résister aux marchés financiers et aux gestionnaires de fonds d'investissement, qui doivent agir en fonction de ce qu'ils pensent être leur intérêt. Une BCE réussira peut-être à détruire la place de Londres si la Grande-Bretagne rejoint l'UME, mais elle ne pourra pas, face aux marchés globaux de New York et d'Extrême-Orient, dépasser la contradiction crédibilité/indépendance. Ni la Bundesbank ni les énarques n'aiment le monde moderne. Ils ne peuvent pas endiguer la marée, mais ils provoqueront beaucoup de dégâts en tentant d'arrêter le flot.

Une aurore nouvelle

Au fur et à mesure que 1994 s'avançait, les espoirs des enthousiastes de l'EMU, douchés par l'effondrement dans les grincements de dents du MEC à l'ancienne, commencèrent de se ranimer. Les turbulences survenues sur les marchés des bons et obligations n'avaient eu, apparemment, aucune influence sur les taux de change des monnaies du mécanisme. La reprise des économies européennes était de plus en plus évidente. Pour les pays dont les devises avaient vivement baissé depuis le début de la crise du MEC, à la mi-1992, cela n'avait rien de surprenant (pour un économiste à l'esprit ouvert, en tout cas). Mais, de manière plus inattendue, les économies du « noyau dur » se redressaient, elles aussi. Ce fut la précocité de cette reprise qui permit aux parités de demeurer dans une fourchette assez étroite tout au long de 1994, même s'il n'y eut que peu de jours où les monnaies de l'ancienne marge de fluctuation étroite se trouvèrent toutes à 2,25 % d'écart maximum les unes par rapport aux autres. Psychologiquement, l'effondrement du vieux mécanisme constituait un facteur positif, même si ses anciens grands prêtres refusaient de le reconnaître : l'atmosphère de crise et de conflits permanents s'était dissipée. Les prophètes de l'UME proclamaient qu'une aurore nouvelle se levait : la reprise économique réduirait au silence toutes les voix qui s'élevaient contre l'union monétaire. De plus, elle allégerait le fardeau dont on avait chargé la politique fiscale afin de lutter contre la récession, ce qui permettrait plus facilement aux pays concernés de réduire leur déficit budgétaire jusqu'à la limite de 3 % du PIB imposée par les « critères de convergence » établis par le traité de Maastricht pour entrer dans l'UME. Mais, comme si souvent déjà, cet optimisme se fondait sur une interprétation fausse, par cynisme ou par ignorance pure et simple, de ce qui se passait et pourquoi. Le Danemark, et ce n'est pas la première fois, nous offre l'archétype d'une lecture biaisée de la réalité économique par les enthousiastes de l'UME.

À la mi-1993, l'économie danoise semblait au tapis. À la fin de l'année, elle commença de récupérer d'une manière spectaculaire. L'un des éléments de la tactique employée par le gouvernement pendant la campagne du second référendum relevait tout bonnement de la vénalité : en cas de « oui », il déciderait des allégements fiscaux considérables. En réalité, ces réductions auraient probablement été décidées quel qu'ait pu être le résultat. Les socialistes (au pouvoir depuis février 1993) s'inquiétaient, à juste titre, des dommage structurels qu'un taux de chômage à 12,5 %, héritage de dix années de choix en faveur de la monnaie, finirait par causer à l'économie danoise. Mais, toujours anxieux de tromper les électeurs en forçant dans l'avenir les portes de l'UME, ils continuaient de se priver de toute possibilité d'action monétaire indépendante, même après l'élargissement de la marge de fluctuation à 15 %. Ils n'avaient plus d'autre option qu'une expansion fiscale, dans laquelle ils se lancèrent avec entrain.

Les résultats tournèrent à la confusion de tous les pontifes qui avaient considéré que la précédente expérience du Danemark démontrait que la *réduction* du déficit budgétaire entraînait une *progression* de la demande (nous avons déjà analysé cette expérience au chapitre 9). Depuis le début des années 1990, le Danemark, de même que l'Irlande et la France, s'était trouvé pris dans la version imposée par le MEC d'un « piège de liquidité » à la Keynes : la dépression de l'économie faisait baisser l'inflation, mais comme les taux d'intérêt nominaux ne pouvaient pas descendre significativement au-dessous du plancher déterminé par les taux allemands, les taux réels s'orientaient à la hausse, ce qui déprimait l'économie davantage encore, et ainsi de suite. Dans une situation aussi keynésienne, une expansion fiscale à la Keynes ne pouvait produire que des effets puissants. Les modèles macroéconomiques traditionnels tendent à montrer que la stimulation apportée par une expansion fiscale est faible et se dissipe rapidement, dans la mesure où les taux d'intérêt plus hauts, qui résultent de l'accroissement des emprunts de l'État, commencent à « ronger » aussi bien la capacité d'investissement du secteur privé que le pouvoir d'achat des consommateurs. Ce que ces modèles ignorent, cependant, c'est que, dans une économie prise dans un « piège de liquidité » ou son équivalent dû au MEC, une expansion fiscale a non seulement un effet direct sur le pouvoir d'achat (puisque le revenu disponible progresse grâce aux allégements fiscaux) mais, en fait, elle génère aussi un pouvoir d'achat additionnel. Les effets immédiats de l'expansion fiscale bloquent les forces déflationnistes à l'œuvre dans l'économie, et, les taux d'intérêt nominaux étant déterminés de l'extérieur, c'est *à la baisse* que s'orientent les taux d'intérêt *réels*. Par conséquent, l'expansion fiscale a un impact positif considérable sur la demande, sur la production et sur l'emploi. Ce fut très clairement le cas du Danemark durant le second semestre de 1993 (et, nous allons le voir bientôt, le cas de la France).

Dans l'esprit de Keynes, qui s'était concentré sur les problèmes du début des années 30, les mesures d'expansion fiscale peuvent être abrogées après une période relativement brève, dès que l'on a porté remède aux conditions de baisse de la confiance qui ont conduit au « piège de liquidité ». Dans le MEC, cependant, l'analogie ne peut pas être complète, car le piège durera aussi longtemps que l'inflation, dans le pays concerné, restera plus faible que l'inflation en Allemagne — le pays qui détermine les taux d'intérêt nominaux à court terme. Mais, si son inflation n'est *pas* plus faible que celle de l'Allemagne, ce pays ne pourra jamais améliorer sa compétitivité. En bref, *tout* dysfonctionnement affectant l'économie de l'un des pays « satellites » appartenant au MEC (ERM en anglais) déclenchera ce que Norman Tebbit a appelé avec perspicacité un *Eternal Recession Mechanism*, un « mécanisme de récession perpétuelle* ». Les taux de change fixes se traduisent par une déstabilisation extrême. Mais, ce qui est pire, c'est que l'expansion fiscale, qui constitue l'unique moyen de traiter le problème, doit devenir *permanente* : y mettre fin rapidement replongera l'économie dans une phase descendante du cycle, puisque les conditions menant au « piège de liquidité » existent toujours. Mais une expansion fiscale permanente entraîne une progression permanente du ratio dette publique/revenu national et, à la fin des fins, à une crise financière.

En passant, on ne manquera pas de noter que les soi-disant « critères de convergence » exercent un effet puissamment déflationniste dans les conditions décrites ici. Il est également tout à fait évident — c'est là un point sur lequel Tietmeyer, on le notera à son crédit, a été très clair — que le problème serait aggravé, et non supprimé, par le passage du MEC à l'UME. Nous sommes là en présence d'une donnée importante, puisque certains des défenseurs les plus aveugles de l'UME soutiennent que l'expérience du MEC, au cours de laquelle la perte de confiance des marchés dans l'une des monnaies du système conduit à imposer des taux d'intérêt dévastateurs pour la « défendre », ne pourrait pas se répéter

* Plus spécifiquement, *n'importe quel* dysfonctionnement produira cet effet-là. Nous avons déjà vu que, dans une situation de changes fixes, même un dysfonctionnement positif à l'origine ne manquera pas d'induire des cycles et générera donc, à un moment quelconque, un retournement de la conjoncture.

dans l'Union : il ne pourrait plus y avoir d'attaque contre les monnaies et, partant, plus de différentiels de taux extravagants*.

Ce que ces marchands d'orviétan ignorent, ou choisissent d'ignorer, c'est que même s'il y avait unicité des taux d'intérêt dans l'union, et pas de différentiels, un dysfonctionnement éventuel finirait par générer ou une récession permanente ou une instabilité financière, ou bien les deux à la fois. Dans le MEC, lorsqu'un événement de ce genre se produisait, les marchés, bientôt, soupçonnaient, espéraient, redoutaient, ou tout ce que l'on voudra, que l'ancrage fixe finît par sauter. Il en résultait que les taux d'intérêt étaient soumis à forte pression et qu'en fin de compte, il fallait *abandonner* le MEC, pour le plus grand bénéfice de tous. Les à-coups et les tensions sur les taux d'intérêt et les parités n'étaient pas les symptômes d'un complot politique ourdi par les marchés. Au contraire, ils constituaient un signal clair que les marchés, uniquement intéressés par le profit, estimaient que les hommes politiques menaient les économies comme des maladroits. Dans l'UME, ces signaux émis par les marchés n'existeraient plus. Les tensions se reporteraient sur l'emploi, sur les salaires, sur les migrations, sur les transferts budgétaires entre pays membres et se traduiraient par une expansion fiscale qui ne pourrait pas durer. Eddie George l'a souligné dans le discours extrêmement significatif et sceptique à propos de l'UME[15] qu'il a récemment prononcé à Luxembourg, et qui constitue une riposte directe à la manière typique qu'a eue Kenneth Clarke d'obscurcir le débat sur ce sujet[16] : aucune de ces hypothèses n'est séduisante. Pour reprendre la litote diplomatique de George, elles créeraient en Europe un « manque d'harmonie politique » et entraîneraient des contre-performances économiques.

Ce que George n'a pas mis explicitement en valeur, mais ce sur quoi Tietmeyer ne cesse de mettre l'accent, c'est la démonstration qui nous est apportée par les unions monétaires existantes, comme

---

* Leon Brittan est l'un des propagandistes les plus ardents de cette erreur. Mais il est instructif de comparer ce qu'il dit maintenant au sujet de l'UME et, en particulier, de l'éventuelle participation de la Grande-Bretagne, à ce qu'il disait en 1989, lorsqu'il défendait l'idée d'une entrée de la Grande-Bretagne dans le MEC. Les arguments qu'il utilise aujourd'hui sont exactement les mêmes, mot pour mot, que ceux qu'il employait en 1989[14]. On aurait pu penser qu'il en aurait quelque peu rabattu, étant donné ce qui s'est passé quand on a suivi son conseil et que la Grande-Bretagne s'est engagée, pour une période terrible mais heureusement brève, dans le MEC.

les États-Unis par exemple. Les risques économiques ne peuvent devenir acceptables que si la « culture économique » est fondamentalement la même dans toutes les composantes de l'union. Et pour que cela puisse se produire, il faut qu'il y ait une harmonisation, dans l'union tout entière là encore, de nombreux aspects de la vie politique, économique, sociale et culturelle. Ce qui, par voie de conséquence, exige un gouvernement central disposant d'un pouvoir important sur les composantes. Même si on y parvient (ce qui implique déjà la mise en place d'un système fédéral, accordant la prééminence au pouvoir central de surcroît), le risque économique couru par l'une des composantes ne peut jamais être tout à fait éliminé* ainsi que cela nous est démontré, par exemple, par la longue dépression subie par la Virginie occidentale, aux États-Unis, ou par Terre Neuve, au Canada, ou par les problèmes de moindre durée qu'ont connus récemment les économies de la Nouvelle-Angleterre, du Texas ou de la Californie. On voit bien qu'il faut atteindre « le degré de solidarité qui caractérise une nation » (pour reprendre une phrase typique de la Bundesbank) si l'on veut que les mécanismes d'ajustement interne mis en œuvre par le pouvoir central, tels que les flux migratoires de grande ampleur ou les transferts financiers d'une région à l'autre, deviennent politiquement acceptables. En d'autres termes, l'économie d'une union monétaire ne peut en aucun cas être séparée de la politique. Il est hautement improbable — évitons un déterminisme absolu — que l'on puisse jamais arriver en Europe à cette « solidarité qui caractérise une nation ». Et il est moins probable encore que l'on puisse y arriver *par* « l'Europe ».

---

* Une économie « satellite », c'est-à-dire celle d'un pays beaucoup plus petit qu'un voisin hégémonique avec lequel il vit en étroite symbiose, peut juger qu'il vaut la peine de courir ce risque résiduel dans le but de réduire le coût des transactions bilatérales et de mettre fin à l'incertitude pesant sur les taux de changes respectifs. Les unions monétaires entre la Belgique et le Luxembourg et entre la Grande-Bretagne et l'Irlande nous en fournissent deux exemples. Mais nous avons déjà vu que la première de ces unions est fragile, et que la seconde a pris fin en 1979, en partie parce que l'Irlande la jugeait contradictoire avec sa politique d'indépendance vis-à-vis de la Grande-Bretagne. Dans le cas de l'Irlande et la Grande-Bretagne, le mécanisme d'ajustement par les flux migratoires pouvait jouer facilement à cause d'une langue commune et de liens familiaux étroits. Mais il n'existait, certes, aucune solidarité « nationale » entre les deux pays — bien au contraire — et, par conséquent, aucune possibilité de transferts budgétaires redistributifs. Bien entendu, de tels transferts *existent*, entre la Grande-Bretagne et l'Irlande du Nord, dans le cadre de l'union politique que constitue le Royaume-Uni.

Ce qui détermine l'existence d'une nation est un sujet sur lequel nous reviendrons dans la conclusion de ce livre. Mais il est temps, après cette longue mais importante digression d'ordre général, de revenir au cas spécifique de l'économie danoise. L'expansion fiscale donna un bon coup de manivelle à une économie dont le moteur s'était figé dans la glaciation du MEC. Dès que le moteur eut démarré, la demande du secteur privé appuya sur le champignon. Grâce à une bizarrerie du système financier du Danemark, la « bulle » créée par la Bundesbank sur le marché des bons et obligations put donner à la plupart des familles danoises le sentiment qu'elles avaient gagné le gros lot. Au Danemark, en effet, les achats de logements sont financés par l'émission d'obligations hypothécaires (ce qui avait abouti à donner au petit Danemark, au milieu des années 80, l'un des dix plus grands marchés hypothécaires du monde). La chute rapide des taux d'intérêt à long terme dans les mois qui suivirent l'effondrement du MEC, combinée à une modification technique des dispositions légales, donna aux ménages danois une chance absolument unique de refinancer leurs hypothèques et de les purger à un coût beaucoup plus réduit.

Le coup de fouet ainsi donné au revenu disponible se traduisit immédiatement par une vague d'achats. Les perspectives parurent plus brillantes encore lorsque les autorités danoises décidèrent, dans la pratique, de laisser la couronne se dévaluer. Depuis l'élargissement de la marge de fluctuation, en août, la couronne était restée en permanence au-dessous de son ancien plancher et s'était fixée tout récemment à un taux qui représentait une dévaluation d'environ 3 % par rapport à son taux pivot. C'était là une modification modeste, mais elle se combina à la remontée du sterling et de la couronne suédoise, tous deux très importants pour le commerce danois, pour redonner une certaine compétitivité au Danemark.

Étant donné tous ces éléments, il n'est pas étonnant que l'économie danoise ait redémarré comme une fusée. Elle ne pourrait échapper au champ gravitationnel du MEC et, dès que ce missile aurait consommé le carburant de l'expansion fiscale, il retomberait de nouveau, mais sa phase d'ascension fiévreuse, presque verticale, provoqua un nouvel accès de vertige chez les autorités de Copenhague. Au début de 1994, le ministre de l'Économie, Marianne Jelved, eut ainsi la témérité de suggérer, lors d'une réunion de l'Ecofin, que le temps était venu de prendre au pied de la lettre le communiqué du 2 août, et de mettre fin à l'élargissement

« temporaire » de la marge de fluctuation[17]*. À sa grande déception — qu'elle ne cacherait pas lorsqu'elle s'adresserait à la presse après la réunion —, ceux qui, dans les autres États membres, défendaient naguère avec zèle les parités de la marge étroite, étaient devenus nettement plus augustiniens au sujet du moment du retour à l'état de grâce.

Erik Hoffmeyer, le rugueux gouverneur de la Banque centrale du Danemark, était exaspéré par les hommes politiques. Selon un quotidien financier danois[19], il fit ce que certains Luxembourgeois, six mois auparavant, avaient suggéré à la Belgique de faire : il demanda à la Bundesbank d'accorder à la couronne un arrangement réciproque de maintien dans la marge de +/- 2,25 %, analogue à celui dont bénéficiait déjà le florin. Pressé de fournir une réaction à cette demande, le porte-parole de la Bundesbank en dit long, mais entre les lignes : « Nous ne pouvons faire aucun commentaire. Il s'agit d'une question politique, qui ne peut être tranchée qu'au plus haut niveau[20]. » On raconte à Copenhague que ces informations mirent le gouvernement en fureur : les hommes politiques pouvaient bien avoir leur calendrier pour tromper l'électorat sur leurs intentions à propos de l'UME, mais rejoindre une zone Mark était politiquement inimaginable — du moins avant les élections d'octobre : la peur d'une domination allemande avait constitué le principal motif du « non » au premier référendum sur Maastricht. Hoffmeyer, semble-t-il, se fit vertement réprimander et reçut l'ordre de démentir. Ce qu'il fit dûment, mais en des termes qui, selon les bons observateurs,

* Mme Jelved continue de s'agiter pour que le Danemark renonce à la clause qui lui permettrait de ne pas participer à une monnaie unique. En février 1995, elle a ainsi affirmé, dans une interview, que cette clause conduit le Danemark à avoir des taux d'intérêt plus élevés que les pays du « noyau dur », car, a-t-elle dit, les marchés interprètent cette clause comme le signe de la volonté du Danemark de conserver le droit de dévaluer[18]. Elle a raison, aussi longtemps que le Danemark gardera un objectif de taux de change, mais maintiendra la couronne dans le bas de la marge de fluctuation, ainsi que cela a été presque en permanence le cas depuis août 1993 : il est hautement improbable que le marché en vienne à croire, dans ces conditions, que la couronne puisse jamais monter substantiellement face au Mark. Il estime au contraire qu'il existe un risque qu'il se déprécie. Tout ceci changerait, cependant, si le Danemark se donnait un ciblage d'inflation au lieu d'un objectif de taux de change : une dépréciation deviendrait tout aussi probable qu'une appréciation, et il n'y aurait donc pas de « prime de risque » à ajouter aux taux d'intérêt, au moins en termes réels. Il semble que le gouvernement ait récemment fini par accepter cette notion : la couronne a pu retrouver ses niveaux de la mi-1993, afin de prévenir un risque d'inflation.

confirmaient que la Bundesbank avait bien été approchée, et que l'Allemagne avait opposé un refus pour des raisons politiques. Car, déclara Hoffmeyer, accorder à la couronne ce qui avait été soi-disant demandé aurait été « une gifle pour la France[21] ». C'en aurait été une, bien sûr. Mais cela aurait aussi conduit, en Belgique, à la réouverture d'un débat qui s'était apaisé. Et cela aurait orienté les relations monétaires européennes dans la direction esquissée par le projet de 1941, qui avait probablement les faveurs de Schlesinger mais qui n'était pas assez grandiose pour Kohl. Quant à Tietmeyer, sa stratégie avait visé, par-dessus tout, à garder la France dans le même bateau que l'Allemagne. Comme toujours, la France était la clé. Et en France, Trichet marchait sur des œufs.

Différentiel et différences

Le traité de Maastricht stipulait que tous les pays souhaitant entrer dans l'UME devaient, d'abord, donner à leur banque centrale son indépendance par rapport au gouvernement. Le véritable point de vue de Mitterrand sur la question, ou, tout au moins, sur l'indépendance de la BCE, avait été révélé le 3 septembre 1992, avec les conséquences que nous avons vues. Mais il est clair qu'en échange du « pacte amoureux » qui suivrait, la France avait dû faire à son papa gâteau allemand la preuve de sa « vertu », en lui promettant que la Banque de France deviendrait indépendante. Préparé par Pierre Bérégovoy, un projet de loi dans ce sens avait été repris, presque sans modification, par Balladur. La loi entra en vigueur au début de 1994 ; Trichet, à ce moment-là, était devenu gouverneur. Soutenu par tous les grands partis, l'abandon du pouvoir monétaire du gouvernement à un organe dénué de la responsabilité politique représentait un écart gigantesque au regard de la tradition républicaine de la France. C'était une nouvelle confirmation de la mort de la démocratie politique en France au temps de Mitterrand. Ainsi que l'a récemment souligné Raymond Barre : « Une oligarchie financière, politique et administrative proclame qu'elle est l'unique incarnation du bien-être de la nation... c'est notre conception même de l'État démocratique qui est remise en question[22] *. »

* L'inquiétude de Barre peut paraître peu cohérente avec le soutien fervent qu'il apporte au traité de Maastricht, mais il songeait à se porter candidat à la présidence de la République lorsqu'il tint ces propos.

Jean-Claude Trichet affirme que la Banque de France est aussi indépendante vis-à-vis de la Bundesbank que du gouvernement français, et se présente comme un partenaire de Tietmeyer en pleine égalité avec lui. C'est pour appuyer ces dires que la Banque de France s'est lancée dans l'exercice futile consistant à définir un cadre aux décisions de politique monétaire. On fixa donc un plafond à l'inflation (elle se situait bien au-dessous de ce plafond et ne donnait pas, à ce moment-là, le moindre signe de vouloir faire autre chose que descendre encore, flirtant en fait avec la déflation absolue), mais pas de plancher. On se fixa aussi un objectif pour la masse monétaire (afin de complaire à la Bundesbank, même si Tietmeyer n'envisageait les objectifs de masse monétaire que comme la couverture de manœuvres dont il n'avait à rendre compte à personne)*. Étant donné, cependant, que la masse monétaire française était, en fait, *en diminution*, l'objectif était retenu pour une période d'un moyen terme indéfini. Le plafond d'inflation sans plancher symétrique, aussi bien que le vague objectif de masse monétaire, visait à donner l'impression que la politique monétaire était, d'une manière ou d'une autre, en relation avec les besoins de l'économie française, sans pour autant déclencher une réduction solitaire des taux d'intérêt français que Tietmeyer avait interdite.

Mais rien n'aurait pu être plus éloigné des intentions de Trichet. C'est pourquoi, durant les premiers mois de son règne, il eut à faire face à de violentes critiques publiques de l'asservissement monétaire de la France à l'Allemagne, qui étranglait la reprise en freinant la production et surtout le recul si désespérément nécessaire du chômage ; d'où les appels à l'aide lancés à Tietmeyer. Mais au fur et à mesure que 1994 avançait, les effets accélérateurs

---

* En mars 1994, Trichet prononça à Francfort (Tietmeyer prit également la parole à cette occasion) un discours intitulé « L'importance de la coopération franco-allemande[23] » qui sera éternellement tenu pour une perle rare par les passionnés de trichétophilie. Son apologie de l'indépendance de la Banque de France avait beaucoup en commun avec la manière dont Balladur a, plus récemment, défendu les écoutes illégales : « Devenue indépendante, la Banque de France, déclara Trichet, trouve tout naturellement sa place dans la vie démocratique de notre pays. Ses relations avec le président de la République et avec le gouvernement, comme avec le Parlement, sont déterminées par la loi. Et, comme toutes les banques centrales indépendantes, elle doit sans cesse écouter, méditer, décider, expliquer et convaincre. » Trichet affirmait aussi, tout bonnement, que « la coopération franco-allemande a permis de surmonter les tensions monétaires de 1992 et de 1993 ».

différés des réductions des taux allemands, imitées par la France, de la forte reprise du marché des bons et obligations à la fin de 1993, de l'expansion budgétaire décidée par Bérégovoy et par Balladur, ajoutés aux nouvelles mesures du gouvernement en faveur de l'automobile et du logement et à l'expansion du commerce mondial, donnèrent un élan considérable à l'économie française. Les critiques formulées contre Trichet s'apaisèrent. Le franc demeura proche de l'ancienne marge de fluctuation du MEC pendant la majeure partie de l'année (quoiqu'il se fût rarement situé à l'intérieur de cette marge, contrairement aux déclarations imprécises de certaines personnalité qui gardaient l'œil fixé sur les critères de convergence de Maastricht).

Mais il était impossible d'ignorer le fait que la croissance de la France, comme celle du Danemark, était soutenue par un degré d'expansion fiscale qui ne pourrait pas être maintenu indéfiniment (si, en 1990, le déficit budgétaire avait représenté 1,5 % du PIB, le chiffre généralement admis pour 1994 est de l'ordre de 6,1 %, et il n'est pas exclu qu'il ne soit en réalité plus élevé). Le niveau plancher de ses taux nominaux étant fixé par l'Allemagne, la France, comme le Danemark, était prise dans un « piège de liquidité ». Comme au Danemark, l'expansion fiscale avait généré du pouvoir d'achat supplémentaire. Mais le problème était — il est toujours — qu'à un moment donné, il faudrait bien mettre fin à l'expansion fiscale, notamment si l'on voulait se conformer aux critères de Maastricht. Lorsque l'on en arriverait là, il y aurait à nouveau un risque de renversement de la conjoncture, à moins que la France, suivant l'exemple de la Grande-Bretagne depuis 1992, ne décide de mener une politique monétaire *nationale* et indépendante.

Fin 1993, un observateur avait averti les banques centrales européennes qu'à la fin de 1994, la Banque de France prendrait prétexte de l'ampleur du déficit budgétaire pour maintenir les taux français à des niveaux trop élevés. C'est bien ce qui arriva. En décembre 1994, Trichet, pontifiant, déclara que si la Banque de France, omnisciente, avait eu un comportement impeccable, le gouvernement avait déçu en se montrant incapable de maîtriser le déficit budgétaire[24]. Le propos pouvait surprendre à double titre. D'abord, c'était la politique de franc fort de Trichet qui avait contraint les gouvernements, au désespoir, à gonfler le déficit pour desserrer l'étau dans lequel l'économie française était prise. Ensuite, Trichet lui-même, alors qu'il était encore directeur du

Trésor, avait outrepassé les limites de sa fonction et s'était personnellement mêlé de la politique, avec des résultats désastreux selon des responsables français[25].

Le marché réagit négativement aux propos de Trichet : le différentiel entre les taux français et allemands à long terme augmenta, et le franc s'affaiblit face au Mark*. Depuis lors, il n'a guère cessé de baisser (au moment où ce livre est écrit), et il a fallu relever les taux à court terme pour prévenir une chute plus accentuée. Bien entendu, la faiblesse du franc français au début de 1995 (à la mi-mars, il se situait à 6,5 % au-dessous de la plus forte des monnaies du MEC) a été également due au recul du dollar pendant le premier semestre de 1995 et par l'incertitude politique provoquée par l'élection présidentielle. Et les devises de plusieurs pays ont souffert tout autant, sinon plus, que le franc. Il n'en demeure pas moins que les marchés ont indiqué clairement qu'il y a incompatibilité entre des allégements fiscaux et la poursuite de la politique de suivisme monétaire par rapport à l'Allemagne, incompatibilité tout aussi évidente après l'élection de Jacques Chirac qu'auparavant. Officiellement, le chômage atteint 12,5 % en France. Le chômage des jeunes se situe à un niveau double. Bien des jeunes gens et des jeunes filles n'ont jamais eu d'emploi, et perdront bientôt le bénéfice des indemnités de chômage. Lorsque cela se produira, les échauffourées sporadiques de 1994 pourraient bien dégénérer en un cauchemar de violence urbaine.

La route qui mène à l'union monétaire selon Maastricht, si même elle s'avérait compatible avec « la gloire de la France », pourrait être barrée par la fracture sociale. En outre, les marchés sont de plus en plus conscients d'autres réalités politiques devant lesquelles les responsables ont préféré fermer les yeux. Progressivement, ils ont séparé le franc d'un véritable « noyau dur » politiquement crédible qui regrouperait, autour du Mark, le florin, le schilling autrichien et (mais c'est là un point davantage sujet à caution) le franc belge. Les marchés ont ainsi démontré qu'ils prenaient acte d'une réalité comprise depuis longtemps par Schlesinger, et même par les planificateurs du IIIe Reich, mais que Tietmeyer s'est efforcé de ne pas voir : il n'y a aucune commu-

---

* Trichet avait déclaré que « le franc disposait d'un potentiel de hausse », formule qu'il a répétée à plusieurs reprises au cours des mois suivants : un hebdomadaire français estima que « cette formule a enchanté les professionnels, qui n'ont pas tellement d'occasions de rire[26] ».

nauté réelle d'intérêts monétaire entre la France et l'Allemagne. Si Trichet et ses pareils s'obstinent à mener une politique vichyssoise, ils finiront par déclencher des réactions populaires de protestation. Si, au contraire, l'énarchie tente, dans le domaine monétaire, de mettre la main sur l'Allemagne, elle rentrera violemment dans le mur, une fois encore.

C'est ce théorème de l'impossibilité de construction d'une UME viable qui nous occupera dans le dernier chapitre de ce livre. Mais n'affirme-t-on pas que l'UME va bien plus loin qu'un « noyau » de monnaie ? Tout, pourtant, nous montrera que nourrir quelque idéalisme que ce soit à propos de « l'Europe » relève d'une illusion de songe-creux.

Plus ça change

Les soucis de Tietmeyer lui-même au sujet du taux de change du Mark, jamais bien loin de la surface, s'exprimèrent de plus en plus ouvertement après les turbulences qui avaient affecté le système en mars, et qui avaient abouti à une nouvelle dévaluation de la peseta. Juste après, Waigel avait affirmé que la hausse du Mark n'était que le reflet de la bonne marche d'une économie solide tirant bénéfice de bonnes politiques[27]. Tietmeyer, lui, avait jugé nécessaire d'estimer que le Mark était allé plus loin que ce qui correspondait aux « fondamentaux »[28] — jugement bientôt confirmé par un retournement marqué des indicateurs de confiance des chefs d'entreprise. Mais, comme toujours, l'économie allemande ne constituait pas l'unique sujet de préoccupation de Tietmeyer. Alors que l'échéance de l'élection présidentielle française se rapprochait, et que Bercy se voyait inondé de plaintes des industriels et des agriculteurs qui dénonçaient la concurrence « déloyale » de l'Italie, de l'Espagne et de la Grande-Bretagne, il fallait que le président de la Bundesbank réduise le risque qu'aurait été, de son point de vue, l'adoption par la France d'une politique monétaire indépendante. A la fin mars, la Buba prit donc à contre-pied les marchés — qui, quelques semaines auparavant, ne parlaient que d'une hausse des taux allemands destinée à contrer les pressions inflationnistes latentes — en décidant une baisse de son taux d'escompte.

Cette réduction n'apporta pas seulement un soulagement à l'industrie française, mais aussi — par son effet stabilisateur sur le franc, la lire et la peseta — à Trichet lui-même, lui redonnant peut-être suffisamment de ressort pour qu'il décide d'entrer à son tour dans le débat électoral, par l'intermédiaire du rapport annuel de la Banque de France qui mettait en garde contre les projets de politique budgétaire et de politique monétaire présentés par le candidat Chirac.

Quand Chirac entra enfin à l'Élysée, il semble avoir choisi de suivre une stratégie double : adresser à l'Allemagne la menace voilée que la France assouplirait sa politique de change si elle ne montrait pas assez de « compréhension » sur les taux d'intérêt. Et menacer l'Espagne, l'Italie et la Grande-Bretagne, d'horreurs non précisées si ces trois pays n'adoptaient pas, eux, une politique de change *plus stricte* qui permettrait d'améliorer la compétitivité des entreprises françaises.

Le premier terme donnait à penser que certaines des leçons de l'été 1993, sinon toutes, avaient été retenues par Paris. En dépit des rodomontades de Trichet, personne n'était plus disposé à croire que la France puisse un jour s'emparer du rôle de point d'ancrage de la politique monétaire de l'Allemagne. En tous les cas, les propos de ce genre avaient seulement abouti à susciter la colère de la Bundesbank encore dirigée par Schlesinger. Il valait bien mieux, semblait-on maintenant penser, jouer des craintes que Tietmeyer avait lui-même exprimées, alors qu'il n'était que le vice-président de la Buba, au cours de la fatale réunion du conseil de la Bundesbank du 29 juillet 1993.

Il apparaît que la réaction de Tietmeyer fut ce que les Français avaient espéré, car la nécessité de prévenir une nouvelle hausse du Mark tenait à l'évidence une grande place dans ses réflexions. Au début de l'été 1995, l'économie allemande ayant ralenti après le coup de fouet apporté en 1994 par la période électorale, il avait de bons motifs pour rechercher l'occasion de nouvelles réductions des taux. Cependant, l'inversion des anticipations du marché sur les perspectives d'évolution des taux allemands, même si elle se combinait à une tendance à la baisse marquée des taux à long terme dans l'ensemble du monde parce que l'économie américaine, elle aussi, ralentissait, ne suffisait pas à donner un grand réconfort au nouveau gouvernement français. Il était visible aux yeux de tous que la réduction indispensable du déficit budgétaire de la France exigerait que les taux français soient notablement *plus bas* que les taux allemands — ce qui ne pourrait être obtenu que si le franc se dépréciait davantage face au Mark.

Pour que la situation soit plus complexe encore, le franc, en fait, s'était régulièrement apprécié en termes réels depuis la fin de 1994. Avant Noël, la direction du Trésor avait déjà été envahie par les plaintes d'industriels qui devaient se battre pour conquérir des marchés face à des concurrents italiens, britanniques et espagnols désormais libérés du fardeau pénalisant des monnaies surévaluées du début de la décennie. Pour la France (comme pour l'Allemagne), la notion d'une « égalité des conditions de concurrence » dans le Marché unique avait toujours signifié que ce serait une égalité qui jouerait largement en leur faveur — grâce aux contraintes du MEC et aux règles imposées par la Charte sociale, deux moyens destinés à maintenir les pays « périphériques » de la Communauté dans un état de faiblesse économique et de dépendance politique. Désormais privées de l'une de ces deux béquilles, l'industrie et l'agriculture françaises commençaient de pousser des cris d'écorchés. À l'abri des murs de la Banque de France, Trichet se répandait en malédictions, contre la lire surtout, et appelait la colère du Ciel à retomber sur les malheureux Italiens. Lors d'une réunion internationale, Trichet, en violation du protocole en usage, exprima directement son mécontentement à Lamberto Dini, en termes autoritaires. Le Premier ministre « technocrate » de l'Italie ne perdit pas son sang-froid. Il possédait les grandes oreilles, les yeux tristes et l'expression lugubre d'un basset, mais il avait déjà eu l'occasion de mettre à profit sa vive intelligence et sa langue acérée aux dépens de Trichet et de quelques autres. Avec une affabilité très voulue, à en croire des diplomates italiens, il répliqua à Trichet qu'il convenait que la lire se situait à un niveau trop bas, mais qu'il ne pouvait rien y faire : si le gouverneur de la Banque de France s'en inquiétait, il lui suffisait d'ordonner à ses courtiers de vendre des francs et d'acheter des lires.

Le conseil donné par Dini était incontestablement plein de sagesse. Mais accepter de le suivre aurait entraîné, délibérément, un nouvel affaiblissement du lien franc-Mark. Et, tout autant que durant l'été 1993, les dirigeants français n'étaient pas disposés à jouer tapis dans la partie de poker qu'ils disputaient avec l'Allemagne. Il leur faudrait se contenter des efforts entrepris par Tietmeyer en vue d'un assouplissement de la politique monétaire allemande. Il y a peu de doute que Kohl avait rappelé à Chirac la lettre de la loi, lorsqu'ils s'étaient rencontrés à Berlin, pour la célébration du cinquantième anniversaire de la fin de la guerre, deux jours après l'élection présidentielle. Quant à Juppé, qui était virtuellement le candidat de Kohl pour Matignon, il n'avait pas tardé à préciser qu'il était au moins aussi attaché au franc fort que Bérégovoy, Balladur ou Trichet.

Allant aussi loin qu'ils le pouvaient, compte tenu de leur politique de soumission à l'Allemagne, dans la mise en œuvre du premier volet de leur stratégie, les dirigeants français devaient bien déployer le second avec davantage de vigueur. Même si cela n'apporterait aucun résultat économique concret, il leur fournirait au moins, sur le plan politique, d'utiles boucs émissaires.

Avant l'élection présidentielle, Balladur avait déjà exercé des pressions sur la Commission pour qu'elle « prenne la défense » du Marché unique contre les « dévaluations compétitives ». Juppé suivit la même voie. A en croire des diplomates, le nouveau gouvernement français commença par exiger que Bruxelles menace de lier les transferts communautaires vers des pays tels que l'Espagne et l'Italie à leur « bon comportement » en matière de taux de change, et autorise la France, contrairement aux règles du Marché unique, à accorder des subventions à ses producteurs. Au début, ces exigences rencontrèrent peu d'écho. Les Commissaires issus d'autres pays n'entendaient pas se mettre à démanteler le Marché unique pour les beaux yeux du complexe étatico-industriel français.

Mais le danger que créait cette obsession pernicieuse était maintenant visible aux yeux de tous. Ce qui ne signifie pas, naturellement, que tous le voyaient. Pour l'establishment communautaire, le problème n'était pas tant le franc fort, que le risque de « dévaluation compétitive » — thème fréquent dans la bouche de Jacques Santer, le nouveau président de la Commission. Les gouvernements français et allemand semblent avoir décidé en mai 1995, ce qui était plus important que les ruminations de Santer, que l'Italie devait à nouveau se joindre au MEC, qu'elle le veuille ou non. En avril, Tietmeyer avait déjà « discuté de cette possibilité » avec Dini à Rome : depuis avril 1978, la roue de l'histoire avait presque accompli un tour complet. Le serpent qui avait été recréé, dans les faits, après l'élargissement de la marge de fluctuation, ne suffisait pas à garantir à l'industrie allemande une existence protégée, tranquille et profitable. La France, cependant, ne pouvait pas entrer ouvertement dans un serpent étroitement défini. La France et l'Allemagne entendaient convaincre l'Italie à tout le moins et si possible l'Espagne et la Grande-Bretagne de renoncer à leurs intérêts propres au nom du « bien commun » européen incarné par les parités fixes.

Il n'était pas difficile, bien entendu, d'obtenir le consentement de l'Espagne. Gonzalez avait démontré à de nombreuses reprises qu'il était prêt à accepter n'importe quelle distorsion de l'économie espagnole, n'importe quelle confirmation de la relation maître-esclave qui unissait le « couple » franco-allemand à l'Espagne. Mais l'Italie pose un tout autre problème : aussi longtemps que le doute subsistera sur la capacité du gouvernement à éviter que la dette publique ne devienne insupportable, la lire restera une monnaie hautement volatile. Ramener la lire dans le MEC, même avec une marge élargie à 15 %, entraînerait le risque d'une nouvelle déstabilisation de l'économie et rendrait le nécessaire ajustement budgétaire d'autant plus difficile. Cependant, la faiblesse économique et politique de l'Italie l'expose aux pressions de la France et de l'Allemagne.

Ces pressions furent rendues publiques[29] après les premières conversations entre Kohl et Chirac, qui venait de prendre ses nouvelles fonctions, le 19 mai 1995. Les deux hommes, selon des sources diplomatiques, avaient débattu du retour de la lire dans le MEC, car leurs deux pays s'inquiétaient des répercussions de la dépréciation de la lire sur la compétitivité de leurs secteurs industriels. Il faudrait des négociations d'une grande complexité, selon les mêmes sources, pour fixer un nouveau taux pivot à la devise italienne. L'Italie, semblait-il, n'aurait pas son mot à dire — les Italiens devraient tout bonnement faire ce qu'on leur dirait, tout comme en 1978 et en 1981 ! Une fois encore, on pouvait voir que le « bien commun » n'était que l'expression d'une détermination à faire en sorte que les autres pays gèrent leurs affaires économiques au bénéfice de l'Allemagne et de la France. En juin, Dini donna à penser qu'il cédait à la pression franco-allemande, en dépit du fait qu'Antonio Fazio, gouverneur depuis avril 1993, n'y fit aucune allusion dans son discours de présentation du rapport annuel de la Banca d'Italia à la fin de mai (au lieu de cela, la Banca d'Italia s'orientait nettement dans la direction d'un ciblage de l'inflation[30], totalement incompatible avec une rigidité du taux de change dans une économie aussi éloignée du plein équilibre que celle de l'Italie). Au début de juin, Dini déclara que la question du retour de la lire dans le mécanisme devrait être examinée à l'automne. Il est significatif qu'il ait propose ce calendrier[31]. Apparemment, les Allemands avaient indiqué depuis plusieurs mois à leurs homologues français que la décision de passer à la monnaie unique à la dernière date prévue par le traité de Maastricht (le

1er janvier 1999) ne pourrait être prise en 1998. Il y aurait en Allemagne des élections générales cette année-là, et la question de la monnaie unique serait inévitablement soulevée dans le débat politique public, ce qui n'était jamais arrivé au cours d'une campagne électorale allemande. Dans de si regrettables circonstances, le peuple allemand pourrait exiger que son gouvernement dise « non ». Pour prévenir un tel danger, la décision devrait être prise à la fin de 1997. C'est là un calendrier qui convient aux Français. Ils veulent une union monétaire sans l'union politique exigée par Wolfgang Schaüble, bras droit et héritier présomptif de Kohl. Ils estiment avoir une bonne chance d'obtenir cela d'Helmut Kohl, qui a promis à son parti de se retirer suffisamment à temps avant les élections de 1998 pour que son successeur puisse trouver ses marques, mais d'aucun autre homme politique allemand. Dini n'ignorait probablement rien de toutes ces supputations — et de la nécessité subséquente que la lire fût de nouveau dans le MEC à l'automne 1995 au plus tard, afin de se conformer au critère de deux années d'appartenance au mécanisme requis pour l'entrée dans l'UME. Quels que soient ses mérites et, particulièrement, ceux de son Premier ministre, le gouvernement « technocratique » de l'Italie manquait encore tellement de confiance dans la capacité du pays à se tenir, politiquement, sur ses pieds qu'il persistait à soupirer après la perspective d'une direction assurée par Bruxelles — ou par Berlin.

L'objectif ultime de l'offensive franco-allemande (française d'abord) est, cela va de soi, la Grande-Bretagne. Le 10 juin, après un sommet Chirac-Major, le président français, affirmant connaître et comprendre la position britannique (et démontrant ainsi un extraordinaire don de double vue), a annoncé que la Commission, à leur requête commune, allait procéder de toute d'urgence à une étude des relations entre futurs participants et non-participants de l'UME. Major parla d'une « bouffée d'air pur ». Pour les observateurs bien informés, cependant, cela sentait plutôt le poisson pourri. On a de bonnes raisons de soupçonner que Chirac avait offert à Major de le sortir de son isolement, que le Foreign Office lui a appris à redouter, sur des problèmes tels que le droit de veto et les pouvoirs respectifs des Parlements nationaux et du Parlement européen*, en échange d'une « coopération » dans une nou-

* Il est significatif que, la veille, le président de la Commission Jacques Santer ait « averti » la Grande-Bretagne qu'en dépit des dispositions sans équivoque du traité de Rome, elle ne devait pas tenter de faire usage de son droit de veto dans certains domaines fondamentaux. Deux jours plus tôt, Santer avait

velle incarnation du MEC, peut-être encore secrète. Major n'a cessé de faire la preuve qu'il est chaud partisan du MEC — il a profité de l'affaiblissement politique de Margaret Thatcher pour faire entrer contre son gré la Grande-Bretagne dans le mécanisme en 1990. Pendant les négociations de Maastricht, il a tenté de donner à l'appartenance au système le caractère d'une obligation formelle. En septembre 1992, il était prêt à conduire son pays au bord de la faillite afin de rester dans le système. Son Chancelier et son Secrétaire au Foreign Office actuels sont encore plus convaincus que lui des avantages du système. Au lieu de jouer de la peur éprouvée par Chirac devant une union politique dominée par l'Allemagne et devant une amplification de la réussite économique de la Grande-Bretagne si elle sait se tenir bien à l'écart de l'UME et du MEC, Major pourrait accepter de mordre à l'hameçon lorsque la Commission remettra son rapport — à condition que son parti le laisse faire. Chirac est fier de se proclamer gaulliste. Il se pourrait que Major démontre qu'il est, lui, plus proche des Bourbons — qui n'avaient rien oublié ni rien appris.

Au début de l'automne 1995*, il est devenu de plus en plus clair que la force irrésistible de la volonté politique allait, dans un très proche avenir, se heurter violemment à la dure réalité des conditions économiques régnant en Europe. Theo Waigel tiendrait le rôle principal dans cet acte-là de la tragi-comédie. Début septembre, il a annoncé, au cours d'une réunion « privée » de parlementaires de la majorité gouvernementale, que l'Italie ne serait pas en mesure d'appartenir au premier groupe des pays qui accéderaient à la monnaie unique. Que Waigel se soit borné à prendre acte d'une évidence donna davantage d'intensité, au lieu de l'atténuer, à la tempête qui accueillit ses propos : ainsi l'Italie, un des membres fondateurs de la Communauté, se trouverait exclue du couronnement que constitue l'union monétaire ?

La réponse est indiscutable pour tous ceux qui ont étudié l'histoire monétaire de l'Europe depuis l'échec des mouvements révolutionnaires de 1848 : l'Italie n'a jamais eu sa place dans la conception allemande d'un « noyau dur ». Au XIXe siècle comme

---

longuement rencontré Chirac à Paris pour convenir, semble-t-il, de jouer l'un le « gentil » et l'autre le « méchant » face à la Grande-Bretagne.

* Les paragraphes qui suivent, dans ce chapitre, ont été écrits par l'auteur en janvier et février 1996, en vue de la publication de l'édition française de son livre. Ils forment une mise à jour du texte *(NdE)*.

au début du xxe, la vision germanique de la *Mitteleuropa* se fondait sur une zone économique naturelle ayant l'Allemagne pour assise et comprenant, en outre, les parties germanophones de l'empire austro-hongrois, les Pays-Bas — et la Flandre belge — et la Scandinavie. Cette optique engendrait un concept « économique » du « noyau dur » souhaitable. Des années durant, après la fin de la Seconde Guerre mondiale, de telles idées avaient pu paraître économiquement et politiquement dépassées : il n'existait plus rien à quoi l'on puisse encore donner le nom d'Allemagne, cœur politique, âme philosophique et moteur économique de toute *Mitteleuropa*. On n'avait plus qu'une Allemagne de l'Ouest, État frontière et zone de défense avancée de l'Alliance occidentale dirigée par les États-Unis.

Pendant cette longue période, au cours de laquelle tant d'aspects de la géopolitique du monde demeurèrent figés par la guerre froide, la conception allemande du « noyau dur » prit un tour plus politique : à partir du traité de l'Élysée, en 1963, sinon plus tôt, le « noyau dur » signifia d'abord le couple franco-allemand.

Par maints côtés, le traité de l'Élysée représentait, dans l'histoire de l'Europe d'après-guerre, un événement bien plus important que le traité de Rome. La CEE était l'enfant de la *pax americana* et du système de Bretton Woods. Le cours de l'histoire européenne avait été temporairement suspendu : la CEE, en quelque sorte, flottait sur le lac paisible formé par le barrage qu'était le Rideau de fer. Le traité de l'Élysée, lui, se tournait vers un avenir où l'état des relations franco-allemandes, et non l'évolution de la Communauté, serait de nouveau considéré — peut-être avec un sentiment quelque peu gonflé de son importance pour l'Europe — comme le paramètre politique le plus fondamental. En 1963, la France était encore (mais tout juste) le conjoint majeur, et l'Allemagne l'épouse soumise. En 1995, après trois décennies de mariage, on avait assisté, sans conteste, à un renversement des rôles, la France n'étant plus qu'un mari mené par le bout du nez par une Allemagne dominante. Nous aurons à réfléchir, dans le dernier chapitre, sur les conséquences de ce changement de position. Ce qui compte, pour le moment, c'est de comprendre que le « noyau dur » politique franco-allemand peut être envisagé comme l'addition d'une dimension nouvelle à la vision, traditionnelle en Allemagne, de l'organisation optimale d'une zone économique. Conjuguées, les deux conceptions du « noyau dur » aboutissent à une région qui offre une ressemblance inquiétante avec le *Frankenreich*, l'empire de Charlemagne.

Dans ces deux configurations, selon l'optique germanique du « noyau dur », ni l'Italie ni la Grande-Bretagne ni l'Irlande, pas plus que les pays périphériques de la péninsule Ibérique ou la Grèce, n'ont droit à une place indiscutable. On a, semble-t-il, décrété que la notion de Communauté européenne, produit de la tranquillité et de la rupture de la continuité historique apportées par la guerre froide, est devenue dépassée. Mais les protestations soulevées en Italie par les propos tenus par Waigel en septembre démontrent que ce point essentiel n'a pas encore été compris.

Ces propos ont eu une répercussion immédiate, mais provisoire : un vif recul de la lire après les progrès de l'été. Ces progrès avaient été, en partie, la conséquence des anticipations d'un retour de l'Italie dans le MEC, mais aussi de l'apparition d'une atmosphère moins conflictuelle dans les rapports du gouvernement et de la Banca d'Italia après le remplacement de Berlusconi par Dini, à la tête d'un cabinet « technocratique », au poste de Premier ministre. La relève aux commandes de l'État s'était accompagnée d'un changement apparent de la politique de la Banca d'Italia, qui accordait désormais moins d'importance, en tant qu'indicateurs, au rendement des bons et obligations et au taux de change, et choisissait l'inflation ou, plus précisément, l'équilibre interne et les sources nationales d'inflation comme objectifs principaux. Ce basculement atténuait le risque de voir se créer un cercle vicieux, dans lequel des inquiétudes suscitées par la situation politique et budgétaire se traduiraient par des pressions sur la lire et sur les cours des bons et obligations, ce qui conduirait la Banca d'Italia à adopter une politique plus rigoureuse, laquelle aggraverait la conjoncture politique et budgétaire, et ainsi de suite.

L'environnement plus favorable à la politique monétaire et la confiance accordée à Dini par les marchés se combinèrent à l'amélioration des perspectives de la dette publique italienne, à la stabilisation du dollar, et au fait que l'on voyait, de plus en plus, que le Mark s'était surévalué dangereusement pendant le printemps, pour que le recul de la lire, en réaction aux propos de Waigel sur l'exclusion de l'Italie de l'union monétaire, ne soit que temporaire. La peseta, elle aussi, avait refait tout le terrain perdu au cours de la période agitée de décembre 1994 à mars 1995. Tant la lire que la peseta s'étaient dépréciées, tirées vers le bas par les marchés qui réagissaient à la politique monétaire et par la faiblesse du dollar. Dans les deux pays, l'inflation dépassa les objectifs — signe incontestable que la dépréciation était excessive. Mais ce fut seulement lorsque les autorités italiennes et espagnoles finirent par admettre qu'elles ne pouvaient rien au taux de change, lorsque les industries française et allemande commencèrent à souffrir sévèrement de leur baisse de compétitivité, et lorsque le dollar enfin se stabilisa, que la lire et la peseta commencèrent à se redresser. À la fin de 1995 et au début de 1996, compte tenu de la tendance apparente du dollar à la hausse et du fait que les marchés des bons et obligations tirent profit d'un nouveau cycle de faiblesse dans les pays du « noyau dur », les devises « périphériques » ont remonté davantage encore. Il semble que l'on assiste à un renouvellement des « jeux de convergence » qui avaient coûté si cher à tant d'opérateurs à la fin de 1991 et au début de 1992. Mais cette fois, de manière très significative, les marchés ne parient pas sur une prochaine participation de l'Italie et de l'Espagne à l'UME. Au contraire, puisque cette hypothèse-là paraît éliminée, ils peuvent focaliser leur attention sur les « fondamentaux », lesquels donnent à penser qu'il y aura une reprise après la dépréciation (due à des considérations d'ordre politique) des deux monnaies. La lire et la peseta restent cependant vulnérables aux incertitudes politiques, ou à tout retournement de la tendance du dollar ou du marché mondial des bons et obligations.

En tout état de cause, la remontée des monnaies « périphériques », durant le second semestre de 1995, a apporté quelque soulagement à l'industrie française. Mais le franc a subi encore plusieurs accès de nette faiblesse. La nervosité des opérateurs s'est fait particulièrement sentir en octobre 1995, quand, après six mois d'inaction du gouvernement Juppé, les marchés ont commencé à nourrir des doutes sur sa capacité à concilier les discours de campagne électorale sur la réduction du chômage et les critères de convergence de Maastricht. La faiblesse du franc, à son tour, a provoqué l'anxiété des industriels allemands et, sans conteste, celle de Bonn et de Francfort. Fin octobre, le président Chirac a annoncé que la réduction des déficits devenait « la priorité des priorités », tandis que Juppé mettait sur pied une série de mesures d'austérité. À peu près au même moment, Waigel propose que les règles budgétaires soient durcies chez les participants à la monnaie unique : dans des circonstances normales, le déficit budgétaire ne devrait pas dépasser 1 % du PNB, et de lourdes amendes sanctionneraient le dépassement de ce ratio. Waigel ajoute qu'il faudra créer un conseil de la stabilité financière, chargé de veiller au respect de ces règles.

Tout comme en 1983, le gouvernement français s'incline devant les souhaits des Allemands et fait savoir qu'il accepte les idées de Waigel. Mais son acceptation survient au moment précis où il est devenu patent — et il n'aurait pu en être autrement — que la brève reprise économique de 1994 a fait long feu. La production, la consommation et la confiance des milieux d'affaires et des consommateurs s'effondrent fin 1995. Plus grave, l'emploi recommence à se dégrader. Pour que la situation soit pire encore, la France est secouée en décembre par une série de grèves massives et très efficaces du secteur public, déclenchées pour protester contre les mesures d'austérité imposées par Juppé. Le Premier ministre se trouve contraint de consentir à d'importantes concessions. Le recul par rapport aux mesures prévues au départ et les répercussions directes des mouvements sociaux sur la production et sur les recettes fiscales ont d'ores et déjà supprimé toute possibilité que les objectifs budgétaires puissent être atteints. Mais il y a plus sérieux encore : les prévisions de croissance pour 1996 ont dû être revues à la baisse. Ainsi, la France ne pourra tout simplement pas se conformer aux critères de convergence de Maastricht à temps pour un passage à la monnaie unique en 1999 — à moins que ne soit admise une bonne dose de « flexibilité » dans leur interprétation.

Au début de 1996, il semble bien que le projet d'union monétaire est dans une impasse. Tant le gouvernement allemand que le gouvernement français ont indiqué avec la plus extrême clarté qu'il ne saurait y avoir d'union monétaire si les deux pays du « noyau dur » politique n'y appartiennent pas depuis le début, quoi que le traité de Maastricht puisse stipuler par ailleurs. Dans la mesure où l'économie allemande a, elle aussi, fortement ralenti, la capacité de l'Allemagne elle-même à répondre aux critères budgétaires se trouve mise en doute. Par une étrange perversion des faits, cela aurait pu donner à Kohl l'occasion d'affirmer qu'il était possible de négliger les critères : si l'Allemagne n'est pas capable de les atteindre, ils ne comptent donc pas vraiment ! Mais la détermination de Waigel à *durcir* les règles budgétaires paraît élever un obstacle formidable sur cette route-là.

Aux yeux des observateurs à l'esprit ouvert, le chemin de l'intégration européenne tracé par le traité de Maastricht finit par se révéler comme une méthode de destruction, non seulement de la

Communauté européenne, mais aussi du bien-être économique chez les membres latents du « noyau dur ». La Grande-Bretagne et l'Italie formulent des craintes sur le caractère diviseur de la distinction « noyau dur »-périphérie. En Espagne, Miguel Boyer, l'un des membres du Comité Delors, ne cache pas qu'il regrette d'avoir contresigné le Rapport Delors et d'avoir fait campagne en faveur du traité de Maastricht. Il est maintenant évident, dit-il, que le traité n'offre pas la bonne voie, même à ceux qui acceptent l'union monétaire comme objectif ultime. Le ministre espagnol des Affaires étrangères, Carlos Westerdorp, a été le premier à soutenir, en janvier 1996, qu'un certain retard sur le calendrier de Maastricht est inévitable. Ces propos lui ont valu une riposte immédiate de Juppé, et de Klaus Kinkel, son homologue allemand qui devait affronter une scission au sein de son propre parti (FDP). Il ne saurait y avoir aucune dilution des critères, a déclaré Juppé, tandis que Kinkel précise, qu'il soit ou non conscient de ce que cela peut comporter de contradictoire, qu'aucun retard n'est acceptable, sinon, il y aurait une « crise » en Europe.

Bien entendu, le risque d'une crise n'est que le résultat du processus de Maastricht et du MEC qui lui sert de prélude. Même en Allemagne, certaines voix s'élèvent contre un attachement aveugle à la marche vers l'union monétaire alors que le pays fait face à des problèmes bien plus urgents : des coûts du travail qui portent gravement atteinte à sa compétitivité et une accélération du rythme de délocalisation des activités économiques. On avance, et d'abord Waigel, un contre-argument : l'union monétaire est nécessaire à l'Allemagne pour protéger sa position concurrentielle. En d'autres termes, si l'Allemagne ne parvient ni à une adaptation suffisamment rapide de sa structure économique, ni à la mise en place d'une politique monétaire visant à assurer son équilibre interne, il faut empêcher les autres pays d'aggraver le dilemme politique des Allemands (et de menacer le leadership monétaire de la République fédérale) en agissant à leur guise dans le domaine de la monnaie.

En France, les failles dans le consensus en faveur de l'UME se sont élargies de manière visible au début de 1996. Edouard Balladur a demandé que les mesures d'austérité budgétaires soient suspendues jusqu'au retour de la croissance — revendication proche de celle que Chirac avait défendue *contre lui* pendant sa campagne électorale. Valéry Giscard d'Estaing appelle à une certaine flexibilité dans l'interprétation des critères de Maastricht. Avec une candeur louable, Martine Aubry, qui n'en enfonce pas moins une porte ouverte, se déclare convaincue que la monnaie unique ne mérite pas qu'un pays soit détruit pour elle. Un peu plus au nord, le Premier ministre belge Jean-Luc Dehaene exprime enfin des craintes que *la pensée unique* des cercles dirigeants français tient pour hérétiques : les économies sont gravement mises en danger par le « primat de la monnaie » et par les politiques de « désinflation compétitive » depuis si longtemps prônées par Jean-Claude Trichet.

En France, le sentiment d'impuissance politique et économique est devenu palpable. L'économie est sens dessus dessous, la confiance au plus bas et le chômage grimpe toujours. Et cependant, tout le monde sait que le gouvernement ne peut absolument rien faire. Il s'est totalement lié les mains : le traité de Maastricht, les critères de convergence, le franc fort, l'indépendance de la Banque de France et le fameux pacte de stabilité se conjuguent pour que la marche de l'économie échappe complètement à son contrôle. Les seuls espoirs d'amélioration résident dans les largesses monétaires éventuelles de l'Allemagne et dans la perspective d'une « dévaluation compétitive » des monnaies d'un « noyau dur » bien mal en point face au reste du monde.

En février 1996, tout le monde, en dehors des milieux officiels, admet que la France ne pourra plus se conformer aux critères de Maastricht à temps pour l'union monétaire de 1999. L'ambiance proche de la panique qui règne chez les dirigeants peut se mesurer à la réapparition des rumeurs selon lesquelles le franc et le Mark vont être liés irrévocablement. Cette fois-ci, ces rumeurs ont gagné en crédibilité, car, dans l'industrie allemande, on redoute que la compétitivité ne soit gravement mise à mal si la monnaie unique prévue par Maastricht paraît hors de portée et si le franc, par voie de conséquence, s'effondre : l'un des membres du directoire de la Deutsche Bank a créé des remous en se faisant publiquement l'avocat d'une union monétaire franco-allemande en dehors ou, en tout cas, en avance du cadre et du calendrier assignés par Maastricht. Mais la fixation définitive d'une parité franc-Mark rencontrerait les mêmes problèmes qui ont déjà amené les responsables allemands à la tenir pour une plaisanterie pendant la crise de 1993. En Allemagne, l'opinion publique qui, chaque jour davantage, considère le chômage, et non plus l'inflation, comme le pire des fléaux, ne l'accepterait pas. Après avoir rencontré Kohl, à la mi-février, Juppé paraît résigné à admettre que l'idée est mort-née.

La France devra donc continuer à compter sur la bonne volonté de la Bundesbank à réduire les taux d'intérêt autant que possible. Mais les marchés ont déjà commencé de tenir pour suspectes les motivations de la Buba lorsqu'elle réduit ses taux à court terme. Et alors que les indicateurs donnent à penser que les opérateurs s'attendent toujours à l'instauration d'une certaine forme d'union monétaire en 1999, ils n'en montrent pas moins que les marchés croient dorénavant à une interprétation laxiste des critères de convergence et nourrissent de plus en plus de doutes à propos d'un comportement fiscal « responsable » des membres de la future union et de son potentiel de lutte contre l'inflation : les taux à long terme montent au lieu de baisser.

Le projet d'union monétaire est en crise. La France connaît une crise plus grave encore. Et au nom de quoi ? Le substrat politique de l'UME constitue le sujet du dernier chapitre de ce livre. Il a pour conséquence que le coût d'un attachement fanatique au programme d'établissement d'une monnaie unique sera bien plus qu'économique. Et pourtant, d'un point de vue purement économique, les jeux monétaires d'une gravité extrême qui se sont joués en Europe tout au long de 1995 et en 1996 démontrent un fait d'évidence : même l'élargissement dans la panique de la marge de fluctuation du MEC, en août 1993, n'a pas permis de dépolitiser les relations de change en Europe. On ne pourra y parvenir que par un engagement clair des grands pays européens en faveur des parités flottantes et par la mise en œuvre de politiques monétaires réellement indépendantes et tournées vers la satisfaction des intérêts nationaux. Mais cela signifierait la mort du projet d'UME — cette pourriture au cœur de l'Europe que tant de gens, égarés ou cyniques, chérissent tellement.

13

La pourriture au cœur de l'Europe

Une nation, une monnaie

La création d'une « union toujours plus étroite des peuples de l'Europe » constituait le but premier du traité de Rome. Par un hasard étrange, l'acronyme de cette formule dans sa version anglaise, *« an ever closer union of the peoples of Europe »*, est ECU, l'unité de compte européenne, qui, aux termes du traité de Maastricht, doit donner naissance à la monnaie unique de l'Union européenne. Mais l'adoption d'une monnaie unique pourrait-elle conduire à l'apparition d'un sentiment d'amitié, de confiance et de fraternité chez les citoyens des différents pays de l'Europe ?

Le MEC a toujours visé à devenir la locomotive qui emmènerait l'Europe vers un ECU unique ou un autre. Malheureusement, l'histoire du mécanisme donne à penser que, loin d'être aussi étroitement liées que les deux faces d'une même pièce, l'union monétaire, d'un côté, et des relations harmonieuses à l'intérieur de l'Europe, de l'autre, sont aussi incompatibles que l'or pur et le mâchefer. La véritable histoire du MEC a été faite de duplicité, de manigances et de conflits. Le mécanisme, au service des intérêts de caste de l'élite, a causé des dommages économiques à chacun des pays membres. Il a conduit à la distorsion de la logique économique et à la dilution de la responsabilité politique. Le contraste entre le mythe du MEC et sa réalité devrait, en lui-même, suffire à nous mettre en garde contre les mythes, plus dangereux encore, de l'UME et de « l'union » de l'Europe. Mais, de même qu'en Grande-Bretagne, Nigel Lawson avait estimé que l'échec de la politique qu'il avait menée en suivant les mouvements du mécanisme lui donnait les meilleures raisons pour y entrer, les propagandistes, aujourd'hui, nous affirment que les échecs du MEC ne sont autres que les coûts entraînés par la « non-Europe ». Ce livre a déjà mis en évidence les dégâts que provoquerait l'union monétaire et démontré qu'elle ne fonctionnerait bien que là où elle est inutile, l'exemple des relations monétaires de l'Allemagne et des Pays-Bas le montre. Ce chapitre final sera consacré aux aspects proprement *politiques* de l'union politique et de l'union monétaire de l'Europe — les deux vont ensemble —, et démontrera que « l'Europe » n'est qu'un mirage malfaisant.

La grande leçon à tirer de l'histoire du MEC, c'est que l'Europe, une Europe rhénane même, construite sur la monnaie serait une Europe à cheval sur les lignes de fracture d'une zone de forte sismicité. Ces lignes de fracture correspondent aux frontières des États-nations, car le slogan de la Commission, « un marché, une monnaie », n'est qu'une prophétie issue de la théorie néo-fonctionnaliste qui est tombée dans le discrédit. À l'inverse, le cri de la riposte, « une nation, une monnaie », procède de la réalité psychologique, politique et historique. « L'Europe » pourrait-elle jamais devenir une nation ? Et quelle espèce de nation serait-elle ?

Mort de l'État-nation ?

Le faire-part de décès de l'État-nation a été rédigé bien souvent ces dernières années, et tout récemment encore, avec beaucoup d'agressivité, dans le rapport Lamers publié par le groupe des affaires européennes des parlementaires de la CDU[1]. Que cela plaise ou non, on avance souvent l'argument selon lequel la mondialisation croissante de l'activité économique et la mobilité des facteurs de production ont déjà détruit l'État-nation en tant qu'entité économique significative.

Mais que veut-on signifier lorsque l'on dit que l'État-nation a cessé d'être une unité économique viable ? Quelles implications cela peut-il avoir pour « l'Europe » ? L'étude historique la plus minutieuse de l'évolution de la Communauté nous indique qu'elle n'a été, jusqu'à présent, qu'un mécanisme destiné précisément à préserver toutes les caractéristiques d'un pouvoir d'État dirigiste contre lesquelles les libéraux formulent le plus d'objections. C'est justement cela qui constitue son attrait primordial aux yeux des socialistes et des corporatistes des gouvernements nationaux et de la Commission. Seule leur propagande acharnée est parvenue à créer le mythe selon lequel il s'agit, grâce à « l'Europe », d'arriver à une « union toujours plus étroite des peuples ».

En France, l'élite a des vues très particulières sur cette question. Elle ne croit certainement pas que la nation est morte — en tout cas pas la nation française. Elle redoute bien moins que la nation ne soit plus clairement identifiable en tant qu'unité économique que de la voir cesser d'être le fondement de la puissance d'un État dirigiste, interventionniste et technocratique*. Les libéraux ne manquent pas de se réjouir que la globalisation de l'économie mondiale, combinée avec la révolution technologique, ne se traduise par l'obsolescence de nombreux aspects de l'activité étatique et par le renforcement de la liberté individuelle. Les technocrates français, eux, constatent avec horreur les brèches qui ont été ouvertes dans leur pouvoir par le marché mondial (c'est-à-dire « anglo-saxon »)**. Dans leur esprit, il fallait faire un choix entre « le désordre anglo-saxon et l'État républicain ». C'est seulement en repoussant jusqu'à « l'Europe » les frontières de la nation française que l'État pourra espérer conserver son pouvoir interne. Et c'est seulement grâce à pareille extension que la France sera en mesure d'affronter les ogres américain et japonais. L'une des images plus plus durables de la campagne en vue du référendum sur Maastricht est celle des affiches et des publicités du camp du « oui » (le gouvernement, en l'occurrence) : elles représentaient un cow-boy ventripotent et un sumotori chevauchant la planète. Le message était clair : c'est seulement grâce à l'Europe que l'âme de la France sera en mesure d'échapper à la domination des barbares.

Pourtant, cette « issue » pose un problème à la France : se protéger du joug des barbares anglo-saxons et japonais signifie qu'il faudra se jeter dans les bras des démons germaniques. Vue de Paris, la solution réside dans l'Union européenne, grâce à laquelle les énarques, qui sont, en Europe, les héritiers authentiques de la

---

* En Grande-Bretagne, Denis Healey a récemment exprimé ce point de vue, en des termes presque identiques[2].

** L'un des partisans les plus influents de cette vision est Alain Minc, archétype de l'intellectuel d'aujourd'hui, énarque lui-même, consultant auprès de Balladur, et auteur d'un rapport, *La France de l'an 2000*[3], commandé par l'ancien Premier ministre. Au cours d'un débat avec Philippe Séguin, Minc la reconnu sans ambages : « Je préfère le pouvoir d'une banque centrale indépendante à l'a dictature des agités des marchés[4]. »

tradition de l'État prussien, pourront « ligoter » l'Allemagne et la dompter. Ainsi, en France, la campagne du camp du « oui » jouait sur un double registre : d'un côté, se mettre en mesure d'affronter le monde extérieur grâce à la création d'un géant européen économique, politique et militaire, et, de l'autre, à l'intérieur de cette « Europe » nouvelle, s'assurer de la maîtrise de la France sur l'Allemagne grâce à l'extension de la technocratie française à l'ensemble *.

Le rêve de la technocratie française consistait à présenter l'union européenne comme un passage de la nation-État à l'État-nation. La nation-État (de nombreux théoriciens politiques français l'identifient au concept, qu'ils attribuent à l'Allemagne, du *jus sanguinis* : « Là où il y a des Allemands, là est la terre allemande ») peut être considérée comme le rejeton destructeur, dangereux et égoïste du tribalisme. À l'inverse, l'État-nation (identifié au concept français du *jus soli* : « Là où est la terre française, là sont les Français ») est le résultat de l'apparition d'un sentiment d'unité entre de nombreuses « tribus » différentes, grâce à une soumission commune à un État qui, à travers ses principes et ses fonctions, offre des avantages matériels, sociaux et même spirituels à tous ceux qui ont choisi de le reconnaître pour leur.

Les deux grands exemples historiques de création de nations-États autrement que par la puissance militaire nous sont offerts par la formation du Royaume-Uni au XVIIIe siècle, et par la transformation des États-Unis par l'immigration durant le dernier quart du XIXe siècle et les premières années du XXe. Ce n'est pas pure coïncidence si les théories fonctionnalistes et néo-fonctionnalistes de l'intégration de l'Europe ont été forgées en Amérique, où le Département d'État n'a cessé de se faire l'avocat de « l'Europe ». Si les États-Unis ont pu devenir une nation-État, pourquoi l'Europe ne le pourrait-elle pas ?

Ce que les gourous intégrationnistes du Département d'État se sont refusés à voir (en dépit des mises en garde répétées du Trésor et de la Fed), c'est que « l'Europe » que l'on planifiait sur le Vieux

---

* Delors était peut-être le plus explicite de tous durant la période d'euro-enthousiasme presque effréné de 1991. Il déclarait, sans la moindre ambiguïté, que « l'Europe » devait devenir un super-État et une super-puissance militaire et même que la force de dissuasion française devrait être mise à la disposition des forces armées de « l'Europe ».

Continent serait, dès l'origine, une Europe technocratique (et comment aurait-il en pu aller autrement, étant donné le rôle joué par Jean Monnet dans la construction des fondations de « l'Europe » ?), imposée d'en haut, et non édifiée à partir de la base par des gens votant « avec leurs pieds ». Les États-Unis ont été le point de rencontre d'hommes et de femmes de nationalités différentes, qui fuyaient tous la pauvreté, l'aliénation économique, la discrimination raciale ou la tyrannie de leur pays d'origine, et qui tous étaient prêts à devenir « américains » et à parler la langue des Américains pour obtenir enfin la liberté individuelle et la chance d'améliorer leur sort. L'Europe les démocraties d'Europe occidentale) n'était en revanche qu'une collection d'États qui (c'est-à-dire possédaient non seulement leur identité culturelle et linguistique propre, mais aussi, passé la courte période de reconstruction de l'après-guerre, bénéficiaient d'un niveau raisonnable de prospérité et de légitimité politique*. Pour ces États, le transfert de leur souveraineté à « l'Europe » ne pourrait être que la conséquence d'une pression extérieure qui menacerait cette situation heureuse.

Durant les quarante années qui ont suivi la fin de la guerre, la menace extérieure la plus aiguë visait la légitimité politique, et elle venait de l'Union soviétique. Elle a été contrée par la conjugaison de l'Alliance atlantique et d'un système économique mondial de plus en plus libéral et multilatéral. Mais le trait caractéristique des dispositions prises pour assurer la sécurité de l'Europe d'après-guerre, c'était qu'elles évitaient qu'un pays puisse interférer avec le droit de n'importe quel autre à gérer librement ses propres affaires. La limitation au domaine de la défense de la mise en commun des souverainetés des pays du monde libre était une nécessité vitale pour son succès. En outre, la volonté des membres de l'OTAN de mettre la lutte contre l'expansionnisme soviétique au-dessus de tout autre objectif de politique étrangère était absolue, sauf peut-être en France.

L'UME, telle que l'envisagent les classes dirigeantes françaises, constituerait l'étape la plus importante dans leur tentative d'édification d'un État-nation européen, grâce auquel elles pourraient défendre leurs intérêts dans le monde entier. Mais le MEC montre

* La tendance récente à encourager l'émergence d'un pluralisme linguistique aux États-Unis pourrait finir par susciter des grandes tensions politiques. Dans une telle hypothèse, il serait difficile d'imaginer que les États-Unis puissent continuer de former une union monétaire.

comment serait résolu le problème posé par le second grand sujet d'inquiétude des Français : le risque d'une hégémonie de l'Allemagne sur l'Europe. L'expérience du MEC n'a pas été méconnue en Allemagne. Pendant la période de turbulence du début 1993, alors que la Bundesbank était en permanence soumise à la pression du gouvernement français qui voulait qu'elle réduise ses taux d'intérêt, les soupçons et le ressentiment des Allemands s'exprimèrent en termes explicites dans un article du rédacteur en chef du *Handelsblatt*, Klaus Engelen, publié par *The European*. Qu'il ait été rédigé pour ce jour-là, par cet auteur et dans ce journal revêt une grande signification. L'article était destiné à marquer le trentième anniversaire de la signature du traité de l'Élysée entre la France et l'Allemagne. Il mérite d'être cité longuement :

« Nombre d'Allemands, en particulier dans les générations les plus âgées, veulent, presque à tout prix, éviter de paraître nationalistes. C'est pourquoi ils gardent par-devers eux le malaise et les doutes que suscitent les aspects dérangeants des relations franco-allemandes...

Le Premier ministre français Pierre Bérégovoy n'a pas caché que, pour son pays, le but fondamental de l'union monétaire consistait à mettre fin à la dépendance politiquement gênante de la France à l'égard de la Bundesbank. Ce qui implique que les Allemands doivent sacrifier leur monnaie afin de ne pas nuire aux rapports franco-allemands...

Aujourd'hui, la France adopte une attitude de rejet et de distanciation sur le sujet de l'ouverture mondiale du commerce. Elle préférerait conduire le GATT au naufrage plutôt que de consentir à de nouvelles concessions aux dépens de ses agriculteurs. Cette position promet un désastre à une Allemagne tournée vers l'exportation, et elle est de bien mauvais augure pour la direction que prendrait la Communauté sous la domination de la France. Bien des Allemands n'ont pas oublié que la France a tenté de compromettre la réunification de l'Allemagne. Beaucoup l'ont dit à ce moment-là : "Avec des amis pareils, qui a encore besoin d'ennemis ?"

Il ne fait pas de doute que la politique de franc fort de Bérégovoy donne à la France des atouts supplémentaires dans la négociation portant sur le développement des structures de l'UME. Bérégovoy sait comment il peut mobiliser le système capitaliste français — géré par une élite issue des grandes écoles, étroitement solidaire et très motivée — au service d'une politique de limitation de la puissance de la nouvelle Allemagne*. L'objectif consiste à lier l'Allemagne à une Communauté dominée, dans les domaines de l'économie, de l'administration et de la monnaie, par la France. C'est grâce à une stratégie de limitation de la puissance de l'Allemagne que l'élite française espère pouvoir diriger et représenter la nouvelle Europe élargie...

Le professeur Günther Ammon, expert des relations franco-allemandes, explique : "À partir de 1985, l'élite française a proposé à l'Europe un nouvel ordre politique et social avec le slogan *Un Marché unique européen en 1992*." Et il conclut : "Avec la chute du Mur de Berlin, le concept politique de l'Europe de 1992 — qui n'était, fondamentalement, que la projection à l'Europe entière de l'idée française d'État-nation — est devenu obsolète."

Leur stratégie de limitation de la puissance de l'Allemagne au sein de la nouvelle Europe est peut-être la dernière chance qu'il reste aux Français de sauver ce qui subsiste de leurs plans d'origine. Les Allemands sont maintenus dans l'illusion qu'en exportant le modèle de la Bundesbank dans toute l'Europe grâce au traité de Maastricht, ils auront pu protéger leurs intérêts légitimes. Cette semaine, bien des Allemands à l'esprit ouvert se sentiront mal à l'aise[5]. »

Exporter la Bundesbank

Engelen voyait juste en remettant en cause l'idée que la mise sur pied d'un sosie de la Bundesbank, qui recevrait l'appellation de BCE, suffirait à protéger les intérêts légitimes de l'Allemagne, quoiqu'elle pût permettre de satisfaire des intérêts *illégitimes*. Il serait tout aussi impossible d'exporter la Bundesbank dans le reste de l'Europe que d'importer la BCE en Allemagne. La place qu'occupe la Bundesbank dans la système fédéral allemand est tout à fait particulière. Il faut se souvenir que la Bank deutscher Länder, qui l'a engendrée, avait été instituée par les Alliés, non pas *d'abord* pour prévenir l'hyperinflation**, mais pour empêcher la

* Il serait probablement plus juste d'écrire que l'élite issue des grandes écoles a su comment mobiliser Bérégovoy.

** Ainsi que nous l'avons vu, l'Allemagne a subi l'inflation dévastatrice des années 20 juste après la création de la Reichsbank indépendante. La réforme

formation en Allemagne * d'un gouvernement central fort. Naturellement, un gouvernement central fort a *bien* fini par apparaître. Néanmoins, l'indépendance de la Buba et de ses représentations régionales a donné à la France un gigantesque sujet d'irritation ; en témoignent les déclarations maladroites de Mitterrand pendant la campagne référendaire et les imprécations de Trichet contre ceux des membres du conseil de la Bundesbank qui, soi-disant, avaient peu de sympathie pour une « certaine idée du socialisme » de Kohl.

Depuis quarante-sept ans, la Bundesbank a souvent abusé de son indépendance. On a assisté également à un affaiblissement régulier du régionalisme au profit de l'influence du pouvoir central. Ces deux tendances paraissent avoir subi une accélération depuis que Tietmeyer a accédé à la présidence. Il n'en reste pas moins qu'en Allemagne même, la Buba continue de susciter bien peu de critiques. Il se pourrait même que la campagne menée en 1994 contre elle, et contre Tietmeyer en particulier, par le SPD ait été électoralement contre-productive. Sa position hors du commun, presque unique, reflète encore les conditions économiques et politiques propres à l'Allemagne de l'après-guerre. Dirigée par des Allemands, en général dans l'intérêt de l'Allemagne, elle a donné à son pays le leadership monétaire de l'Europe pendant une période où l'inhibition de nombre de citoyens les empêchait de se sentir fiers de la République fédérale dans d'autres domaines. Tout cela fait qu'à leur yeux, il vaut la peine de s'accommoder des excès relativement fréquents de leur banque centrale. La République fédérale était, et elle l'est encore, un État dans lequel les Allemands ont pu gérer seuls leurs propres affaires, y compris les affaires monétaires. La Bank deutscher Länder aurait, à l'évidence, été bien moins populaire si ses organes de décision avaient été composés principalement d'Américains et de Britanniques, avec une présence allemande symbolique. Et une BCE dont le conseil ne compterait qu'un ou deux Allemands, sur un total de quelque

monétaire de 1948 a été décidée après un second épisode d'hyperinflation, durant lequel il n'y avait plus de gouvernement allemand du tout.

* La création de la Bank deutscher Länder indépendante résultait d'un compromis entre les Américains, qui voulaient interdire l'existence de toute autorité monétaire centrale, et les Britanniques, qui se prononçaient en faveur d'une banque centrale étendant son autorité aux trois zones d'occupation occidentales, mais qui étaient eux-mêmes en train de procéder à la nationalisation de la Banque d'Angleterre.

20 membres, ne bénéficierait en Allemagne que d'une légitimité extrêmement réduite.

C'est très exactement ce qui a fait que la Bundesbank est tellement vénérée en Allemagne qui a donné aux Français une telle détermination à l'éliminer. Ainsi que le montrait l'article de Klaus Engelen, beaucoup d'Allemands en sont parfaitement conscients. Ce n'est guère un secret. En septembre 1992, David Marsh, auteur d'un livre intéressant et riche d'informations sur la Bundesbank, écrivait dans le *Financial Times* :

> Même si elle s'est campée sur le trône monétaire de l'Europe, la Bundesbank n'est pas dénuée de rivaux qui cherchent à l'en arracher. Les plans de la Communauté en vue d'une union économique ne constituent pas ce que lord Ridley, alors secrétaire d'État britannique à l'Industrie, dénonçait en 1990 comme « un racket allemand conçu dans le but de mettre la main sur l'Europe tout entière », commettant ainsi une grandiose erreur d'interprétation. On assiste bien plutôt, sous la conduite de la France et de l'Italie, à une tentative d'émasculer la Bundesbank par la dissolution du Mark dans une monnaie unique[6].

Nicholas Ridley percevait les choses avec justesse et acuité. Il n'avait pas besoin qu'on lui explique ce que recherchaient la France et l'Italie. Il avait vu très vite dans quelle embuscade Mrs Thatcher, son leader et son amie, était tombée à Rome. Helmut Kohl, lui non plus, n'est pas un ingénu en politique. En fait, Ridley donnait l'une des réponses possibles à la question irritante de savoir pourquoi Kohl a accepté de donner son aval à des plans français qui visaient, de manière presque ouverte, à priver l'Allemagne de l'institution qu'elle chérit le plus.

Une Allemagne européenne ou une Europe allemande ?

L'idée de « l'Europe » a été longtemps politiquement correcte en Allemagne. L'expérience allemande de son propre modèle d'État-nation avait été malheureuse : de l'autoritarisme d'inspiration prussienne au chaos de Weimar pour finir dans une barbarie nazie qui s'était achevée dans la défaite et le démembrement du pays, l'histoire de l'Allemagne en tant qu'État-nation avait été scandée par la révolution, l'hyperinflation, le chômage de masse et l'acceptation délibérée de l'éventualité de la guerre. Les quarante ans d'existence de la République fédérale en tant qu'État, avant la réunification au moins, ont été des années de prospérité, de stabilité politique et d'ultra-respectabilité internationale (si l'on met de côté quelques arrangements douteux conclus avec Moscou et avec Berlin-Est). Mais il est nombre d'Allemands, et d'étrangers, pour considérer cette période-là, et non les soixante-quinze années précédentes, comme une aberration historique : il faut sauver l'Allemagne d'elle-même, disent-ils. Avant 1989, les accords de Yalta et la guerre froide avaient permis de « ligoter » l'Allemagne. Mais avec la fin de Yalta et de la menace que l'Union soviétique faisait peser sur l'Europe occidentale, l'Allemagne pourrait bien retrouver sa nature intrinsèque, à moins qu'elle ne se soumette à un nouvel ensemble de contraintes : l'Union européenne. Répétant comme des perroquets l'aphorisme forgé par Thomas Mann, ils s'écrient : « Mieux vaut une Allemagne européenne qu'une Europe allemande. »

Sans doute faut-il entendre par là que tout le monde se sentirait beaucoup plus heureux si l'Allemagne continuait de se conduire comme elle l'a fait de 1949 à 1989, se débattant pour défendre ses intérêts au milieu des contraintes imposées par le souci d'être pleinement acceptée dans un ensemble multilatéral, au lieu d'imposer *sa* volonté à ses voisins. De cette vérité d'évidence à l'axiome selon lequel l'Allemagne pourrait et devrait « se ligoter elle-même » dans « l'Europe », il y a un grand pas. Car aussi longtemps que l'Allemagne restera une nation-État, les Allemands auront tout avantage à ce que leur pays demeure « européen » dans un sens très particulier : il lui *faudra* des partenaires pour défendre ses intérêts dans un monde interdépendant. Mais aussitôt qu'il existera une « Europe », les Allemands auront tout avantage à ce qu'elle devienne une Europe allemande.

On a souligné ainsi que la tactique diplomatique employée par l'Allemagne à propos du processus d'Helsinki et de l'organisation de la Conférence sur la sécurité et la coopération en Europe représentait un exemple caractéristique de ce qu'Helmut Schmidt lui-même qualifiait de « tentative en vue de donner un habillage multilatéral à nos actions ». Le genschérisme, tel qu'il s'est développé dans les années 80, se fondait sur les mêmes prémisses. Mais dans un contexte multilatéral, l'Allemagne ne pouvait pas essayer d'imposer sa volonté à ses interlocuteurs : elle restait soumise à des contraintes. Par contraste, l'un des premiers gestes de la diplomatie allemande, après la signature du traité de Maastricht, a consisté à presser les autres pays de l'Union européenne d'accorder leur reconnaissance à la Croatie et à la Slovénie en déclarant, unilatéralement, que les conditions mises (de mauvaise grâce) par la Communauté avaient été remplies[7]. Aussi pertinentes ou erronées qu'aient pu être les vues de l'Allemagne sur ce point précis, l'épisode, à tout le moins, donne une bonne indication du degré de sensibilité aux sentiments et aux intérêts (tels qu'ils les perçoivent eux-mêmes) des autres pays européens qui subsisterait chez elle dans le cas d'une « Europe » unie politiquement. Il peut même nous mettre sur la piste de l'un des motifs de l'obsession de « l'Europe » chez Kohl, qui est si différente du déni de soi banal qui anime tant d'Allemands idéalistes. Kohl n'est guère homme à croire qu'il faut « sauver l'Allemagne d'elle-même » : « l'Europe » peut être précisément le moyen par lequel il espère pouvoir donner de la légitimité à une « Europe allemande », qui comprendrait non seulement le *Frankenreich*, mais aussi les territoires qui s'étendent à l'est de l'Allemagne.

En tout état de cause, il faudrait dépasser toutes les limites de la crédulité pour accepter, ce que suggèrent implicitement tant d'« analyses » de la position de Kohl, qu'il est prêt à abandonner le Mark et la Bundesbank afin que ses partenaires acceptent les arrangements destinés à « ligoter » l'Allemagne* ! Au lieu de cela, l'Allemagne se montre ouvertement de plus en plus directive en ce qui concerne l'Union européenne, ce qui correspond bien à l'un des traits que leurs voisins jugent insupportable chez de nombreux Allemands : la conviction que ce que font les Allemands est bon pour les Allemands et, par conséquent, doit être bon pour tous les

* Certains spécialistes de la science politique avancent un schéma politique naïf que l'on peut ainsi résumer : la France demande désespérément l'union monétaire, et ne s'oppose que modérément à l'union politique, alors que l'Allemagne tient mordicus à l'union politique et ne s'opposera pas trop à l'union monétaire si la BCE ressemble à la Bundesbank. Entrer simultanément dans l'union monétaire et dans l'union politique serait par conséquent dans l'intérêt des deux pays. Même si ces présupposés répondaient exactement à la réalité, la conclusion ne pourrait pas être retenue. L'union monétaire et l'union politique interfèrent l'une avec l'autre d'une manière qui ôte toute valeur à cette argumentation statique, puisque, aussi bien en France qu'en Allemagne, l'union monétaire n'est pas envisagée comme un problème économique, mais comme un moyen pour faire évoluer l'équilibre des forces politiques entre les deux pays. L'union monétaire et l'union politique constituent l'avers et l'envers d'une même médaille et ne peuvent être échangées l'une pour l'autre.

autres. La directivité de l'Allemagne représente la version XXe siècle du « fardeau de l'homme blanc ». Si la vision que l'élite française a de l'Europe est impérialiste, la vision *populaire* que l'on en a en Allemagne — bien éloignée du nouveau *Frankenreich* dont rêve Kohl — est missionnaire et colonialiste.

Le rapport signé en septembre 1994 par Karl Lamers, président du comité parlementaire pour les affaires Européennes de la CDU, en représente l'exemple le plus récent et le plus inquiétant pour les voisins de l'Allemagne. Ce document, approuvé semble-t-il par Kohl, souligne qu'il faut que la France renonce à son « obsession » de « la coquille vide du nationalisme », et que l'union politique et monétaire doit passer par un « noyau dur » regroupant l'Allemagne, la France, les trois pays du Benelux et le Danemark. Il contient aussi une menace sans fard : « Il ne doit plus jamais y avoir de vide politique déstabilisateur en Europe centrale. Si l'intégration européenne ne devait pas avancer, l'Allemagne pourrait être appelée, ou incitée d'elle-même par ses propres impératifs de sécurité, à tenter d'y mettre en œuvre la stabilisation [mot chargé de réminiscences historiques déplaisantes], selon la méthode traditionnelle. » Naturellement, les pays « périphériques » ont réagi négativement à ce rapport (de même, il faut le préciser, que le SPD et le FDP). Mais ce sont les réactions françaises qui ont revêtu la plus forte signification.

La République à feu et à sang

Tout comme les Allemands sont de moins en moins portés à permettre à la France de faire de « l'Europe » un État-nation technocratique, la plupart des Français moyens sont affolés par les idées exprimées dans le rapport Lamers. Ils n'apprécient pas vraiment de s'entendre dire par l'Allemagne, non seulement ce qu'ils doivent faire mais aussi ce qu'il leur faut penser. Ils soupçonnent que le « noyau dur » pourrait devenir un *Grosswirtschaftsraum Deutschlands*, un « espace économique grand-allemand ». A la différence du projet nazi, la zone Mark comprendrait aussi la France, mais celle-ci devrait se conformer au modèle allemand. Pis encore, les durs de la CDU insistent avec force sur le fait qu'une « armée européenne » devrait être le corollaire d'une monnaie unique. Quand Delors *plaidait* en sa faveur, les Français moyens s'inquiétaient. Lorsque ce sont des politiciens allemands qui la *réclament*, ils ont peur.

La campagne référendaire française n'a été qu'un avant-goût du débat bien plus acharné qui se déroulera en France quand le pays s'éveillera enfin de la torpeur dans laquelle il a été plongé par Mitterrand et par Balladur. En attendant, l'élite technocratique, encouragée par Klasen et par Engelen dans le sentiment de sa propre supériorité, continuera à faire pression pour l'instauration la plus rapide possible de l'union monétaire, en espérant esquiver l'union politique et militaire que Kohl et la CDU pourraient exiger. Un énarque qui occupe de hautes fonctions l'a déclaré récemment : « Naturellement, nous voulons l'union monétaire. Quatre-vingt-dix pour cent de la classe dirigeante la veut. Il existe, certes, un petit danger, parce que le peuple, lui, n'en veut pas. Mais nous réglerons cela. »

La classe dirigeante française n'est-elle tant déterminée à aller de l'avant que parce que ses membres croient réellement que l'autre terme de l'alternative serait un réveil des « vieux démons » de l'Allemagne ? Le peu d'entrain que manifeste l'élite de la France à mettre en œuvre des mesures décisives en vue de l'union *politique* face au poids accru de l'Allemagne après la réunification et à l'arrivée dans la Communauté de trois nouveaux membres dont tout donne à penser qu'ils suivront le leadership allemand, semble encore indiquer qu'elle juge plus important de préserver et d'étendre son propre pouvoir. Ainsi que Klaus Engelen l'a expliqué avec tant de clarté, la conception française de l'union monétaire ne peut que porter atteinte à « l'union toujours plus étroite » des *peuples* de l'Europe. Ce qu'il aurait pu ajouter, cependant, c'est qu'il en va de même de la conception allemande. Maastricht, dont l'union monétaire constitue le cœur, n'est *pas* l'achèvement naturel du traité de Rome. C'est bien plutôt un manifeste pour la division de l'Europe et pour des situations d'affrontement.

Nous l'avons vu, le leadership monétaire de l'Allemagne a été accepté en France, ne serait-ce que par la tendance vichyssoise de la classe dirigeante, comme une expiation nécessaire des péchés du passé (les souffrances infligées au peuple, qui importe peu d'ailleurs, non à l'élite elle-même) qui ont laissé un souvenir cuisant. En enlevant aux gouvernements français la possibilité d'agir en faveur des intérêts du peuple français — ou, pour faire preuve de davantage de réalisme, en leur donnant une excuse pour ne pas agir dans ce sens-là —, ce choix a détruit toute légitimité politique en France. Il a contribué à faire naître, chez les gouvernants comme chez les gouvernés, un mépris si profond de la démocratie politique que, dans les prochaines années, c'est la survie même de la Ve République qui sera peut-être en question, « Europe » ou pas « Europe ».

L'union monétaire que les classes dirigeantes françaises souhaitent maintenant avec tant de ferveur ne rétablirait pas la légitimité politique en France. Bien au contraire, ce serait la meilleure méthode pour *réveiller* les « vieux démons » de l'Allemagne, parce que si l'union monétaire était gérée dans l'intérêt de la France, aussi improbable que cela puisse paraître, elle s'ingérerait dans la gestion par le peuple allemand de ses propres affaires. En d'autres termes, elle détruirait aussi la légitimité politique en Allemagne, aussi sûrement qu'elle a été annihilée en France par la politique de franc fort et par la marche vers « l'Europe ».

Il peut bien y avoir d'importantes divergences entre des hommes comme Mitterrand, Balladur, Chirac, Juppé et Trichet, mais il y a entre eux un point commun très important : leur foi dans la primauté de la Volonté générale. Pour la plupart des Britanniques, la politique est considérée comme le cadre à l'intérieur duquel le processus d'ajustement permanent entre les intérêts des différents groupes, ou, en l'occurrence, des différentes régions ou des différents pays, peut fonctionner en toute légitimité et dans une harmonie raisonnable. Trois siècles de continuité constitutionnelle, de 1688 à 1972, sans guerre civile, ni révolution, ni coup d'État, ni occupation étrangère, portent témoignage de la solidité de ce cadre. Cette conception de la politique est, dans tous les sens du terme, étrangère aux technocrates français. Ce qui les intéresse, c'est le pouvoir — le pouvoir d'imposer d'abord *leur* volonté à la France, puis d'imposer leur conception de la volonté de la France aux autres. Ce en quoi ils divergent, c'est sur l'unique point de savoir qui doit décider de la Volonté générale. Il est clair que Trichet veut être l'arbitre, par la seule vertu de sa nomination comme gouverneur de la Banque de France, et, il l'espère probablement, comme premier président de la BCE. Mitterrand, en son temps, et la plupart des autres hommes politiques français, s'estiment voués à ce rôle, du seul fait qu'ils ont été choisis par l'élite.

L'opinion publique française n'a pas le choix et elle a fait preuve, jusqu'à présent, de peu d'intérêt pour ce sujet. La France s'est imposé une banque centrale « indépendante » totalement incompatible aussi bien avec la tradition républicaine qu'avec la nostalgie de la monarchie, et non moins totalement inadéquate à la situation historique et économique de la France. Tout cela a pu se passer sans guère d'autres murmures de protestation que ceux des gaullistes authentiques que sont Philippe Séguin et Philippe de Villiers (le parti anti-Maastricht de ce dernier a été, en quelque sorte, la surprise du chef aux élections européennes de 1994), qui se voient traités de « jacobins » pour leur peine. Cette aberration exceptionnelle démontre à quel point la fixation sur « l'Europe » a pu débiliter le débat politique. Le gouvernement mitterrando-« socialiste » avait présenté le projet de loi accordant son indépendance à la Banque de France avant de subir son écrasante défaite électorale. Le gouvernement mitterrando-« gaulliste » de Balladur l'a repris dans ses points essentiels.

Tous les partisans de l'indépendance de la Banque de France ont affirmé à l'électorat qu'elle est indispensable parce que son gouverneur du moins est français, ce que ne sont pas les membres du conseil de la Bundesbank : seule l'indépendance de la Banque de France permettra d'édifier la BCE qui aura, elle aussi, on le sous-entend, un président français, ce qui libérera ainsi la France de la domination monétaire de l'Allemagne. Mais si jamais la BCE voit le jour, elle n'agira certainement pas dans l'intérêt de la Communauté en tant que telle, tout simplement parce que l'intérêt de la Communauté n'existe pas. Ou elle agira dans l'intérêt de la France, ou elle n'agira pas. Si elle se comporte ainsi, l'Allemagne la détruira, et mettra fin à cinquante années d'« Allemagne européenne ». Si elle ne le fait pas, il se pourrait bien que ce soit la France qu'elle détruise. Depuis 1789, il y a eu, en France, une révolution d'un genre ou d'un autre à chaque génération (seule la Première Guerre mondiale a constitué une diversion suffisante pour interrompre la série). La décadence de la vie politique française et le chômage dévastateur, tous deux apportés par « l'Europe », écrivent déjà le scénario du prochain bouleversement. Ce qui pourra le déclencher, ce sera le fait de comprendre que les souffrances endurées à cause du franc fort et le quasi-abandon des principes démocratiques ont mené seulement, non au couronnement d'un nouvel empereur des Francs, mais à l'intronisation, à Francfort, d'une oligarchie monétaire libérée de toute responsabilité.

Les technocrates ont, pour l'histoire aussi bien que pour la démocratie, un dédain si absolu que la tactique actuelle de l'administration française n'en paraît pas moins consister à galoper ventre à terre vers l'union monétaire. Il est probable que ce sont eux qui commettent la « grandiose erreur d'interprétation ». Une fois encore, l'illusion comptera davantage que la réalité. Une fois encore, la perversité économique marchera main dans la main avec la perversion politique. Une fois encore, la prospérité, la légitimité et la stabilité des pays européens, et l'amitié entre leurs peuples, seront en grave danger. L'histoire du MEC a été faite du refus répété d'accepter le préalable fondamental à toute union monétaire : il faudrait que le peuple, dans chaque pays, soit disposé à laisser les gouvernements et les banques centrales prendre soin davantage des conditions économiques qui prévalent dans la Communauté tout entière que des conditions économiques que connaît leur propre pays. Bref, l'histoire du MEC a démontré que « l'Europe » n'est *pas* une nation.

Si Jacques Delors était fédéraliste pour des raisons qui sont moins que louables — un désir ardent de s'opposer au monde anglo-saxon et à la logique économique « anglo-saxonne » des marchés, combiné au besoin d'expier la honte subie par la France en 1940 et en 1983 —, il voyait du moins avec clairvoyance ce que le fédéralisme exigeait. Sa décision de ne pas prendre part à la course pour la présidence de la République, ainsi que son dernier discours, si pessimiste, devant le Parlement européen, révélaient qu'il avait compris qu'il ne serait pas possible de satisfaire à ce qu'exigerait une Europe fédérale[8]. Cela n'empêchera pas d'autres d'essayer. On voit déjà que le cynisme des technocrates français, traîtres à leur propre peuple, et le zèle arrogant, impérieux et menaçant des fédéralistes allemands, sans parler des ambitions grandioses de Kohl, finiront inévitablement par entrer en collision. Il n'est pas possible de prévoir avec la moindre précision ce que sera le résultat du choc de ces forces. Mais il sera extrêmement pénible pour les peuples de l'Europe.

Une île au grand large

Jacques Rueff, qui critiquait si violemment, dans les années 50, l'hégémonie monétaire des États-Unis, a dit un jour : « L'Europe se fera par la monnaie, ou elle ne se fera pas. » C'est tout le contraire que démontre l'histoire du MEC : essayer de lier par la monnaie des pays tels que la France et l'Allemagne ne peut forger une nation. Tout au contraire, cela transforme les questions monétaires internes en conflits de politique internationale. Cela met à mal le bien-être économique et politique de tous les pays concernés. Et pourtant, malgré cette évidence qui saute aux yeux, même des pays qui n'ont jamais appartenu au premier empire des Francs sont attirés par l'UME comme des papillons par la lumière. J'ai déjà consacré plusieurs pages dans ce livre à l'un de ces pays : la Grande-Bretagne.

Je soupçonne que nombre de mes lecteurs considéreront que les problèmes britanniques sont, fondamentalement, extérieurs à ce qui était le véritable objectif du MEC ; pour reprendre une formule que j'ai déjà employée plus haut, la Grande-Bretagne n'est pas au cœur de l'Europe, elle n'y a jamais été et n'y sera jamais. Dans la mesure où ce sont les relations monétaires qui forment le cœur de l'Europe, la Grande-Bretagne a toutes les raisons de rendre grâces à Dieu d'en être actuellement à l'écart. Cependant, pas plus John Major que Tony Blair n'excluent une future participation britannique à une monnaie unique. Pourquoi ? Les euro-enthousiastes essaient rarement, pour ne pas dire jamais, de présenter des arguments *positifs* en faveur de l'entrée de la Grande-Bretagne dans une union monétaire. Ils jouent au contraire sur le clavier négatif de la peur : ils mettent en avant le prix à payer pour demeurer à l'extérieur de l'union. Cette épouvantable union monétaire sera instaurée, que cela nous plaise ou non, disent-ils, et nous serons gravement pénalisés si nous ne fermons pas les yeux, ne récitons pas nos prières, ne rassemblons pas notre courage et n'allons pas bravement de l'avant.

Le premier élément que les euro-enthousiastes britanniques ont négligé, peut-être le plus important, c'est que, dans un carcan européen, la Grande-Bretagne, comme le royaume de Mercie au VIIIe et au IXe siècle, demeurera une île au grand large, mais qu'elle jouira de bien moins d'indépendance. Elle sera soumise à l'ascendant du continent, contrainte d'obéir à ses lois et de lui payer un tribut, mais elle n'exercera aucune influence sur lui. La position « périphérique » de la Grande-Bretagne sera entérinée et non pas miraculeusement transformée par sa participation à « l'Europe »*.

* C'est également vrai pour les autres pays périphériques — l'Italie, l'Espagne, le Portugal, la Grèce, l'Irlande, et, probablement, la Finlande —, quoique le projet de 1941 donne à penser que la Suède, à un moment quelconque, pourrait être invité à se joindre au « noyau dur » en dépit de ses problèmes de dette publique. Il va sans dire, bien entendu, que la France et l'Allemagne cajolent

Certains euro-enthousiastes, parmi lesquels on trouve le dessus du panier du Parti conservateur, sont prêts à accepter cette situation de vassalité pour assurer « l'indépendance » de leur pays par rapport aux États-Unis. C'est oublier que, par trois fois au cours de ce siècle — un peu tard, il est vrai, à chaque occasion —, les États-Unis ont aidé la Grande-Bretagne à préserver son indépendance (chaque fois, la menace venait du Continent).

Ce qu'il adviendra du sterling si la Grande-Bretagne décide de ne pas participer à la monnaie unique dépendra, pour une part, du jugement des marchés : ils apprécieront qui, de la Grande-Bretagne ou de « l'Europe », constitue l'entité économique la plus convaincante. Mais les paramètres proprement britanniques de cette équation sont aux mains des Britanniques eux-mêmes. Il revient au peuple britannique, et à ses chefs, de décider de la force de leur pays. Si les défaitistes l'emportent, si la Grande-Bretagne décide de suivre l'exemple de Vichy, la Grande-Bretagne pourra se trouver suffisamment affaiblie pour que l'argument soit pleinement justifié. Mais la Grande-Bretagne verra sûrement en Churchill, et non dans le Pétain de 1940, l'exemple historique à suivre*.

Quant à « l'Europe », une union monétaire ne pourra pas durer sans une union politique, la Bundesbank l'a répété un nombre

---

les « pays de la cohésion » et l'Italie — et ne manqueront probablement pas de les acheter et/ou de les menacer — pour qu'ils acquiescent aux conclusions de la Conférence intergouvernementale de 1996, tout comme ils avaient été achetés, à concurrence de 15 milliards d'ECU, pour donner leur assentiment à Maastricht.

* Il va de soi qu'il ne faut pas abuser de la comparaison entre la situation actuelle de l'Europe et celle de 1940. Kohl, Mitterrand, Delors et leurs partisans et successeurs n'ont aucune intention d'en revenir à la barbarie abominable et païenne du nazisme. Ils ne menacent pas les pays récalcitrants d'un anéantissement par les armes. Ils ne veulent pas susciter des pogroms racistes ni créer des camps de la mort. Mais leurs ambitions, si elles se réalisaient, créeraient les conditions du déclin économique, de la perte de légitimité politique et d'une hostilité entre les « régions » de l'Europe dans lesquelles un nationalisme xénophobe, et non un patriotisme ouvert, battrait son plein, tandis que le statut de super-puissance militaire aboutirait, comme dans l'Allemagne wilhelminienne, à la tentation de l'aventurisme sur la scène mondiale comme diversion à des problèmes internes inextricables. En 1991, qui aurait pu imaginer que le monde verrait à nouveau en Europe des hommes émaciés et brisés, les yeux béants, derrière les barbelés d'un camp de concentration ? La Bosnie doit constituer un terrible avertissement pour tous ceux qui veulent détruire les structures politiques de l'Europe occidentale, qui ont pu assurer aux pays qui y sont situés un demi-siècle de paix, d'amitié et de prospérité.

incalculable de fois*. Mais l'union politique n'aura *pas* assez de cohésion pour que chacun fasse passer les intérêts de « l'Union » avant les intérêts nationaux. C'est cela, aussi, que l'histoire du MEC a démontré surabondamment. Il en découle que la monnaie unique sera certainement plus faible que le Mark, et probablement plus faible que ne l'est actuellement *n'importe laquelle* des devises du *Frankenreich*. Et ce sera vrai même si, comme il semble à peu près certain, l'Espagne, le Portugal, la Grèce, l'Italie et peut-être l'Irlande sont laissés sur le bord du chemin. Sans même retenir, pour l'instant, le manque de cohésion politique qui fera de la gestion de la politique monétaire d'une UME limitée au « noyau dur » une tâche ingrate et, en fin de compte, impossible, le calendrier politique de ses plus fervents partisans (la France et la Commission) aboutirait à transférer le corporativisme français et, par conséquent, les faiblesse structurelles de plus en plus évidentes de l'économie française, à la zone de l'UME tout entière**. Il faudrait donc que la monnaie de l'UME se déprécie en termes réels face aux devises des pays assez chanceux pour n'en pas faire partie.

Quelle que soit la situation lors de l'instauration de la monnaie unique, le sterling connaîtra inévitablement — et heureusement — des variations face à elle dans le déroulement des cycles économiques qui suivront. Ce livre a montré quels dégât économiques et politiques ont été causés dans l'Europe entière quand on a tenté d'empêcher les nécessaires fluctuations des taux de change. Et si jamais la colère des hommes politiques étrangers devant leur impuissance à imposer leur volonté à la Grande-Bretagne prenait le pas sur leurs propres intérêts économiques, cette nouvelle preuve de leur hostilité et de leur irrationalité vaudrait la peine que les Britanniques connaissent quelques difficultés dans le

---

* L'argument fondamental de la Bundesbank est que le degré de « solidarité » propre à une nation serait indispensable pour qu'une union monétaire puisse résister aux turbulences inévitables lorsque l'amortisseur que constituent les variations des taux de change aura disparu. Kenneth Clarke a récemment déclaré que l'union monétaire n'exigerait pas nécessairement une union politique[9]. Ou bien il n'a pas poussé jusqu'au bout la logique de son argumentation, ou bien il a tout simplement choisi de poursuivre sa politique euro-enthousiaste de tromperie et d'obscurcissement du débat.

** Il faut rappeler que c'est là, pour les Allemands qui réfléchissent, une raison majeure pour refuser l'union monétaire, et que c'est aussi pour cela qu'une union monétaire, si elle voit jamais le jour, aura des répercussions économiques très négatives sur l'Allemagne.

domaine du commerce pour échapper à leurs griffes dans d'autres domaines.

L'argument mis en avant par les euro-enthousiastes pose une question : *à quoi* étaient destinés le Marché commun d'abord, puis le Marché unique ? Les théoriciens du « néo-fonctionnalisme » leur attribuent peu de valeur en eux-mêmes, mais les considèrent simplement comme les chevaux de Troie du fédéralisme et du super-État européen*. Il est incontestable que les fédéralistes partisans du « tapis roulant » ont joué un grand rôle dans le développement de la Communauté européenne. Pourtant, la création de la Communauté résultait du désir des États membres d'obtenir la satisfaction de leurs intérêts économiques *nationaux*. À partir du moment où la Communauté, l'Union ou tout ce que l'on veut cessera d'être un arrangement visant à la satisfaction réciproque des intérêts nationaux, mais deviendra le véhicule permettant aux « néo-fonctionnalistes » d'imposer à tous leur vision des « intérêts de l'Union », elle éclatera dans le chaos et les conflits, car les « néo-fonctionnalistes » ne disposent ni d'un soutien populaire ni de la légitimité. Pour la Communauté européenne, la monnaie unique marquera le point de non-retour.

Au risque de se montrer fastidieusement répétitif — mais il est des risques qui valent la peine d'être courus —, il faut souligner une fois de plus que l'histoire du MEC est en contradiction complète avec la théorie « néo-fonctionnaliste » : elle montre seulement des luttes acharnées, sans pitié, pour la défense des intérêts nationaux. Mais, à la différence du développement d'un commerce relativement sans obstacle à l'intérieur de la Communauté — qui a permis à tous les intérêts nationaux d'être satisfaits simultanément —, le MEC ne pourrait jouer au profit d'un pays donné sans porter, en même temps, atteinte aux autres. En fin de compte, il mettrait tout le monde à mal. Des taux de change fixes font passer les questions de politique intérieure du stade « élémentaire » (ce qu'il faut faire) au stade « complexe » (qui décide de ce qu'il faut faire). La lutte pour le contrôle de la politique monétaire devient primordiale, au préjudice de la bonne santé politique et économique. La monnaie unique se contentera d'institutionnaliser ce con-

* Nombre d'hommes politiques allemands essaient d'établir une distinction entre le fédéralisme et le super-État européen. Cependant, ce sont souvent les mêmes qui affirment redouter que seule une Europe fédérale ne puisse empêcher l'Allemagne de se comporter en super-puissance agressive !

flit, aussi « indépendante » que la BCE soit censée être. Il vaudrait certainement mieux pour tout le monde que cela ne se produise pas. Mais si cela doit arriver, il est certainement préférable pour la Grande-Bretagne de ne pas y participer.

Les euro-enthousiastes — qu'il faudrait peut-être qualifier de défaitistes britanniques — avancent d'autres arguments. Ils affirment que le courant des investissements étrangers se tarirait si la Grande-Bretagne « faisait tapisserie » au bal de la monnaie unique. Ils ajoutent que le rôle financier de la place de Londres serait menacé dans une telle occurrence. Ces arguments sont faux, eux aussi. La Grande-Bretagne est, en Europe, le pays le plus séduisant pour les investissements étrangers directs, pour les mêmes raisons qui font que la plupart des investissements *britanniques* directs sont dirigés ailleurs que vers l'Europe : comparée au reste de l'Europe, la Grande-Bretagne offre un environnement favorable au marché*, tourné vers l'extérieur et politiquement stable. Tandis que, comparée au reste du monde, l'Europe paraît corporativiste, rigide et tournée vers elle-même. Les avantages de la Grande-Bretagne, par rapport au reste de l'Europe, seraient accentués, et non pas réduits, par la création d'une monnaie unique laissant subsister un sterling indépendant, car la zone de monnaie unique serait économiquement boiteuse et politiquement instable. Bien entendu, dans un monde interdépendant, la Grande-Bretagne, comme tout un chacun, aurait quelque peu à souffrir de la folie masochiste que serait l'instauration de l'UME. Mais les avantages qu'il y aurait à se tenir en dehors de l'UME, une fois qu'elle serait instaurée, n'en demeureraient pas moins considérables. Delors lui-même se plaignait que la Grande-Bretagne, n'adhérant pas à la Charte sociale et gardant une monnaie flottante, deviendrait « un paradis pour les investisseurs étrangers ». Pour une fois, il voyait juste.

Quels sont les handicaps de la Grande-Bretagne du point de vue des investisseurs étrangers ? Grâce à la révolution thatchérienne, le risque d'un retour au socialo-corporativisme des années 1940-1979 est des plus minimes aussi longtemps que la Grande-Breta-

---

* L'une des ambitions que Margaret Thatcher nourrissait pour la Grande-Bretagne était de voir les deux grands partis se prononcer en faveur de l'économie capitaliste. La conversion de Tony Blair à tant des politiques défendues par Margaret Thatcher signifie que cette ambition est en bonne voie de se réaliser, à condition que l'on puisse arracher Blair à sa passion pour « l'Europe ».

gne gardera ses distances vis-à-vis de l'Europe. Mais ce pays a aussi une histoire d'instabilité économique. La récession de 1979-1981 a été douloureuse, mais sans doute aussi nécessaire qu'inévitable. L'accélération-ralentissement de 1987-1992 était inutile, évitable et a causé de gros dégâts. Elle avait été provoquée par la période où le sterling imitait les mouvements du MEC, puis par l'appartenance au MEC. La leçon doit être claire : il faut permettre au taux de change du sterling d'être ajusté en fonction de la conjoncture si la Grande-Bretagne veut devenir plus stable dans les domaines qui comptent pour les investisseurs étrangers : la production, le taux d'inflation, les finances publiques, le coût relatif du capital par rapport au retour espéré. L'ironie veut que, dans l'héritage légué par Margaret Thatcher, on trouve quelques-uns des hommes politiques les plus dangereux — ceux qui ignorent cette leçon parce qu'ils ne font pas confiance au capitalisme de marché — qui, pour le moment du moins, sont les poids lourds d'un Parti conservateur en déclin accéléré.

Et qu'en est-il de la City ? La réponse est évidente. La réussite de la place financière de Londres n'est aussi importante que parce qu'elle offre l'environnement nécessaire aux marchés qu'elle accueille. Ces marchés sont l'incarnation même du capitalisme pur et dur, que cela plaise ou non. Dans une zone de monnaie unique, ils seraient étouffés.

Une monnaie unique serait gérée par la BCE. Quelle que soit sa ressemblance avec la Bundesbank, et quel que puisse être le degré d'influence que l'Allemagne y exercera, elle ne sera pas *la* Bundesbank. La BCE n'aura ni crédibilité aux yeux des marchés ni légitimité politique (l'absence de celle-ci suffisant à provoquer l'inexistence de celle-là). On peut faire en sorte que la BCE ait l'air de la Bundesbank, mais on ne peut faire en sorte — même si on le voulait — que « l'Europe » ressemble à l'Allemagne. Mais il est hors de doute que la BCE voudrait essayer d'imiter la Bundesbank dans la mesure où elle interfère dans la vie des marchés de sa zone. Les techniques d'action de la Buba tout à la fois donnent leur forme aux marchés financiers et allemands et les reflètent : dominés par les « banques universelles », ils sont conservateurs, lents à réagir et dominés par des clans. Cela convient parfaitement à la Bundesbank, pour laquelle les marchés financiers constituent autant de menaces pour son autonomie que les gouvernements. Elle a qualifié les marchés financiers de Londres — à peine régulés, fonctionnant sur la confiance, désintermediatisés, tournés vers des activités internationales, et innovateurs — de « casinos », sur lesquels une banque centrale ne peut guère exercer de contrôle.

À travers tout le continent, on peut voir l'actuel président de la Buba, Hans Tietmeyer, faire la tournée des banques centrales « vassales », agitant son index boudiné, arborant de toutes ses dents son demi-sourire demi-rictus, et avertissant d'un air sombre ses auditoires qu'il faut se méfier des opérateurs des marchés. La Bundesbank s'est acquis la réputation de savoir « surprendre » les marchés, et de leur faire essuyer des pertes afin de leur rappeler qui est le vrai maître du jeu. En même temps, elle est extrêmement soucieuse de garder sous sa coupe les banques allemandes qu'elle peut et sait soumettre à sa « persuasion morale ». Ce à quoi elle parvient en observant un pieux mépris de la fonction traditionnelle de prêteur en dernier ressort d'une banque centrale. Conséquence de cette relation de suzerain à vassal, Francfort est resté un marché financier de troisième ordre dans lequel les grandes banques allemandes jouissent d'une rente économique. Une BCE pourrait se comporter de la même manière *à condition* que la culture, la structure et le comportement des marchés financiers de sa zone se conforment au modèle allemand d'aujourd'hui. Les marchés financiers de Londres ne s'y conforment absolument pas.

Si la Grande-Bretagne devait entrer dans le fief d'une BCE, il faudrait que Londres se transforme en clone de Francfort. Mais le vrai Francfort bénéficierait de sa proximité géographique, linguistique et culturelle avec la BCE, tandis que la place de Londres perdrait tous les avantages dont elle jouit actuellement. D'un point de vue global, c'est toute l'Europe qui deviendrait un marché financier de troisième ordre. Et, à l'intérieur de l'Europe, Londres — si elle était emprisonnée par l'UME — serait inévitablement soumise à une discrimination tant par la BCE que par le Conseil européen (c'est-à-dire par des autorités continentales). Il serait bien difficile de s'opposer à la tentation d'introduire des règlements et des contrôles qui paralyseraient Londres et la couperaient des marchés financiers mondiaux*.

* La question qui est posée ici n'est pas celle du commerce, domaine dans lequel l'Allemagne, dans une certaine mesure, partage les instincts de la Grande-Bretagne, mais celle de la régulation des activités financières internes, domaine sur lequel la Bundesbank a un point de vue complètement différent de celui de la Grande-Bretagne.

Fondamentalement, la place de Londres est un centre financier *planétaire*. Il est vital pour elle de pouvoir être en compétition avec New York et Tokyo et, chaque jour davantage, avec Singapour, Hongkong et même Séoul. Pour cela, le marché de Londres doit demeurer innovateur, dérégulé, bénéficiant d'une très grande liquidité, et désintermédiatisé. En vue de *cela*, il a besoin de fonctionner au côté d'une banque centrale qui, comme la Fed ou la Banque d'Angleterre, ne fait pas preuve d'antipathie vis-à-vis des marchés financiers, mais voit au contraire sa raison d'être dans la stabilité du marché financier. Dans une zone de monnaie unique gérée par un ersatz de Bundesbank, il ne pourrait tout simplement pas en être ainsi. Une UME à participation britannique entraînerait le déclin fatal de Londres. Mais si l'UME voyait le jour sans que la Grande-Bretagne y entre, Londres serait idéalement placé pour tirer profit du déclin inévitable de Paris et d'Amsterdam à l'intérieur de « l'Europe », et de « l'Europe », en tant qu'entité, par rapport au reste du monde.

Nombre des zélotes de la monnaie unique savent tout cela. C'est pourquoi la Commission a consacré tant d'efforts de propagande — par l'intermédiaire des contacts qu'elle entretient avec des organisations telles que l'Association pour l'unité monétaire de l'Europe de Christopher Johnson et des subventions qu'elle leur verse — à tromper les gens en leur faisant croire très exactement le contraire. Sur cette question comme sur toute autre concernant le MEC et l'union monétaire, le rouleau compresseur de la propagande tente d'écraser l'analyse. Car l'analyse peut seulement conduire au désaccord absolu. Et aucun désaccord ne peut être toléré.

Notes

Introduction

1. John Pinder, « From Milan to Maastricht : Fifty Years of Federalist Struggle for the Uniting of Europe », contribution présentée à la convention « Europe Called to Account : Federalism or Nationalism », Milan, 26 novembre 1993.
2. Gabriel Robin, *Un monde sans maître*, Paris, Ed. Odile Jacob, 1995.
3. Cité *in* Charles Grant, *Delors : Inside the House that Jacques Built,* Londres, 1994, p. 209.
4. Cf. *Süddeutsche Zeitung*, 28 mars 1994.

1. Genèse

1. Cf. *The Times,* 16 janvier 1995.
2. Cf. David Marsh, *The Bundesbank : the Bank that Rules Europe,* Londres, 1993, p. 232.
3. Cité *in* Andrew Tyrie, « Political Economy of Economic and Monetary Union », *Rivista di Politica Economica,* 81, n° 5, mai 1991, pp. 411-412.
4. Cité *in* Henry Kissinger, *Diplomacy*, New York, 1995, p. 604.
5. Les premières années d'existence de la Bundesbank sont relatées, ainsi que bien d'autres choses, *in* David Marsh, *op. cit.*
6. Interview *in* Leo Brawand, *Wohin steuert die deutsche Wirtschaft* (1970), cité *in* David Marsh, *op. cit.*, p. 187.
7. Les négociations et la mise sur pied du SME sont relatées de manière détaillée *in* Peter Ludlow, *The Making of the European Monetary System*, Londres, 1982.
8. Cf. D. Keogh, « Ireland, the Vatican and Catholic Europe 1916-1939 », thèse de doctorat, Institut Universitaire Européen (Florence, 1982), cité *in* Peter Ludlow, *op. cit.*
9. Cf. Peter Ludlow, *op. cit.*, p. 256.
10. On trouvera une étude utile de l'attitude des catholiques français pendant la période clé du début des années 50 dans la contribution d'Yvon Travouez *in*

Serge Berstein, Jean-Marie Mayeur et Pierre Milza (sous la direction de), *Le MRP et la construction européenne*, Paris, Ed. Complexe, 1993.

11. Cf. Joseph Hours, « L'Europe à ne pas faire », *La Vie Intellectuelle,* octobre 1950, cité *in* Yvon Travouez, *op. cit.*

12. Cf. François Perroux, *Europe sans rivages*, Paris, 1954, cité *in* Travouez, *op. cit.*

13. Cf. Joseph Rovan, « Catholiques de France, catholiques d'Allemagne », *La Nef*, janvier 1954, cité *in* Yvon Travouez, *op. cit.*

14. Cf. Peter Ludlow, *op. cit.*, p. 136.

15. Interview in *Die Zeit,* 14 juillet 1978, citée *in* Peter Ludlow, *op. cit.*, p. 137.

16. Cf. Roy Jenkins, « Europe's Present Challenge and Future Opportunity », première conférence Jean Monnet, 27 octobre 1977.

17. Rapporté par le *Corriere Della Serra,* 16 septembre 1978, cité *in* Peter Ludlow, *op. cit.*, p. 182.

2. Création de la chimère

1. Cf. David Marsh, *op. cit.*, p. 194.

2. Cf. Michel Winock, *Nationalisme, antisémitisme et fascisme en France*, Paris, Le Seuil, 1990, chap. 3.

3. US Treasury Press Releases, B. 905, 15 mai 1978, cité *in* Peter Ludlow, *op. cit.*, p. 119.

4. Publié *in* Commission des Communautés européennes, *Économie européenne*, n° 53, 1994.

5. Cf. Jacques Attali, *Verbatim*, Paris, Fayard, 1993, t. I, *1981-1986*, p. 350.

6. Pour un récit de ces événements, cf. notamment Philippe Bauchard, *La Guerre des deux roses : du rêve à la réalité 1981-1985*, Paris, Grasset, 1986.

7. Cf. Charles Grant, *op. cit.*, p. 53.

8. *Ibid.*, pp. 52-53.

9. *In* John Laughland, *The Death of Politics : France under Mitterrand*, Londres, 1994, p. 227.

10. Cf. *International Currency Review*, Occasional Paper n° 4, Londres, septembre 1993, p. 20.

11. Cf. Edouard Balladur, « La construction monétaire de l'Europe », mémorandum soumis à l'Ecofin par le ministre des Finances, janvier 1988.

3. Le monde à l'envers

1. Cette idée a été lancée par Benedict Anderson, *Reflections on the Origin and Spread of Nationalism*, New York, 1983.

2. Cf. l'article de Delors, « Calendrier pour l'Europe », *Belvédère*, octobre-novembre 1991, et son interview dans *Der Spiegel,* 14 octobre 1991. Delors ne parle qu'un allemand rudimentaire, et il est probable que l'interview a été menée en français, puis traduite en allemand. Cependant, on affirme, aux archives de Delors, qu'on « ne peut pas se fier » à la « traduction » française.

3. Cf. Alan S. Milward, « Conclusions : the Value of History », *in* Alan S. Milward, Frances M. B. Lynch, Ruggero Ranieri, Federico Romero et Vibeke Sorensen, *The Frontier of National Sovereignty : History and Theory 1945-1992*, Londres, 1993, p. 185.

4. Cf. « Das Ende der Mark », *Bild-Zeitung,* 11 décembre 1991.

5. « Rapport sur l'Union économique et monétaire » (Rapport Delors), Office d'édition des Communautés européennes, Luxembourg, 1989.

6. Cf. par exemple Karl Otto Pöhl, « Aktuelle Fragen der Währungspolitik », allocution prononcée devant la Fédération des banques allemandes, Bonn, 6 octobre 1986, ou bien Lothar Müller (membre du conseil de la Bundesbank), « Europa braucht eine Stabilitätgemeinschaft », allocution prononcée devant l'Association française des banques, Munich, 24 novembre 1989.

7. Discours à l'Assemblée nationale, 24 novembre 1989.

8. Allocution prononcée devant l'Association allemande des caisses d'épargne, Garmisch-Partenkirchen, 7 novembre 1989.

9. *In* Nigel Lawson, *The View from n° 11 : the Memoirs of a Tory Radical,* Londres, 1992.

10. Cité *in* David Marsh, *op. cit.*, p. 76.

11. Helmut Schlesinger, « Aktuelle Geld- und Währungs politische Fragen — Auf der Weg zur Währungsunion », conférence prononcée devant l'Association de statistique et d'économie, Bâle, 11 décembre 1989.

12. Interview accordée à *Die Zeit,* 26 janvier 1990, citée *in* David Marsh, *op. cit.*, p. 205.

13. Cité *in* David Marsh, *op. cit.*, p. 208.

14. Cf. Wilhelm Nölling (membre du conseil de la Bundesbank), interview accordée à *Die Zeit,* 26 janvier, citée *in* David Marsh, *op. cit.*, p. 218.

15. Propos tenus devant le US-German Policy Group, 7 mars 1991, cités *in* David Marsh, *op. cit.*, p. 236. Nölling reprit ces propos, mot pour mot, peu après sa retraite, dans une allocution prononcée le 1er décembre 1992 à Durham, dans laquelle il exprimait également sa vive opposition au traité de Maastricht.

16. Cf. Marcel Letellier (pseudonyme), *De Pecunia,* Bruxelles, août 1993.

17. Déclaration de la Bundesbank dans son *Rapport mensuel*, février 1992.

18. Ces faits ont été confirmés par Erik Hoffmeyer, gouverneur de la Banque centrale du Danemark, dans une allocution prononcée à la conférence « Le Danemark et l'Union européenne », Luxembourg, 9 février 1994.

19. Déclaration devant la Commission économique du Parlement européen, 19 mars 1991.

20. *In* David Marsh, *op. cit.*, p. 4.

21. Cf. l'interview de Mariano Rubio, gouverneur de la Banco de España, *Le Figaro*, 18 juin 1991.

22. Cf. Daniel Gros et Niels Thygesen, *European Monetary Integration : From the European Monetary System to European Monetary Union*, Londres, 1992, p. 197.

23. *Ibid.*

4. Les paris de Maastricht

1. Cité *in* David Marsh, *op. cit.*, p. 235.
2. Déclaration prononcée devant le Bundestag sur les résultats du Conseil européen de Maastricht, 13 décembre 1991.
3. Discours du président, Landeszentralbank de Hambourg, 15 janvier 1992.
4. Cf. Wayne Sandholz, « Monetary Bargains : the Treaty of EMU », *in* Alan Cafruny et Glenda Rosenthal (sous la direction de), *The State of the European Community*, Boulder, Colorado, 1993, pp. 125-142.
5. Cf. « Economic and Political Aspects of European Monetary Union », conférence prononcée devant la réunion du conseil de la Southern Economic Association. Traduit dans les *Deutsche Bundesbank : Auszüge aus Presseartikeln*, n° 6, 23 janvier 1992.
6. Interview accordée au *Figaro*, 14 janvier 1992. Traduit dans *Deutsche Bundesbank : Auszüge aus Presseartikeln*, n° 7, 28 janvier 1992.
7. Interview accordée à *Der Spiegel*, avril 1992. Citée *in* David Marsh, *op. cit.*, p. 253.
8. Cf. Lorenzo Bini-Smaghi, Tommaso Padoa-Schioppa et Francesco Papadia, « The Transition to EMU in the Maastricht Treaty », *Essays in International Finance*, n° 194, novembre 1994.
9. Cité dans un discours prononcé par Lothar Müller, « Währungspolitik im Spannungsverhältnis zwischen europäischer Union und deutscher Wiedervereinigung », Augsbourg, 14 janvier 1992.

5. La baudruche se dégonfle

1. L'article de Boris Johnson, « Delors Plans to Rule Europe », *Sunday Telegraph*, 4 mai 1992, a été largement reproduit par la presse danoise.
2. Cf. *Financial Times*, 5 juin 1992.
3. Cf. *Financial Times*, 4 juin 1992.
4. Le 3 juin, un porte-parole du gouvernement français citait les propos de Mitterrand, selon lesquels aucune révision du traité de Maastricht ne serait nécessaire, en dépit du vote négatif des Danois, parce que « nous ferons à onze ce que nous ne pouvons pas faire à douze ». Cf. *Financial Times*, 4 juin 1992.
5. Cf. l'article de David Buchan, « Partners Leave Danes to Ponder their Fate », *Financial Times*, 5 juin 1992.
6. L'article de Paul Kapteyn, paru dans *Het Nederlandse Juristenblad*, juin 1992, a fait l'objet d'une dépêche d'AP-Dow Jones le 22 juin 1992.
7. David Walton et Paola Bergamaschi, « Italy under pressure », *The International Economics Analyst*, Goldman Sachs, Londres, juin 1992.
8. Cité dans David Marsh, *op. cit.*, p. 24.
9. Propos cités dans le *Sunday Times*, 7 juillet 1992.
10. On pourra trouver le texte de cette déclaration dans le *Financial Times*, 27 août 1992.
11. Propos contenus dans la version diffusée par avance de l'allocution prononcée le 26 août à Dusseldorf. Les propos effectivement tenus par Jochimsen ne contenaient pas de commentaires litigieux, ce qui permit à la Bundesbank de

publier une déclaration (26 août) dans laquelle elle démentait avoir eu l'intention de demander un réalignement. De même que trois semaines plus tard — lorsque serait diffusée en avance une interview de Schlesinger dont la publication, soi-disant, n'avait « pas encore été autorisée » —, les marchés accordèrent bien plus d'importance à la version non expurgée qui, à leur avis, révélait la véritable pensée de la Bundesbank.

12. Communiqué du Comité monétaire des Communautés européennes, Bruxelles, 28 août 1992.

13. Propos tenus au cours du débat télévisé sur le référendum, TF 1, 3 septembre 1992.

14. Cf. *Deutsche Bundesbank : Auszüge aus Presseartikeln*, n° 61, 9 septembre 1992.

15. Cf., par exemple, Lothar Rühl, « Paris und die Dämonen », *Die Welt*, 4 septembre 1992. Pour les critiques formulées en France contre les déclarations de hautes personnalités, cf. Éric Le Boucher, « Bonn : l'exploitation de la "peur de l'Allemagne" dans la campagne irrite beaucoup », *Le Monde*, 4 septembre 1992. Pour une analyse faite par un journal appartenant à un pays « neutre », cf. l'article « With Friends like these... », *Wall Street Journal*, Bruxelles, 2 septembre 1992.

16. « After Maastricht : European Monetary Integration in the 1990's », conférence prononcée à la Faculté des sciences économiques de Stockholm, 31 janvier 1993.

17. Allocution prononcée à Amsterdam, 5 novembre 1992.

18. Cité dans le *Financial Times,* 5 septembre 1992.

19. Le communiqué des ministres des Finances et des gouverneurs des pays du SME fut publié le 5 septembre 1992. On en trouvera le texte, ainsi que les commentaires de Norman Lamont et de Michel Sapin, dans le *Financial Times*, 7 septembre 1992.

20. Interview accordée à l'émission « On the Record », BBC télévision, février 1995.

21. Interview accordée à l'émission « The World This Weekend », BBC radio 4, 6 septembre 1992.

22. Dépêche de l'agence AFX, Francfort, 9 septembre 1992, résumée le même jour dans le service télétexte « Oracle » de la chaîne ITV.

23. Cf. *Financial Times*, 11 septembre 1992.

24. Discours prononcé devant le CBI (Fédération du patronat) d'Écosse, Glasgow, 10 septembre 1992.

25. Cf., tout particulièrement, l'article de Peter Norman et Lionel Barber, « The Monetary Tragedy of Errors that Led to Currency Chaos », *Financial Times*, 11 décembre 1992.

26. « Fortschritte der monetären Integration in Westeuropa », allocution prononcée à l'Institut für Weltwirtschaft, Kiel, 14 septembre 1992.

27. Cf. Peter Norman, « The Day Germany Planted a Currency Time Bomb », *Financial Times*, 12-13 décembre 1992.

28. Wilhelm Nölling, allocution prononcée au Cityforum, Durham, 1er décembre 1992.

29. Cf. l'article de Peter Norman cité ci-dessus note 27.

30. Cf. « Comments made by Bundesbank President Professor Dr Helmut

Schlesinger on Reproaches made by Some Members of the British Government », déclaration diffusée par l'ambassade d'Allemagne à Londres, 30 septembre 1992. Le même soir, la Trésorerie publia à son tour une déclaration en sens inverse, démentant que la Grande-Bretagne ait présenté une demande de réalignement entre le 11 et le 13 septembre. Cf. « The UK Treasury again denies Frankfurt's Version of Events », *Financial Times*, 1er octobre 1992.

31. Cf. *Financial Times*, 6 janvier 1993.

32. Dépêche de l'agence allemande DPA sur une interview de Schlesinger à paraître dans le *Handelsblatt* du lendemain, 15 septembre 1992.

33. Cf. l'article de Peter Norman cité ci-dessus note 27.

34. Citation dans le *Financial Times*, 18 septembre 1992.

35. Citation dans le *Financial Times*, 17 septembre 1992.

36. Cf. Philip Stephens, « Smiling through the Tears », *Financial Times*, 18 septembre 1992.

37. Cf. Ivo Dawnay et Robert Graham, « Major calls for ERM Reform », *Financial Times*, 19-20 septembre 1992.

38. Cf. Andrew Hill, « British Effort to Suspend Mechanism Quickly Rebuffed », *Financial Times*, 18 septembre 1992.

39. Pour le plus grand chagrin des partisans du MEC, ces inquiétudes furent exprimées publiquement par de hauts responsables dans les couloirs de la réunion du FMI, quelques jours après le mercredi blanc. Cf. Sam Brittan, « Anatomy of the UK Defeat », *Financial Times,* 24 septembre 1992.

6. Certains sont plus égaux que d'autres

1. La doctrine selon laquelle il n'y aurait plus de modification de la parité franc-Mark, même si d'autres pays procédaient à des réalignements, avait déjà été formulée publiquement par Pierre Bérégovoy, au cours d'une réunion du Conseil franco-allemand de l'Economie et des Finances, le 24 août 1989.

2. Daniel Gros et Niels Thygesen, *op. cit.*, p. 166.

3. Interview accordée par John Major le 18 septembre 1992, citée par le *Financial Times*, 19-20 septembre 1992.

4. Préface à l'édition française *(Essais sur la monnaie)* de *A Tract on Monetary Reform*, Londres, 1924.

5. Karl Jetter, « Deflation — eine Chiffre der Besorgnis : Zur Witschaftsdebatte in Frankreich », *Frankfurter Allgemeine Zeitung,* 4 septembre 1992.

6. Citation dans le *Financial Times*, 22 septembre 1992.

7. Citation dans le *Financial Times*, 24 septembre 1992.

8. Citation dans le *Financial Times*, 25 septembre 1992.

9. Discours prononcé à Quimper le 28 août 1992, cité *in* David Grant, *op. cit.*, p. 223.

10. Cf. le *Financial Times*, 26-27 septembre 1992.

11. Citation dans le *Financial Times*, 23 septembre 1992.

7. Le MEC s'effiloche

1. Cf., par exemple, des propos adressés aux reporters à l'extérieur de la réunion du Comité monétaire à Berlin, le 23 octobre 1992, attribués, semble-t-il, à Manuel Conthe, directeur général du Trésor espagnol, et cités par Reuters. Des commentaires analogues se retrouvent dans une interview accordée par Solchaga au *New York Times*, le 5 novembre 1992, citée par le *Financial Times*, 6 novembre 1992. Auparavant, Solchaga avait déjà appelé à une « remise en ordre urgente » des parités du MEC (citation dans le *Financial Times*, 26-27 septembre 1992).

2. Cf. *Financial Times*, 6 janvier 1992.

3. « After Maastricht : European Monetary Integration in the 1990's », conférence prononcée à la Faculté des sciences économiques de Stockholm, 31 janvier 1993.

4. Cf. *Wall Street Journal*, 23 novembre 1992.

5. Allocution citée dans le *Financial Times*, 11 novembre 1992.

6. Cf. Peter Bruce et Andrew Gowers, « A Resting in Spanish Mettle », interview accordée par González et Solchaga, *Financial Times*, 5 octobre 1992.

7. Cité par Reuters, 22 novembre 1992.

8. Cf., par exemple, *Il Sole-24 Ore*, 24 novembre 1992.

9. Cf., par exemple, *El Pais*, 23 novembre 1992.

10. Communiqué des ministres des Finances et des gouverneurs des banques centrales des pays du SME, 22 novembre 1992.

11. Cf. *Il Sole-24 Ore*, 24 novembre 1992.

12. Le ministre irlandais des Finances, Bertie Ahern, a reconnu ensuite publiquement que la stratégie de l'Irlande consistait à espérer un réalignement qui toucherait aussi le franc français et la couronne danoise. Cf. « Dublin Voices Anger as Punt is Devaluated », *Financial Times*, 1er février 1993.

13. Ces rumeurs finirent par trouver un écho dans le *Financial Times*, 16 août 1993.

14. *Les Notes bleues de Bercy*, direction du Trésor, 16-31 octobre 1992.

8. Guerre d'usure

1. Discours prononcé à l'Université de Cologne, 1er décembre 1992, cité par le *Financial Times*, 2 décembre 1992.

2. Cf. l'article signé par Helmut Kohl, « An anchor in an Unstable Europe », *Financial Times*, 4 janvier 1993.

3. Conférence de presse donnée à Bruxelles, le 28 janvier 1993, citée par une dépêche de Reuters.

4. Cf. *Libération,* 14 janvier 1993.

5. Dépêche de Reuters, 29 janvier 1993.

6. Cf. *Financial Times*, 6 novembre 1992.

7. « The Transmission of Monetary Policy in an Environment of Deregulation and Exchange Rate Stability : the French Experience », *Journal of Monetary Economics*, 33, 1994, pp. 87-103.

8. Cf. *Le Figaro,* 13 juillet 1994.

9. Cf. Sean Flynn, « Long, Hard Battle for the Pound », *Irish Times,* 23 janvier 1993.

10. Conférence de presse donnée à Bruxelles, 28 janvier 1993, citée par une dépêche de Reuters.

11. Cf. l'article de Sean Flynn cité ci-dessus note 9.

12. Cf. Sean Flynn, « Ahern tells his Side of Devaluation Fight », *Irish Times*, 16 février 1993.

13. Cité par une dépêche de Reuters, 29 janvier 1993.

14. Cf. l'article de Sean Flynn cité ci-dessus note 9.

15. Cité par une dépêche de Reuters, 29 janvier 1993.

16. Cité par une dépêche d'AP-Dow Jones, 1er février 1993.

17. Cf. Philippe Bauchard, *Deux ministres trop tranquilles*, Paris, Belfond, 1994, p. 60.

18. Citation dans le *Financial Times*, 1er février 1993.

19. Cf. Heinrich Hunke (sous la direction de), *Europäische Wirtschaftsgemeinschaft*, Berlin, 1942, cité par *International Currency Review*, Occasional Paper n° 4, septembre 1993, p. 9.

20. Cf. *Financial Times*, 18 janvier 1993.

21. Propos de Michel Sapin au cours du dîner du Conseil du G 7 ; citation dans le *Financial Times*, 13 janvier 1993.

22. Cité dans une dépêche d'AP-Dow Jones, 3 février 1993.

23. Dépêche de Reuters, 1er février 1993.

24. Cf. *Financial Times*, 9 décembre 1992 et 14 janvier 1993.

25. Citation dans le *Financial Times*, 5 février 1993.

26. *Ibid.*

27. *Ibid.*

28. *Ibid.*

29. *Ibid.*

30. *Ibid.*

9. Guerres de religion

1. Cf. son discours « Aktuelle Fragen der Geldpolitik aus deutscher und europäischer Sicht », Hambourg, 25 février 1993.

2. Cité par J. Frieden, « Making Commitments : France and Italy in the EMS, 1975-1985 », *in* Eichegreen et Frieden (sous la direction de), *The Political Economy of European Monetary Unification*, Boulder, Colorado, et Oxford, 1994, p. 42.

3. Cité par l'Agence Europe, Bruxelles, n° 6340 (nouvelle série), 1er mars 1995.

4. Cité dans une dépêche d'AP-Dow Jones, 17 février 1993.

10. Dans le désordre

1. Discours prononcé devant la Commission économique des Etats-Unis pour l'Amérique latine (CEPAL), Santiago du Chili, 23 mars 1993.

2. Cf. Lionel Barber, « Ailing ERM Handed a New Lease of Life », *Financial Times*, 5 février 1993.

3. Cf., par exemple, son discours, « Current Issues of German Economic and Monetary Policy », American Council on Germany, New York, 15 janvier 1992.

4. Allocution de Tietmeyer devant la conférence mondiale de l'ACI, Sydney, 25 mai 1992.

5. Discours préparé à l'attention d'Helmut Schlesinger, pour être prononcé à l'Université Bocconi, Milan, 15 mars 1993.

6. *Leçons à tirer des perturbations des marchés des changes*, Comité monétaire des Communautés européennes, Bruxelles, mai 1993. Et *Les Implications et les leçons à tirer de la récente crise des changes*, Comité des gouverneurs des banques centrales des États membres des Communautés européennes, Bâle, mai 1993.

7. Propos tenus à la presse à l'issue de la réunion du Comité des gouverneurs des banques centrales, Bâle, 20 avril 1993.

8. Cf. *Frankfurter Allgemeine Zeitung*, 3 juillet 1993.

11. Le triomphe de Schlesinger

1. Cf. Jonathan Meades, « The Devil's Work », *The Times*, 20 octobre 1994.

2. Interview accordée au *New York Times*, 6 avril 1993.

3. Interview accordée au *Monde*, 5 mars 1993.

4. Interview accordée au *International Herald Tribune*, 26 mai 1993.

5. Cf. Roland Vaubel, « Eine Public-Choice Analyse der deutschen Bundesbank und ihre Implikationen für die europäische Währungsunion », *in* Dieter Duwendag et Jürgen Siebke (sous la direction de), *Europe vor der Eintritt in die Wirtschafts- und Währungsunion*, Berlin, 1993. Cf. aussi Susanne Lohmann, « Federalism and Central Bank Autonomy : the Politics of German Monetary Policy », polycopié, University of California, Los Angeles, octobre 1994.

6. Interview accordée à la lettre d'information de l'Association française des banques, 5 mars 1993.

7. Cité *in* Philippe Bauchard, *op. cit.*, p. 22.

8. *Ibid.*, p. 152.

9. *Ibid.*, p. 213.

10. Bauchard, *op. cit.*, rend bien l'ambiance de ces réunions, et donne la liste de ceux qui y participaient.

11. Cf. Galilée (pseudonyme), « La tragédie du franc fort », *La Revue des Deux Mondes*, septembre 1993, p. 23.

12. Dépêches de Reuters, 24 juin 1993.

13. Cf. *Frankfurter Allgemeine Zeitung*, 25 juin 1993.

14. Cité par Reuters, 25 juin 1993.

15. Citation dans le *Financial Times,* 29 juin 1993.

16. Cité par Reuters, 17 juillet 1993.

17. Charles Grant, *op. cit.*, p. 263, affirme sans aucune réserve que Tietmeyer vota en faveur d'une réduction du taux d'escompte.

18. Interview accordée au *Spiegel*, 14 octobre 1991.

19. Cf. Philippe Bauchard, *op. cit.*, p. 164.

20. Cf. *Libération*, 6 août 1993.
21. Cf. *The Economist*, 7 août 1993, p. 22.
22. Cf. Philippe Bauchard, *op. cit.*, p. 164.
23. De nombreux récits des événements du week-end ont été publiés très peu de temps après. En anglais, le premier à avoir paru (qui mettait en lumière la nature de l'affrontement franco-allemand sur la poursuite des interventions) se trouve dans le *Financial Times*, 3 août 1993. Des récits plus complets sont parus dans *The Times*, 12 août 1993, et dans le *Financial Times*, 17 août 1993.
24. Certains détails concernant cette partie de la réunion ont été révélés dès le lundi 3 août 1993 dans l'émission « Newsnight » de BBC télévision, puis développés par *The Economist*, 7 août 1993. En France, ce sont *Le Figaro*, 3 août 1993, et *Libération*, 6 août 1993, qui ont apporté des révélations sur les points fondamentaux de la réunion. En Allemagne, le récit des conflits qui ont surgi pendant les séances a été fait, de manière assez détaillée, dans « High noon um zwei Uhr nachts » (largement fondé, semble-t-il, sur des citations de Wim Kok, le ministre néerlandais des Finances), *Süddeutsche Zeitung*, 3 août 1993. La proposition française a été également commentée largement par *Die Welt*, 6 août 1993. Le 2 août, Balladur devait déclarer à des journalistes que la France aurait préféré que le Mark se retire du MEC plutôt que la marge de fluctuation soit élargie : cf. *Le Monde*, 3 août 1993.
25. Cf. Philippe Bauchard, *op. cit.*, p. 166.
26. Conférence de presse à l'issue de la réunion du Conseil économique et financier franco-allemand, Paris, 3 août 1993.

12. Fausse aurore ?

1. Hans Tietmeyer, « Interest Rates Policy and Political Interest Rates : Stabilization Policy versus Business Cycle Policy », allocution prononcée devant la 39e conférence de politique monétaire organisée par le *Zeitschrift für das Gesamte Kreditwesen,* Francfort, 27 octobre 1993.
2. Allocution prononcée devant l'Association pour l'Union monétaire de l'Europe, Francfort, 20 septembre 1994.
3. Dépêche de Reuters, 5 août 1993. Commentant ces informations, le ministre luxembourgeois des Finances, Jean-Claude Juncker, devait déclarer : « Il ne serait pas surprenant qu'un arrangement de ce genre vienne à être conclu, mais il ne serait pas convenable que, dans les circonstances actuelles, un ministre des Finances puisse donner quelque indication que ce soit sur sa date ou sur ses modalités. » Cf. *L'Echo de la Bourse*, 6 août 1993.
4. Filip Abraham *et al.*, « Manifeste pour une politique favorable à l'emploi », Université catholique de Louvain, 24 août 1993.
5. Maystadt devait ensuite exprimer très publiquement son point de vue sur l'IME dans son allocution « Les perspectives de l'UME à la veille de la phase 2 », Convention européenne des finances, Bruxelles, 29 novembre 1993.
6. Carlo Monticelli, « Monetary Policy Coordination under an Exchange-Rate Agreement and the Optimal Monetary Policy Instrument », Comité des gouverneurs des banques centrales, Bâle, 1993.
7. Les déclarations les plus nettes de Tietmeyer sur ces questions figurent dans son allocution de Francfort, 27 octobre 1993.

8. La mise en cause la plus explicite des liens de Tietmeyer avec Kohl a été le fait du porte-parole du SPD pour l'économie, Uwe Jensen, au cours d'une conférence de presse donnée à Bonn, 26 janvier 1994. Jensen y présenta également un « pacte national » en dix points, qui aurait impliqué tant la Bundesbank que le gouvernement fédéral, le patronat et les syndicats.

9. Discours d'Olaf Sievert, Leipzig, 1er juin 1994.

10. Olaf Sievert, discours de présentation du premier rapport annuel de la Landeszentralbank de Saxe et de Thuringe, Leipzig, 1er juin 1994. Günther Palm, interview radiodiffusée, Sarrebruck, 1er juin 1994, citée par AP-Dow Jones et par Knight-Ridder. Reimut Jochimsen, interview radiodiffusée, Hambourg, 1er juin 1994, citée par AP-Dow Jones et par Knight-Ridder.

11. Allocution du 3 février 1995.

12. Interview télévisée accordée à l'émission « Newsnight », BBC télévision, 9 mars 1995.

13. Allocution du 3 février 1995.

14. On pourra trouver une expression caractéristique du point de vue de Leon Brittan sur l'UME dans l'allocution qu'il a prononcée devant des hommes d'affaires, Londres, 17 novembre 1994. Pour ses vues sur le MEC, cf. son allocution prononcée devant la conférence organisée par une banque suisse, Londres, 15 juin 1989, largement citée par *The Times*, 16 juin 1989.

15. Sir Winston Churchill Memorial Lecture, « The Economics of EMU », Fondation J.-P. Pescatore, Luxembourg, 21 février 1995. Eddie George a répété ses mises en garde dans une allocution prononcée à la Fondation Ramon Areces, Madrid, 19 mai 1995.

16. Discours prononcé devant le Mouvement européen, Londres, 9 février 1995.

17. Citée par Reuters, 12 juin 1994.

18. Interview accordée au *Okonomisk Ugebrev*, 27 février 1994, citée par AP-Dow Jones.

19. Cf. *Börsen,* 7 février 1994.

20. *Ibid.*

21. Interview accordée à *Börsen*, 14 février 1994, citée par Reuters.

22. Citation dans *The Times*, 25 février 1995.

23. Jean-Claude Trichet, « Importance de la coopération franco-allemande dans la construction de l'UME », allocution prononcée aux Rencontres financières Paris-Europlace, Francfort, 25 mars 1994.

24. Conférence de presse sur la politique monétaire de la Banque de France pour 1995, Paris, 21 décembre 1994.

25. Cf. Philippe Bauchard, *op. cit.*, p. 179.

26. Cf. Philippe Durupt, « Le franc à la baisse », *Valeurs actuelles*, 4 mars 1995.

27. Citation dans le *Financial Times*, 2 mars 1995.

28. Citation dans le *Financial Times*, 8 mars 1995.

29. Informations de source diplomatique citées par Reuters, 19 mai 1995.

30. Cf. Guido Tabellini, « Bankitalia o si dà un target », *Il Sole-24 Ore,* 8 juin 1995.

31. Cf. *Financial Times*, 10-11 juin 1995.

13. La pourriture au cœur de l'Europe

1. « Ueberlegungen zur europäischen Politik », groupe parlementaire CDU/CSU du Bundestag, Bonn, 1er septembre 1994.
2. Denis Healey, « Not a very Solid State », article dans le *Sunday Times*, 5 mars 1995, section 10, p. 10.
3. *La France de l'an 2000*, Paris, Éd. Odile Jacob, 1994.
4. *In* Alain Minc et Philippe Séguin, *Deux Frances ?*, Paris, Plon, 1994, p. 65.
5. Klaus Engelen, *The European*, 21-24 février 1993.
6. David Marsh, « A Hard Act to Follow », *Financial Times*, 23 septembre 1992.
7. Cf. Timothy Garton Ash, *In Europe's Name : Germany and the Divided Continent*, Londres, 1994, particulièrement pp. 262 et 395-396.
8. Discours prononcé devant le Parlement européen, Strasbourg, 19 janvier 1995.
9. Discours prononcé devant le Mouvement européen, Londres, 9 février 1995.

Index

Table

TROISIÈME PARTIE

Cet ouvrage a été composé par
Nord Compo (Villeneuve d'Ascq)
et imprimé par Bussière Camedan Imprimeries
à Saint-Amand-Montrond (Cher)

Achevé d'imprimer le 19 mars 1996

N° d'édition : 15317. N° d'impression : 4/233
Dépôt légal : avril 1996

Imprimé en France